Le nouveau précis d'esthétique cosmétique parfumerie

Préparation aux examens d'État

LES AUTEURS

Micheline Hernandez
Professeur d'esthétique
Habilitée par l'Éducation nationale

Marie-Madeleine Mercier-Fresnel
Pharmacienne
Titulaire d'un CES de dermocosmétologie

Crédits illustrations :
Figures 1.1, 1.2, 1.3, 1.4, 1.7, 2.1, 2.4, 2.5, 2.6, 2.7, 2.18, 2.25, 2.26, 2.27, 2.28, 2.29, 2.30, 2.31, 2.32, 3.1, 3.3, 3.4, 3.6, 4.1, 7.1, 7.2, 16.1, 16.10, 16.12, 16.14, 20.05 : © Florence Ollé
Figure 3.5 : © Florence Ollé d'après Vadim Rolland
Figures 2.2, 2.3, 2.9, 2.16, 2.17, 2.21, 2.24, 17.2 : © Sandrine Fellay
Figures 16.6, 16.7 : © Sandrine Fellay (redessinées avec l'aimable autorisation de Silhouet Tone)
Figures 1.5, 1.6, 1.9, 2.10, 2.11, 2.12, 2.13, 2.14, 2.15, 2.19, 2.20, 2.22, 2.23, 3.2, 4.2, 4.3, 4.4, 4.5, 4.6 : © Dessins de Vadim Rolland
Figures 16.4, 16.16, 16.18, 16.20 : © Vadim Rolland d'après Pierre Hilaire
Figures 5.6, 5.10, 5.11, 5.12, 5.13, 5.29, 5.39, 6.1, 6.3, 6.5, 6.6, 6.7, 6.10 : © Photos du Docteur Wallach
Figures 5.1, 5.3, 5.4, 5.8, 5.17, 5.19, 5.21, 5.24, 5.27, 5.28, 5.30, 5.32, 6.9, 6.11 : © Photos du Docteur Enjolras
Figure 9.6 : © Monique Sanas Buisson
Figures 5.2, 5.26, 5.31, 5.36, 6.2, 6.4 : © Photos du Professeur J.-L. Bonafé, Toulouse
Figures 9.1, 9.4, 16.5, 16.11, 16.13, 16.15, 16.17, 16.19, 17.1, 19.1, 19.2, 19.5, 19.6, 19.7, 20.6, 20.7 droite, 20.11, 20.12, 20.18 : © 2002-2005, Innov'Esthétique
Figures 19.3, 19.4, 19.8, 19.9, 19.10 : © Nordique France
Figures 18.1, 18.2 : © Dermoline
Figure 21.1 : © Dermeo
Figure 17.3 : © PhotoTherapeutics Limited – Right Reserved - Distribué par Ergoline France
Figure 5.5 : © CIDD – ISM
Figures 5.15, 5.34, 5.37, 5.40, 5.41, 6.13 : © ISM
Figures 16.3, 16.8, 16.9, 16.21 : © Photos le Club des professionnels
Figures 5.7, 5.14, 5.16, 5.18, 5.20, 5.22, 5.23, 5.25, 5.33, 5.35, 5.38, 5.42, 5.43, 6.8 : © Extraites de *Checkliste Dermatologie*, W. Sterry, R. Paus, 1999, Thieme, Stuttgart
Figures 5.9, 6.12 : © Extraites de G. White, *Colour Atlas of Dermatology*, 3rd ed., Elsevier Ltd, Mosby, Oxford, 2004
Figures 1.8, 2.8 : © *Biologie Anatomie Physiologie*, 6th ed., N. Menche, Elsevier GmbH, Urban & Fischer Verlag, München.
Figure 1.7 : © *Biologie Anatomie Physiologie*, 5th ed., N. Menche, Elsevier GmbH, Urban & Fischer Verlag, München.
Figure 9.2 : © *Reflexzonen Massage*, F. Wagner, Graf und Unzer Verlag GmbH, München, 2005.

Maquette intérieure et couverture : Zoé Production
Composition : Facompo

Responsable d'édition : Valérie Laruelle-Bancel
Assistante d'édition : Céline Elbé

Dépôt légal : septembre 2010 – ISBN : 978-2-224-03273-9

Imprimé en Italie

Le nouveau précis d'esthétique cosmétique parfumerie

Préparation aux examens d'État

CAP
BP / BAC PRO

Micheline Hernandez – Marie-Madeleine Mercier-Fresnel

9e édition

MALOINE
23, RUE DE L'ÉCOLE-DE-MÉDECINE, 75006 PARIS
2010

Chez le même éditeur

Hernandez M., Mercier-Fresnel M.-M., *Mémo pour le CAP d'esthétique - cosmétique - parfumerie.*

Hernandez M., Mercier-Fresnel M.-M., *Aide-mémoire de l'esthéticienne.*

Hernandez M., Mercier-Fresnel M.-M., *Dictionnaire pratique d'esthétique cosmétique.*

Ledet S., Montel V., *Esthétique.*
- volume 1 : *Soins du visage & maquillage.*
- volume 2 : *Soins du corps, des mains & des pieds, épilation.*
- volume 3 : *Commercialisation, organisation des structures professionnelles et technologie des appareils.*

Ledet S., Montel V., *S'entraîner aux examens / CAP d'esthétique - cosmétique - parfumerie.*

Chabert C., *Réussir l'épreuve de sciences biologiques et cosmétologiques,* Tome 1, 1re année.

Chabert C., *Réussir l'épreuve de sciences biologiques et cosmétologiques,* Tome 2, 2e année.

Rassner G., *Dermatologie, Manuel et atlas.*

White G., *Atlas en couleurs de dermatologie.*

Sterry W., Paus R., *Dermatologie,* collection Checklists.

Beresford-Cooke C., *Théorie et pratique du Shiatsu,* collection Médecine traditionnelle chinoise.

Weizhong S., Kapner A., *Tui-Na - La thérapie par le massage,* collection Médecine traditionnelle chinoise.

Chirali I.-Z., *La thérapie par les ventouses,* collection Médecine traditionnelle chinoise.

Remerciements

Les auteurs remercient :

- Myriam Dugelay, de la société *Graphic Beauté*
- la société *Innov Esthétique*
- la société *Dermoline*
- la société *Nordique France*
- la société *Dermeo*
- la société *Ergoline*
- le *Club des Professionnels*
- Monique Sanas Buisson

Sommaire

PARTIE 1

BIOLOGIE

PARTIE 2

NOTIONS DE DERMATOLOGIE APPLIQUÉE

PARTIE 3

ÉTUDE DES DIFFÉRENTS TYPES DE PEAU ET SOINS ESTHÉTIQUES DE BASE

PARTIE 4
COSMÉTOLOGIE

PARTIE 5

PHYSIQUE ET CHIMIE

PARTIE 6

TECHNOLOGIE DES APPAREILS ET DES INSTRUMENTS

PARTIE 1

Biologie

1

Organisation générale du corps humain

Le corps humain est composé chimiquement d'atomes (hydrogène, carbone, oxygène et azote) qui se regroupent en molécules (protéines, glucides, lipides, *etc.*).
Les cellules, composées de molécules, sont l'unité de base de tout organisme vivant.
Les tissus sont formés de cellules identiques, réunies pour accomplir une même fonction.
Les organes sont constitués de tissus différents exerçant une fonction spécifique.
Les systèmes sont constitués de différents appareils qui sont en relation étroite pour remplir une fonction commune. Ainsi, le système digestif comprend : la bouche, le pharynx, l'œsophage, l'estomac, le foie, le pancréas, les glandes salivaires, les intestins.

Différentes parties anatomiques du corps humain

Les différentes parties du corps humain se répartissent de la façon suivante : la tête, le cou, le tronc, les membres supérieurs, les membres inférieurs.

Constituants chimiques de la matière vivante

L'EAU DANS L'ORGANISME

Répartition de l'eau et teneur en eau de l'organisme

L'eau représente environ 60 à 70 % de la masse corporelle. Elle est répartie en deux compartiments :

- le compartiment liquidien intracellulaire représente 50 % du poids du corps. L'eau se trouve à l'intérieur des cellules sous forme libre ou liée à d'autres molécules ;
- le compartiment liquidien extracellulaire représente 20 % du poids corporel. L'eau y est présente :
  - dans les vaisseaux sanguins (plasma) et lymphatiques (lymphe canalisée), c'est l'eau canalisée ou eau intravasculaire ; elle représente 5 % du poids corporel,
  - dans le liquide interstitiel (lymphe non canalisée) ou eau intercellulaire qui entoure toutes les cellules ; elle représente 15 % du poids corporel.

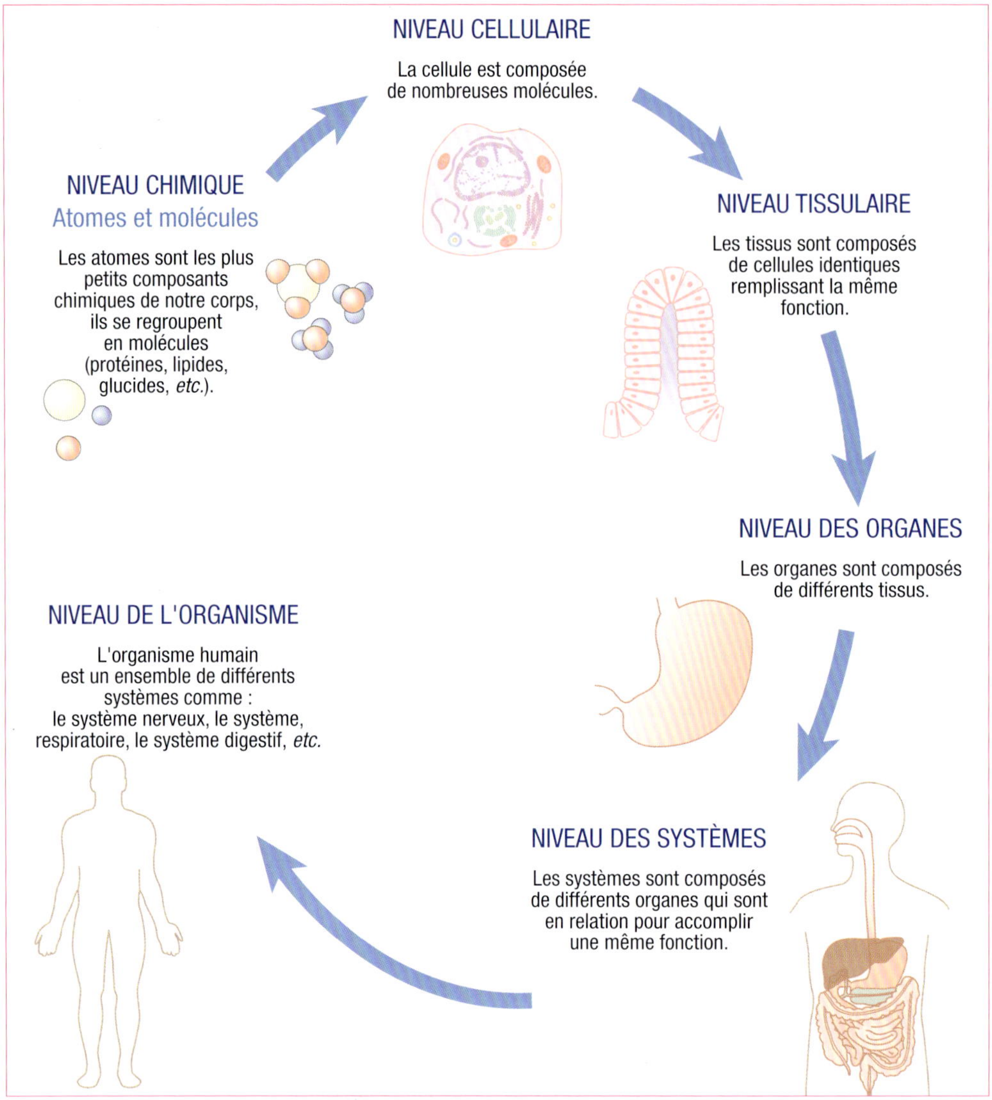

Fig. 1.1 – Niveaux d'organisation du corps humain.

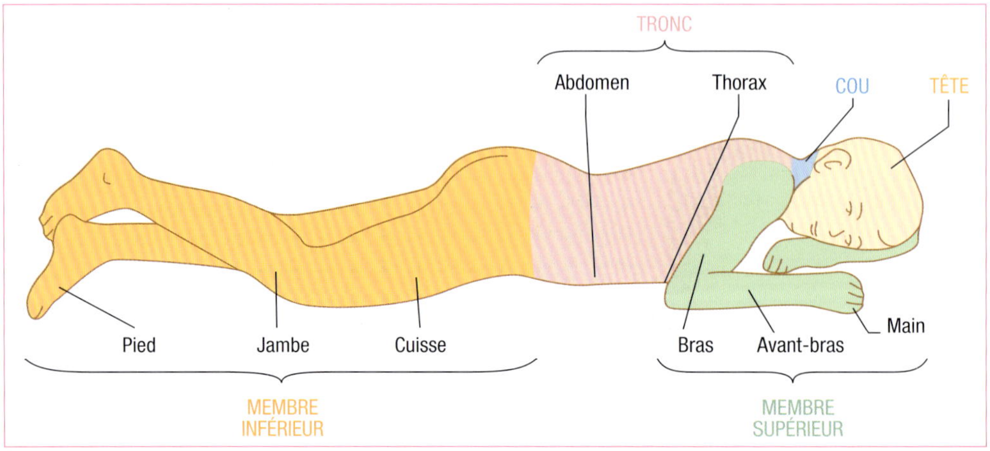

Fig. 1.2 – Différentes parties du corps humain.

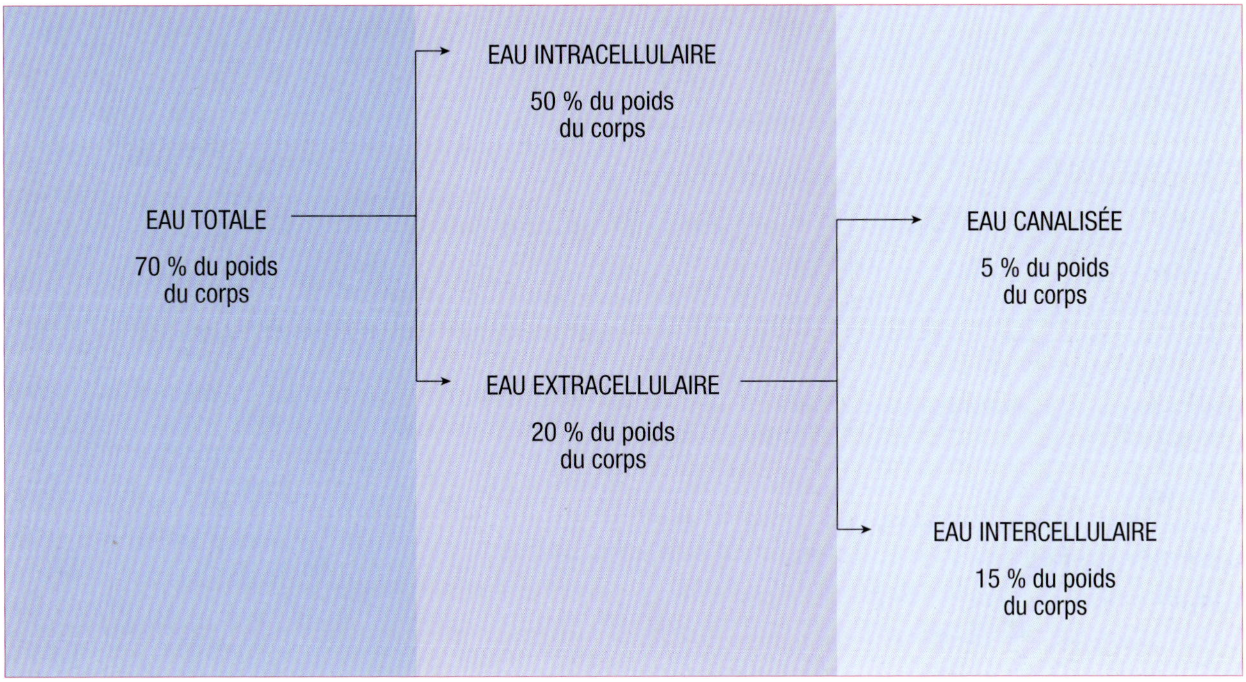

Fig. 1.3 – Répartition de l'eau dans l'organisme.

Facteurs influençant l'équilibre hydrique

Les pertes d'eau s'effectuent par :
- la respiration pulmonaire qui libère de la vapeur d'eau ;
- la transpiration ;
- les selles ;
- l'urine ;
- la perte insensible en eau (PIE), l'eau provenant du derme s'évapore par la couche cornée.

Au total, les pertes d'eau quotidiennes s'élèvent environ à 2,5 litres.

Elles doivent être compensées par un volume équivalent d'eau, sinon il y a déshydratation.

Les apports hydriques peuvent être réalisés par l'absorption d'eau, de légumes, de lait, de viande, *etc.*, car tous les aliments sont hydratés.

Rôles de l'eau dans l'organisme

L'eau est indispensable à la vie.
- Elle joue un rôle de transporteur au niveau du plasma et de la lymphe où elle véhicule les nutriments puis les déchets.
- Elle maintient la température corporelle : l'évaporation de la sueur à la surface cutanée permet d'abaisser la température corporelle.
- Elle a un rôle d'amortisseur et de lubrifiant (articulations, globe oculaire, *etc.*)
- Elle participe au maintien de l'homéostasie (équilibre interne du corps).

La teneur en eau du sang est de 80 %, celle de la peau est de 70 %, celle des muscles est de 75 %, celle des os est de 22 %.

SUBSTANCES MINÉRALES

L'organisme humain renferme de très nombreux minéraux qui sont le plus souvent sous forme d'électrolytes (ions en solution) comme les cations, éléments chargés positivement, et les anions, ions chargés négativement.

On divise les minéraux présents dans l'organisme en deux catégories :
- les macroéléments qui sont en quantité au moins équivalente à 2 à 3 % de la masse corporelle ;
- les oligoéléments qui sont en quantité inférieure à 0,005 % de la masse corporelle.

Une alimentation variée suffit à équilibrer les besoins en minéraux de l'organisme.

Macroéléments

Calcium

Le calcium (Ca) est le plus abondant (1 000 à 1 050 g environ). Il est indispensable à la constitution solide des os et des dents. Il régule l'activité musculaire et participe à la coagulation sanguine.

Phosphore

Le phosphore (P) est présent sous forme de phosphates (700 g environ). Il participe à la formation des os et des dents sous forme d'hydroxyapatite (composé cristallin de calcium et de phosphate) ainsi qu'à la formation des acides nucléiques, de l'ATP, *etc.* Lié aux lipides, il forme les phospholipides, constituants des membranes cellulaires.
Calcium et phosphore sont indispensables pour assurer une bonne ossification.

Magnésium

Une grande partie du magnésium (Mg) (25 à 30 g environ) est contenue dans les os. Il est présent à l'intérieur des cellules où il est indispensable à l'activation de nombreuses enzymes. Il est nécessaire à la transmission de l'influx nerveux et à la contraction musculaire.

Soufre

Le soufre (S) (175 g environ) entre dans la composition d'acides aminés soufrés comme la méthionine, la cystéine, la taurine. Il participe au processus de respiration cellulaire.

Sodium

Le sodium (Na) (100 g environ), composant important du liquide extracellulaire, régule les mouvements de l'eau. Il est indispensable à la conduction de l'influx nerveux et à la contraction musculaire.

Potassium

Le potassium (K) (140 g environ) est le composant du liquide intracellulaire. Comme le sodium, il est indispensable à la conduction de l'influx nerveux, à la contraction musculaire et à la régulation des mouvements de l'eau.

Chlore

Le chlore (Cl) (105 g environ) a un rôle important dans le maintien du bilan liquidien entre les cellules. Il participe à la constitution du suc gastrique.

Oligoéléments

Ils ne sont présents qu'à l'état de traces dans l'organisme, mais sont indispensables à son bon fonctionnement. Il existe 17 oligoéléments dont 10 sont indispensables : le fer, l'iode, le sélénium, le zinc, le fluor, le cuivre, le chrome, le cobalt, le molybdène et le manganèse.

Fer

Le fer (Fe) (3,35 g environ) est un composant de l'hémoglobine (pigment sanguin). Il entre dans la composition de nombreuses enzymes.

Cuivre

Le cuivre (Cu) (0,10 g environ) est très souvent lié à des protéines. Il participe à de nombreuses réactions enzymatiques indispensables à la formation des globules rouges, du collagène et de la mélanine.

Zinc

Le zinc (Zn) (2 à 3 g environ), souvent lié aux protéines, est présent dans les muscles, la peau et les cheveux. Il participe à de nombreuses réactions enzymatiques et à la formation de différentes hormones.

Manganèse

Le manganèse (Mn) (0,0025 g) est nécessaire à l'activation des réactions enzymatiques qui interviennent notamment dans la formation des glycoprotéines et de l'urée.

Sélénium

Le sélénium (Se) (0,001 g environ) est souvent lié à la cystéine ou à la méthionine qui sont des acides aminés soufrés. Il protège les cellules contre les attaques des radicaux libres.

Chrome

Le chrome (Cr) (0,001 g environ) augmente l'efficacité de l'insuline.

Iode

L'iode (I_2) (0,001 g environ) est nécessaire à la synthèse des hormones thyroïdiennes.

Fluor

Le fluor (F) (0,001 g environ) entre dans la composition des os et des dents dont il améliore la résistance aux caries.

Cobalt

Le cobalt (Co) (0,001 g environ) est un composant de la vitamine B12.

SUBSTANCES ORGANIQUES

Ce sont des molécules formées de carbone, d'hydrogène, d'oxygène et parfois d'azote.
Elles appartiennent à quatre groupes ; glucides, lipides, protides et acides nucléiques.

Glucides

Ce sont des substances énergétiques indispensables à l'organisme qui sont synthétisées par les plantes.

Classification des glucides

Oses ou sucres simples

L'unité de base des glucides est l'ose, c'est le glucide le plus simple.
Exemples :

- le glucose, nutriment énergétique pour les cellules de l'organisme ;
- le fructose, sucre des fruits ;
- le galactose, sucre du lait.

Diosides

Ce sont des associations de deux molécules d'oses. Ils ont une grande importance dans la nutrition.
Exemples :

- le saccharose, sucre de la canne à sucre ou de la betterave, est formé par une molécule de glucose et une molécule de fructose ;
- le lactose, ou sucre de lait, est formé d'une molécule de glucose et d'une molécule de galactose.

Polyosides

Ce sont des polymères résultant de la condensation d'un grand nombre de molécules d'oses.
Exemples :

- le glycogène, formé de nombreuses unités de glucose, est la forme de stockage du glucose dans le foie et les muscles ;
- l'amidon est la forme de stockage du glucose dans les plantes. On le trouve dans le riz, les pommes de terre, le blé, le maïs, les bananes, *etc.* ;
- la cellulose est formée de milliers de molécules de glucose. C'est un constituant de la paroi des cellules végétales, du bois. C'est un glucide non assimilable par l'organisme, il fait partie des fibres alimentaires végétales (FAV).

Sources alimentaires de glucides

Dans l'alimentation, on distingue :

Oses et diosides

Ils sont directement assimilables.
Exemples : le sucre de table constitué par du saccharose, le miel, la confiture, les biscuits, les fruits, la confiserie, les boissons gazeuses, *etc.*

Polyosides

Ils doivent subir une dégradation importante lors de la digestion avant d'être absorbés.
Exemples : les céréales (blé, maïs, riz, *etc.*) et leurs dérivés (farines, semoules, pâtes alimentaires, céréales du petit déjeuner) ; les légumineuses comme les lentilles, pois, haricots, *etc.* ; les tubercules comme les pommes de terre, le manioc, le topinambour, *etc.* ; certains fruits comme les bananes.
L'index glycémique (IG) est la méthode de référence pour évaluer l'effet hyperglycémiant des sucres.

Rôles des glucides dans l'organisme

Les glucides sont une source et une réserve d'énergie. Ils sont indispensables aux cellules nerveuses et aux hématies. Ils entrent dans la structure de nombreuses macromolécules biologiques comme les acides nucléiques, les glycoprotéines, *etc.*

Lipides

Ce sont les corps gras. Ils peuvent être simples (formés de carbone, hydrogène et oxygène) ou complexes (ils renferment alors azote, phosphore ou soufre).

Classification des lipides

Acides gras

Ce sont les constituants essentiels des lipides. On distingue :

- les acides gras saturés : tous les atomes de carbone sont saturés en hydrogène et ils ne possèdent que des liaisons simples ;
- les acides gras insaturés : les atomes de carbone possèdent une ou plusieurs doubles liaisons.

Triglycérides

Ils représentent la forme de stockage des lipides dans l'organisme. Ils sont formés par l'union d'une molécule de glycérol avec trois molécules d'acides gras. Ils sont stockés dans le tissu adipeux et dans le sang.

Phospholipides

Ils sont formés par une molécule de glycérol liée à deux molécules d'acides gras et à un groupement phosphate. Ils comportent une extrémité hydrophile et l'autre hydrophobe. Ce sont des constituants des membranes cellulaires.

Phosphoaminolipides

Ils sont formés par une molécule de glycérol liée à deux acides gras et à un groupement phosphoré et azoté.
Exemple : la lécithine (phosphatidylcholine), synthétisée par le foie. Elle est présente dans le cerveau et les membranes cellulaires.

Stéroïdes

Ce sont des molécules ayant toutes la même structure de base : le stérol.
Dans l'organisme, le cholestérol est le précurseur des hormones sexuelles. Ses dérivés produisent la vitamine D.

Rôles des lipides dans l'organisme

Les lipides sont une réserve d'énergie importante. Ils sont stockés dans les adipocytes sous forme de triglycérides puis sont utilisés sous forme d'acides gras par l'organisme.
Ils ont également une fonction d'isolation thermique et de protection.
Les lipides complexes, comme les phospholipides, les phosphoaminolipides sont, notamment, les constituants de la membrane plasmique des cellules, du ciment intercellulaire et de la myéline du système nerveux.
Le cholestérol est le précurseur de la vitamine D et des hormones sexuelles.

Sources alimentaires de lipides

- Origine animale : viande, lait, beurre, fromages, poissons, *etc.*
- Origine végétale : huiles obtenues par pression des graines comme l'arachide, le tournesol, le sésame, *etc.*, par pression des fruits comme l'huile d'olive, de noix, *etc.*

Protides

Ce sont des molécules organiques renfermant du carbone, de l'hydrogène, de l'oxygène et de l'azote.

Classification des protides

Acides aminés

Ce sont les éléments de base des protides.

Peptides

Les acides aminés se lient les uns aux autres par des liaisons peptidiques pour former les peptides. Le nombre d'acides aminés y est inférieur à 60.
Exemple de peptides : l'insuline, hormone sécrétée par le pancréas.

Protéines ou polypeptides

Ce sont des macromolécules formées par l'enchaînement de très nombreux acides aminés, dont le nombre est supérieur à 60. Ils sont reliés entre eux par des liaisons peptidiques.

Rôles des protides dans l'organisme

Les protides ont un rôle capital :
- elles participent à la structuration et au fonctionnement de l'organisme ;
- elles sont nécessaires à l'entretien des tissus (musculaire, épidermique, conjonctif, osseux, cartilagineux, *etc.*) ;
- elles remplissent de nombreuses fonctions organiques, vitales comme les réactions enzymatiques, les fonctions hormonales, la coagulation du sang, *etc.*

Sources alimentaires de protides

- Origine animale : viandes et dérivés, poissons, lait, œufs, *etc.*
- Origine végétale : lentilles, tofu, pois chiches, arachides, amandes, céréales, *etc.*

BP/BAC PRO

Glucides complexes

Glycoprotéines

Ce sont des macromolécules résultant de l'union d'une fraction glucidique et d'une fraction protéique.

Exemple : l'acide hyaluronique est un polymère complexe de disaccharides, il fait partie des glycoaminoglycanes (GAG).

Acides gras

Acides gras saturés

Ce sont des acides gras qui n'ont pas de doubles liaisons.

Exemples : l'acide palmitique et l'acide stéarique. Ils ont tendance à provoquer une augmentation du cholestérol sanguin.

Acides gras insaturés

Ce sont des acides gras qui ont une ou plusieurs doubles liaisons.

On distingue :

Acides gras mono-insaturés (AGMI)

Ils n'ont qu'une double liaison.

Exemple : l'acide oléique présent dans l'huile d'olive.

Acides gras polyinsaturés (AGPI)

Ils possèdent plusieurs doubles liaisons. Selon la position de la dernière double liaison, on distingue, notamment, les acides oméga 3 et les acides oméga 6.

Les acides gras essentiels (AGE) sont des acides gras polyinsaturés. Ils sont absolument nécessaires au bon fonctionnement de l'organisme. Ils ne sont pas synthétisés par l'organisme et doivent donc lui être fournis par l'alimentation.

- **Acides gras oméga 3 :**
  - l'acide (alpha) linolénique (ALA) en est le chef de file. On le trouve dans les huiles de colza, de noix, de soja, *etc.* ;
  - ses dérivés, l'acide eicosapentaénoïque (EPA) et l'acide docosahexaénoïque (DHA), sont synthétisés à partir de l'acide alpha linolénique. Ils sont présents dans les poissons gras des mers froides (sardines, anchois, maquereaux, thons, saumons), dans certains légumes (mâche, choux).
- **Acides gras oméga 6 :**
  - l'acide linoléique (AL) en est le chef de file. On le trouve dans l'huile de maïs, de tournesol, de pépins de raisin, de germe de blé, *etc.* ;
  - l'acide gamma linolénique (GLA) est présent dans l'huile de bourrache et d'onagre, *etc.* ;
  - l'acide arachidonique est présent dans le jaune d'œuf et dans la chair animale.

Ces deux acides sont synthétisés dans l'organisme à partir de l'acide linoléique.

Acides aminés

On classe les vingt acides aminés différents qui sont présents dans les protides humains en deux catégories.

Acides aminés essentiels

Ils doivent être obligatoirement fournis par l'alimentation car l'organisme ne peut les synthétiser. Ils sont au nombre de 9.

Ce sont : l'histidine, l'isoleucine, la leucine, la lysine, la méthionine, la phénylalanine, la thréonine, le tryptophane et la valine.

Acides aminés non essentiels

Ils peuvent être synthétisés par l'organisme comme l'alanine, l'acide aspartique, l'arginine, la cystéine, l'acide glutamique, la glycine, l'ornithine, la proline, l'hydroxyproline, la sérine et la tyrosine.

Protéines

Structure des protéines

Les protéines sont des macromolécules à structure complexe.

La **structure primaire** est la succession linéaire des acides aminés reliés entre eux par des liaisons peptidiques.

La **structure secondaire** est le repliement de la chaîne principale soit en hélice, soit en feuillet, *etc.*

▶▶

La **structure tertiaire** ou structure tridimensionnelle est le repliement des structures secondaires qui s'arrondissent et deviennent sphériques.

La **structure quaternaire** existe pour des protéines complexes comme l'hémoglobine.

Classification des protéines

- Les **protéines fibreuses**, dites protéines de structure, de forme spiralée, allongée, n'ont qu'une structure secondaire.
  Exemples : le collagène, l'élastine, les kératines, *etc.*
- Les **protéines globulaires**, dites protéines fonctionnelles, de forme sphérique, ont une structure tertiaire, voire quaternaire.
  Exemples : les enzymes, l'hémoglobine.
- Les **holoprotéines** sont composées uniquement d'acides aminés.
- Les **hétéroprotéines** sont composées d'acides aminés et d'un groupement non protéique (groupement prosthétique) comme des lipides pour les lipoprotéines ou des glucides pour les glycoprotéines.

Enzymes

Ce sont des protéines globulaires capables d'activer (catalyser) une réaction chimique spécifique.

Ce sont des **biocatalyseurs** indispensables au bon fonctionnement de l'organisme. Elles **agissent à faible dose** en induisant et en accélérant les vitesses de réaction, elles sont **spécifiques**.

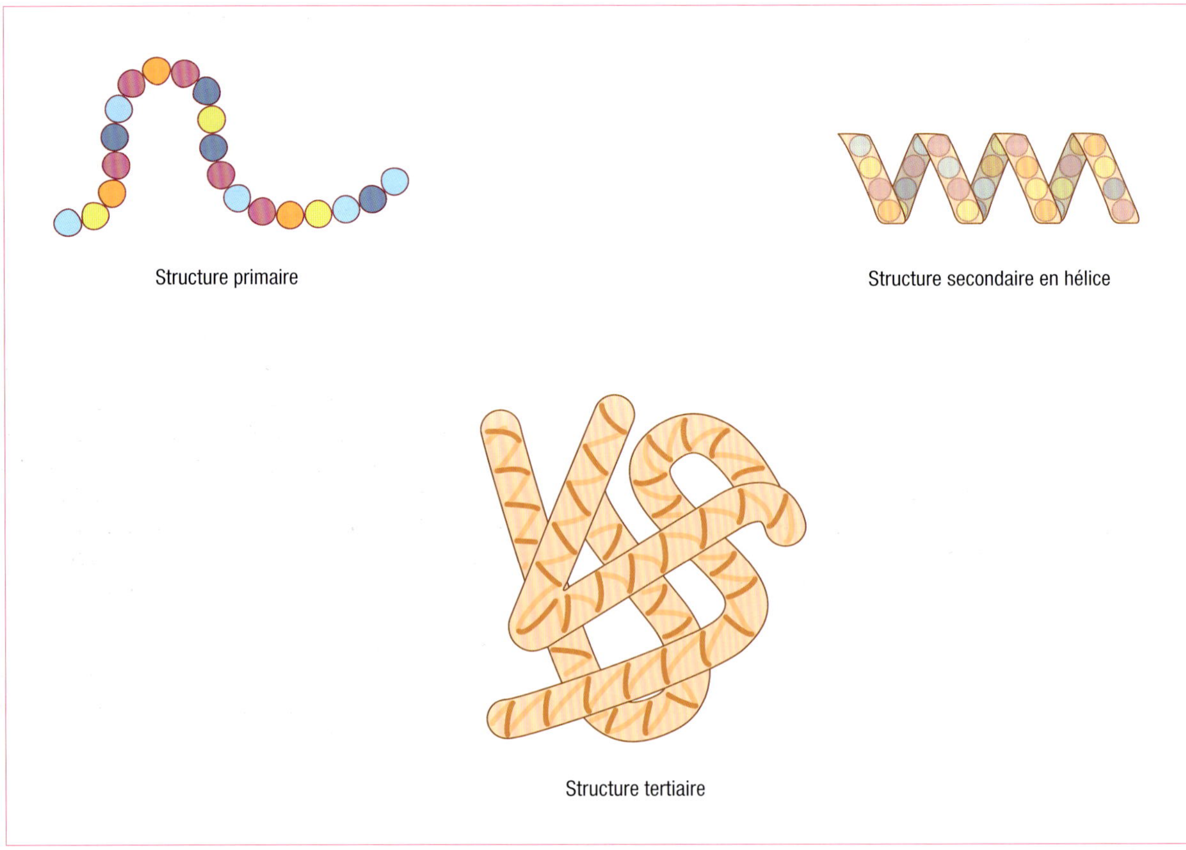

Fig. 1.4 – Structure des protéines.

Exemples :
- une lipase agit sur les lipides ;
- une protéase agit sur les protéines.

Certaines enzymes ne fonctionnent qu'en présence d'une coenzyme.
La coenzyme est la molécule organique, non protéique, indispensable au fonctionnement de certaines enzymes, ce sont souvent des dérivés des vitamines.

Acides nucléiques

Il existe deux types d'acide nucléique.

Acide désoxyribonucléique (ADN)

L'ADN est une longue molécule formée de deux chaînes enroulées l'une autour de l'autre en une double hélice. Il est localisé dans le noyau de la cellule. L'ADN détermine la structure des protéines de l'organisme. Il constitue le génome (ensemble des gènes portés par les chromosomes) des êtres vivants et il est le support de l'hérédité car il se réplique (se reproduit).

Acide ribonucléique (ARN)

L'ARN est une longue chaîne unique qui se trouve à l'extérieur du noyau.
Il existe trois types d'ARN, chacun ayant un rôle précis dans la synthèse des protéines :
- l'**ARN messager (ARNm)** transporte l'information génétique de l'ADN aux protéines. C'est l'intermédiaire entre l'ADN du noyau et l'assemblage des acides aminés en protéines dans le cytoplasme ;
- l'**ARN de transfert (ARNt).** Les acides aminés se fixent sur l'ARNt qui les transporte vers les ribosomes où a lieu la synthèse des protéines ;
- l'**ARN ribosomal (ARNr).**

L'ARNt entre dans la constitution des ribosomes en s'associant aux protéines.
L'ARN assure la synthèse des protéines.

Cellule

La cellule représente la plus petite unité de matière vivante.
Elle possède une organisation structurelle et fonctionnelle permettant la vie.
Certains êtres vivants sont unicellulaires, d'autres comme l'Homme sont pluricellulaires.
Les cellules présentent une grande diversité de formes, de taille et de structure.
Leur organisation peut cependant répondre à un schéma général.

STRUCTURE

Membrane cellulaire ou membrane plasmique

Composition

Chaque cellule est entourée d'une membrane cellulaire très mince, comprenant de nombreux replis, elle est formée de :

- Lipides membranaires. Ce sont :
  - des **phospholipides** disposés en deux rangées parallèles. Un phospholipide est formé d'une tête attirant l'eau (hydrophile) et d'une queue qui la repousse (hydrophobe). Les têtes sont tournées vers l'extérieur et les queues vers l'intérieur ;
  - du **cholestérol** qui augmente la stabilité.
- Protéines membranaires. Les protéines sont :
  - soit posées à la surface, ce sont les protéines membranaires périphériques ;
  - soit traversant la membrane, ce sont les protéines transmembranaires. Les protéines membranaires jouent un rôle important dans le transport de certaines molécules.

Rôle

La membrane plasmique permet les échanges entre les milieux intra- et extracellulaires. Elle sélectionne les molécules pouvant entrer et sortir. C'est une membrane à perméabilité sélective ou membrane semi-perméable.

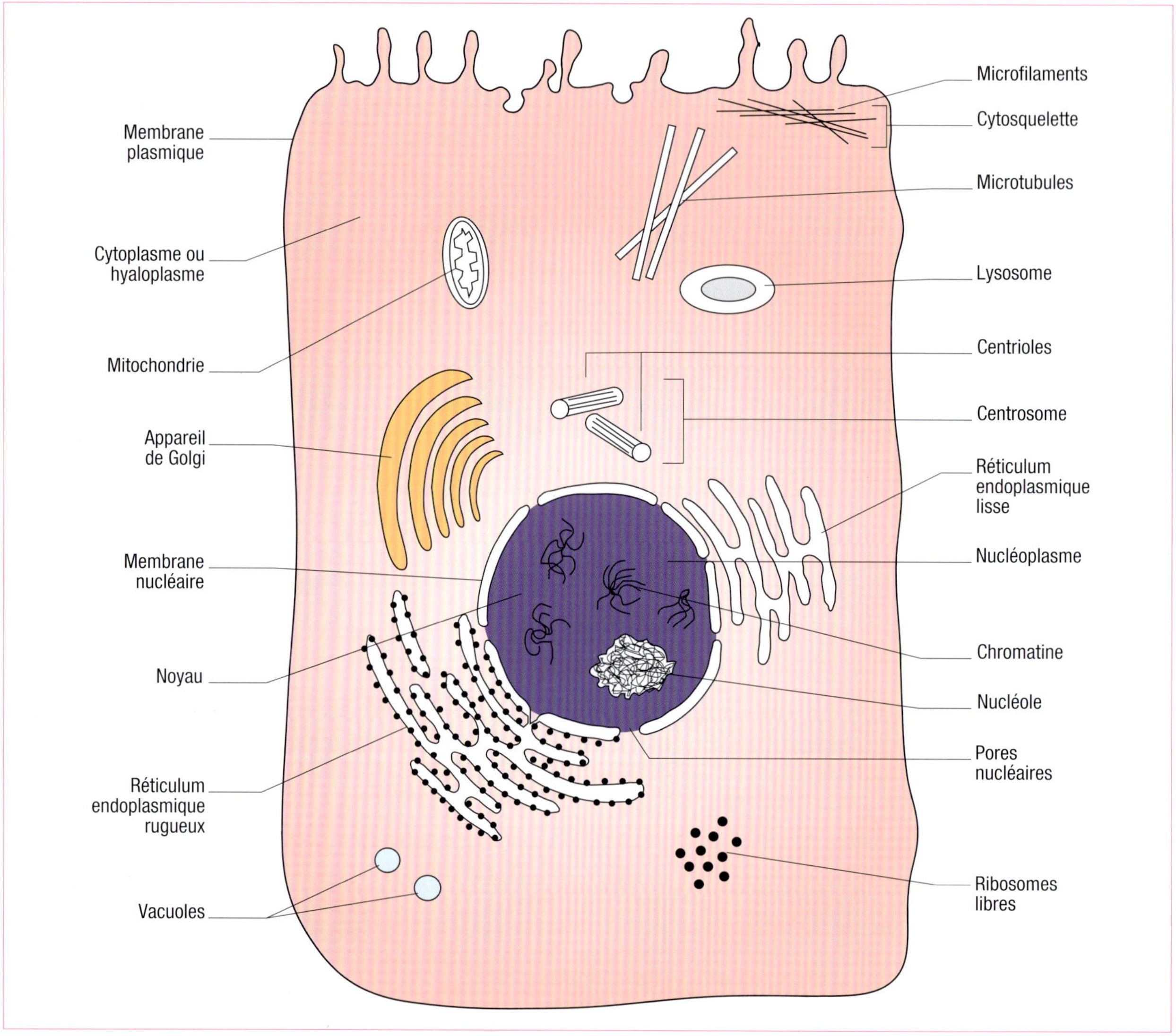

Fig. 1.5 – Cellule animale.

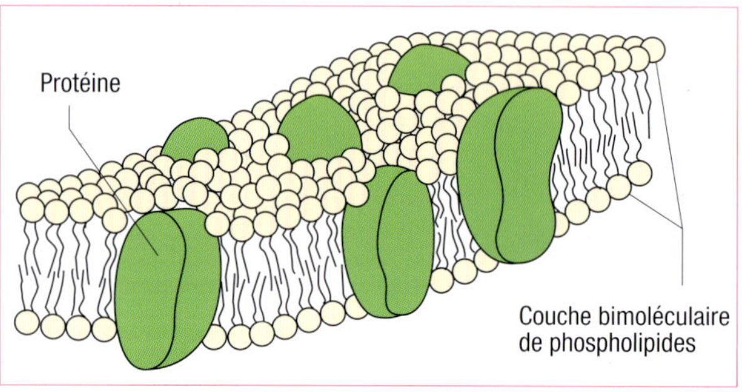

Fig. 1.6 – Membrane plasmique.

Manteau cellulaire (*cell coat*, glycolemme, glycocalix)

C'est un feutrage dense situé sur la face externe de la membrane plasmique, il est formé de glycoprotéines. Le manteau cellulaire est impliqué dans des processus physiologiques variés comme l'adhésion et la reconnaissance des cellules entre elles.

Cytoplasme ou hyaloplasme

Il est formé par le cytosol et les organites.

Cytosol

Substance colloïdale, le cytosol renferme environ 85 % d'eau, des protéines, des glucides et des sels minéraux.

Organites

Les organites sont composés de différentes structures ayant chacune leurs fonctions propres. Ces structures sont les suivantes.

Cytosquelette

Il est constitué de microfibres comme les microtubules qui donnent sa forme à la cellule, les microfilaments, qui sont des fibres allongées.

Mitochondries

Ce sont de petits corpuscules de forme allongée, formant des replis ou crêtes. Ils sont nombreux dans les fibres musculaires et les spermatozoïdes. Ils constituent l'appareil respiratoire de la cellule et sa source d'énergie. Ils peuvent se multiplier en fonction des besoins énergétiques de la cellule.

Ribosomes

Ce sont de petits organites sphériques constitués d'acide ribonucléique ribosomal (ARNr) et de protéines. Leur fonction est la synthèse des protéines.

Appareil de Golgi

Situé à proximité du noyau, il est formé de petits sacs empilés (les dictyosomes). Il modifie les protéines et les lipides produits par le réticulum endoplasmique. Puis il les expédie dans la cellule.

Lysosomes

Ce sont de petites vésicules, formées à partir de l'appareil de Golgi et remplies d'enzymes digestives. Ils ont pour rôle de digérer les organites inutilisables dans la cellule ainsi que les substances étrangères.

Réticulum endoplasmique (RE)

C'est un réseau membranaire composé de vésicules et de canalicules formant un système circulatoire intracellulaire. Il est en continuité avec l'enveloppe nucléaire.

On distingue :

- le réticulum endoplasmique rugueux (REG) qui porte des ribosomes et qui participe à la synthèse des protéines ;
- le réticulum endoplasmique lisse (REL) qui ne porte pas de ribosomes mais qui participe à la synthèse des lipides.

Centrosome

Situé près du noyau, il comprend deux éléments composés de microtubules situés au voisinage du noyau : les centrioles. Ils jouent un rôle important lors de la division cellulaire en participant à la formation du fuseau mitotique.

Vacuoles

Poches de réserve des nutriments pour la cellule.

Noyau

C'est un élément constant de la cellule, de forme sphérique ou ovoïde. Il existe cependant des cellules sans noyau comme les hématies (globules rouges), les plaquettes, les cellules cornées et des cellules possédant plusieurs noyaux comme les fibres musculaires striées.

Composition du noyau

Membrane nucléaire ou enveloppe nucléaire

Elle est formée de deux feuillets. La membrane nucléaire est percée de nombreux pores permettant le passage des molécules entre le cytoplasme et le noyau et inversement. Au cours de la division cellulaire (mitose), l'enveloppe nucléaire disparaît momentanément.

Nucléoplasme ou caryoplasme

Il comprend une substance colloïdale, le nucléosol et tous les éléments situés à l'intérieur du noyau, qui sont :

- le nucléole : petite masse arrondie, dense, de structure fibreuse et granuleuse qui contient de l'ADN. Il disparaît au moment de la division cellulaire ;
- la chromatine : lors de la division cellulaire, la chromatine s'individualise en longs filaments, les chromosomes.

Le nombre de chromosomes dans les cellules d'une espèce donnée est constant : 46 dans l'espèce humaine soit 23 paires.

Lors de la division cellulaire, les chromosomes se fissurent et les deux parties dupliquées, appelées chromatides, sont séparées sur toute leur longueur sauf en un point appelé centromère.

Sur les chromosomes se trouvent les gènes, supports des caractères héréditaires.

L'ensemble des caractères génétiques qui définissent notre espèce s'appelle le génome.

▸▸

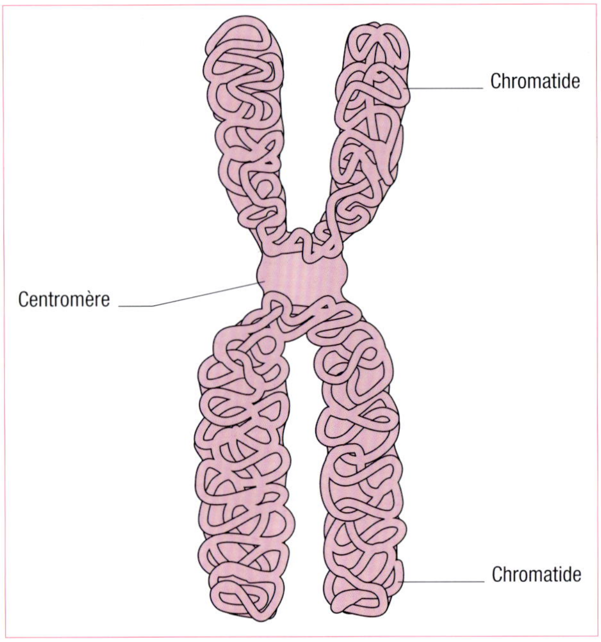

Fig. 1.7 – Chromosome lors de la métaphase.

Rôle du noyau

Le noyau est indispensable à la vie cellulaire car il stocke l'ADN.

Il joue un rôle fondamental dans :

- la synthèse de la matière vivante ;
- la division cellulaire ;
- le mécanisme de l'hérédité.

DIVISION CELLULAIRE

Mitose

Les cellules du corps proviennent d'une cellule préexistante par division cellulaire.

Dans la très grande majorité des cas, le renouvellement s'effectue suivant un procédé qui comprend :

- la mitose qui est la division du noyau au cours de laquelle les chromosomes sont répartis de façon identique dans les cellules filles ;
- la cytocinèse qui est la division de l'ensemble de la cellule donnant deux cellules filles.

Interphase

C'est la période où la cellule se développe et où a lieu la réplication de l'ADN.

- Les molécules d'ADN engendrent une copie conforme d'elles-mêmes.
- La quantité d'ADN dans le noyau est double.
- Le volume du noyau augmente.
- Les chromosomes dupliqués ne sont pas visibles individuellement.
- La paire de centrioles se dédouble.

1re phase : la prophase

C'est la phase la plus longue de la mitose, elle dure environ 30 minutes.

- Les chromosomes sont condensés et bien définis : chaque chromosome est formé de deux chromatides reliées au centromère.
- L'enveloppe nucléaire se désagrège.
- Les composants du noyau se dispersent dans le cytoplasme.
- Les microtubules vont former le fuseau mitotique.
- Les deux paires de centrioles s'écartent et se dirigent vers les deux pôles opposés de la cellule.

2e phase : la métaphase

- La duplication des chromosomes est bien visible.
- Les chromatides séparées et reliées au centromère se placent au centre de la cellule au niveau du plan équatorial (ou plaque équatoriale).
- Chaque centromère est fixé à une fibre du fuseau.
- Les centrioles constituent les deux pôles de formation du fuseau.

3e phase : l'anaphase

Les chromatides se séparent des centromères et se dirigent vers un pôle opposé de la cellule en glissant le long du fuseau mitotique : ce sont les chromosomes fils.

4e phase : la télophase

- Les chromosomes reprennent leur aspect initial.
- Une enveloppe nucléaire se forme autour de chaque lot de chromosomes.
- Le fuseau mitotique disparaît.
- Le cytoplasme se divise (cytocinèse) en deux cellules filles, au niveau du plan équatorial, entre les deux groupes de chromosomes.

Conclusion

La duplication et la séparation des chromosomes, la répartition égale des gènes dans les deux cellules aboutissent à la naissance de deux cellules filles identiques à la cellule mère.

Méiose ou mitose réductionnelle

Le mode de reproduction des cellules sexuelles (gamètes ou cellules germinales) diffère du précédent en ce sens qu'il entraîne toujours une réduction

du nombre des chromosomes, d'où le nom de mitose réductionnelle ou méiose.
La méiose comprend deux divisions successives qui aboutissent à deux nouvelles cellules filles, possédant chacune un nombre impair de chromosomes (23 chromosomes).

Le spermatozoïde et l'ovule possèdent donc chacun 23 chromosomes car ils sont destinés à fusionner.
Le zygote, cellule qui résulte de la fusion de l'ovule et du spermatozoïde, aura 46 chromosomes, dont la moitié provient du père et la moitié de la mère.

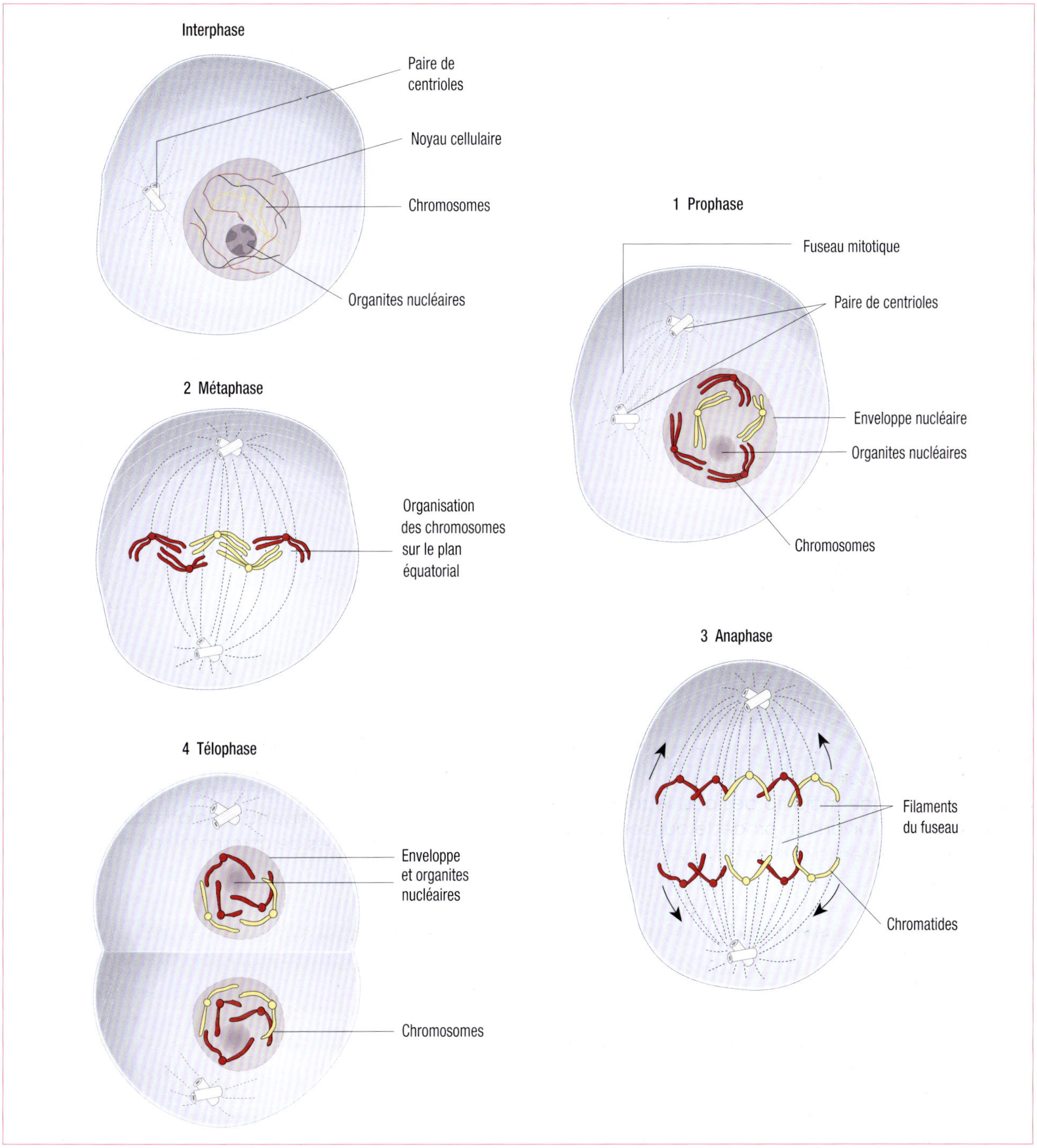

Fig. 1.8 – Mitose.

BP/BAC PRO

Mécanismes de transport par déformations membranaires

Pour traverser la membrane plasmique, les grosses molécules utilisent ces mécanismes de transport.

Endocytose

C'est le processus par lequel la cellule est capable de capter des substances dans le milieu extérieur, de les entourer en formant une vésicule et de les ingérer.

On distingue :

- la **pinocytose**, si la substance capturée est liquide ;
- la **phagocytose**, si les particules ingérées sont solides et de grande taille (bactéries, débris organiques).

Exocytose

Elle représente le phénomène inverse. Des substances viennent s'accoler à la membrane plasmique puis se vider dans le milieu extérieur.

Membrane nucléaire

Les cellules possédant une membrane nucléaire sont dites **eucaryotes** et celles sans membrane nucléaire sont dites **procaryotes**.

Chromosomes

L'ensemble des chromosomes d'un individu s'appelle le caryotype :

- 46 chromosomes sont présents dans les cellules du corps humain (cellules somatiques) ;
- 23 paires proviennent du père, 23 paires de la mère ;
- 22 paires sont identiques, ce sont les chromosomes autosomes ;
- 1 paire, représentant les chromosomes sexuels est différente dans les deux sexes : les hommes possèdent un chromosome X et un autre plus petit, le chromosome Y ; les femmes ont deux chromosomes X.

Tissus

Le corps humain est composé d'un grand nombre de cellules différentes.

Un tissu est un ensemble de cellules identiques réunies pour accomplir une même fonction.

On distingue quatre types de tissus :

- les tissus épithéliaux ;
- les tissus conjonctifs ;
- les tissus musculaires ;
- les tissus nerveux.

Les tissus musculaires et nerveux sont traités dans les systèmes fonctionnels (*cf.* page 23).

TISSUS ÉPITHÉLIAUX (EPITHELIA)

Un tissu épithélial, ou épithélium, est un tissu constitué de cellules jointives et solidaires les unes des autres.

Il existe deux groupes d'épithélium : les épithéliums de revêtement et les épithéliums glandulaires.

Tissu épithélial de revêtement ou épithélium de revêtement

Caractéristiques

Le tissu épithélial de revêtement est un tissu constitué de :

- cellules très rapprochées où les espaces intercellulaires sont réduits mais permettent la circulation du liquide interstitiel ;
- cellules reliées par des jonctions d'adhérence comme les desmosomes.

Il repose sur une lame basale.

Il n'est pas vascularisé.

Il revêt la surface externe du corps, les cavités de l'organisme et les vaisseaux sanguins.

Une muqueuse est un épithélium de revêtement, non kératinisé, tapissant les cavités de l'organisme, en relation avec le milieu extérieur.

Exemples : les muqueuses buccale, nasale, respiratoire, digestive, urinaire, anale et vaginale.

Une séreuse est un épithélium qui enveloppe les organes internes. Il est formé de deux feuillets séparés par le liquide séreux.

Exemples : le péricarde qui entoure le cœur, la plèvre qui enveloppe les poumons, le péritoine qui enveloppe certains organes abdominaux.
Un endothélium est un épithélium qui tapisse la face interne du cœur et des vaisseaux.

Différentes variétés d'épithéliums de revêtement

On les définit suivant :

- la forme des cellules. Les cellules peuvent avoir les formes suivantes :
  - cellules en écailles, squameuses : cellules larges et aplaties,
  - cellules cubiques : cellules aussi hautes que larges,
  - cellules prismatiques : cellules hautes et étroites ;
- le nombre de couches cellulaires :
  - un épithélium simple comporte une seule assise de cellules (épithélium pulmonaire),
  - un épithélium stratifié comporte plusieurs couches de cellules (épiderme) ;
- la spécialisation des cellules :
  - cellules élaborant de la kératine (les kératinocytes de l'épiderme),
  - cellules ciliées des voies respiratoires,
  - cellules excrétrices du système urinaire.

Propriétés des épithéliums de revêtement

Leurs propriétés sont les suivantes.

Cohésion

Les cellules sont jointives grâce à des structures particulières et différentes qui sont :

- les jonctions d'ancrage : *desmosomes, hémidesmosomes* ;
- les jonctions communicantes *(gap junctions)* ;
- les jonctions serrées *(tight junctions)*.

Perméabilité

Les vaisseaux sanguins et lymphatiques ne pénètrent jamais dans un épithélium de revêtement. Celui-ci est donc nourri grâce à la perméabilité des membranes cellulaires et au liquide interstitiel.

Renouvellement

Un épithélium se renouvelle complètement en quelques jours. Le renouvellement épidermique est d'environ vingt-huit jours.

Fonctions des épithéliums de revêtement

Selon leurs localisations, ils remplissent différentes fonctions comme :

- une protection mécanique vis-à-vis des chocs, de la chaleur, du froid ;
  exemple : l'épiderme ;
- une protection chimique ;
  exemple : l'épithélium gastrique qui protège contre l'acidité de l'estomac ;
- une fonction d'absorption ;
  exemple : l'épithélium intestinal ;
- une fonction de mouvement ;
  exemple : l'épithélium des voies respiratoires et des trompes utérines qui sont munies de cils vibratiles ;
- une fonction d'échange ;
  exemple : l'endothélium des capillaires.

Tissu épithélial glandulaire ou épithélium glandulaire

Les épithéliums glandulaires sont des groupements de cellules qui élaborent une ou plusieurs substances spécifiques, les sécrétions.
Ils constituent des organes appelés glandes.

On distingue trois types de glandes.

Glandes exocrines

Ce sont des glandes dont le produit de sécrétion est déversé dans le milieu externe par l'intermédiaire d'un canal excréteur.

Ce milieu peut être soit :

- la surface cutanée ;
  exemples : la glande sébacée, la glande sudoripare, la glande mammaire ;
- une cavité naturelle ;
  exemple : les glandes digestives.

Il y a deux variétés de glandes exocrines :

- les glandes tubuleuses qui ont la forme d'un tube comme les glandes sudoripares ;
- les glandes acineuses qui sont arrondies comme la glande sébacée, la glande mammaire.

Glandes endocrines ou glandes hormonales

Elles n'ont pas besoin de canal excréteur car leurs sécrétions ou hormones diffusent dans le sang et atteignent ainsi les cellules cibles où elles exercent leur activité spécifique.
Exemples : la glande thyroïde, la glande hypophyse, les glandes surrénales, *etc.*

Glandes amphicrines ou mixtes

Les cellules composant ces glandes sont à la fois exocrines pour certaines sécrétions et endocrines pour d'autres.
Exemple : le pancréas

- sécrétion exocrine : le suc pancréatique ;
- sécrétion endocrine : l'insuline ;

TISSUS CONJONCTIFS

Ce sont les tissus les plus abondants du corps humain.
Il en existe plusieurs variétés : le tissu conjonctif proprement dit, le tissu osseux, le tissu cartilagineux, le tissu adipeux et le tissu sanguin.
Ces tissus ont en commun le fait qu'ils possèdent des cellules qui sont séparées par une matrice extracellulaire (MEC).

Éléments constitutifs

Cellules

On distingue deux types de cellules.

Cellules conjonctives fixes

- Les fibroblastes sont des cellules fusiformes qui possèdent de longs prolongements cytoplasmiques. Elles synthétisent les macromolécules de la matrice extracellulaire et se multiplient lors de la cicatrisation.
- Les fibrocytes, plus petits, sont de « vieux » fibroblastes.

Cellules libres, mobiles

Les leucocytes proviennent du sang et ont un rôle de défense, comme :
  - les macrophagocytes qui ont le pouvoir de digérer des microbes ;
  - les lymphocytes qui ont un rôle dans la défense immunitaire.

Matrice extracellulaire (MEC)

Elle est formée de fibres et de la substance fondamentale.

Fibres

On distingue deux groupes de fibres : les fibres collagènes et les fibres élastiques.

Fibres collagènes (ou de collagène)
Le collagène est la protéine la plus abondante dans l'organisme. C'est une macromolécule fibreuse. Il est formé de microfibrilles et de fibrilles réunies en fibres striées. Les fibres collagènes possèdent une grande résistance à la traction.
Les *fibres de réticuline* (ou fibres réticulaires) sont des fibres de collagène très minces. On les trouve dans le derme superficiel, autour des vaisseaux sanguins, des annexes cutanées et des cellules adipeuses.

Fibres élastiques (ou d'élastine)
Les fibres élastiques sont organisées en réseau de fibres et de fibrilles. Elles sont composées d'une protéine, l'élastine, qui est synthétisée par les fibroblastes.
L'élastine confère aux tissus leur élasticité.

Substance fondamentale

C'est un gel, hydraté, enrobant les cellules et les fibres. Elle est composée de macromolécules comme :

Les protéoglycanes
Ces macromolécules polypeptidiques comprennent les glycoaminoglycanes (GAG) qui sont des polymères de disaccharides ayant un rôle important dans l'hydratation du tissu conjonctif.
L'acide hyaluronique est un exemple de GAG.

Les glycoprotéines
Elles assurent l'adhésion des fibroblastes à la matrice extracellulaire.
Cf. figure 3.5 page 75.

Différents types de tissu conjonctif

Tissu conjonctif lâche

Il est très répandu dans l'organisme. Il est caractérisé par une abondante matrice extracellulaire dans laquelle baignent les cellules et les fibres.
On le trouve sous la peau, entre les masses musculaires et dans de nombreux organes. Il a un rôle d'emballage et de soutien des tissus et des organes. Il assure le passage de nombreuses substances entre les tissus et le sang.

Tissu conjonctif dense

Il est caractérisé par sa richesse en protéines fibreuses (collagènes et élastine), et par peu de substance fondamentale.
On le trouve principalement :
  - dans le derme ;
  - dans les ligaments ;
  - dans les tendons ;
  - dans les aponévroses.

Son rôle est essentiellement de soutien mécanique.

Tissu conjonctif adipeux

Il est caractérisé par la présence de cellules adipeuses ou adipocytes ou lipocytes qui sont des cellules arrondies et volumineuses contenant des vésicules de graisse. Elles sont regroupées en lobules adipeux. Ce tissu représente une importante réserve énergétique pour l'organisme.

Tissu conjonctif élastique

Il est caractérisé par l'abondance de fibres d'élastine. On le trouve par exemple dans la paroi des artères où il permet la vasomotricité.

BP/BAC PRO

Modes d'excrétion des glandes exocrines

Les glandes exocrines peuvent avoir trois modes d'excrétion.

Mérocrinie

C'est le mode d'excrétion qui **respecte l'intégrité de la cellule.** La majorité des glandes exocrines appartiennent au type mérocrine.

Exemple : les glandes sudoripares eccrines.

Apocrinie

C'est le mode d'excrétion qui expulse le produit de la sécrétion avec la partie supérieure de la cellule.

Exemples : la glande mammaire, les glandes cérumineuses.

Holocrinie

C'est le mode d'excrétion au cours duquel le produit de sécrétion envahit progressivement la cellule, provoque sa dégénérescence et s'élimine en même temps que la cellule.

Ce mode de sécrétion implique un renouvellement cellulaire permanent.

Exemple : les glandes sébacées.

Étude d'une glande exocrine : la glande mammaire

C'est une glande cutanée exocrine, en acini, destinée à l'élaboration du lait.

Elle est située sur le muscle pectoral et sa structure varie selon les moments de la vie génitale.

Structure

La glande mammaire est constituée de **15 à 20 lobes,** séparés les uns des autres par du tissu conjonctif dense et du tissu adipeux.

Ces lobes sont situés dans la région profonde du sein. Chaque lobe est desservi par un canal excréteur, ou **canal galactophore de premier ordre,** qui se dilate en sinus lactifère et s'ouvre au niveau du mamelon par un pore galactophore.

Chaque lobe est divisé en **lobules,** séparés les uns des autres par du tissu conjonctif riche en cellules adipeuses.

Chaque lobule est desservi par un **canal galactophore de 2e ordre** qui bourgeonne et donne les portions sécrétrices, qui sécrètent le lait : **les tubulo-alvéoles.**

Les alvéoles et les canaux sont entourés de cellules myoépithéliales qui permettent l'expulsion du lait.

L'extrémité du sein comprend :

- l'**aréole,** zone circulaire présentant une pigmentation brune et des petits renflements qui sont de grosses glandes sudoripares. Autour de l'aréole se trouvent également des glandes sébacées dilatées, non associées à un follicule pileux ;
- le **mamelon,** qui se trouve au centre de l'aréole, présente une quinzaine de pores qui sont les orifices des canaux galactophores permettant l'excrétion du lait.

L'innervation sensitive est très développée au niveau du mamelon et de l'aréole. Les hommes possèdent également des glandes mammaires, mais elles sont très peu développées.

Variations de structure au cours de la vie génitale

Le sein fait partie des **caractères sexuels secondaires.** Il subit les modifications suivantes :

- **Avant la puberté**

La glande mammaire est très peu développée. Les canaux excréteurs sont très peu présents.

- **Au moment de la puberté**

La sécrétion des hormones, ovariennes et hypothalamo-hypophysaires, provoque le développement des seins. Les portions sécrétrices (acini) sont absentes. Lors de la deuxième partie du cycle menstruel (14e au 28e jour), il se produit une augmentation du volume des seins.

- **Au moment de la grossesse**

La vascularisation sanguine s'accroît, les canaux galactophores et les acini se développent.

- **Au moment de l'accouchement et de l'allaitement**

À la fin de la grossesse, la glande mammaire produit un liquide jaunâtre, riche en protéines, le colostrum. Puis la sécrétion lactée s'établit sous l'action de l'hormone hypophysaire, la prolactine, qui permet la production de lait. Une autre hormone hypophysaire, l'ocytocine, déclenche la contraction des cellules myoépithéliales permettant ainsi l'expulsion du lait dans les canaux galactophores. Le maintien de la sécrétion lactée pendant la durée de l'allaitement est entretenu par le réflexe de succion du mamelon pendant les tétées. Si le lait n'est plus tiré, la sécrétion s'arrête.

- **Après l'allaitement**

La glande mammaire régresse.

- **À la ménopause**

Les modifications hormonales provoquent une atrophie des canaux et des alvéoles.

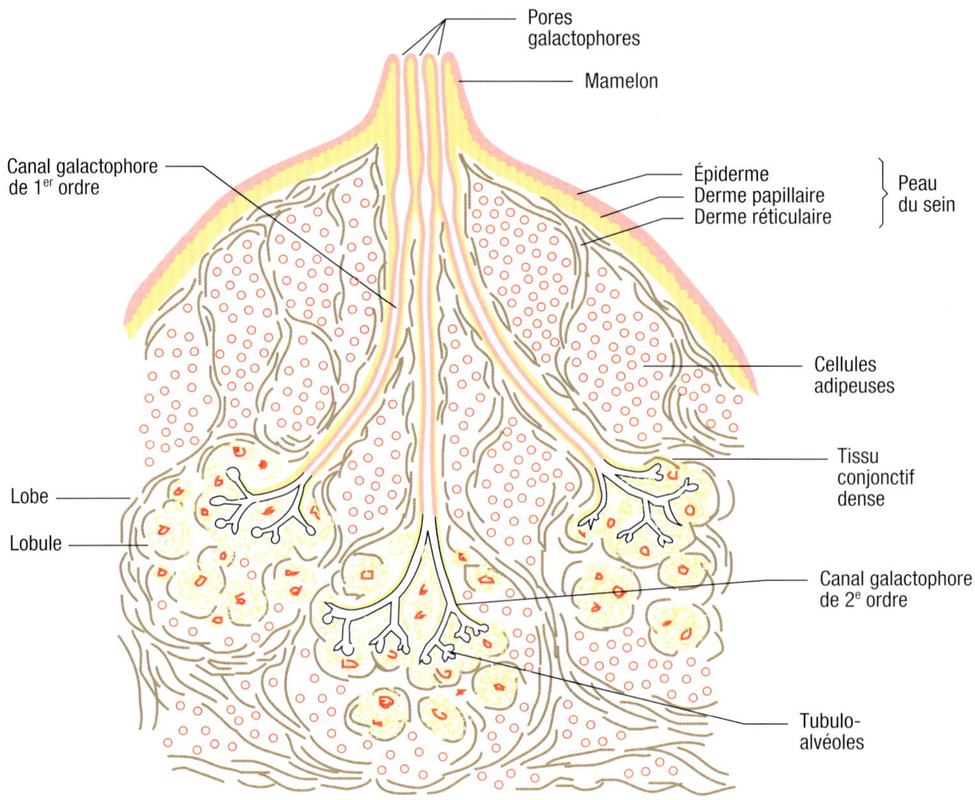

Fig. 1.9 – Glande mammaire.

Chirurgie esthétique du sein

Elle concerne :

La ptose mammaire

C'est un **affaissement de la glande et une distension de la peau.** Le sein est en position trop basse et il est vide dans sa partie supérieure. La ptose peut être associée à une hypertrophie ou à une hypoplasie mammaire. Elle peut survenir après un amaigrissement ou après une grossesse.

L'intervention chirurgicale agit sur l'enveloppe cutanée en remontant l'aréole et sur la glande en la remodelant.

C'est une correction de l'affaissement glandulaire et de l'excès cutané. Les cicatrices sont périaréolaires, associées à une cicatrice verticale et parfois à une autre dans le sillon sous-mammaire.

L'allaitement est possible après ce type d'intervention.

L'hypotrophie mammaire

Elle se caractérise par le **volume insuffisant des seins.**

L'intervention chirurgicale consiste à placer des implants, les prothèses mammaires, en arrière de la glande :

- soit par voie axillaire (cicatrice dans le creux du bras) derrière le muscle pectoral ;
- soit par voie aréolaire (cicatrice autour de l'aréole) entre le muscle pectoral et la glande mammaire.

L'allaitement est possible après ce type d'intervention.

L'hypertrophie mammaire

Elle se caractérise par un **volume trop important des seins,** elle est souvent associée à une ptose. Elle provoque des modifications posturales inesthétiques et parfois douloureuses.

L'intervention chirurgicale réduit le volume des seins et corrige la ptose. Les cicatrices sont fonction du volume et de la ptose.

L'allaitement est possible après ce type d'intervention.

Reconstruction mammaire

Elle se pratique **après ablation d'un sein** suite à un cancer.
La reconstruction mammaire se fait en recréant volume et forme puis en rendant symétrique le sein reconstruit par rapport au sein restant.
Enfin, on reconstruit l'aréole et le mamelon par greffe de peau ou par tatouage.

Collagène

La molécule de base du collagène est le **tropocollagène,** produit par les fibroblastes. Il est composé de trois chaînes d'acides aminés enroulées en hélice.
Les acides aminés les plus importants sont : la glycine, la proline et l'hydroxyproline.
Il existe plusieurs types de collagène (dix-neuf environ) qui diffèrent dans leur composition, leur structure et leur localisation dans l'organisme. Les types I et III sont surtout présents dans le derme.

Élastine

L'élastine est synthétisée par les fibroblastes sous forme de tropoélastine, macromolécule riche en glycine et en proline.
Les molécules de tropoélastine se connectent les unes aux autres par des acides aminés de pontage comme la desmosine et l'isodesmosine.
Selon leur degré de maturation, il y a trois types de fibres élastiques :
- les fibres oxytalanes ;
- les fibres élaunines ;
- les fibres d'élastine mature.

2 Différents systèmes du corps humain

Le corps humain est un ensemble de systèmes constitués d'organes en interaction, chacun assurant une fonction précise dans l'organisme. On distingue :

- les systèmes de régulation qui assurent la régulation générale des organes entre eux, avec le milieu extérieur et la communication entre les cellules et les organes. Ils comprennent :
  - le **système nerveux**,
  - le **système endocrinien ou hormonal** ;
- les systèmes de la vie végétative qui dépendent du système nerveux neurovégétatif. Ils comprennent :
  - le **système digestif** qui apporte les éléments indispensables au fonctionnement des organes,
  - le **système cardiovasculaire** qui exerce une fonction vitale d'oxygénation et de nutrition des différents organes,
  - le **système lymphatique** qui agit sur l'équilibre liquidien et constitue une voie de drainage,
  - le **système respiratoire** qui travaille en étroite collaboration avec le cœur et fournit l'oxygène à l'organisme,
  - le **système urinaire** qui élimine les déchets sanguins ;
- le système locomoteur qui assure le mouvement. Il comprend :
  - le **système osseux**,
  - le **système musculaire** ;
- le **système tégumentaire** qui assure un rôle protecteur. Il comprend :
  - la **peau et ses annexes** ;
- le système immunitaire qui assure la défense de l'organisme contre des éléments étrangers ;
- le système génital qui assure la reproduction. Il comprend :
  - les **organes sexuels masculins et féminins**.

Systèmes de régulation

SYSTÈME NERVEUX

Selon ses fonctions, on distingue :
- le système nerveux central, formé de l'encéphale et de la moelle épinière ;
- le système nerveux périphérique, qui comprend les nerfs crâniens et les nerfs rachidiens ;
- le système nerveux végétatif, qui régule les organes internes.

Structure du tissu nerveux

Le tissu nerveux est constitué de deux types de cellules, les neurones et les cellules gliales ou gliocytes.
Le tissu nerveux est spécialisé dans la conduction, la transmission et le traitement des informations.

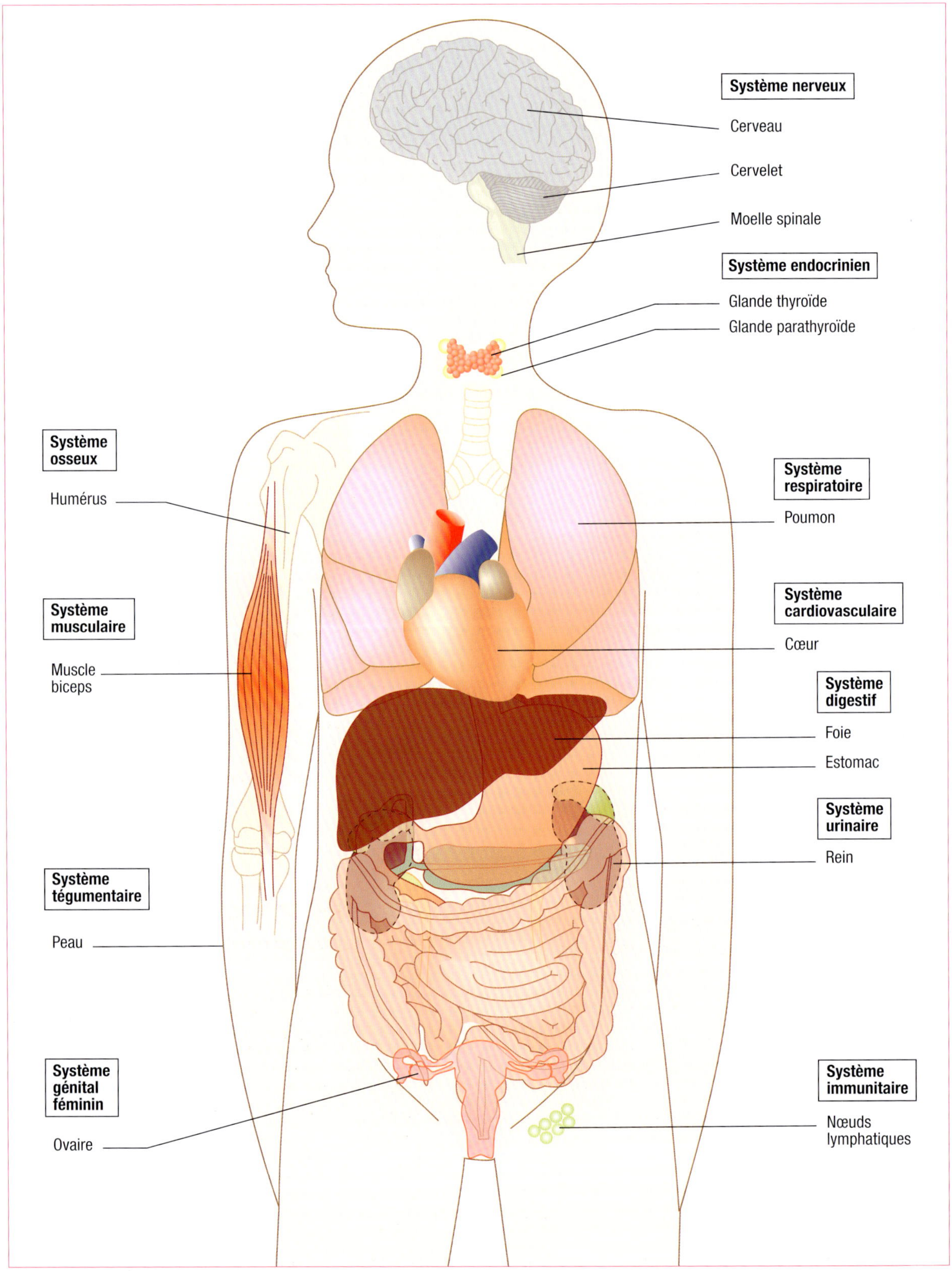

Fig. 2.1 – Différents systèmes et organes du corps humain.

Neurones

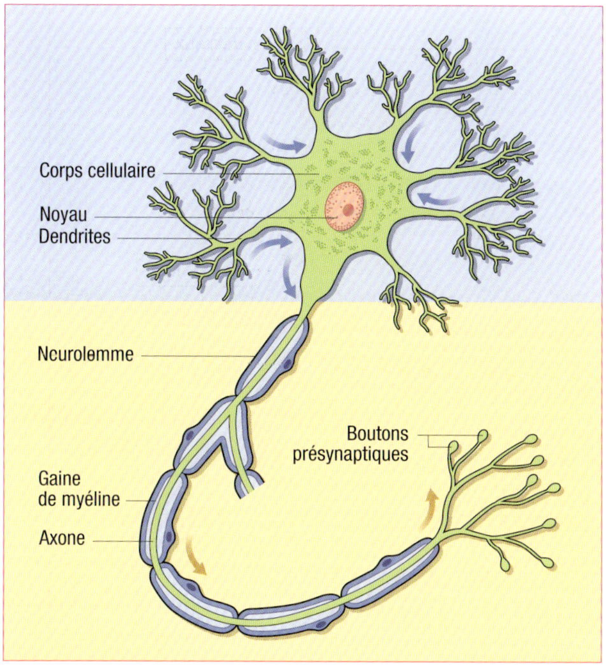

Fig. 2.2 – Structure d'un neurone.

Un neurone est formé d'un corps cellulaire et de prolongements cytoplasmiques ou prolongements neuronaux qui sont de deux types : un axone unique et des dendrites.

Corps cellulaire

Son cytoplasme possède les mêmes organites que les autres cellules mais il est granuleux et renferme de nombreuses neurofibrilles. Le noyau est volumineux.

Dendrites

Ce sont de courtes excroissances du corps cellulaire. Elles reçoivent des influx nerveux et les transportent vers le corps cellulaire.

Axone ou cylindraxe

C'est le prolongement unique du corps cellulaire, mais il peut avoir des branches collatérales.
Sa taille est variable, il peut être très court ou très long.
À son extrémité, il se divise en de multiples ramifications, formant l'arborisation terminale et se terminant par de petits renflements appelés boutons présynaptiques ou terminaux.
La membrane entourant l'axone est l'axolemme ou neurolemme.
Certains axones sont entourés par la gaine de myéline, substance lipidique phosphorée, qui lui donne sa couleur blanche, le protège et accélère la transmission de l'influx nerveux.
Ce sont les fibres myéliniques qui sont blanches.
La gaine de myéline est interrompue par de petits étranglements.
L'axone recouvert de ses gaines constitue la fibre nerveuse.
Les fibres avec l'axolemme (neurolemme), sans la gaine de myéline, sont dites fibres amyéliniques, elles sont de couleur grise.

Synapse

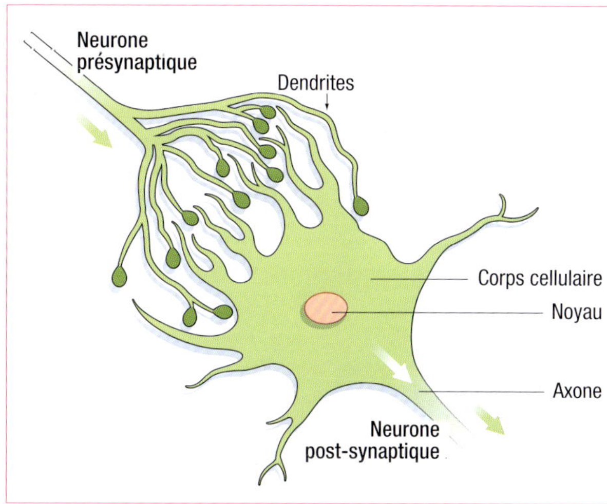

Fig. 2.3 – Schéma d'une synapse.

La synapse est l'endroit où l'influx nerveux passe d'un neurone à l'autre et à d'autres cellules.
La synapse existant entre le neurone et la fibre musculaire est la plaque motrice.

Cellules gliales ou gliocytes

Elles forment un tissu, la neuroglie.
On distingue :
- les astrocytes, de forme étoilée, qui sont le tissu de soutien du système nerveux central et qui sont une réserve énergétique ;
- les cellules microgliales qui sont des cellules immunitaires ;
- les oligodendrocytes qui élaborent la myéline au niveau des axones des neurones du système nerveux central.

Physiologie du tissu nerveux

Elle repose sur des mécanismes électriques et biochimiques.

Le neurone est excitable : en réponse à une excitation ou stimulus, il produit un influx nerveux et le transmet.
Le neurone est conducteur : l'influx nerveux est un influx électrique qui se propage tout le long du neurone.
La transmission de l'influx nerveux se fait en sens unique : de la dendrite vers le corps cellulaire puis vers l'axone.

- Le potentiel d'action garde la même intensité tout le long de l'axone. Au repos, la membrane cellulaire est polarisée, c'est-à-dire que la charge électrique de chaque côté de la membrane est différente. La face externe est positive, la face interne est négative : c'est le potentiel de repos. Quand le nerf est stimulé, la membrane se dépolarise, ce qui crée le potentiel d'action ou influx nerveux.
- L'intensité de la stimulation détermine la réponse ou potentiel d'action.
- La vitesse de la conduction nerveuse dépend du diamètre du neurone ; plus il est important, plus la conduction est rapide. Les fibres myélinisées conduisent l'influx nerveux plus rapidement que les fibres non myélinisées.

- **La transmission de l'influx nerveux entre deux neurones se fait au niveau de la synapse grâce aux neurotransmetteurs.** Ce sont des substances chimiques synthétisées dans les terminaisons nerveuses et stockées dans les boutons terminaux. Selon les neurotransmetteurs et les récepteurs post-synaptiques, l'action sera excitatrice ou inhibitrice. Il existe de nombreux neurotransmetteurs. Parmi les plus importants figurent : l'acétylcholine, la noradrénaline, la dopamine, la sérotonine et les endorphines.

Système nerveux central

Il comprend l'encéphale et la moelle spinale qui sont protégés par trois membranes : les méninges. Il est relié aux autres organes par les nerfs qui constituent le système nerveux périphérique.

Encéphale

Logé à l'intérieur de la boîte crânienne, il comprend le cerveau, le tronc cérébral et le cervelet.

Cerveau

C'est la partie antérieure de l'encéphale. Il est formé par les deux hémisphères cérébraux : le droit et le gauche, dont la surface extérieure est plissée.
La partie périphérique du cerveau ou cortex est composée des corps cellulaires des neurones (substance grise). La partie la plus profonde est formée de fibres nerveuses (substance blanche).
Le cortex présente des scissures délimitant des lobes. Chaque hémisphère cérébral est divisé en quatre lobes : frontal, pariétal, temporal et occipital.
Au niveau du cortex, se situent des aires corticales, formées de regroupement de neurones ayant des fonctions identiques.
Selon leur rôle, on distingue des aires motrices, des aires sensitives et des aires mixtes.

Tronc cérébral

Partie la plus basse de l'encéphale, le tronc cérébral est situé entre la moelle épinière et le cerveau. Il est le point de départ des douze paires de nerfs crâniens qui ont un rôle moteur, sensitif et mixte.

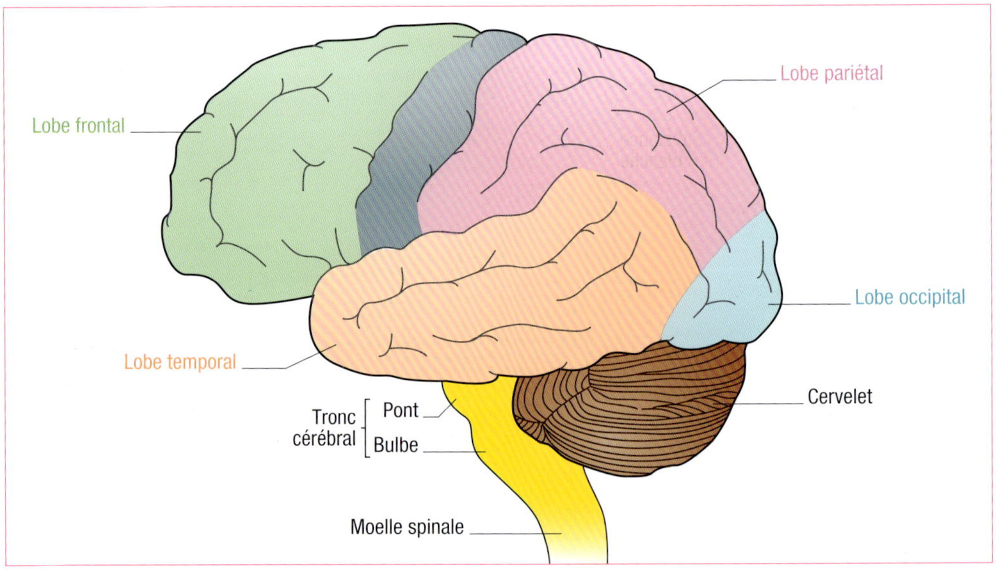

Fig. 2.4 – Encéphale (vue latérale gauche).

Il comprend :
- le pont, centre de régulation de la respiration ;
- le bulbe qui forme la partie inférieure du tronc cérébral et où se trouvent des centres vitaux comme : le centre cardiovasculaire, le centre respiratoire, le centre vasomoteur, *etc.*

Cervelet

C'est une masse grise, finement plissée, située en arrière du bulbe. Le cervelet est un centre de coordination de l'équilibre, du tonus musculaire et des mouvements.

Moelle spinale

La moelle spinale se présente comme un cordon cylindrique blanc de 1 cm de diamètre et de 50 cm de long, se trouvant en dessous du tronc cérébral.
Elle est logée dans le canal spinal de la colonne vertébrale dont elle est séparée par les méninges.

De chaque côté de la moelle spinale naissent 31 paires de nerfs spinaux comprenant une racine antérieure ou ventrale et une racine postérieure ou dorsale sur laquelle se trouve un ganglion spinal.
Les deux racines se réunissent pour former le nerf spinal.
En coupe transversale, la moelle spinale montre que la substance grise est au centre, entourée de la substance blanche.
La substance grise dessine un H avec deux cornes antérieures, deux cornes postérieures et deux cornes latérales. Au centre, le canal central contient le liquide céphalospinal.
Au niveau de la corne antérieure se trouvent les neurones moteurs, au niveau de la corne postérieure, les neurones sensitifs, au niveau de la corne latérale, les neurones connecteurs.

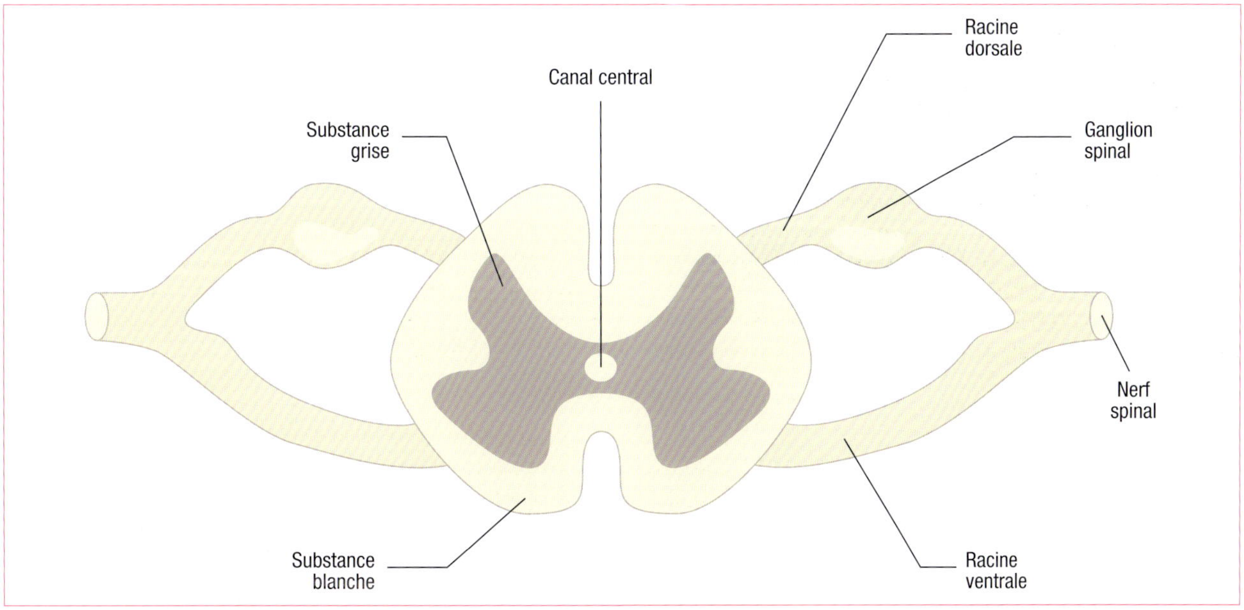

Fig. 2.5 – La moelle spinale (coupe).

Système nerveux périphérique (SNP)

Le système nerveux périphérique est composé de nerfs qui sont :
- douze paires de nerfs crâniens reliés à l'encéphale ;
- trente et une paire de nerfs spinaux reliés à la moelle spinale.

Nerfs crâniens

Selon leur fonction, on distingue trois types de nerfs crâniens :
- les nerfs sensitifs, constitués de fibres afférentes qui transmettent les informations des organes des sens vers un centre nerveux ;
- les nerfs moteurs, constitués de fibres efférentes qui transmettent les informations d'un centre nerveux vers la périphérie ;
- les nerfs mixtes qui sont à la fois moteurs et sensitifs.

Nerfs sensitifs

Parmi les nerfs sensitifs, nous citons :
- le nerf olfactif : nerf de l'odorat. Ses terminaisons nerveuses viennent de la muqueuse nasale, elles cheminent vers la lame criblée de l'ethmoïde, atteignent le bulbe olfactif et gagnent le lobe frontal où se trouve l'aire olfactive ;
- le nerf optique : nerf de la vision. Ses fibres naissent de la rétine et forment le nerf optique. Elles cheminent vers l'aire visuelle ;
- le nerf auditif : nerf de l'audition et du maintien de l'équilibre du corps.

Nerfs moteurs

Parmi les nerfs moteurs, nous citons :
- le nerf moteur oculaire commun ou oculomoteur. Il agit sur la mobilité du globe oculaire et permet l'ouverture des paupières ;
- le nerf grand hypoglosse. Il permet les mouvements de la langue, il participe à la mastication, à la déglutition et à la parole.

Nerfs mixtes

Parmi les nerfs mixtes, nous citons :
- le nerf facial : ses fibres motrices commandent les muscles de la mimique, ses fibres sensitives transmettent le sens du goût et la sensibilité cutanée de l'oreille externe ;
- le nerf trijumeau : il se divise en trois branches principales qui se subdivisent en multiples ramifications. Il est responsable de la sensibilité tactile, douloureuse et thermique de la face, et de la motricité des muscles masticateurs.

Nerfs spinaux

Les nerfs spinaux proviennent de la moelle spinale.
Ils se divisent en deux racines :
- une racine antérieure ou ventrale, motrice ;
- une racine postérieure ou dorsale, sensitive.

Puis les deux racines se réunissent avant de sortir du canal spinal, pour former un nerf mixte, qui possède des fibres sensitives et motrices.

Arc réflexe

Les réflexes sont des réactions involontaires, provoquées par une stimulation extérieure.
L'arc réflexe est le type de fonctionnement médullaire le plus simple. C'est une réaction motrice, automatique et inconsciente répondant à un stimulus.

L'influx nerveux, déclenché par une excitation périphérique, par exemple une stimulation douloureuse de la main, provoque un retrait immédiat de celle-ci.
La réaction se propage à plusieurs niveaux :
- la sensation douloureuse est perçue par des terminaisons nerveuses sensibles cutanées (1) ;
- la réaction douloureuse, sous forme d'influx, gagne les dendrites, le corps cellulaire puis l'axone d'un neurone sensitif (2) ;
- l'axone sensitif pénètre dans la corne postérieure de la moelle spinale, fait synapse avec un neurone connecteur de la corne latérale (3) ;
- le neurone connecteur transmet l'influx au neurone moteur situé dans la corne antérieure de la moelle spinale (4) ;
- l'influx se propage des dendrites vers le corps cellulaire et l'axone du neurone moteur jusqu'au muscle qui provoquera le retrait de la main (5).

Perception tactile

La peau est l'organe du toucher (*cf.* « Innervation cutanée », page 77) qui s'organise ainsi :
- un stimulus déclenche un influx nerveux ;
- des récepteurs sensitifs le perçoivent. Ce sont :
  - des terminaisons nerveuses libres,
  - des corpuscules spécialisés,
  - des épithélioïdocytes du tact ;
- une fibre nerveuse sensitive conduit l'influx nerveux vers le cerveau ;
- l'aire sensitive du cerveau traitera l'information, l'analysera et en tirera les conséquences comme, par exemple, le retrait immédiat de la main de la source douloureuse.

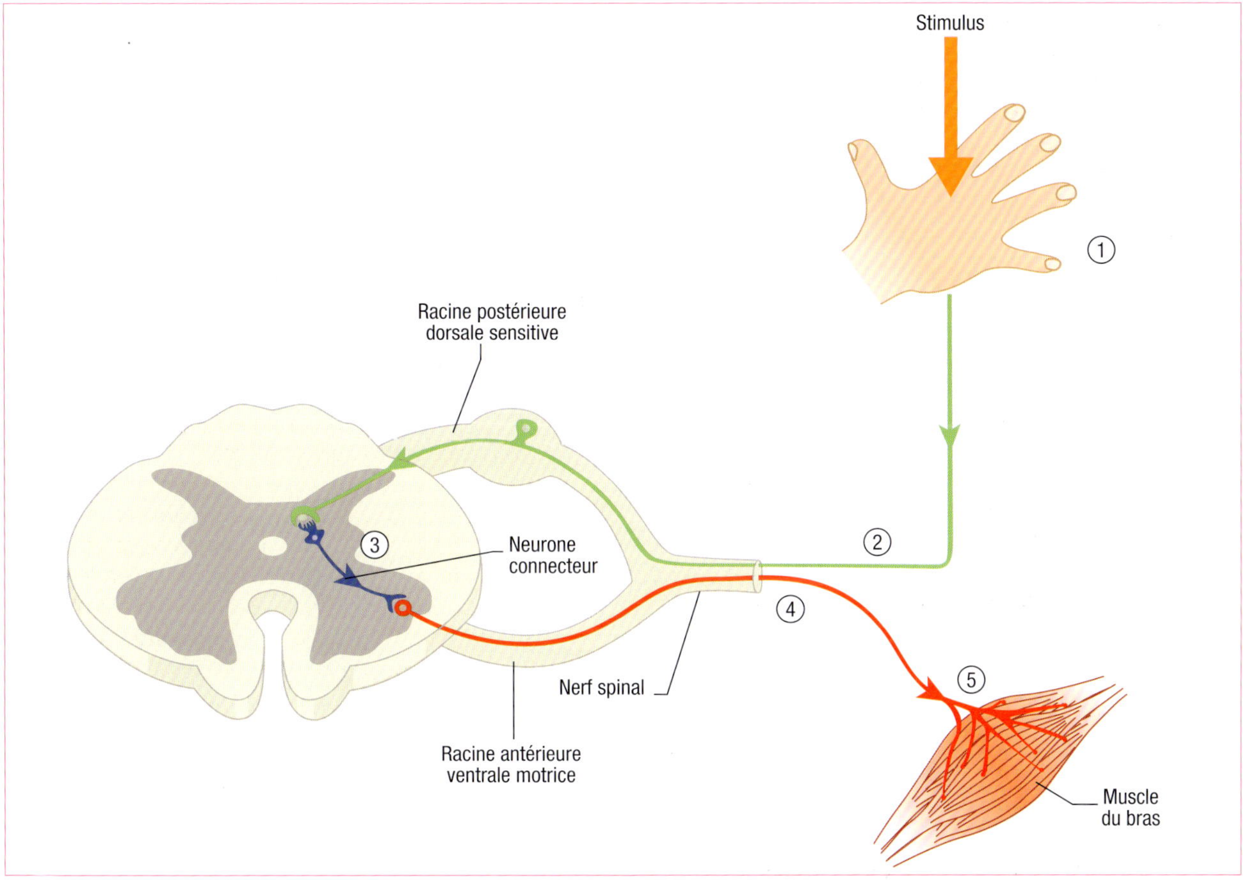

Fig. 2.6 – Arc réflexe.

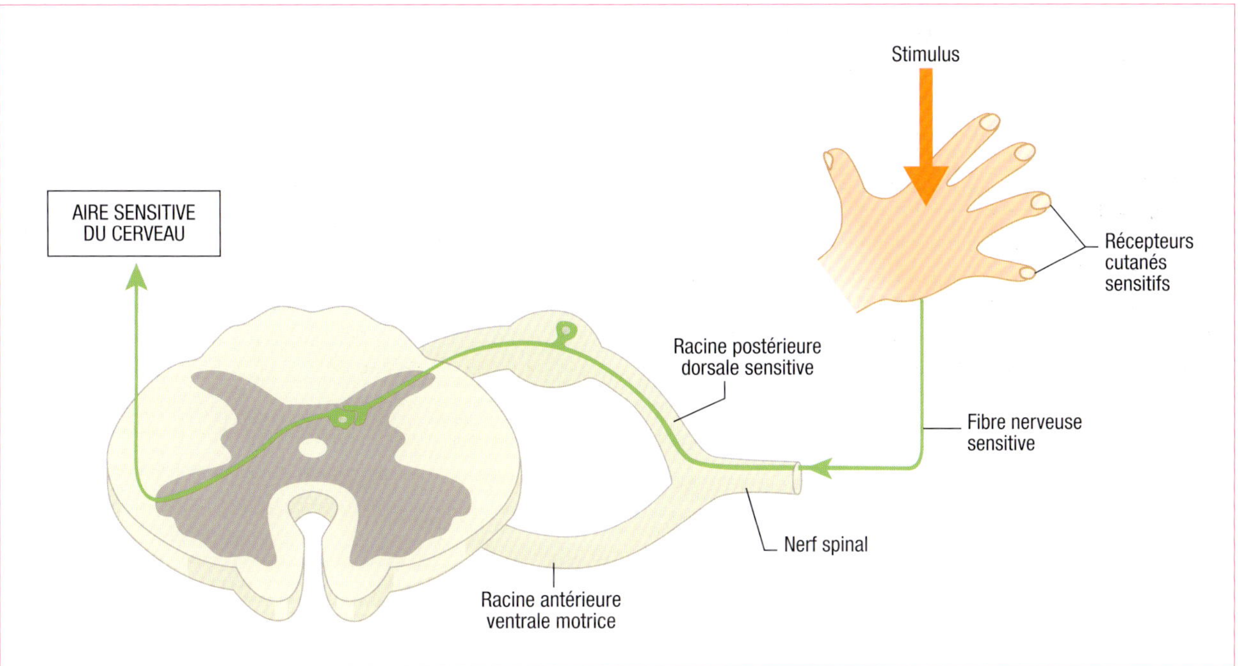

Fig. 2.7 – Perception tactile.

SYSTÈME ENDOCRINIEN

Il est constitué de glandes ou de tissus, spécifiques, qui sécrètent directement dans le sang des hormones glandulaires ou tissulaires.

Elles atteignent ainsi leurs cellules-cibles et y exercent un effet déterminé.

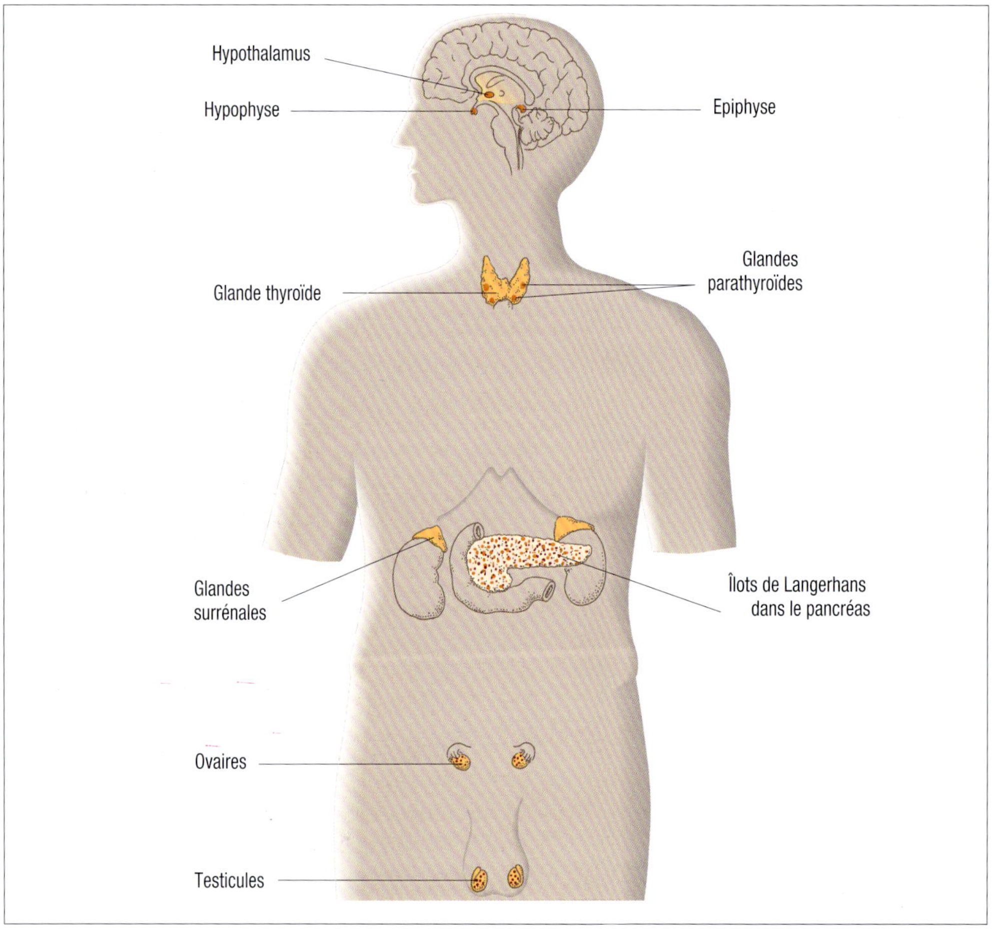

Fig. 2.8 – Localisation des glandes endocrines.

Hypophyse

Située dans une cavité de l'os sphénoïde, elle est constituée de deux lobes.

Lobe antérieur ou antéhypophyse ou adénohypophyse

Les principales hormones sécrétées sont les stimulines qui agissent sur :

- la glande thyroïde ;
- les glandes surrénales ;
- les glandes sexuelles masculines et féminines ;
- la croissance de l'organisme (hormone de croissance) ;
- la glande mammaire pour la sécrétion de lait ;
- les mélanocytes.

Lobe postérieur ou posthypophyse ou neurohypophyse

Il est en relation étroite avec l'hypothalamus, car les hormones posthypophysaires sont sécrétées par l'hypothalamus et stockées dans la posthypophyse.

Ce sont :
- l'ADH *(Anti Diuretic Hormone)* : hormone antidiurétique qui réduit l'élimination d'urine ;
- l'ocytocine qui, en fin de grossesse, déclenche les contractions utérines et facilite l'émission de lait.

Hypothalamus

Il est situé au centre du cerveau, au-dessus de l'hypophyse à laquelle il est relié par une tige.
Il sécrète deux types d'hormones :
- celles qui vont transiter dans la posthypophyse : ADH et ocytocine ;
- celles qui contrôlent la sécrétion de toutes les hormones antéhypophysaires, soit en les stimulant, soit en les inhibant.

Épiphyse ou corps pinéal

Petite glande située au milieu du cerveau, l'épiphyse sécrète une hormone, la mélatonine, qui joue un rôle dans la physiologie du rythme du jour et de la nuit (chronobiologie).

Glande thyroïde

La glande thyroïde est située en avant du cou, devant le larynx et la trachée.
Elle est constituée de deux lobes latéraux.
Les hormones sécrétées par la thyroïde sont :
- la calcitonine qui gère l'équilibre du calcium dans l'organisme ;
- la thyroxine (T4) et la triodothyronine (T3), hormones iodées, qui augmentent le métabolisme basal et la lipolyse, stimulent la croissance et les principaux systèmes de l'organisme.

Glandes parathyroïdes

Ce sont quatre petites glandes situées de part et d'autre de la glande thyroïde.
Elles sécrètent une hormone, la parathormone, qui régule le métabolisme du calcium et du phosphore.

Glandes surrénales

Ce sont deux petites glandes qui coiffent le sommet des reins.
Elles comprennent deux parties :
- une partie périphérique ou corticale : la corticosurrénale ;
- une partie centrale ou médullaire : la médullosurrénale.

Corticosurrénale

Elle sécrète trois grands groupes d'hormones :
- les glucocorticoïdes, comme le cortisol, la cortisone et la corticostérone. Ils agissent sur le métabolisme des glucides, leur sécrétion est accrue lors de stress. Ils sont utilisés notamment pour leurs effets anti-inflammatoire et anti-allergique ;
- les minéralocorticoïdes, comme l'aldostérone. Cette hormone règle le métabolisme de l'eau et intervient dans l'équilibre sodium/potassium ;
- les hormones sexuelles. Chez la femme comme chez l'homme, les corticosurrénales sécrètent des hormones sexuelles mâles (androgènes) dont la plus importante est la déhydroépiandrostérone (DHEA).

Médullosurrénale

Elle sécrète deux hormones, l'adrénaline et la noradrénaline qui sont des neurotransmetteurs.
Leur action principale est la mise en défense de l'organisme en situation de stress immédiat (physique et psychique), ce qui se traduit par une accélération du métabolisme cardiaque, respiratoire et glandulaire.

Pancréas endocrine

Le pancréas, glande digestive amphicrine, contient des petits amas cellulaires appelés « îlots de Langerhans » qui sécrètent :
- l'insuline qui régule le taux de glucose dans le sang (glycémie) ;
- le glucagon qui augmente la glycémie (action antagoniste de l'insuline).

Ovaires

Ils sécrètent deux types d'hormones sexuelles femelles :
- les œstrogènes ;
- la progestérone.

Actions des œstrogènes

Les œstrogènes sont responsables de la maturation du système génital avec l'apparition des premières règles.
Les œstrogènes contribuent au développement des caractères sexuels secondaires comme :
- le développement mammaire ;
- l'apparition des poils pubiens et axillaires ;
- la localisation du tissu adipeux (gynoïde).

Ils agissent sur la sécrétion utérine ou « glaire cervicale » en la rendant plus perméable aux spermatozoïdes et en participant à leur survie.
Ils régénèrent l'endomètre utérin après les règles.
Ils activent la calcification du squelette et la rétention d'eau.
Au niveau cutané, ils augmentent la teneur en eau du derme.

Actions de la progestérone

Son rôle essentiel est de préparer les organes génitaux féminins à une éventuelle gestation.

- Au niveau de l'utérus, la progestérone agit sur la muqueuse en augmentant sa prolifération et sa vascularisation afin que l'endomètre soit apte à la nidation de l'ovule fécondé.
- Au niveau des seins, elle stimule la croissance des glandes mammaires.

Les glandes surrénales sécrètent également de la progestérone.

Testicules

Ils sécrètent des hormones mâles, les androgènes, dont la plus importante est la testostérone (les glandes surrénales sécrètent de la testostérone dans les deux sexes).

Actions de la testostérone

- Elle agit sur la maturation des organes sexuels.
- Elle agit sur l'apparition des caractères sexuels secondaires, comme le développement du système pileux (barbe, poils axillaires et pubiens), des organes génitaux, la modification de la voix, la morphologie du squelette.
- Elle agit sur la spermatogenèse (production de spermatozoïdes).
- Elle agit chez l'homme et chez la femme sur l'appareil pilosébacé.

BP/BAC PRO

Système nerveux végétatif ou autonome

Le système nerveux végétatif gère les grandes fonctions organiques qui ne sont pas sous le contrôle de la volonté, comme la circulation sanguine, la respiration, le métabolisme, *etc.*

Il comprend des centres nerveux et des voies conductrices, sensitives et motrices.

Il est composé du système nerveux sympathique et du système nerveux parasympathique qui diffèrent par leur localisation et par leur action.

Composition

Système sympathique ou orthosympathique

Tous les centres sont situés dans la moelle épinière, dans la zone dorsolombale. Les vingt-trois ganglions sympathiques sont en chaîne de chaque côté de la colonne vertébrale.

Les actions du système sympathique sont résumées dans le tableau ci-dessous.

Système parasympathique

Il prend naissance au niveau du tronc cérébral et de la substance grise des cornes latérales de la moelle épinière.

Les ganglions parasympathiques sont situés à proximité de l'organe cible ou dans l'organe cible.

Les actions du système parasympathique sont résumées dans le tableau ci-dessous.

Organes	Effets du système sympathique	Effets du système parasympathique
Peau	Horripilation, sudation	
Œil (pupilles)	Mydriase (dilatation)	Myosis (rétrécissement)
Cœur	Augmentation de la fréquence des contractions cardiaques	Diminution de la fréquence des contractions cardiaques
Vaisseaux	Constriction	Dilatation
Bronches	Dilatation	Constriction
Tube digestif	Diminution de la motricité	Augmentation de la motricité
	Contraction des sphincters	Relâchement des sphincters
Glandes digestives	Augmentation de la sécrétion	Diminution de la sécrétion
Organes sexuels masculins	Éjaculation	Érection

Neurotransmetteurs du système nerveux végétatif

Les neurotransmetteurs sont des substances chimiques assurant le passage de l'influx nerveux au niveau du ganglion et au niveau de l'organe cible.

- Dans le système sympathique, le neurotransmetteur agissant sur les récepteurs de la cellule cible est la **noradrénaline.** Les récepteurs sont dits adrénergiques.
- Dans le système parasympathique, le neurotransmetteur agissant sur les récepteurs de la cellule cible est l'**acétylcholine.** Les récepteurs sont dits cholinergiques.

Perception olfactive

Le système olfactif comprend un récepteur, l'**épithélium olfactif,** situé dans les fosses nasales et composé de cellules épithéliales ciliées, les **cellules olfactives.**

Les cils des cellules olfactives sont noyés dans le **mucus nasal.**

Les substances odorantes doivent donc traverser le mucus nasal pour se fixer sur les cils.

L'influx nerveux (stimulus olfactif) parti des cellules ciliées est transporté par des fibres nerveuses jusqu'au **bulbe olfactif** situé, au-dessus des fosses nasales, dans le cortex, puis dans l'**aire olfactive du lobe frontal.** C'est à ce niveau que l'odeur perçue est analysée.

La perception olfactive s'amoindrit lorsqu'elle est sollicitée par une odeur permanente.

La perception olfactive est en synergie avec la mémoire et le système digestif.

La perception olfactive est accrue par le reniflement qui concentre les molécules olfactives.

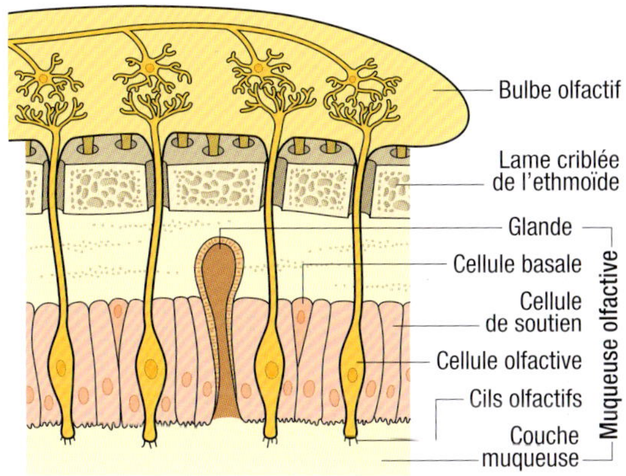

Fig. 2.9 – Structure de la muqueuse olfactive.

Qualités requises pour que les molécules odorantes soient perçues :

- être volatiles ;
- avoir une masse moléculaire réduite ;
- être relativement hydrophiles ;
- être lipophiles afin de solubiliser le mucus.

Anomalies de la perception olfactive

- **Anosmie** : disparition de la sensibilité olfactive à la suite d'une lésion ou d'une inflammation.
- **Hyperosmie** : hypersensibilité olfactive due à certains troubles du système nerveux.
- **Parosmie** : sensibilité olfactive vis-à-vis d'odeurs inexistantes due à un trouble de l'aire olfactive.

Systèmes de la vie végétative

SYSTÈME DIGESTIF

Le système digestif comprend :

Cavité buccale

C'est la partie initiale du tube digestif, elle est limitée :

- en haut, par la voûte du palais ;
- en bas, par la langue et le plancher buccal ;
- sur les côtés, par les joues.

Elle est entièrement revêtue d'une muqueuse formée d'un épithélium squameux stratifié avec de nombreuses glandes à mucus.

Dents

Elles permettent la mastication des aliments.

Elles sont au nombre de 32 chez l'adulte et de 20 chez l'enfant (dents de lait).

Elles sont implantées sur les bords alvéolaires des deux maxillaires.

Elles se répartissent ainsi sur chaque mâchoire :
- 4 incisives qui coupent ;
- 2 canines qui déchirent ;
- 4 prémolaires qui écrasent ;
- 6 molaires qui broient.

Langue

C'est une masse musculaire recouverte d'un épithélium squameux stratifié comprenant de nombreuses papilles qui renferment les terminaisons nerveuses du goût.
Les papilles gustatives ont des formes différentes et permettent de percevoir quatre types de goût : acide, sucré, amer et salé.
La langue participe à la mastication, au goût, à la déglutition et à la phonation.

Pharynx

C'est un conduit qui relie la cavité buccale à l'œsophage, et les fosses nasales au larynx.

Œsophage

C'est un conduit musculaire qui relie le pharynx à l'estomac. Il véhicule les aliments du pharynx à l'estomac.

Estomac

C'est une grosse poche musculeuse en forme de J.
Il communique avec l'œsophage par le cardia et avec l'intestin grêle par le pylore. Il est recouvert d'une muqueuse dans laquelle se trouvent les glandes gastriques qui sécrètent du mucus, des enzymes et de l'acide chlorhydrique.

Intestin grêle

C'est un long tube cylindrique faisant suite à l'estomac et qui mesure environ 6 m de long. Il est replié en anses et comporte trois parties :
- le duodénum qui est séparé de l'estomac par le pylore et enserre la tête du pancréas ; il reçoit

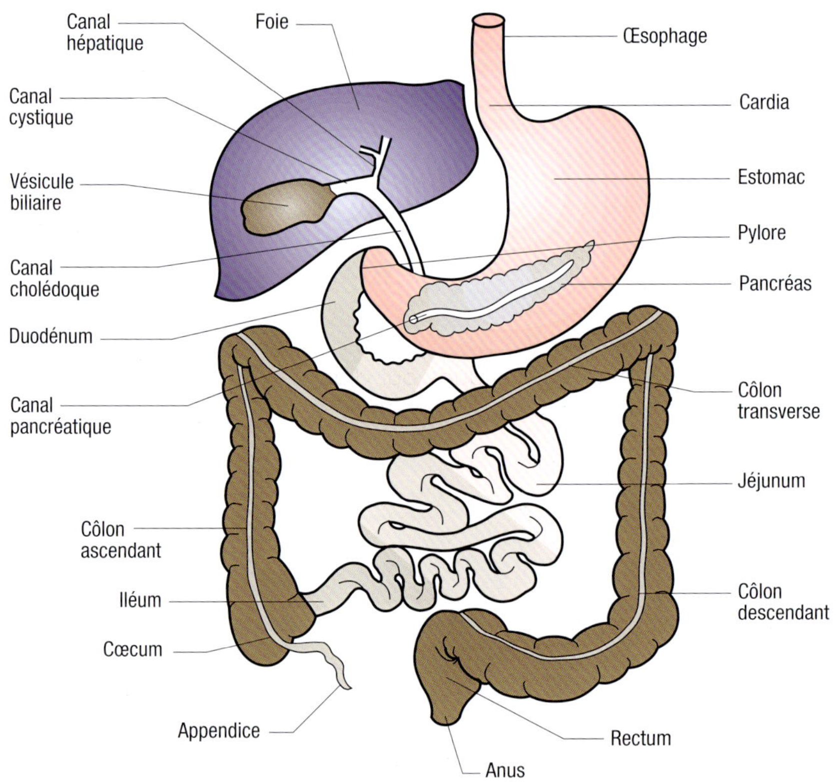

Fig. 2.10 – Appareil digestif.

les canaux pancréatiques venant du pancréas et le canal cholédoque venant du foie ;
- le jéjunum qui forme un coude ;
- l'iléum qui est la partie terminale. Il s'abouche dans le côlon ascendant.

Gros intestin ou côlon

Ce gros tube bosselé, de 1,20 mètre environ, comprend :
- le côlon ascendant qui débute par un cul-de-sac, le cæcum, portant l'appendice ;
- le côlon transverse qui traverse la cavité abdominale ;
- le côlon descendant ou côlon gauche qui se termine par l'ampoule rectale (le rectum) obturée par le sphincter anal ou anus.

Glandes digestives

Glandes salivaires

Elles comprennent trois paires de glandes qui sécrètent la salive :
- les glandes parotides ;
- les glandes submandibulaires ;
- les glandes sublinguales.

La sécrétion salivaire est d'environ 500 à 1 200 mL par jour, elle est abondante au cours des repas et nulle au cours du sommeil. Elle contient de l'eau, des sels minéraux, des enzymes. Elle humidifie la muqueuse buccale, la nettoie et prépare les aliments pour la digestion.

Pancréas

En forme de feuille, il est situé sous l'estomac. C'est une glande mixte à sécrétion exocrine et endocrine.
- La sécrétion exocrine est le suc pancréatique, très riche en bicarbonates, en enzymes protéolytiques, en enzymes glycolytiques qui digèrent les amidons et en lipases qui digèrent les graisses.
- La sécrétion endocrine est l'insuline qui contrôle le taux de glucose dans le sang.

Foie

C'est la glande la plus volumineuse de l'organisme (environ 1 500 grammes). Il est divisé en deux gros lobes.

Il a de très nombreuses fonctions métaboliques. Les cellules du foie ou hépatocytes synthétisent la bile qui est stockée dans la vésicule biliaire, sac en forme de poire. Le foie sécrète environ 500 mL de bile par jour. Elle est évacuée dans le duodénum par le conduit cholédoque. La bile est composée d'eau, de sels minéraux et de bilirubine qui provient de la décomposition de l'hémoglobine. La fonction essentielle de la bile est la digestion et l'absorption des graisses.

Phénomènes mécaniques de la digestion

Temps buccal et pharyngien

Les aliments sont broyés par les dents et imprégnés de salive : c'est la mastication. Lors de la déglutition, la pointe de la langue pousse le bol alimentaire dans le pharynx. Le centre de la déglutition se trouve dans le bulbe rachidien.

Temps œsophagien

Après la déglutition et l'ouverture du cardia, grâce à un mouvement ondulatoire, le péristaltisme œsophagien pousse le bol alimentaire dans l'estomac.

Temps gastrique

Les mouvements musculaires puissants de l'estomac assurent le broyage et le malaxage.

Les contractions péristaltiques font progresser le bol alimentaire liquide ou chyme vers le pylore.

Temps intestinal

La progression du chyme est lente, il est brassé et les différentes enzymes présentes le transforment en une bouillie claire : le chyle. La motricité intestinale de l'intestin favorise l'absorption, puis le transit vers le gros intestin. Les mouvements du côlon entraînent une partie des matières vers le rectum.

Temps rectal

C'est le moment de la défécation. Les parois du rectum, distendues par l'arrivée des matières fécales, déclenchent le phénomène d'expulsion avec ouverture des deux sphincters anaux.

Phénomènes chimiques de la digestion et de l'absorption

Il s'agit de la transformation des macromolécules alimentaires en petites molécules ou nutriments, sous l'action d'enzymes digestives (diastases) et de l'absorption par la muqueuse intestinale.

Salive

La salive humecte les aliments et commence la digestion des glucides.

Suc gastrique

Les glandes gastriques sécrètent le suc gastrique, qui est composé :

- d'acide chlorhydrique qui agit comme un désinfectant sur le bol alimentaire ;
- d'une enzyme protéolytique qui fragmente les grosses protéines.

Le bol alimentaire devient liquide : c'est le chyme.

Suc pancréatique

Les enzymes protéolytiques finissent de fragmenter les protéines en acides aminés.
Les enzymes glycolytiques fragmentent les glucides et la lipase pancréatique libère les acides gras.

Bile

La bile émulsionne les graisses, améliore la digestion et augmente le péristaltisme intestinal.

Absorption au niveau de l'intestin grêle

La digestion se fait en grande partie dans l'intestin grêle après le mélange avec la bile, le suc pancréatique et les enzymes de l'intestin grêle.
Lorsque les aliments ingérés sont réduits à l'état de chyle, liquide ne renfermant plus que des nutriments (eau, sels minéraux, oses, acides aminés, glycérol, acides gras, vitamines, *etc.*), ils sont absorbés par la muqueuse intestinale. La muqueuse de l'intestin grêle présente de très nombreux replis et des villosités (structures en doigt de gant) qui accroissent la surface et facilitent l'absorption. La paroi de chaque villosité est faite de cellules épithéliales ou entérocytes. Chaque villosité comporte une petite artériole, une petite veinule et un capillaire lymphatique ou chylifère.
Glucides, protides et lipides ne sont pas absorbés de la même façon. Les glucides, protides, eau, sels minéraux, gagnent les capillaires sanguins et le foie. Les lipides gagnent les chylifères et le conduit thoracique pour rejoindre la circulation systémique, ou grande circulation.

BP/BAC PRO

Notions de métabolisme

Le métabolisme est l'ensemble des réactions chimiques se produisant dans l'organisme.
Il comprend :

- **l'anabolisme** qui est l'ensemble des réactions permettant la synthèse de molécules complexes à partir des nutriments. L'anabolisme nécessite un apport d'énergie ;
- le **catabolisme** qui est l'ensemble des réactions provoquant la dégradation des molécules organiques (glucides, protides, lipides). Le catabolisme produit de l'énergie.

Métabolisme des protéines

Phase anabolisante

Pendant la digestion, les protéines sont dissociées en acides aminés.
Les acides aminés sont alors utilisés pour la synthèse des protéines de l'organisme, indispensables à la croissance, à la réparation cellulaire, à la synthèse de certaines hormones, à la coagulation du sang, *etc.*

Phase catabolisante

Les acides aminés non utilisés sont dégradés par le foie pour donner de l'urée.

Métabolisme des lipides

Phase anabolisante

Les gouttelettes de graisse qui sont transportées des chylifères dans la lymphe, puis dans la circulation sanguine, sont stockées dans les adipocytes, sous forme de triglycérides, pour constituer une réserve d'énergie.
Les lipides ont également un rôle dans la structure des membranes cellulaires et dans la synthèse de certaines hormones (sexuelles).

Phase catabolisante

Les acides gras libérés par les adipocytes fournissent de l'énergie lors de leur dégradation.

Métabolisme des glucides

Phase anabolisante

Tous les glucides sont absorbés sous forme de glucose.
Les molécules de glucose sont surtout stockées dans le foie sous forme de glycogène.
Si l'apport glucidique est trop important, le foie transforme le glucose en acides gras qui seront stockés dans les adipocytes.

Phase catabolisante

Le glucose dans l'organisme est catabolisé sous forme d'énergie.

▸▸

Formation des espèces réactives azotées ou oxygénées : « radicaux libres »

Les radicaux libres sont des sous-produits issus du métabolisme.

Ce sont des molécules dont les atomes possèdent un électron libre (célibataire) sur leur couche externe. Cet état est instable car le radical libre cherche à récupérer, en permanence, un électron d'une molécule voisine, provoquant ainsi des réactions de dégradation en chaîne.

Les radicaux libres ou formes activées de l'oxygène et de l'azote sont produits en permanence au cours de la vie cellulaire.

Certains facteurs environnementaux et de mauvaises habitudes provoquent un excès de radicaux libres, ce sont la pollution, le rayonnement UV, le tabac, les pesticides, l'alcool, *etc.*

Pour lutter contre les radicaux libres, les cellules sont équipées d'un système enzymatique.

Les enzymes les plus connues sont la superoxyde dismutase (SOD) et la glutathion peroxydase (GPX).

Certains nutriments nous permettent également de lutter, ce sont les vitamines A, C, E, des oligoéléments comme le sélénium et le zinc.

Lorsque ces systèmes sont débordés, les radicaux libres entrent en réaction avec les constituants cellulaires, les dégradent et provoquent le **stress oxydatif**.

Leurs cibles privilégiées sont :

- les acides gras insaturés qui entrent dans la composition des phospholipides membranaires, ce qui provoque une désorganisation et une altération de la membrane ;
- les enzymes qui sont inactivées ;
- l'ADN qui, attaqué, provoque un vieillissement cellulaire ;
- les glucides et les protéines qui réagissent entre eux, en formant des produits de glycation qui « encrassent » les cellules.

Les radicaux libres sont donc responsables d'un **vieillissement accéléré et de nombreuses maladies**.

Vitamines

Ce sont des composés organiques indispensables à la vie, à la croissance et à la reproduction de l'organisme.

Leur absence ou carence (avitaminose) entraîne des déséquilibres.

Elles sont apportées à l'organisme, incapable de les synthétiser, par une alimentation diversifiée.

Elles agissent à des doses infinitésimales.

On les divise en deux groupes :

- les vitamines hydrosolubles (solubles dans l'eau) ;
- les vitamines liposolubles (solubles dans les corps gras ou les solvants organiques).

Vitamines liposolubles

Vitamine A ou rétinol et caroténoïdes

Sources alimentaires

Beurre, lait, œufs, foie, poissons gras (thon, saumon, sardine), fruits jaunes, orange et verts. Les apports sont sous forme de caroténoïdes qui sont de la provitamine A.

Actions

Elle est indispensable au bon fonctionnement de l'œil (vision crépusculaire), à la multiplication et à la défense des cellules épithéliales, à la croissance osseuse, et au développement de l'embryon. Elle a un rôle protecteur et reconstituant au niveau cutané. Elle a un pouvoir antioxydant et des propriétés immunostimulantes.

Carence

Sa carence provoque une diminution de la vision nocturne et un dessèchement des tissus épithéliaux.

Vitamine D ou calciférol

Elle est considérée comme une vitamine et comme une hormone.

Sources

Il existe deux sources de vitamine D :

- un apport alimentaire : lait, beurre, œufs, poissons gras ;
- un apport endogène : l'action des UV solaires qui transforme le cholestérol cutané en vitamine D.

La production de vitamine D augmente en fonction de l'étendue de la peau exposée au soleil ; elle diminue avec l'âge ; elle est moindre sur les peaux foncées.

Les écrans solaires réduisent la production de vitamine D.

Actions

Elle stimule la construction de l'os, l'absorption intestinale du calcium et du phosphore.

Carence

Sa carence provoque le rachitisme, un retard de croissance, une déminéralisation osseuse, l'ostéoporose.

Vitamine E ou tocophérol

Sources alimentaires

Huile de germe de céréales, noix, soja, jaune d'œuf, lait.

Actions

Elle a un pouvoir antioxydant ; elle protège les cellules contre les radicaux libres.

Carence

Sa carence provoque des risques d'hémorragie et une augmentation du temps de coagulation.

Vitamines hydrosolubles

Vitamines du groupe B

Elles sont toutes essentielles à l'activité enzymatique.

Vitamine B1 ou thiamine

Sources alimentaires

Germes de blé, lentilles.

Actions

Elle participe à la libération de l'énergie contenue dans les glucides. Elle favorise la transmission nerveuse.

Carence

Sa carence provoque le béribéri, la paralysie de certains nerfs, des troubles de la coordination neuromusculaire, de l'œdème, une insuffisance cardiaque.

Vitamine B2 ou riboflavine

Sources alimentaires

Foie, œufs, champignons, yaourt, pain complet.

Actions

Elle se transforme en deux enzymes indispensables au catabolisme des acides gras et de certains acides aminés.

Carence

Sa carence provoque des lésions cutanées : dermite séborrhéique, chéilite, inflammation de la langue, larmoiement des yeux.

Vitamine B3 ou vitamine PP ou niacine

Sources alimentaires

Viande, volaille, poisson, légumes secs.

Actions

Elle est le précurseur de deux coenzymes essentielles à un très grand nombre de réactions. Elle protège la peau contre les radiations UV.

Carence

Sa carence provoque la pellagre, des troubles cutanés, digestifs et mentaux.

Vitamine B5 ou acide pantothénique

Sources alimentaires

Elle est très répandue dans toute l'alimentation (viande, légumes, céréales complètes, *etc.*).

Actions

Elle est un des constituants du coenzyme A, autour duquel s'articule le métabolisme des cellules. Elle favorise la résistance de la peau, des muqueuses et des phanères.

Carence

Très rare.

Vitamine B6 ou pyridoxine

Sources alimentaires

Foie, poisson, viande, banane, choux, levure.

Actions

Elle est transformée en coenzymes essentielles à la synthèse, à la transformation et à la dégradation des acides aminés. Elle joue un rôle dans la synthèse de l'hémoglobine, dans la régulation de certaines hormones, dans la synthèse des neurotransmetteurs (sérotonine). Elle est nécessaire à la synthèse de la kératine.

Carence

Sa carence provoque une vulnérabilité au stress, une baisse des défenses immunitaires, des troubles cutanés (dermite séborrhéique, chéilite).

Vitamine B8 ou biotine

Sources alimentaires

Foie, champignons, lentilles, œufs, poisson, chocolat.

Actions

Elle est la coenzyme de tout un groupe d'enzymes. Elle intervient dans la synthèse des lipides, des glucides et des protéines.

Carence

Sa carence provoque l'acné, la séborrhée, l'alopécie.

Vitamine B9 ou acide folique ou folates

Sources alimentaires

Foie, viande, haricot, banane, asperge, yaourt.

Actions

Elle a un rôle important dans l'élaboration des coenzymes, dans la synthèse des neurotransmetteurs, des cellules sanguines, de la méthionine.

Carence

Sa carence provoque des troubles nerveux et digestifs, de la fatigue, des dermatoses.

Vitamine B12 ou cobalamine

Sources alimentaires

Seulement d'origine animale. Abats, viande, volaille, poisson, œufs, produits laitiers.

Actions

Elle se transforme en coenzyme nécessaire à la synthèse des acides nucléiques. Elle participe à la formation des globules rouges. Elle est essentielle au bon fonctionnement du système nerveux et du système immunitaire.

Carence

Sa carence provoque une anémie, une atteinte neurologique (fourmillements, engourdissement des membres), des atteintes cutanées.

Biologie

Vitamine C ou acide ascorbique

Sources alimentaires

Fruits acides (agrumes, fraises, framboises), végétaux très colorés (choux verts, brocolis, tomates, poivrons), fines herbes, persil.

Actions

C'est un puissant antioxydant. Elle stimule la synthèse du collagène et des neurotransmetteurs. Elle favorise l'absorption du fer. Elle participe au mécanisme de défense immunitaire.

Carence

Sa carence provoque le scorbut, une faiblesse, des douleurs articulaires, des hémorragies gingivales.

SYSTÈME CARDIOVASCULAIRE

Le système cardiovasculaire comprend le tissu sanguin, le cœur, les vaisseaux sanguins, la lymphe et les vaisseaux lymphatiques.

Tissu sanguin – Sang

Tissu conjonctif liquide, rouge et visqueux, il est composé de cellules sanguines en suspension dans le plasma.

Cellules sanguines ou éléments figurés du sang

On en distingue trois groupes.

Hématies ou érythrocytes ou globules rouges

Leur nombre est de 4 à 5 millions en moyenne par mm^3 de sang.
Ce sont des cellules discoïdes, biconcaves, dépourvues de noyau et dont le cytoplasme est imprégné d'un pigment rouge contenant du fer : l'hémoglobine.
L'hémoglobine est un pigment respiratoire capable de fixer ou de libérer le dioxygène et le dioxyde de carbone.
La durée de vie des hématies est courte (environ 120 jours), elles sont détruites par le foie et la rate. L'hémoglobine est alors décomposée, le fer est stocké dans le foie et transformé en pigment biliaire.

Rôle

Les hématies, grâce à l'hémoglobine, transportent le dioxygène des poumons vers les tissus et le dioxyde de carbone des tissus vers les poumons.
L'hémoglobine ayant fixé du dioxygène devient de l'oxyhémoglobine rouge vif et l'hémoglobine ayant fixé du dioxyde de carbone devient rouge foncé ou carbaminohémoglobine.

Leucocytes ou globules blancs

Leur nombre est de 4 000 à 10 000 par mm^3 de sang.
Ce sont des cellules qui possèdent un noyau, sont mobiles et participent à la défense de l'organisme.
On en distingue trois catégories.

Granulocytes ou polynucléaires

Ils possèdent des granulations dans leur cytoplasme et un noyau à plusieurs lobes (polylobé).
On distingue trois types de granulocytes car, sous l'action des colorants, les granulations prennent des aspects différents :

- les granulocytes neutrophiles : ils sont très mobiles et peuvent traverser la paroi des vaisseaux sanguins car leur cytoplasme est déformable : c'est le phénomène de la diapédèse. Leur fonction essentielle est la phagocytose, c'est-à-dire l'ingestion de corps étrangers solides notamment les bactéries ;
- les granulocytes éosinophiles : ils sont en surnombre dans les réactions allergiques et lors de la présence de parasites ;
- les granulocytes basophiles : ils sont en surnombre dans des réactions allergiques.

Monocytes

Ce sont les plus grosses cellules du sang dont le noyau est recourbé en forme de fer à cheval. Ils deviennent des macrophages en phagocytant des micro-organismes qui peuvent être de taille importante et ils présentent également des antigènes aux lymphocytes T.

Lymphocytes

Ce sont de petites cellules au noyau rond, qui se déplacent mais ne phagocytent pas. Ils se divisent en deux groupes : les lymphocytes T et les lymphocytes B. Les deux types de lymphocytes jouent un rôle essentiel dans l'immunité.

Thrombocytes ou plaquettes

Ils sont au nombre de 150 000 à 400 000 par mm^3 de sang.
Ils n'ont pas de noyau.
Ils ont un rôle primordial dans la coagulation du sang.

Plasma

Le plasma est la partie liquide du sang.
Il est constitué de 90 % d'eau contenant en solution divers constituants :
- des sels minéraux sous forme d'ions, comme le sodium, le potassium, les chlorures, le calcium, le magnésium ;
- des protéines comme les albumines, les globulines, le fibrinogène ;
- des substances nutritives comme les glucides, les lipides ;
- des gaz comme CO_2, O_2, N_2 ;
- des vitamines, des hormones, des enzymes ;
- des déchets comme l'urée, la créatinine, l'acide urique.

Le sérum, c'est le plasma sanguin sans les protéines de la coagulation.

Rôles du sang

Rôle métabolique

Le sang transporte le dioxygène et les éléments nutritifs vers les cellules puis reprend le dioxyde de carbone et les déchets du métabolisme.
Il véhicule les hormones vers les organes cibles.

Rôle de défense

Les leucocytes jouent un rôle capital dans la défense de l'organisme.

Rôle de coagulation

Ce sont les thrombocytes ou plaquettes qui interviennent dans cette fonction.

Cœur

C'est un muscle creux logé entre les deux poumons à gauche.

Structure de la paroi cardiaque

Le cœur comporte trois couches tissulaires :
- Le péricarde est une membrane séreuse double contenant un liquide lubrifiant, le liquide péricardique.
- Le myocarde est un muscle strié un peu particulier car :
  - les cellules ou cardiomyocytes ne possèdent qu'un seul noyau central et elles sont étroitement liées les unes aux autres ;
  - leur contraction est indépendante de la volonté ;
  - elles sont innervées par le système nerveux végétatif. À côté des cellules musculaires, se trouvent les cellules spécialisées du tissu nodal qui sont responsables de l'automatisme des battements cardiaques.
- L'endocarde est une mince membrane endothéliale qui tapisse la face interne du myocarde.

Structure interne du cœur

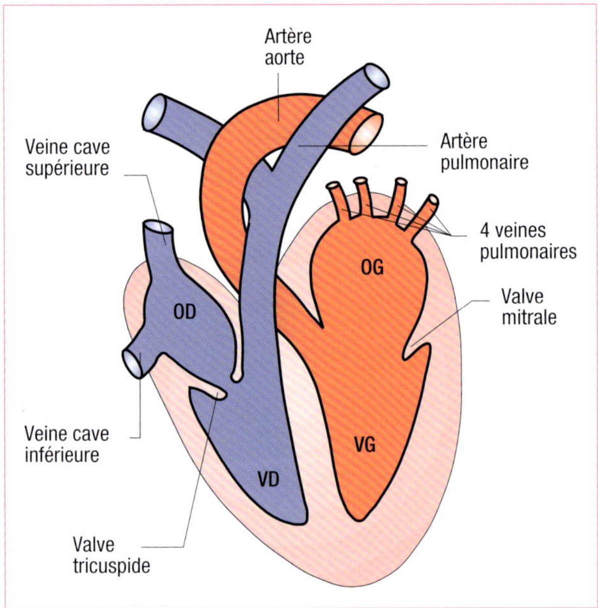

Fig. 2.11 – Anatomie schématique du cœur et des gros vaisseaux.

Une paroi épaisse (ou septum) divise le cœur en deux parties, droite et gauche, parfaitement isolées l'une de l'autre.
Chaque moitié comprend deux cavités :
- une oreillette (atrium) à la partie supérieure ;
- un ventricule à la partie inférieure.

Ventricule et oreillette communiquent l'un avec l'autre du même côté par l'orifice auriculoventriculaire. Les moitiés droite et gauche ne communiquent pas entre elles. Le sang circule toujours dans le même sens, des oreillettes vers les ventricules. Des valves empêchent le sang de refluer dans le mauvais sens, elles sont au nombre de quatre.
Les valves entre les oreillettes et les ventricules sont les valves auriculoventriculaires :
- la valve auriculoventriculaire droite est la valve tricuspide ;

- la valve auriculoventriculaire gauche est la valve mitrale ou bicuspide ;

Les valves situées entre les ventricules et les grosses artères sont les valves sigmoïdes (forme en S) :

- la valve sigmoïde pulmonaire est située entre le ventricule droit et le tronc pulmonaire ;
- la valve sigmoïde aortique est située entre le ventricule gauche et l'aorte.

Cycle cardiaque

Le cycle cardiaque ou révolution cardiaque est la période comprise entre le début d'une contraction jusqu'à la contraction suivante.

Le cœur a un rythme régulier de 70 battements ou contractions par minute.

Chaque révolution cardiaque se fait en trois temps :

- la contraction des oreillettes ou systole auriculaire envoie le sang dans le ventricule correspondant ; les valves auriculoventriculaires droite et gauche se ferment ;
- la contraction des ventricules ou systole ventriculaire envoie le sang dans le tronc pulmonaire et l'artère aorte ; les valves sigmoïdes se ferment ;
- le relâchement des oreillettes et des ventricules ou diastole auriculoventriculaire permet au sang veineux de pénétrer dans les oreillettes. C'est la phase de remplissage des oreillettes.

Vascularisation du cœur

Le cœur est alimenté par les artères coronaires droite et gauche qui naissent de l'aorte et entourent le cœur comme une couronne.

Les veines du cœur longent les artères coronaires et se réunissent dans le sinus coronaire.

Innervation du cœur

Le système nerveux végétatif agit en permanence sur le cœur.

Le système nerveux sympathique accroît le rythme cardiaque, le parasympathique le ralentit.

Vaisseaux sanguins

Les vaisseaux sanguins comprennent les artères qui transportent le sang du cœur vers les organes, les veines qui ramènent le sang des organes vers le cœur et les capillaires qui relient les artères aux veines.

Structure des artères

La paroi des artères est épaisse, elle est formée de trois couches ou tuniques concentriques.

Dans les très grosses artères près du cœur, comme l'aorte et la carotide, les fibres élastiques sont très importantes. Les artérioles sont des artères de petit calibre.

Structure des veines

La paroi des veines est formée des trois mêmes tuniques mais plus minces. Dans les veines des membres inférieurs, la tunique interne forme des replis, les valvules, qui s'opposent au reflux du sang, conséquence de la pesanteur. Les veinules sont de petites veines.

Structure des capillaires

Ce sont de petits vaisseaux très fins et très courts qui font communiquer artériole et veinule.

Ils sont formés d'une seule couche de cellules endothéliales très minces et perméables qui permettent ainsi les échanges entre les tissus, le sang et le liquide interstitiel.

Mécanisme de la circulation sanguine

Il existe deux systèmes circulatoires qui, tous les deux, partent du cœur et s'y terminent :

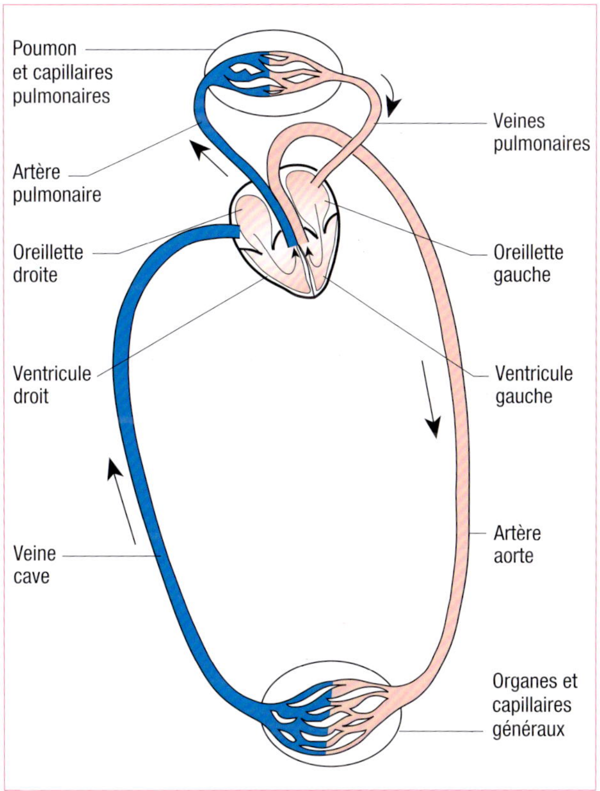

Fig. 2.12 – Circulation sanguine.

Circulation systémique ou grande circulation

Le sang quitte le ventricule gauche par l'artère aorte, il est riche en dioxygène et en éléments nutritifs. Puis l'artère aorte se ramifie en artères, artérioles et capillaires artériels, abandonnant peu à peu son dioxygène et ses éléments nutritifs.
Le sang gagne ensuite les capillaires veineux, collecte les déchets puis, par les veinules et les veines, il rejoint les veines caves supérieure et inférieure pour aboutir dans l'atrium droit.

Circulation pulmonaire ou petite circulation

Le sang d'un rouge sombre, chargé de déchets et de dioxyde de carbone après son passage dans l'organisme, va de l'oreillette droite dans le ventricule droit.
Lors d'une systole ventriculaire, il sera poussé dans le tronc pulmonaire qui se scinde ensuite en deux grosses artères, l'artère pulmonaire droite et l'artère pulmonaire gauche.
Les artères pulmonaires se ramifient en capillaires dans les alvéoles pulmonaires où les échanges gazeux ont lieu. Puis les capillaires rejoignent les veinules, les veines et enfin les quatre grosses veines pulmonaires qui conduisent le sang chargé en dioxygène dans l'oreillette gauche.

BP/BAC PRO

Pression artérielle ou tension artérielle

Le cœur envoie le sang dans les artères, ce qui produit une pression sanguine, au niveau des vaisseaux, appelée pression artérielle ou pression sanguine.
On distingue :
- la **pression systolique** qui est la pression maximale lors de la systole ventriculaire ;
- la **pression diastolique** qui est la pression minimale lors de la diastole.

Elle se mesure en millimètres de mercure.
La normale est d'environ 120 mm de mercure (Hg) pour la pression systolique et 80 mm de mercure (Hg) pour la pression diastolique.

Pouls

Le rythme cardiaque ou fréquence cardiaque est le nombre de battements cardiaques (pulsations) par minute. On le mesure notamment au niveau de l'artère radiale (à la base du pouce), de la carotide (cou) ou de l'artère fémorale (aine).
La normale est située entre 60 et 80 par minute.

Hémostase

On appelle hémostase l'ensemble des phénomènes qui aboutissent à l'arrêt d'un saignement. Elle comprend trois étapes :
- la **vasoconstriction du vaisseau lésé**, sous l'action de l'adrénaline et de la sérotonine ;
- la **formation du clou plaquettaire** : les thrombocytes se lient au collagène dans les parois vasculaires pour former le clou plaquettaire blanc. S'il s'agit d'un vaisseau capillaire, le clou plaquettaire suffira à arrêter le saignement, mais si le vaisseau est plus important, la troisième étape sera indispensable ;
- la **coagulation** va permettre au sang qui est fluide de se gélifier et d'entourer le clou plaquettaire. Elle se réalise grâce à différents facteurs synthétisés par le foie, et à la vitamine K.

Groupes sanguins

Un individu ne peut recevoir le sang de n'importe quel autre individu.
Il existe une incompatibilité tissulaire d'origine antigénique.
Chez tous les individus, il existe à la surface des érythrocytes des antigènes spécifiques qui déterminent les groupes sanguins A, B, AB et O.
Le **facteur rhésus** (Rh) est un sous-groupe avec la présence ou non d'un certain type d'antigène, d'où la classification en rhésus positif ou rhésus négatif.

Insuffisance veineuse ou maladie veineuse

Elle se manifeste par une sensation de lourdeur dans les jambes puis par l'apparition d'œdème et de varices. Les femmes y sont plus exposées que les hommes. La grossesse, la station debout prolongée et le piétinement sont des facteurs à risques.

Varices

Ce sont des dilatations anormales de la paroi veineuse où le sang s'accumule et stagne car les valvules ne jouent plus leur rôle.

SYSTÈME LYMPHATIQUE

Le système lymphatique est constitué d'un liquide, la lymphe, de vaisseaux et de nœuds. Il fait partie du système circulatoire car la lymphe se déverse dans la circulation veineuse.

Lymphe

Elle se compose de :

- la lymphe interstitielle ou lymphe non canalisée qui occupe les espaces intercellulaires ;
- la lymphe canalisée ou circulante qui circule dans les canaux lymphatiques.

Lymphe interstitielle

Elle provient du sang par filtration au niveau des capillaires sanguins. Elle est dépourvue d'hématies et de plaquettes mais renferme des leucocytes qui ont franchi la paroi des capillaires par diapédèse.
La lymphe est un liquide jaunâtre dont la composition est analogue à celle du plasma avec en plus des leucocytes.
Elle remplit les espaces intercellulaires, leur apportant les éléments nutritifs et recueillant les déchets. Elle constitue une réserve de plasma.

Lymphe canalisée

Elle provient de la lymphe interstitielle, elle est recueillie dans les capillaires lymphatiques, puis dans les vaisseaux lymphatiques et gagnera la circulation veineuse sanguine. Elle constitue une voie de drainage des protéines et des excès de liquide.

Vaisseaux lymphatiques

Les capillaires lymphatiques commencent en cul-de-sac dans l'ensemble des tissus de l'organisme. Leur paroi est mince et perméable.
Ils se réunissent pour former les vaisseaux lymphatiques collecteurs qui sont parallèles aux veines.
Puis les vaisseaux lymphatiques gagnent les nœuds lymphatiques, leur diamètre grossit. Après le passage dans les nœuds lymphatiques, la lymphe emprunte les gros troncs collecteurs : le conduit thoracique et le conduit lymphatique droit, et rejoint le système veineux, dans la veine cave supérieure.
Le canal thoracique prend naissance dans l'abdomen au niveau de la citerne du chyle. Il draine la lymphe :

- des deux membres inférieurs ;
- de l'abdomen ;
- de la moitié gauche du thorax ;
- de la moitié gauche de la tête et du cou ;
- du membre supérieur gauche.

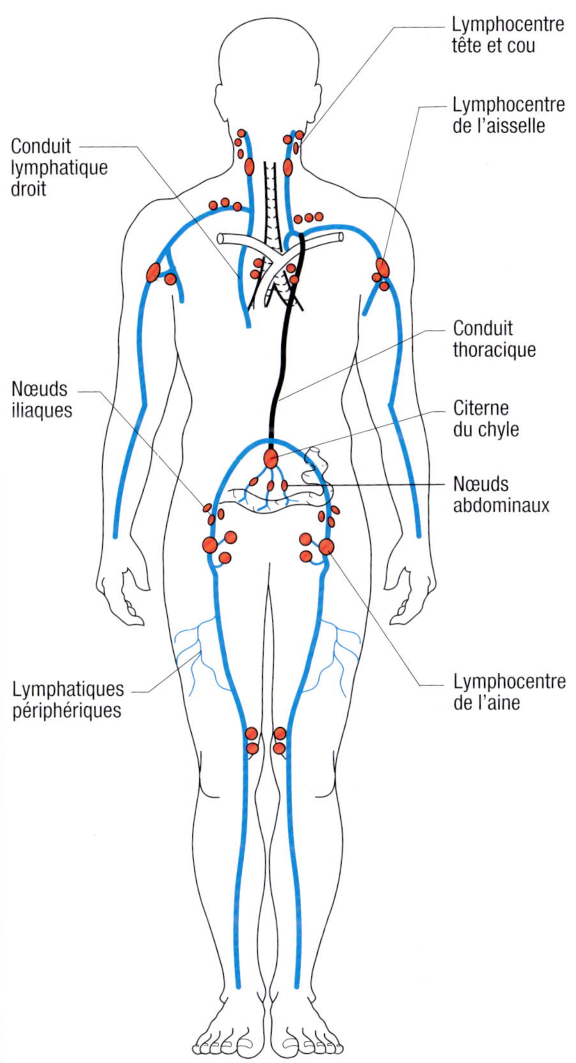

Fig. 2.13 – Système lymphatique.

Le conduit lymphatique droit draine la lymphe :

- de la moitié droite du thorax ;
- de la moitié droite de la tête et du cou ;
- du membre supérieur droit.

Nœuds lymphatiques

Ce sont de petites structures en forme de pois entourées d'une capsule conjonctive. Ils sont regroupés en chaînes sur le trajet des vaisseaux lymphatiques.
Plusieurs vaisseaux afférents pénètrent dans le nœud lymphatique mais un seul vaisseau efférent en ressort.
Ils sont isolés ou regroupés en lymphocentres, au niveau :

- de la tête (régions préauriculaire, rétromaxillaire) ;
- des aisselles ;

- de la région inguinale ;
- de l'abdomen.

Leur fonction est :

- de filtrer et d'épurer la lymphe ;
- de fabriquer des lymphocytes ;
- de phagocyter les éléments pathogènes.

Rôles du système lymphatique

- La nutrition cellulaire.
- Le drainage : la lymphe recueille les déchets cellulaires et les liquides en excès.
- Le transport des graisses alimentaires s'effectue par les vaisseaux lymphatiques intestinaux ou chylifères.
- La défense de l'organisme s'élabore dans les nœuds lymphatiques.

SYSTÈME RESPIRATOIRE

Ce système permet à l'organisme d'échanger le dioxygène et le dioxyde de carbone avec le milieu extérieur.
L'échange entre le sang, les poumons et l'environnement est la respiration externe.
L'échange entre le sang et les cellules est la respiration interne.
Le système respiratoire comprend les voies respiratoires et les poumons.

Voies respiratoires supérieures

Elles comprennent le nez et le pharynx.

Nez

Il est formé extérieurement par les narines et les ailes du nez, intérieurement par les fosses nasales qui sont séparées par la cloison nasale.
Le nez réchauffe, humidifie et filtre l'air inspiré et il permet l'olfaction.

Pharynx

Le pharynx est un conduit qui s'étend de la base du crâne jusqu'à l'œsophage. Il est le carrefour des voies aériennes (larynx) et digestive (œsophage).
Le pharynx est la voie de passage pour l'air et les aliments.

Voies respiratoires inférieures

Larynx

Le larynx est un conduit cartilagineux qui s'étend de la base de la langue jusqu'à la trachée.
Au centre du larynx, se trouvent les cordes vocales. Parmi les cartilages qui le composent, on trouve une excroissance, « la pomme d'Adam ».
Le larynx est l'organe de la phonation.

Trachée

La trachée fait suite au larynx. C'est un tuyau formé d'anneaux, en partie cartilagineux et en partie musculeux. Des cils vibratiles repoussent vers le pharynx et la bouche les corps étrangers et du mucus englue les poussières.
La trachée filtre, réchauffe et humidifie l'air inspiré.

Bronches et bronchioles

À son extrémité inférieure, la trachée se divise en deux bronches principales qui pénètrent dans chaque poumon et qui se ramifient pour se terminer en bronchioles.
Chaque bronchiole se termine par plusieurs sacs alvéolaires, chacun étant constitué d'alvéoles pulmonaires où se font les échanges gazeux.

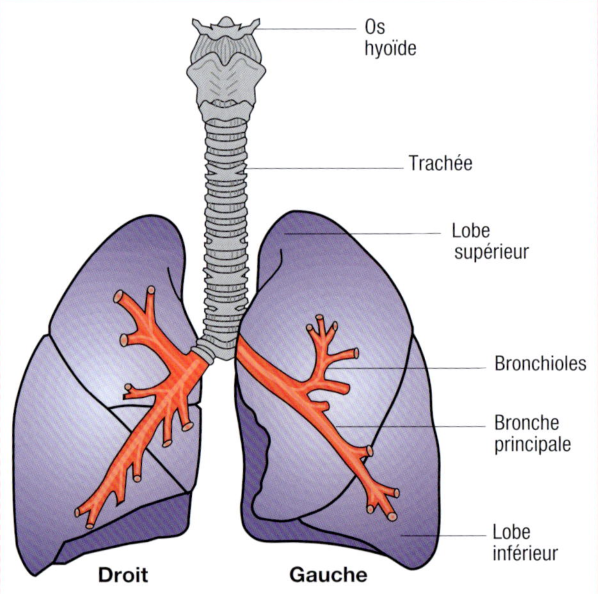

Fig. 2.14 – Appareil respiratoire.

Poumons

Les deux poumons sont situés dans la cage thoracique qui les protège.
Le poumon gauche, du fait de la position du cœur, est plus petit que le poumon droit. Le poumon gauche comprend deux lobes, le poumon droit en comprend trois.
Ils sont entourés d'une enveloppe très fine, la plèvre, formée de deux feuillets séparés par le liquide pleural.
Les poumons sont formés de tissu conjonctif élastique.

Physiologie de la respiration

Échanges respiratoires

Les poumons reçoivent du sang riche en CO_2 fixé sur l'hémoglobine et transporté par les artères pulmonaires qui se ramifient pour donner naissance aux capillaires pulmonaires entourant les alvéoles. Le CO_2 traverse la paroi alvéolaire pour être évacué lors d'une expiration.
L'O_2 atmosphérique parvenu aux alvéoles va traverser la paroi alvéolaire pour se fixer sur l'hémoglobine.
Le sang se purifie dans les alvéoles pulmonaires. Le sang oxygéné rejoint le cœur par les veines pulmonaires.

Respiration

La respiration est assurée par l'alternance des inspirations (entrées d'air) et des expirations (sorties d'air). C'est le cycle respiratoire.

Inspiration

Le muscle diaphragme est un muscle plat et large qui sépare la cage thoracique de l'abdomen ; les muscles intercostaux sont tendus entre les côtes. La contraction simultanée des muscles intercostaux et du diaphragme élève la cage thoracique et augmente son volume. Les poumons, adhérant aux côtes par la plèvre, suivent le mouvement et se dilatent. L'air arrive dans les alvéoles pulmonaires.

Expiration

L'inspiration est un phénomène actif, alors que l'expiration est un phénomène passif.
Le relâchement du diaphragme et des muscles intercostaux entraîne la descente des côtes et le retour élastique des poumons qui se vident.
La respiration possède un centre de commande situé au niveau du bulbe rachidien.

Volumes pulmonaires respiratoires

Le volume courant est le volume d'air entrant et sortant des poumons lors de chaque cycle respiratoire, il est d'environ 0,5 L.
Le volume respiratoire minute est d'environ 7,5 L.

SYSTÈME URINAIRE

Le système urinaire comprend les reins, les voies urinaires et la vessie.

Reins

Ce sont deux organes pairs, de couleur brun rouge, situés de part et d'autre de la colonne vertébrale à la hauteur des vertèbres lombales.
Chaque rein est surmonté d'une glande surrénale.

Vessie et conduits urinaires

La vessie est un réservoir musculomembraneux destiné à recevoir et à contenir l'urine sécrétée de manière continue par les reins. Sa capacité est d'environ 500 cc.
L'urine arrive dans la vessie par deux longs conduits qui viennent des reins : l'uretère droit et gauche.
L'urètre est le canal excréteur de la vessie, il expulse l'urine vers l'extérieur par le méat urinaire, après ouverture du sphincter vésical.
Chez l'homme, il sert également à l'émission de sperme.

Physiologie rénale

Le rôle du rein consiste à filtrer le sang qui le traverse, pour en éliminer les déchets par l'urine. Il participe à l'équilibre du milieu intérieur.
Chaque rein filtre en moyenne 180 litres de sang par jour pour éliminer environ 2 litres d'urine.
L'élimination des déchets glucidiques et lipidiques sous forme de CO_2 se fait par les poumons.
L'élimination des déchets azotés comme l'urée, l'acide urique et la créatinine se fait par les reins.

Urine

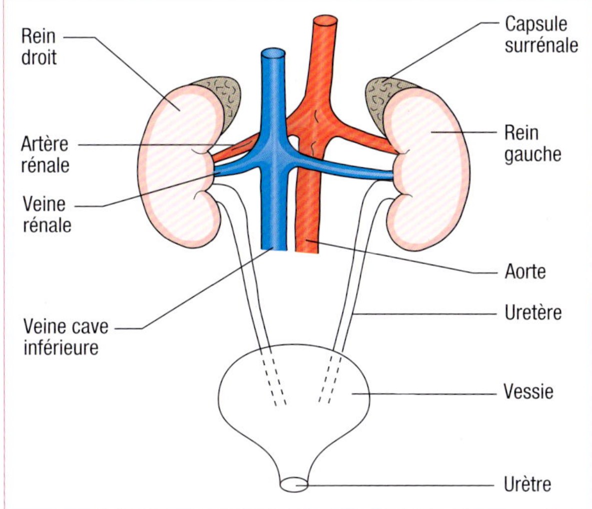

Fig. 2.15 – Appareil urinaire.

L'urine est un liquide organique, limpide, de couleur jaune plus ou moins foncé selon sa concentration.
Elle contient 95 % d'eau et 5 % de composés divers.

Rôle

L'appareil urinaire joue un rôle essentiel dans le fonctionnement de l'organisme :

- il élimine les déchets métaboliques comme l'urée ;
- il maintient l'homéostasie c'est-à-dire la constance du milieu intérieur (pression osmotique, concentration ionique et pH) ;

BP/BAC PRO

Système immunitaire

L'immunité comprend l'ensemble des réactions de défense de l'individu face à l'agression d'un élément étranger ou pathogène pour l'organisme.

Leucocytes

Les leucocytes sont les cellules de défense de l'organisme.

- Les **granulocytes neutrophiles** sont les plus nombreux, ils ont un rôle important de phagocytose.
- Les **granulocytes éosinophiles** ont un rôle de défense contre les parasites et dans les réactions allergiques.
- Les **granulocytes basophiles** sont les moins nombreux, ils ont un rôle dans les réactions allergiques.
- Les **monocytes** sont de grosses cellules du sang qui deviennent des macrophages en s'installant dans les différents tissus de l'organisme. Ils ont un rôle de phagocytose.
- Les **lymphocytes B** sont spécialisés notamment dans la production d'anticorps.
- Les **lymphocytes T** reconnaissent et détruisent les cellules envahies par des virus ou des cellules tumorales.

Mécanisme de défense non spécifique

C'est une réponse immédiate, sans reconnaissance préalable de l'élément étranger.

Défense en surface

La **peau** est une barrière efficace contre les germes.

Le **sébum** et la sueur ont des propriétés antibactériennes et antifongiques.

Les **poils au niveau du nez**, le mucus et les cils des voies respiratoires servent de filtres.

La **flore commensale** microbienne éloigne les germes pathogènes.

Substances antimicrobiennes de l'organisme

L'acide chlorhydrique présent dans le suc gastrique et les enzymes contenus dans la salive détruisent la majorité des germes ingérés.

Réaction inflammatoire

C'est une réaction non spécifique à des lésions tissulaires, provoquant différentes étapes de défense.

Cette réaction est provoquée par des germes, des traumatismes, des produits chimiques ou des agents physiques.

Les différents stades sont :

- **La dilatation des vaisseaux.** Il y a augmentation du flux sanguin et de la perméabilité vasculaire provoquant rougeur, œdème, chaleur et douleur.
- **La migration des leucocytes.** La vasodilatation augmente l'arrivée des leucocytes qui sortent des capillaires en s'insinuant entre les cellules endothéliales : c'est la diapédèse. Les leucocytes concernés sont les granulocytes neutrophiles et les monocytes.
- **La phagocytose.** C'est l'ingestion de particules étrangères par une cellule appelée phagocyte. Il s'agit soit d'un granulocyte neutrophile, soit d'un monocyte transformé en macrophage. Parfois, le phagocyte ne survit pas à ce processus, il y a alors formation de pus. Si le corps étranger persiste, il peut se produire une inflammation chronique ou une infection locale, voire générale.

Mécanisme de réponse spécifique

Antigènes

Ce sont des substances étrangères à l'organisme (bactéries, virus, cellules cancéreuses, *etc.*) introduites dans celui-ci et capables d'activer le système immunitaire.

Chaque antigène déclenche des réactions immunitaires qui lui sont propres.

Il existe deux types de réponse immunitaire spécifique : l'immunité à médiation cellulaire et l'immunité à médiation humorale.

Immunité cellulaire

Elle est assurée par les macrophages et les lymphocytes T.

Un macrophage phagocyte en partie un antigène et présente la partie de l'antigène non digéré au lymphocyte T

▸▸

spécifique de cet antigène. Cette rencontre provoque la sécrétion de substances chimiques, les **interleukines**, qui activeront la prolifération de ce lymphocyte T et la production d'anticorps spécifiques.

Immunité humorale

Elle est assurée par les lymphocytes B. Chaque lymphocyte B a son antigène spécifique auquel il devient sensible. Il sécrète alors des anticorps qui sont les immunoglobulines. Le rôle des **immunoglobulines** est de neutraliser l'antigène et de le détruire.

Immunité acquise

Lorsque l'organisme subit un premier contact avec un antigène spécifique, il produit une réponse primaire caractérisée par une petite production d'anticorps spécifiques. Lors d'un deuxième contact rapproché avec le même antigène, il se produit une réponse secondaire induite par les lymphocytes B à mémoire, avec une production importante d'anticorps. L'immunité peut être acquise naturellement ou artificiellement. Elle peut être active ou passive.

Immunité active – acquise naturellement

L'organisme répond à un antigène en produisant des anticorps.

Exemple : l'individu est atteint d'une maladie, les lymphocytes B sécrètent des anticorps spécifiques. Lors d'une même infection, les lymphocytes B à mémoire sécrètent les anticorps spécifiques à cette même maladie.

Immunité active – acquise artificiellement ou vaccination

L'administration, en petites quantités à l'organisme, de germes microbiens vivants, atténués ou tués ou de toxines désactivées (anatoxines), induit une réponse immunitaire.

Cette immunité peut être à vie (coqueluche, diphtérie) ou temporaire (typhoïde, poliomyélite).

Immunité passive – acquise naturellement

Cette immunité de courte durée est acquise lors de la transmission d'anticorps maternels au fœtus ou au nourrisson par le lait maternel.

Immunité passive – acquise artificiellement

Cette immunité est induite par l'injection d'anticorps élaborés à partir de sérum humain ou animal immunisé artificiellement.

L'action est soit prophylactique (préventive), soit thérapeutique.

Exemple : sérum antitétanique, antidiphtérique, antirabique.

Système génital

Le système génital comprend le système génital féminin et le système génital masculin.

Ces deux systèmes assurent d'une façon complémentaire la fonction de reproduction de l'espèce humaine.

Système génital féminin

Il est constitué d'organes internes et d'organes externes.

Organes internes

Ils se trouvent dans le petit bassin et comprennent :

Ovaires

Ils sont au nombre de deux, leur forme est ovale ; ils sont situés de part et d'autre de l'utérus auquel ils sont reliés par des ligaments.

Ce sont des glandes sexuelles mixtes, car ils produisent les ovules (ovogenèse) et sécrètent des hormones : les œstrogènes et la progestérone.

Leur surface est lisse jusqu'à la puberté puis devient cicatricielle par la suite.

Les ovules sont les cellules sexuelles femelles, leur noyau comporte 22 chromosomes autosomes et un chromosome sexuel X.

Leur nombre est établi avant la naissance, environ 400 000 dans chaque ovaire.

Trompes ou oviductes

Ce sont deux conduits qui servent à recueillir l'ovule après l'ovulation. C'est à ce niveau que s'effectue la fécondation de l'ovule. Puis elles le pousseront vers l'utérus.

Utérus

C'est un muscle creux situé entre la vessie et le rectum. C'est l'organe de la gestation.

Il comprend une partie supérieure, large, volumineuse : le corps de l'utérus et une partie inférieure rétrécie : le col de l'utérus, qui débouche dans le vagin.

La paroi utérine est tapissée intérieurement par l'endomètre, muqueuse très vascularisée, qui se renouvelle lors du cycle menstruel.

Vagin

Le vagin est un conduit musculaire élastique qui réunit l'utérus à l'orifice vaginal.

C'est l'organe de la copulation. La muqueuse vaginale est riche en glandes. Son extrémité inférieure est fermée par une fine membrane, l'hymen, qui se rompt lors du premier rapport sexuel. Le vagin reçoit le pénis pendant le coït, permet l'écoulement des règles et le passage du nouveau-né.

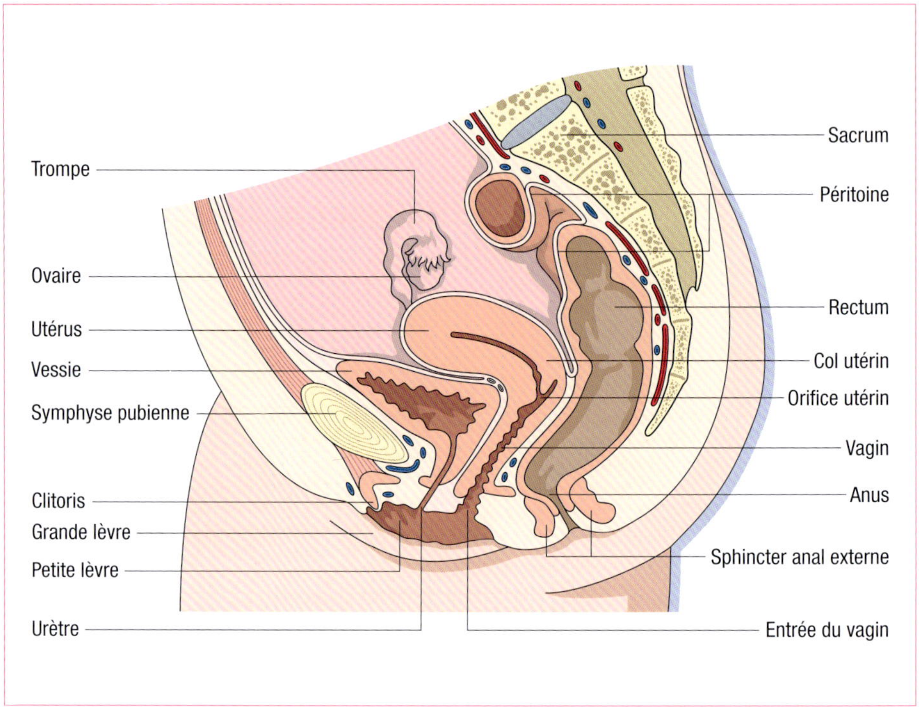

Fig. 2.16 – Appareil génital féminin.

Organes externes

Ils sont regroupés sous le nom de vulve.

Ils comprennent :

Grandes lèvres

Ce sont deux grands replis cutanés recouverts de poils délimitant la fente vulvaire et contenant des glandes sébacées et sudoripares.

Petites lèvres

Situées en dedans des précédentes, ce sont des replis cutanés sans poil, mais pourvus de nombreuses glandes sébacées.

Clitoris

Le clitoris est un organe érectile qui contient de nombreuses terminaisons nerveuses.

Glandes vulvo-vaginales

Ce sont deux glandes situées dans l'épaisseur des grandes lèvres. Elles sécrètent un liquide lubrifiant, facilitant l'introduction du pénis. Elles ne sont fonctionnelles qu'en période d'activité génitale (entre puberté et ménopause).

Mont-de-Vénus

C'est un coussinet adipeux légèrement bombé qui surplombe la vulve. Il joue le rôle d'amortisseur lors du coït.

Hormones sexuelles féminines

On distingue deux groupes d'hormones sexuelles féminines : les œstrogènes, dont l'œstradiol est l'hormone la plus active, et la progestérone.

- Les œstrogènes sont produits par l'ovaire lors de la première partie du cycle.
- La progestérone est produite par l'ovaire en deuxième partie du cycle et par les glandes surrénales.

Les hormones hypophysaires et les hormones hypothalamiques contrôlent les sécrétions hormonales féminines.

Système génital masculin

Les organes génitaux masculins comprennent des organes internes et des organes externes.

Organes internes

Épididymes

Ce sont deux fins canaux pelotonnés sur eux-mêmes qui coiffent le bord supérieur des testicules. Les spermatozoïdes

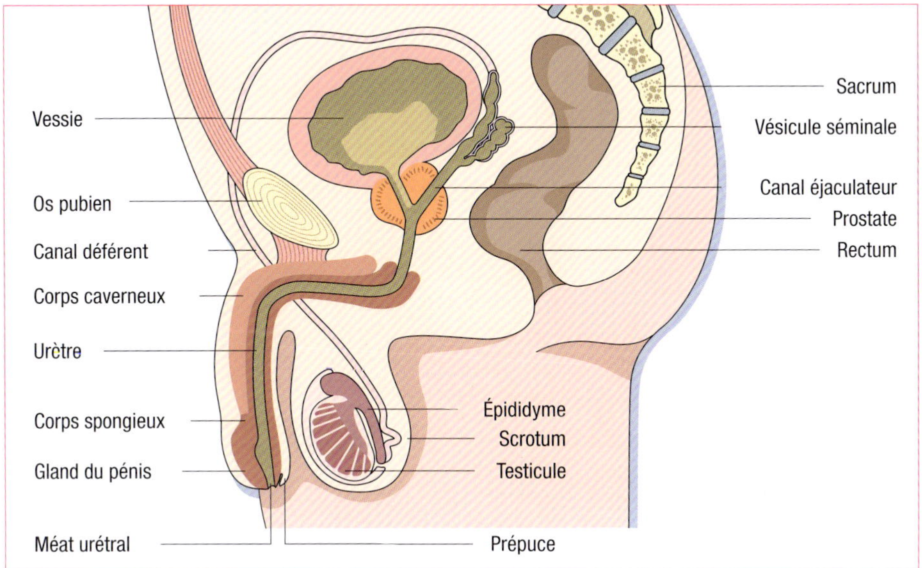

Fig. 2.17 – Appareil génital masculin.

y sont stockés, et c'est à ce niveau qu'a lieu leur maturation.

Canaux déférents

Les canaux épididymaires se prolongent par les canaux déférents et traversent la prostate.

Vésicules séminales

Elles sont au nombre de deux et situées en arrière de la prostate. Elles reçoivent les canaux déférents. Leur sécrétion améliore le sperme.

Canaux éjaculateurs

Ce sont deux tubes courts résultant de la fusion du canal déférent et de la vésicule séminale.

Prostate

Située sous la vessie, c'est une masse glandulaire qui entoure la portion terminale des canaux déférents et dont la sécrétion entre dans la composition du liquide spermatique.

Organes externes

Pénis ou verge

C'est un ensemble formé par des organes érectiles (les corps caverneux et les corps spongieux) et des enveloppes conjonctives qui les entourent.

L'érection ou redressement du pénis se produit sous l'effet de différentes stimulations, provoquant un afflux sanguin important qui augmente le volume du pénis et le durcit.

À l'extrémité du pénis, se trouve un renflement appelé gland, entouré d'un repli cutané ou prépuce.

À l'extrémité du gland, s'ouvre l'urètre qui assure le passage de l'urine et du sperme.

Testicules

Ils sont au nombre de deux. De forme ovale, ce sont des glandes mixtes qui sécrètent les spermatozoïdes et des hormones mâles, les androgènes, dont la plus importante est la testostérone.

Chaque testicule est entouré par un sac conjonctif, pigmenté et poilu, le scrotum ou bourse.

Spermatozoïdes

Ce sont les cellules sexuelles masculines qui possèdent, comme l'ovule, 23 chromosomes (22 chromosomes autosomes et 1 chromosome sexuel X ou Y).

Le spermatozoïde est formé :

- d'une tête avec un noyau ;
- d'une pièce intermédiaire ;
- d'un flagelle qui permet la mobilité.

Sperme

Le sperme est un liquide blanchâtre, alcalin, composé de spermatozoïdes et de sécrétions, contenant notamment des protéines, des enzymes, du fructose.

Il est évacué lors de l'éjaculation dans l'urètre.

Un éjaculat normal est de 2 à 6 mL ; il contient environ 3 à 600 millions de spermatozoïdes.

◀◀

Fécondation

C'est la **fusion de deux cellules sexuelles appelées gamètes** : le gamète mâle ou spermatozoïde, et le gamète femelle ou ovule. Contrairement à toutes les autres cellules de l'organisme, les cellules sexuelles ne possèdent que la moitié du nombre de chromosomes contenus dans les autres cellules (elles ont subi une division appelée méiose).

Il en résulte que la fusion des deux gamètes va reconstituer un œuf ou zygote contenant un nombre normal de chromosomes (46).

L'œuf contient donc un patrimoine chromosomique qui lui vient pour la moitié du père et pour la moitié de la mère.

L'œuf fécondé se divise tout en poursuivant son chemin vers l'utérus ; ses cellules se différencient, ses organes s'ébauchent : c'est la période embryonnaire. À partir du troisième mois, commence la période fœtale. Les tissus et les organes de l'embryon poursuivent leur maturation jusqu'au neuvième mois de la gestation.

Détermination du sexe de l'embryon

Le sexe de l'embryon est déterminé dès la formation de l'œuf.

Chaque gamète est en effet porteur d'un chromosome particulier : le chromosome sexuel.

L'ovule ne possède qu'un chromosome X, le spermatozoïde possède tantôt un X, tantôt un Y.

Or, c'est la présence du chromosome Y qui détermine le caractère mâle de l'organisme.

La fusion des deux gamètes aboutit donc :

- soit à un œuf porteur de chromosomes XX = œuf femelle ;
- soit à un œuf porteur de chromosomes XY = œuf mâle.

Ménopause

Due à une modification du taux des hormones sexuelles, la ménopause est caractérisée par l'arrêt des menstruations entre 45 et 56 ans, qui s'étale sur une période plus ou moins longue ou apparaît soudainement.

La préménopause précède la ménopause de trois ans environ.

Pendant cette période, des transformations progressives apparaissent : les cycles s'allongent et deviennent irréguliers, l'ovulation est plus rare, la sécrétion de la progestérone est intermittente, le taux d'œstrogènes chute avec des phases alternatives d'hypo-œstrogénie et d'hyper-œstrogénie. Ces phénomènes s'accompagnent généralement de tension mammaire, de bouffées de chaleur, de troubles du sommeil. Au cours de la ménopause, fin de la période de la fécondité, la sécrétion des œstrogènes diminue, l'ovulation et les cycles menstruels cessent.

Des transformations physiques apparaissent :

- atrophie des seins et des organes sexuels (vagin, ovaires, utérus) ;
- arrêt des sécrétions vaginales ;
- bouffées de chaleur nocturnes et diurnes (vasodilatation provoquant des rougeurs diffuses, une transpiration excessive, des maux de tête) ;
- amincissement de la peau ;
- diminution de la masse osseuse avec risque d'ostéoporose ;
- atrophie des poils axillaires et pubiens ;
- augmentation du taux de cholestérol.

À ces bouleversements, s'ajoutent parfois des modifications du comportement psychique qui se traduisent éventuellement par une irritabilité excessive et une humeur instable.

Système locomoteur

Il comprend les os et les articulations qui constituent le squelette et les muscles.

SQUELETTE

Tissu osseux

Le tissu osseux est un tissu conjonctif dur, spécialisé, formé de cellules et d'une matrice extracellulaire (MEC).

Structure

Cellules

Elles se différencient au cours de l'ossification.

On distingue :

- les ostéoblastes, cellules jeunes, formatrices de tissu osseux jeune (ostéoformatrices) ;
- les ostéocytes, cellules de taille plus petite, en étoile et formatrices de tissu osseux mature (ostéoformatrices) ;

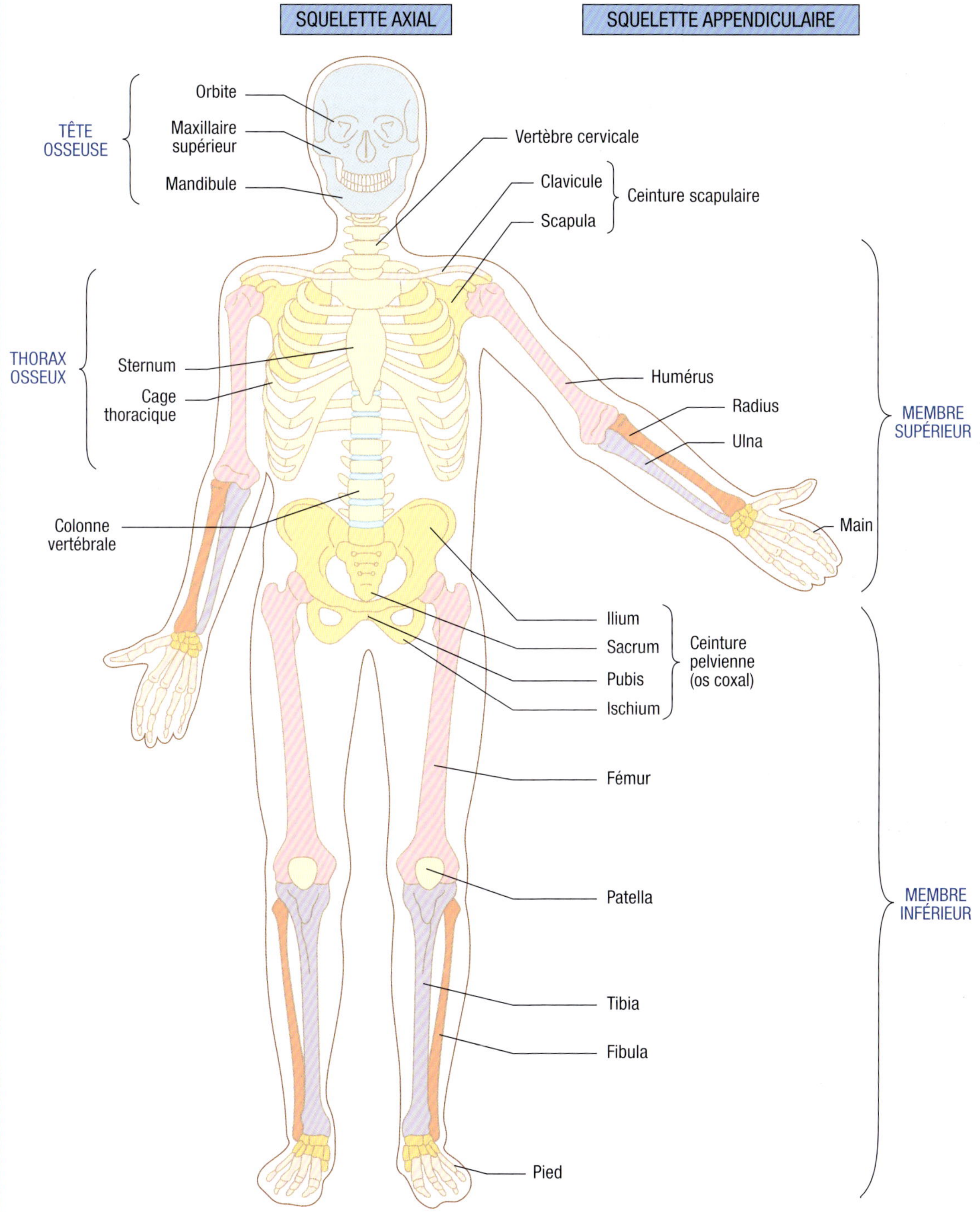

Fig. 2.18 – Le squelette (vue de face).

- les ostéoclastes, grosses cellules mobiles qui participent à la destruction de l'os (ostéorésorbantes) parallèlement aux ostéoblastes qui le reconstruisent.

Matrice extracellulaire (MEC)

Elle est formée d'une partie organique et d'une partie minérale riche en sels minéraux qui donne sa rigidité et sa solidité à l'os.

Différents types d'os

Le squelette adulte comprend 206 os.
Ils sont répartis en :
- os longs comme le tibia et le fémur ;
- os courts comme les os du carpe ;
- os plats comme les côtes et le sternum, l'omoplate ;
- os irréguliers comme certains os de la tête et les vertèbres.

On distingue les os pairs qui sont deux et impairs qui sont uniques.

Fonctions du système osseux

Il constitue la charpente du corps.
Il protège les organes contenus dans les cavités crâniennes, thoraciques et pelviennes.
Il représente une réserve de sels minéraux.
Il est producteur de cellules sanguines par la moelle osseuse rouge.
Il permet les mouvements du corps.

Anatomie du squelette

Le squelette constitue la charpente interne du corps et lui donne sa stabilité.
On distingue :
- le squelette axial qui comprend :
  - la tête osseuse ;
  - le thorax osseux ;
  - la colonne vertébrale.
- le squelette appendiculaire qui comprend :
  - les membres supérieurs reliés au squelette axial par la ceinture scapulaire ;
  - les membres inférieurs reliés au squelette par la ceinture pelvienne (os coxal).

Ostéologie du crâne

Le crâne est une boîte osseuse qui contient et protège l'encéphale. Il est formé de huit os soudés entre eux par des articulations fixes appelées sutures.

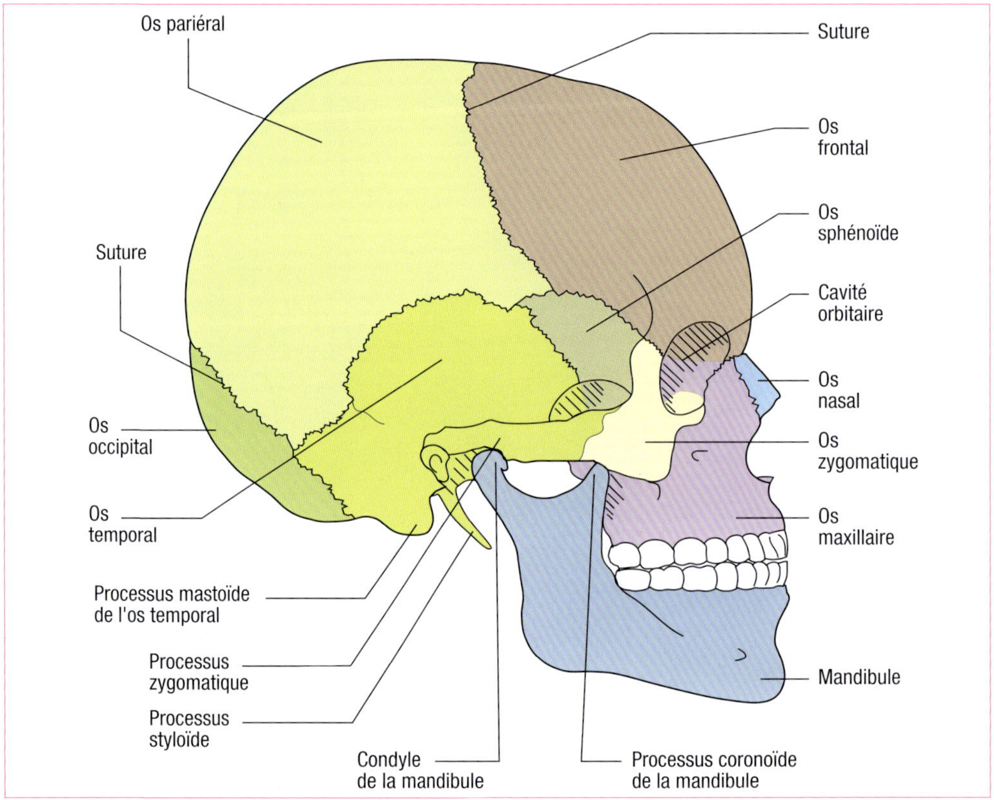

Fig. 2.19 – Vue latérale droite du crâne.

Os occipital

C'est un os unique (impair) situé à la partie postérieure et inférieure du crâne ; il est percé du trou occipital qui livre passage à la moelle spinale faisant communiquer la cavité crânienne avec le canal rachidien.

Os pariétaux

Ces os pairs sont situés à la partie supérieure et latérale du crâne.

Os frontal

C'est un os unique (impair), convexe dans les deux sens. Il forme le squelette du front. Le bord inférieur constitue les arcades sourcilières, les arcades orbitaires, le sommet des fosses nasales.

Os temporaux

Ce sont des os pairs formant les parois latérales du crâne. Ils sont composés par la soudure de trois os :

- la partie squameuse, au-dessus du trou auditif ;
- la partie pétreuse, en arrière du trou auditif ;
- le tympanal, en forme de gouttière, qui constitue le conduit auditif.

Les temporaux présentent des cavités et des saillies osseuses dont :

- le processus zygomatique, en avant, qui forme avec l'os zygomatique l'arcade zygomatique ;
- le processus mastoïde, en arrière du pavillon de l'oreille ;
- le processus styloïde.

L'os temporal s'articule de chaque côté avec la mandibule : c'est l'articulation temporomandibulaire, la seule articulation mobile du crâne.

Os ethmoïde

Cet os impair est situé derrière le nez. Il délimite les fosses nasales et sépare les cavités orbitaires. Il est formé de :

- la lame perpendiculaire, qui sépare la boîte crânienne des fosses nasales ;
- la lame criblée, lame horizontale qui permet le passage des nerfs de l'odorat ;
- des lames latérales, qui portent chacune un cornet supérieur et un cornet moyen.

Os sphénoïde

Situé en arrière du précédent, il est la clef de voûte du crâne. Il s'articule avec tous les os du crâne.

Ostéologie de la face

La face comprend 14 os.

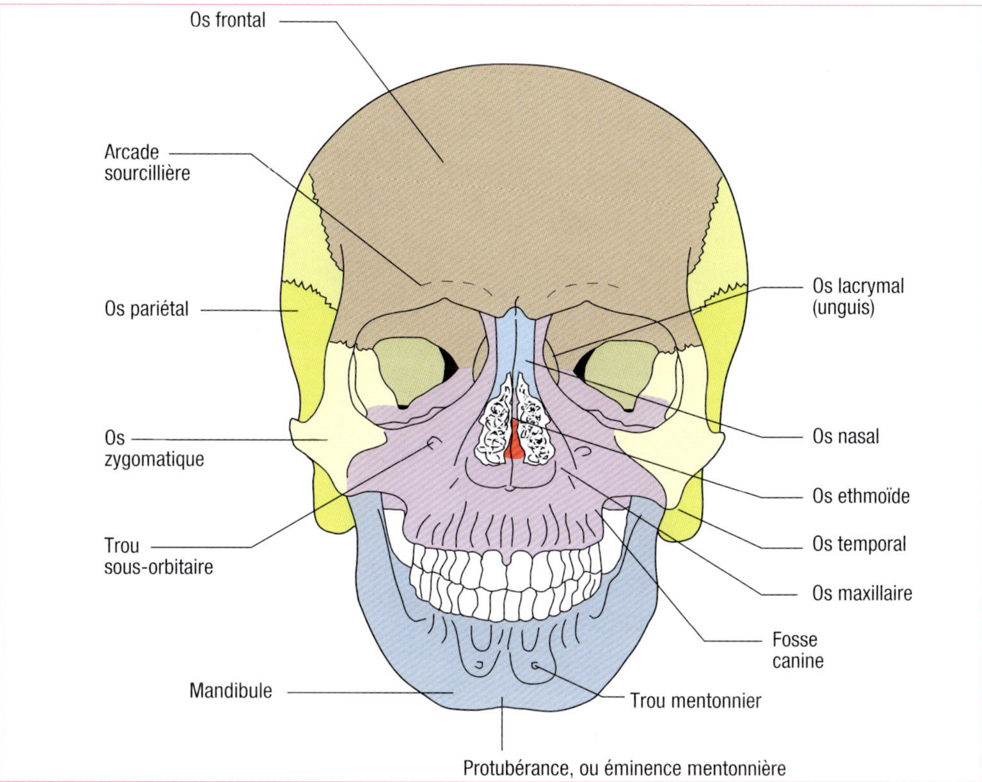

Fig. 2.20 – Vue de face du crâne.

Maxillaires

Ce sont des os pairs soudés sur la ligne médiane. Ils sont situés entre les trois cavités de la face qu'ils délimitent : les cavités orbitaire, nasale, buccale. Leur bord inférieur présente des alvéoles où sont logées les dents.

Os zygomatiques

Ce sont les os de la pommette. Ils sont soudés avec le processus zygomatique pour former l'arcade zygomatique.

Os nasaux

Ce sont deux lames osseuses en forme d'auvent. Elles se soudent sur la ligne médiane pour constituer l'armature du nez.

Os lacrymaux

Ce sont deux lames osseuses situées à l'angle interne des orbites. Elles abritent les sacs lacrymaux.

Cornets nasaux inférieurs, os autonomes

Ces minces lames osseuses font saillie dans les cavités nasales.

Os palatins

Ces lames osseuses sont situées en arrière des maxillaires supérieurs, Elles sont soudées pour former la partie postérieure du palais.

Vomer

C'est un os impair, de cloisonnement, qui sépare les fosses nasales.

Mandibule

Os impair, il forme la mâchoire inférieure. Il est le seul os mobile de la face. Il est formé par :

- le corps de la mandibule, partie horizontale en forme de fer à cheval dont le bord supérieur présente des alvéoles où sont logées les dents ;
- en avant, se trouvent deux orifices : les trous mentonniers qui livrent passage aux vaisseaux et aux nerfs mentonniers ;
- deux branches montantes qui se terminent par le processus coronoïde et le condyle de la mandibule.

Sinus

Ce sont des cavités remplies d'air situées à l'intérieur des os sphénoïde, ethmoïde, frontal et maxillaire supérieur. Elles sont bordées par une muqueuse ciliée communiquant avec les cavités nasales.

Ostéologie du tronc

Colonne vertébrale

La colonne vertébrale est constituée par 24 vertèbres alternant avec des disques souples de cartilage (disques intervertébraux) :

- 7 vertèbres cervicales (la première est l'atlas, la seconde est l'axis) ;
- 12 vertèbres thoraciques ou dorsales ;
- 5 vertèbres lombales ;
- le sacrum formé par 5 vertèbres soudées ;
- le coccyx formé par 4 vertèbres soudées.

La superposition des vertèbres délimite le canal vertébral ou canal rachidien abritant la moelle spinale.
Le canal rachidien communique avec l'extérieur par les trous de conjugaison situés entre les vertèbres, par où passent les nerfs spinaux.

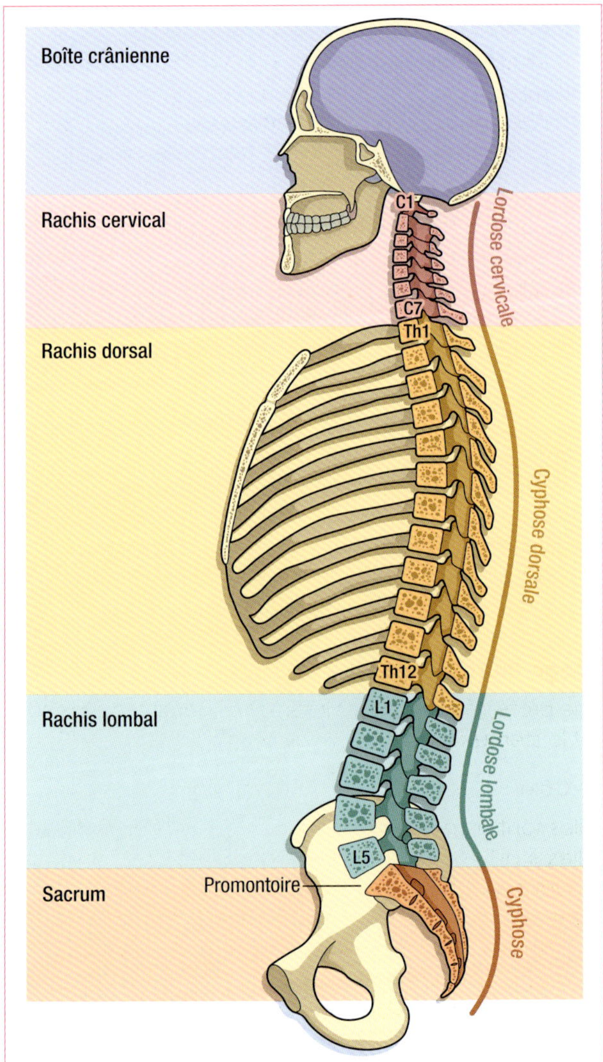

Fig. 2.21 – Courbures de la colonne vertébrale.

Courbures de la colonne vertébrale

- Vue de face, la colonne vertébrale est à peu près rectiligne.
- Vue de côté, elle présente quatre courbures qui lui donnent une grande stabilité :
  - la lordose cervicale et la lordose lombale qui ont un arc cintré vers l'avant ;
  - la cyphose dorsale et la cyphose sacrée qui ont un arc dont la courbure est vers l'arrière.

Fonctions de la colonne vertébrale

- Support de la tête.
- Protection de la moelle épinière.
- Point d'attache des côtes.
- Mouvements : flexion avant, flexion arrière, extension, flexion latérale, rotation.

Prévention des risques pathologiques

Gymnastique

- Renforcer la musculature paravertébrale et abdominale par une gymnastique appropriée.
- Faire des étirements de temps en temps, dans la journée.

Ergothérapie

- Pour soulever une charge lourde posée à terre, se placer tout près de cette charge, fléchir les genoux, utiliser la force des cuisses pour se redresser.
- Équilibrer les charges de chaque côté du corps.
- Faire rouler, plutôt que porter des charges lourdes, dans la mesure du possible.

Ergonomie

- Choisir un siège qui soutient le bassin et la région lombaire, pourvu d'un dossier mobile, de roulettes, permettant de bouger tout en restant assis.
- Vérifier la hauteur du plan de travail et du fauteuil « relaxe », pour éviter d'incliner le tronc.

Cage thoracique

Elle protège les organes internes et comprend les côtes et le sternum.

Côtes

Elles sont au nombre de 12 paires, aplaties et courbes. Elles s'articulent en arrière avec les vertèbres. Vers l'avant, les sept premières paires s'unissent au sternum (vraies côtes), les trois suivantes sont reliées à la septième paire (fausses côtes), les deux dernières sont libres (flottantes).
Les vertèbres dorsales, les côtes et le sternum forment la cage thoracique.

Sternum

C'est un os plat sur lequel s'articulent les sept premières paires de côtes et la clavicule.

Ostéologie des membres

Membre supérieur

On distingue :

- la ceinture scapulaire constituée de la scapula et de la clavicule ;
- le bras constitué par un seul os, l'humérus ;
- l'avant-bras formé de deux os : le radius en dehors, l'ulna en dedans ;
- la main.

Squelette de la main (27 os)

Il comprend 3 parties :

Carpe

Il forme le poignet. C'est un assemblage de 8 petits os arrondis et superposés.
La première rangée, la plus proche de l'avant-bras, comprend en partant du pouce :
- l'os naviculaire ;
- l'os lunatum ;
- l'os triquétrum ;
- l'os pisiforme.

La deuxième rangée comprend :
- l'os trapèze ;
- l'os trapézoïde ;
- l'os capitatum ;
- l'os hamatum.

Métacarpe

Il forme le corps de la main. Il est constitué de cinq petits os comparables à des baguettes de tambour, les métacarpiens, dont chacun correspond à un doigt.

Phalanges

Elles forment le squelette des doigts.
Chaque doigt possède trois phalanges, sauf le pouce qui n'en possède que deux.
La phalange proximale est près du métacarpe, la phalange moyenne occupe la position du milieu et la phalange distale est à l'extrémité du doigt.
Le pouce n'a pas de phalange moyenne.

Membre inférieur

Il comprend quatre segments.

Ceinture pelvienne ou os coxal

Elle est constituée par le sacrum en arrière, et par les deux os coxaux latéralement et en avant. Chaque os coxal comprend : l'ilium de chaque côté, l'ischium en bas et le pubis. L'union du sacrum et des deux os coxaux forme le bassin osseux.

Cuisse

Elle est formée d'un seul os, le fémur, qui présente un col et une tête s'articulant avec l'os coxal. C'est l'os le plus long et le plus solide du corps.

Jambe

Le squelette de la jambe est formé de deux os : le tibia, en dedans, la fibula, en dehors. La patella est un os en forme de disque situé entre le fémur et le tibia. Il forme le genou.

Pied

Le squelette du pied compte 26 os. Il comprend le tarse, le métatarse, les phalanges.

Tarse

C'est un assemblage de sept os courts, en deux rangées.
La rangée postérieure comprend deux os superposés :

- le talus dont la face supérieure articulaire est enchâssée entre les deux malléoles : la malléole externe et la malléole interne ;
- le calcanéus, le plus volumineux des os du tarse, qui forme la saillie du talon où s'insère le tendon d'Achille.

La rangée antérieure comprend cinq os juxtaposés :

- le naviculaire du côté interne du pied, contre le talus ;
- le cuboïde, du côté externe du pied, en avant du calcanéus ;
- les trois cunéiformes, en avant du naviculaire.

Métatarse

Il représente la plus grande partie du pied. Il est formé par cinq os longs, les métatarsiens que l'on numérote de dedans en dehors, c'est-à-dire du gros orteil au petit.

Phalanges

Elles forment le squelette des orteils : phalanges proximales, moyennes et distales.
On en compte trois par orteil, sauf le gros orteil qui n'en a que deux, il n'a pas de phalange moyenne.

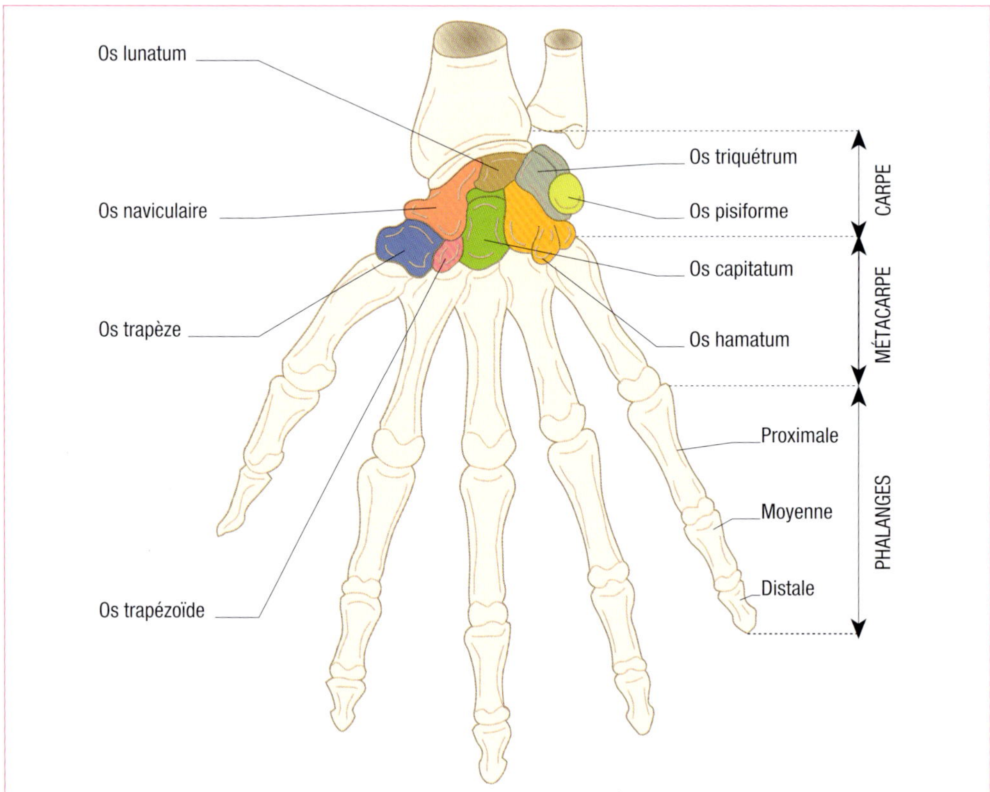

Fig. 2.22 – Squelette de la main. Vue antérieure.

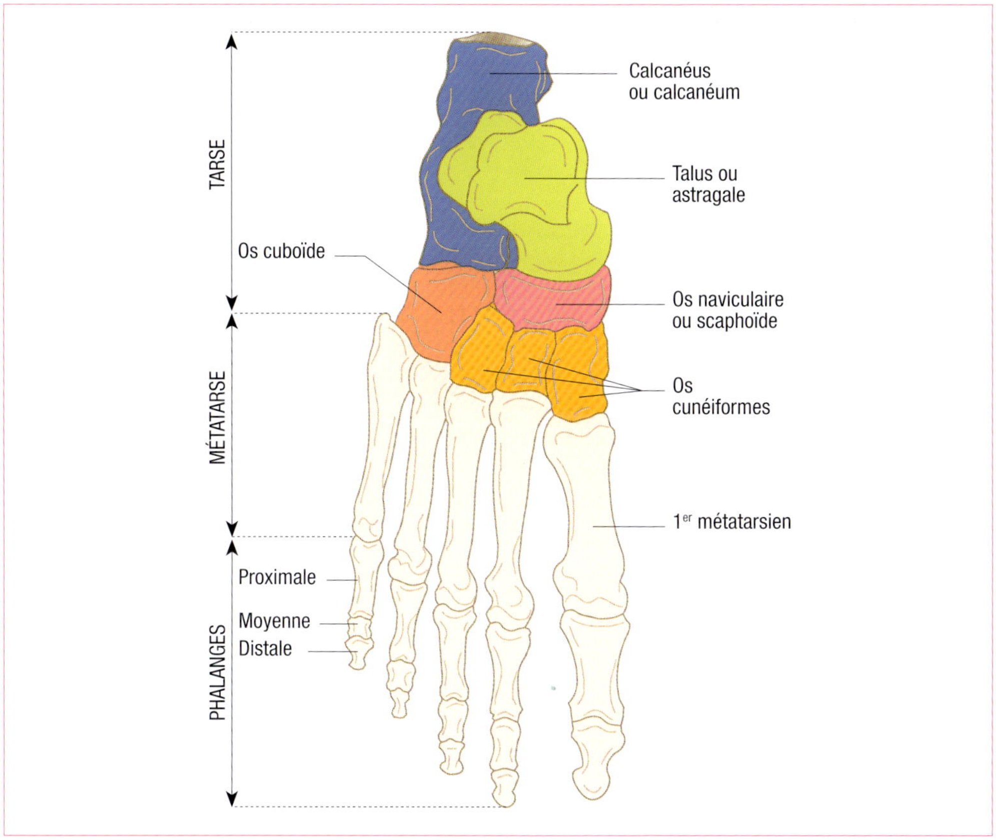

Fig. 2.23 – Squelette du pied.

Articulations et mobilité du squelette

Les mouvements du corps sont dus aux articulations qui sont des zones d'union de deux os ou plus.
Elles sont classées en fonction de leur mobilité :

- les articulations immobiles ou fixes (les sutures des os du crâne) ;
- les articulations semi-mobiles (intervertébrales) ;
- les articulations mobiles qui permettent des positions variées.

Articulations mobiles ou synoviales

Leur structure comprend différents éléments anatomiques.

Cartilage articulaire

Il recouvre les parties des os qui sont en contact et forme la surface articulaire lisse.

Capsule articulaire

C'est le manchon fibreux qui s'étend d'un os à l'autre et les maintient fermement.

Membrane synoviale

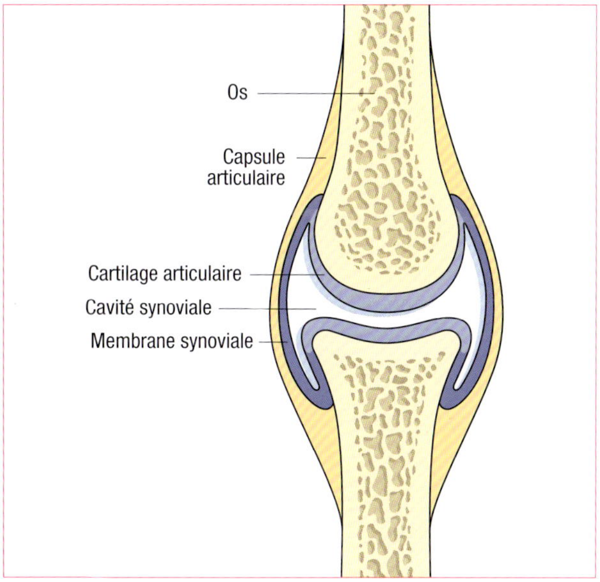

Fig. 2.24 – Articulation du genou.

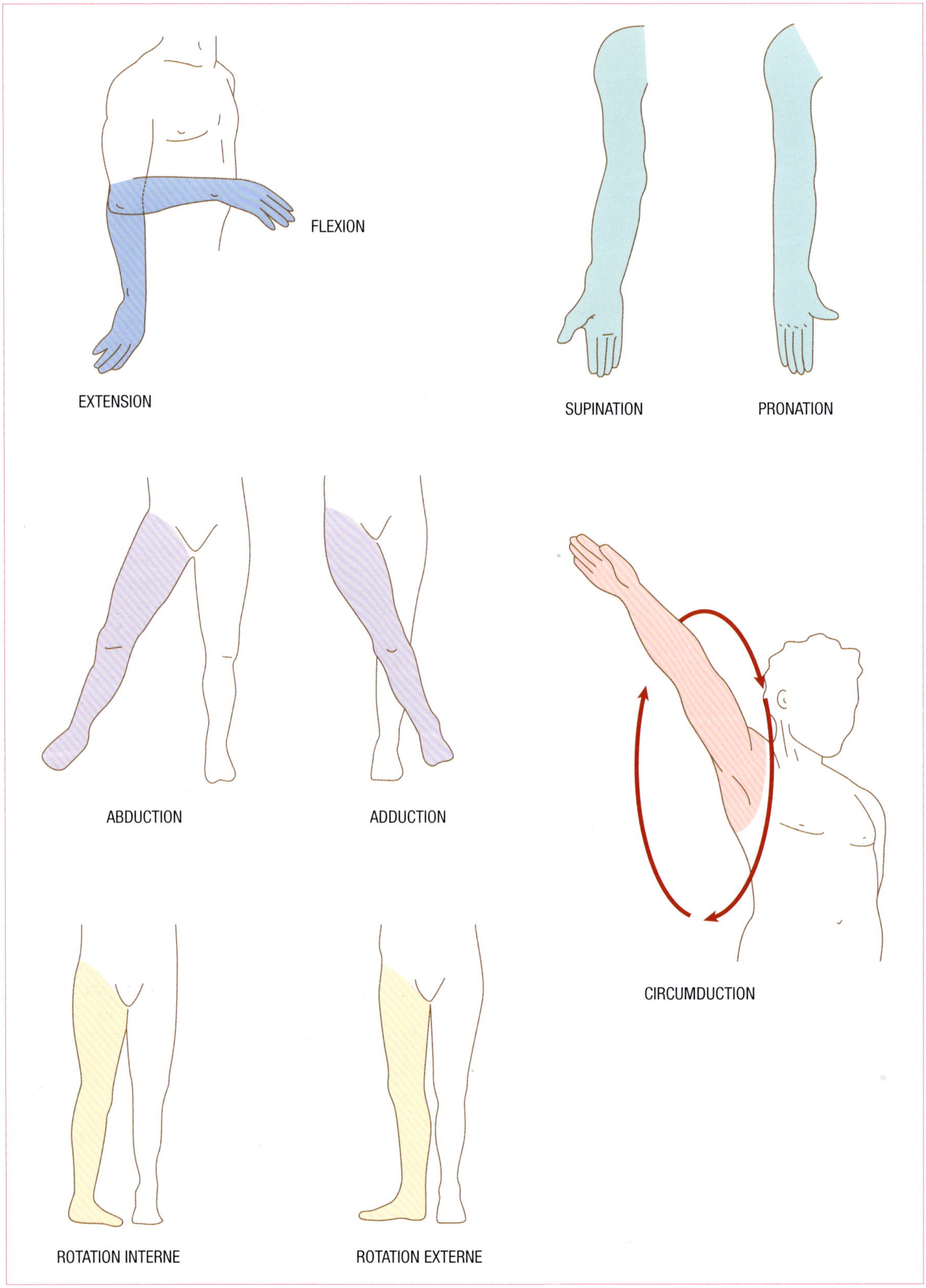

Fig. 2.25 – Divers mouvements autorisés par une articulation mobile.

Mince membrane transparente, élastique, elle tapisse la face profonde de la capsule articulaire et la limite. Elle sécrète le liquide synovial.

Liquide synovial ou synovie

C'est un liquide épais, gluant qui lubrifie les surfaces articulaires, les sépare, nourrit les cartilages, les protège de l'infection et stabilise l'articulation.

Ménisques

Ce sont des petites structures en forme de disque, situées dans la capsule, qui précèdent les cartilages articulaires.

Ligaments

Ce sont des bandes de tissu conjonctif qui maintiennent et stabilisent une articulation.

Mouvements autorisés par une articulation mobile

Flexion

Action de plier.
Exemple : genou, épaule, coude, poignet, hanche, cheville, main et doigts, pied et orteils.

Extension

Action d'étirer.
Exemple : épaule, coude, poignet, main et doigts, hanche, genou, cheville, pied et orteils, tête et cou.

Abduction

Mouvement d'éloignement de la ligne médiane du corps.
Exemple : épaule, poignet, hanche, pied.

Adduction

Rapprochement de la ligne médiane du corps.
Exemple : épaule, poignet, main et doigts, hanche, pied.

Circumduction

Combinaison de flexion, extension, abduction et adduction.
Exemple : épaule.

Rotation

Mouvement autour du grand axe d'un os.
Exemple : épaule, hanche.

Pronation

Rotation de la paume de la main en arrière.

Supination

Rotation de la paume de la main en avant.

BP/BAC PRO

Hygiène et prévention des risques pathologiques

Il faut :

- pratiquer une activité physique régulière et adaptée afin de maintenir le squelette et les articulations en bon état ;
- éviter le surpoids en maintenant une constance pondérale en rapport avec la taille ;
- éviter, si possible, l'ostéoporose ;
- limiter l'usure des articulations lors d'activités sportives, domestiques ou professionnelles ;
- prévoir une hygiène alimentaire, avec un apport régulier en phosphore, calcium, vitamines A et D.

Pathologies osseuses

Ostéoporose

C'est une déminéralisation du tissu osseux, généralement liée au vieillissement ; le dépistage se fait à l'aide d'un examen appelé la densitométrie. Elle se manifeste par la déformation du squelette avec perte de taille, des douleurs osseuses et des risques de fractures (hanche, poignet).

Rachitisme

Il est dû à une carence en vitamine D. Il atteint l'enfant et se manifeste par une déformation du squelette (crâne, thorax, jambes) et des dents.

Fracture

C'est une rupture de l'os.

Pathologies de la colonne vertébrale

Un port de charges excessives, des mauvaises postures, particulièrement pendant l'exercice de la profession d'esthéticienne où les gestes sont répétitifs, accentuent les courbures de la colonne vertébrale d'une façon pathologique, aboutissant à :

- une **hyperlordose lombale** (dos creux) ;
- une **accentuation de la cyphose dorsale** (dos rond) ;
- une **scoliose** (déformation latérale en forme de S).

Ce qui détermine l'apparition de douleurs dorsales chroniques ou rachialgies.

L'exercice de la manucurie en position assise et tête inclinée peut provoquer des douleurs cervicales.

L'exercice des soins esthétiques, debout, en position latérale par rapport à la table de soins provoque une torsion permanente du buste, génératrice de problèmes vertébraux.

Malformations congénitales de la main

- Polydactylie : présence de doigts en surnombre.
- Syndactylie : un ou plusieurs doigts sont soudés l'un à l'autre.
- Doigts palmés : des membranes relient les doigts les uns aux autres.
- Ectrodactylie : un ou plusieurs doigts manquent.

Malformations du pied

Congénitales

- Ectrodactylie : orteils incomplets ou absents.
- Polydactylie : orteils en surnombre.
- Syndactylie : orteils plus ou moins soudés.
- Pied bot : face plantaire déviée en dedans ou en dehors.

Acquises

- *Hallux valgus* : déformation caractérisée par une déviation en dedans du gros orteil tandis que le 1er métatarsien se porte en dehors.
- Orteil en marteau : l'orteil est replié sur lui-même et frotte douloureusement contre la chaussure.
- Pied plat : affaissement de la voûte plantaire.
- Déformation du 5e orteil.
- Cor : épaississement corné de l'épiderme, siégeant sur la face dorsale des orteils.
- Durillon : épaississement corné se situant à la plante du pied.
- Œil de perdrix : épaississement corné se situant dans les espaces interdigitaux.

Pathologies des articulations

Arthrite

C'est une maladie inflammatoire auto-immune qui atteint la membrane synoviale.

Arthrose

C'est une maladie dégénérative qui atteint le cartilage articulaire. Elle s'observe, en général, après quarante ans. Les manifestations se caractérisent par des douleurs, des mouvements limités, voire un blocage.

Coxarthrose : arthrose de la hanche.

Rhizarthrose : arthrose du pouce.

Entorse

Elle est due à un étirement violent de ligaments périarticulaires pouvant aller jusqu'à l'arrachement. Elle se manifeste par des douleurs, un gonflement.

Luxation

Il s'agit du déboîtement de l'articulation (*exemple :* luxation de l'épaule).

Syndrome du canal carpien

C'est la compression du nerf médian au niveau du poignet, lors de son passage dans le canal carpien.

Ce syndrome se manifeste par des douleurs, un engourdissement du poignet et de la main. Des mouvements fréquents et répétitifs de flexion et d'extension du poignet peuvent provoquer cette pathologie.

MUSCLES

On classe les muscles en trois catégories :

- les muscles squelettiques sont formés de tissu musculaire strié, leur contraction volontaire dépend du système nerveux central. Ils s'insèrent par un tendon sur les os ;
- les muscles lisses sont formés de tissu musculaire lisse, leur contraction est involontaire et dépend du système nerveux végétatif. Ce sont les muscles des viscères ;
- le muscle cardiaque est formé d'un tissu musculaire strié d'un type particulier.

Forme des muscles squelettiques

Les muscles striés peuvent avoir des formes différentes :

- longs, le corps est fusiforme ;
- plats, le corps est étalé. Les muscles plats s'insèrent par une aponévrose ;
- courts, le corps est trapu ;
- en anneau, le corps est circulaire.

Muscles de la tête

Ce sont des muscles squelettiques, rouges striés, dont la contraction est volontaire.

Ils sont insérés soit sur les os (muscles masticateurs) soit une des extrémités dans la peau (muscles peauciers).

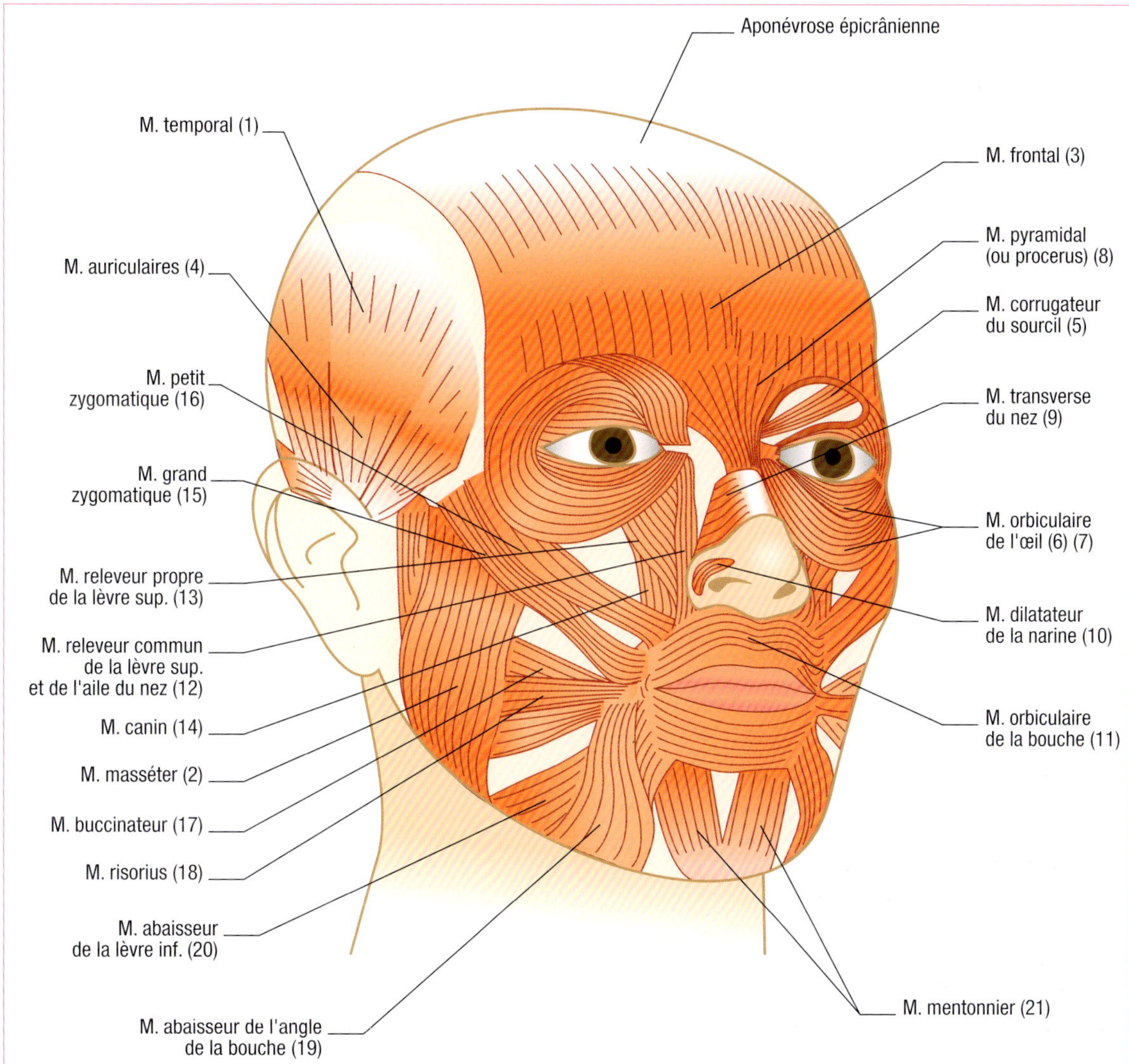

Fig. 2.26 – Anatomie des muscles du visage.

Muscles masticateurs

Ils permettent les mouvements de la mandibule. Leurs insertions sont osseuses.

Muscle temporal (1)

Forme : plat, large, en forme d'éventail.
Situation : il occupe l'étendue de la fosse temporale.
Insertions :

- supérieures :
  écaille du temporal,
  partie inférieure du pariétal,
  partie latérale du frontal ;
- inférieure : apophyse de la mandibule.

Fonction : élévateur de la mandibule.

Muscle masséter (2)

Forme : rectangulaire et court.
Situation : entre l'arcade zygomatique et l'angle de la mandibule.
Insertions :

- supérieure : arcade zygomatique ;
- inférieure : branche montante de la mandibule.

Fonctions : élévateur de la mandibule.

Muscles peauciers

Ce sont les muscles de l'expression dont la contraction provoque des plis perpendiculaires à leurs fibres, car leur insertion cutanée est mobile.

Muscles du cuir chevelu

Muscle épicrânien (occipitofrontal)

Forme : muscle digastrique composé de deux ventres : le ventre occipital et le ventre frontal réunis par la galéa aponévrotique (aponévrose épicrânienne).
Situation : sur toute la surface de la voûte crânienne.

- Le ventre occipital

Forme : mince, plat.
Situation : tapisse la région occipitale.
Insertions :
- inférieure : os occipital ;
- supérieure : bord postérieur de la galéa aponévrotique (aponévrose épicrânienne).

Fonction : tire la galéa aponévrotique vers l'arrière.

- Le ventre frontal (3)

Forme : lame plate quadrilatère.
Situation : recouvre l'os frontal.
Insertions :
- supérieure : bord antérieur de la galéa aponévrotique (aponévrose épicrânienne) ;
- inférieure : peau de la région sourcilière et intersourcilière.

Fonction : élève la peau des sourcils, plisse la peau du front.
Expressions : attention, étonnement.

- La galéa aponévrotique (aponévrose épicrânienne)

Forme : lame fibreuse.
Situation : partie supérieure du crâne, des muscles occipitaux aux muscles frontaux.

Muscles auriculaires (4)

Ce sont trois petits muscles en forme d'éventail qui permettent certains mouvements du pavillon de l'oreille.

Muscles des yeux

Muscle corrugateur du sourcil (5)

Forme : petit, grêle.
Situation : dans la région interne de l'arcade sourcilière, caché par le muscle orbiculaire et le muscle frontal.
Insertions :
- supérieure : face profonde de la peau du sourcil ;
- inférieure : partie interne de l'arcade sourcilière.

Fonction : attire vers le bas la tête du sourcil, ride verticale.
Expression : douleur, sévérité.

Muscle orbiculaire de l'œil (6)

Forme : plat circulaire, c'est un muscle sphincter.
Situation : entoure l'orifice palpébral.
Il est composé de deux portions :

- Partie palpébrale

Forme : fibres en demi-cercle.
Situation : au niveau de la paupière.
Fonction : permet l'ouverture et la fermeture des paupières.

- Partie orbitaire (7)

Forme : anneau plat.
Situation : autour des paupières et de l'orbite.
Fonction : fermeture de l'orifice palpébral.

Muscles du nez

Muscle pyramidal (procerus) (8)

Forme : petits faisceaux en forme de pinceau.
Situation : entre les deux sourcils, sur la partie supérieure du dos du nez.
Insertions :
- supérieure : peau de la région intersourcilière ;
- inférieure : partie inférieure des os nasaux.

Fonction : attire en bas la peau de l'espace intersourcilier en abaissant légèrement la tête du sourcil.
Expressions : agressivité, mécontentement, méfiance.

Muscle nasal

- Partie transverse (transverse du nez) (9)

Forme : grêle, triangulaire.
Situation : transversalement sur le dos du nez.
Insertions : face profonde de la peau le long du sillon nasogénien.
Fonction : dilate la narine.
Expression : mauvaise humeur.

- Partie alaire (dilatateur de la narine) (10)

Forme : très mince, plat.
Situation : dans l'épaisseur de l'aile du nez.
Insertions :
- peau du sillon nasolabial ;
- peau du bord inférieur de l'aile du nez.

Fonction : dilate la narine.
Expression : mauvaise humeur.

Muscles de la bouche

Muscle orbiculaire de la bouche (11)

Forme : plat, circulaire, muscle sphincter.
Situation : autour de l'orifice buccal, dans l'épaisseur des lèvres.
Il est composé de deux parties :
- une partie marginale ;
- une partie labiale.

Fonctions : fermeture de l'orifice buccal, préhension des aliments, pincements des lèvres.

Muscle releveur commun de l'aile du nez et de la lèvre supérieure (12)

Forme : mince et allongé.
Situation : dans le sillon nasogénien.
Fonction : attire en haut l'aile du nez et la lèvre supérieure.
Expressions : mécontentement, déplaisir.

Muscle releveur propre de la lèvre supérieure (13)
Forme : lame mince et large.
Insertions :
- supérieure : rebord inférieur de l'orbite ;
- inférieure : peau de la partie postérieure de l'aile du nez et peau de la partie médiane de la lèvre supérieure.

Fonction : attire en haut la lèvre supérieure.
Expression : mécontentement, chagrin, pleurs.

Muscle canin (14)
Forme : mince quadrilatère.
Fonction : relève la lèvre supérieure en montrant la canine.
Expression : menace.

Muscle grand zygomatique (15)
Forme : aplati long.
Situation : entre l'os zygomatique et la commissure labiale.
Insertions :
- supérieure : l'os zygomatique ;
- inférieure : commissure labiale.

Fonction : élève la commissure labiale.
Expressions : rire, gaieté.

Muscle petit zygomatique (16)
Forme : long et grêle.
Situation : entre l'os zygomatique et la lèvre supérieure. En dedans du grand zygomatique.
Insertions :
- supérieure : l'os zygomatique ;
- inférieure : peau de la lèvre supérieure, près de la commissure labiale.

Fonction : élève la lèvre supérieure.
Expression : attendrissement.

Muscle buccinateur (17)
Forme : plat et large.
Situation : dans l'épaisseur de la joue entre la commissure des lèvres et les deux maxillaires.
Insertions :
- postérieure : bord alvéolaire de la mandibule et du maxillaire ;
- antérieure : face profonde de la commissure labiale.

Fonctions : tire les commissures labiales vers l'arrière, prend part dans l'action de siffler, souffler et mastiquer.
Expression : ironie.

Muscle risorius (18)
Forme : très mince, triangulaire.
Situation : partie moyenne de la joue.
Insertions : attire en arrière et en dehors la commissure labiale.
Expression : il caractérise le sourire à fossette.

Muscle abaisseur de l'angle de la bouche (19)
Forme : aplati, large et triangulaire.
Situation : entre la mâchoire et la commissure labiale.
Insertions :
- inférieure : branche de la mandibule ;
- supérieure : commissure labiale.

Fonction : abaisse la commissure labiale.
Expressions : tristesse, mépris, dégoût, découragement.

Muscle abaisseur de la lèvre inférieure (20)
Forme : aplati, quadrilatère.
Situation : partie latérale du menton.
Insertions :
- inférieure : branche de la mandibule ;
- supérieure : peau de la lèvre inférieure.

Fonction : attire en bas et en dehors la lèvre inférieure.
Expression : dégoût.

Muscle mentonnier (21)
Forme : deux petits faisceaux en houppe.
Situation : de chaque côté de la ligne médiane du menton.
Insertions :
- supérieure : au milieu de la mandibule ;
- inférieure : peau du menton.

Fonction : élève le menton et la lèvre inférieure.
Expression : « marmottement », doute, scepticisme.

Muscles du cou, de l'épaule et du bras

Platysma
(plan superficiel)
Forme : très large, très mince, quadrilatère.
Situation : partie antérolatérale du cou et partie inférieure de la face.
Insertions :
- *supérieure* :
  bord inférieur de la mandibule,
  peau de l'éminence mentonnière,
  peau de la lèvre inférieure,
  peau de la commissure labiale ;
- *inférieure* :
  le long de la ceinture scapulaire,
  à la face profonde de la peau qui recouvre le deltoïde.

Fonctions :
- tend la peau du cou ;
- attire en bas la peau de la commissure labiale.

Expression : associé à l'action de certains muscles peauciers, il en accentue les expressions.

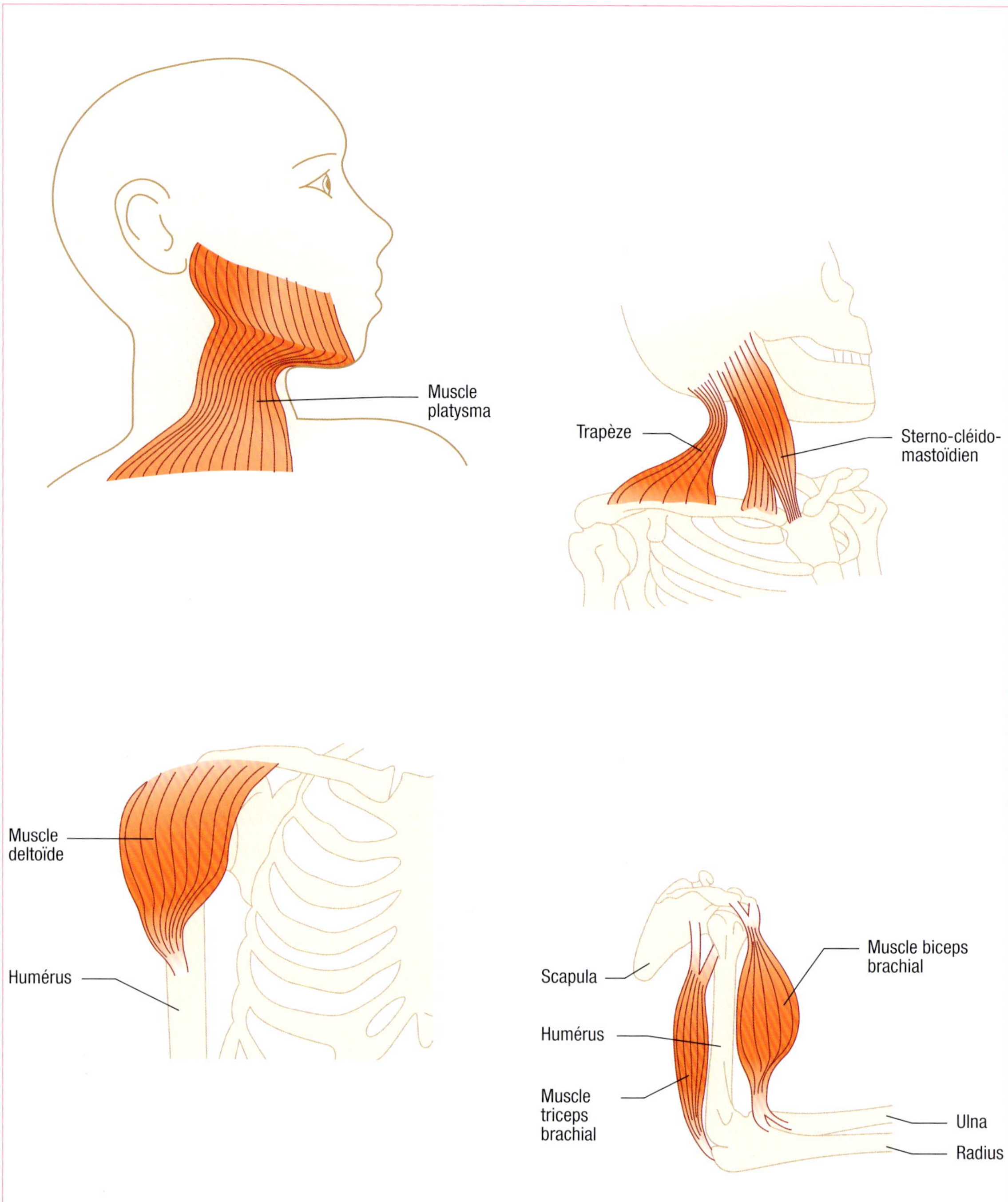

Fig. 2.27 – Muscles superficiels du cou, de l'épaule et du bras.

Muscle sterno-cléido-mastoïdien

Forme : long, épais, quadrilatère.

Situation : dans la région antérolatérale du cou, de la partie supérieure du thorax à la base du crâne.

Insertions par deux faisceaux :

- un faisceau au sternum ;
- un faisceau à la clavicule.

Les deux faisceaux fusionnent et s'insèrent sur la mastoïde et l'os occipital.

Fonctions :
- contraction d'un muscle : mouvement de rotation de la face du côté opposé au muscle contracté ;
- contraction simultanée des deux muscles : flexion de la tête.

Muscle deltoïde

Forme : triangulaire.
Situation : à la partie supérieure du thorax (enveloppe l'épaule).
Insertions :
- à la clavicule ;
- à l'humérus.

Fonction : abduction de l'épaule.

Muscle biceps brachial

Il s'étend de la scapula à l'humérus et au radius.
Il est fléchisseur de l'avant-bras sur le bras, abducteur et rotateur interne du bras.
Il participe aux mouvements de l'épaule.

Muscle triceps brachial

Il est formé de trois portions.
Il unit la scapula à l'humérus et à l'ulna.
Il est extenseur de l'avant-bras et il participe à l'adduction du bras.

Muscles du tronc

Muscle grand pectoral

Forme : large, épais.
Situation : sur la partie antérieure du thorax, de la ligne médiane jusqu'à la partie supérieure de l'humérus.
Insertions :
- à la clavicule ;
- au sternum ;

Ses fibres convergent vers la partie supérieure de l'humérus après être passées sous le deltoïde.
Fonction : adducteur du bras.

Muscles superficiels du dos

Muscle trapèze

Forme : large, plat, triangulaire.
Situation : s'étend des vertèbres cervicales et dorsales à l'épaule.
Insertions :
- au niveau de l'occipital ;
- au niveau des vertèbres cervicales ;
- au niveau des vertèbres dorsales ;
- au niveau de la clavicule et de la scapula ;

Fonctions : élève l'épaule vers le haut et l'abaisse en arrière.

Muscle grand dorsal

Forme : large, mince, aplati.

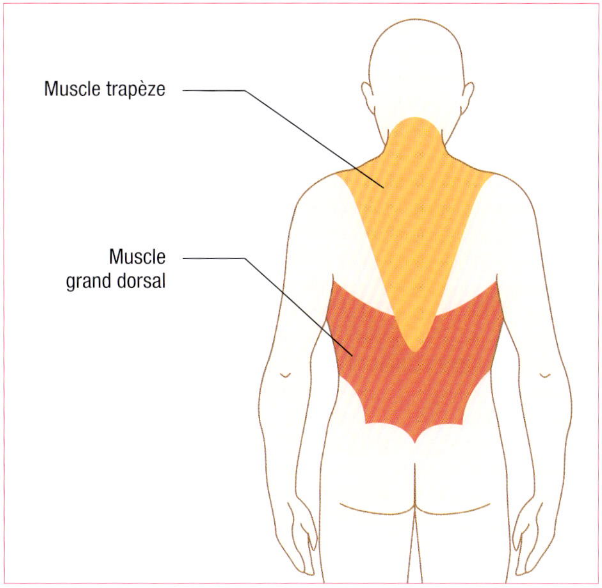

Fig. 2.28 – Muscles superficiels du dos.

Situation : sur la partie inférieure du dos, de la région lombaire à l'humérus.
Insertions :
- six dernières vertèbres thoraciques ;
- vertèbres lombales ;
- crête iliaque ;
- les fibres montent obliquement et s'insèrent sur l'humérus.

Fonctions :
- adduction du bras ;
- soulève le tronc.

Muscles de l'abdomen

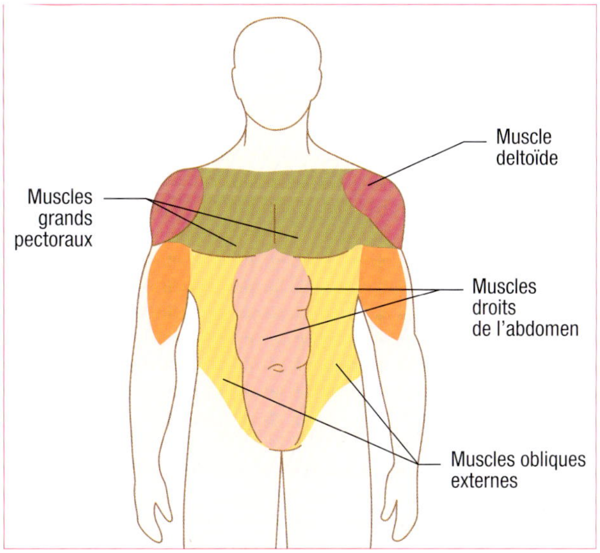

Fig. 2.29 – Muscles superficiels du tronc.

Muscles droits de l'abdomen

Allongés, étroits, épais, ils sont situés de part et d'autre de la ligne médiane.

Insertions : en haut sur les cinquième, sixième et septième côtes, puis ils descendent verticalement le long d'une bande fibreuse, la ligne blanche abdominale, et se terminent, en bas, au pubis.

Fonction : flexion de la colonne lombale.

Muscles obliques externes de l'abdomen

Ce sont des muscles superficiels.

Insertions : en haut sur les sept dernières côtes, en bas au pubis et à la crête iliaque.

Fonctions : avec les muscles droits, ils maintiennent les organes abdominaux et participent à la flexion de la colonne lombale.

Muscle du membre inférieur

Muscle quadriceps fémoral

Il est formé de quatre parties :

- le droit de la cuisse ① ;
- le vaste latéral ②;
- le vaste médial ③ ;
- le vaste intermédiaire est recouvert par le droit de la cuisse.

Elles réunissent par un tendon épais, s'insérant sur la patella.

Fonction : il est extenseur de l'articulation du genou et fléchisseur de l'articulation de la hanche.

Muscle gastrocnémien

Il est formé de deux ventres, qui se terminent au calcanéus par le tendon d'Achille ou tendon calcanéen.

Fonction : il est extenseur du pied (marche sur la « pointe des pieds »).

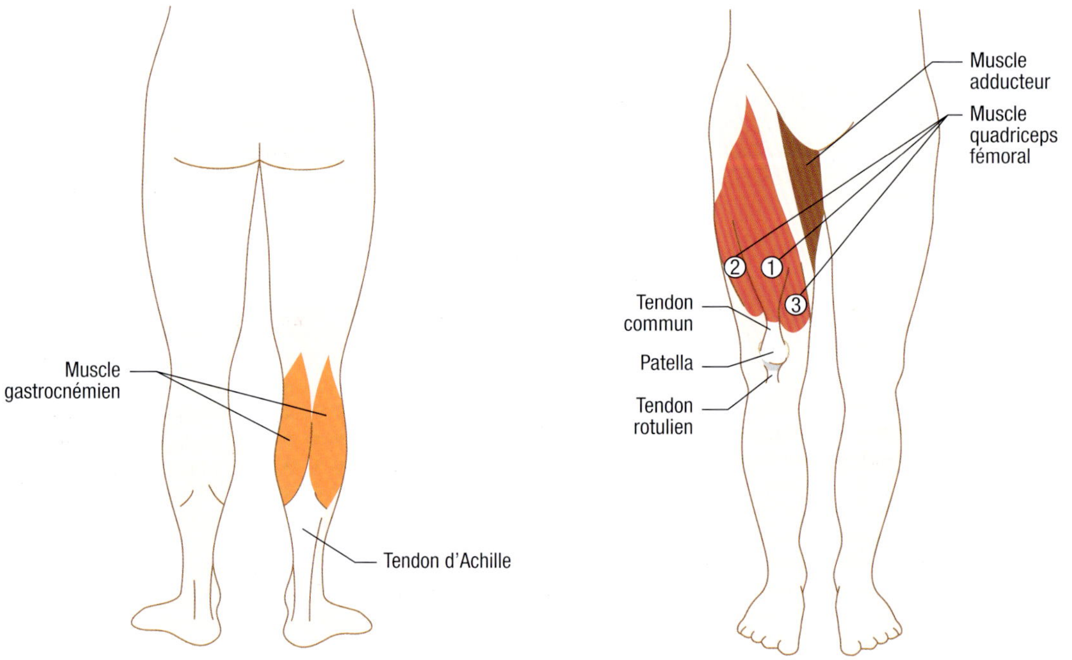

Fig. 2.30 – Gastrocnémien et quadriceps fémoral.

BP/BAC PRO

Structure de la cellule musculaire striée

La cellule musculaire striée porte le nom de fibre musculaire ou myocyte.

C'est une cellule géante, de forme cylindrique, possédant plusieurs noyaux.

La fibre musculaire est composée de structures filamenteuses contractiles ou myofilaments, qui donnent son aspect strié à la cellule :

- les myofilaments épais de myosine ;
- les myofilaments minces d'actine.

Propriétés du muscle strié

Les muscles striés sont :

Excitables

Cette propriété permet aux muscles de réagir à un excitant ou stimulus. Le stimulus naturel du muscle est l'influx nerveux.

Les autres stimuli peuvent être mécaniques (piqûres, pincements), thermiques (froid, chaleur), chimiques (acide, base), électriques (différents courants électriques).

Contractiles

Le muscle se raccourcit, en réaction à un stimulus, le ventre se gonfle et durcit ; c'est le principe moteur du muscle.

Lors d'entraînement physique intensif, le muscle gagne en volume et grossit.

Élastiques

Cette propriété donne aux muscles la possibilité de se déformer, de s'allonger, puis de revenir à leur forme et longueur initiales quand l'excitant a cessé d'agir.

Propriétés thermiques de la contraction musculaire

Toute contraction musculaire s'accompagne d'un dégagement de chaleur, qui se traduit par :

- une chaleur initiale émise lors de la contraction musculaire ;
- une chaleur retardée qui se dégage après le relâchement du muscle.

Différents types d'activité musculaire

Dynamique ou active

Dans ce cas, il y a alternance de contractions et de décontractions, ce qui permet au métabolisme de fonctionner normalement.

Statique ou passive

Le muscle se contracte et ne se relâche pas ou peu pendant une longue période, les déchets s'accumulent, le muscle reste contracté, douleurs et fatigue peuvent en résulter.

Contraction brusque

C'est une secousse musculaire. Le myogramme est l'enregistrement graphique de la contraction.

On la décompose en :

- phase de latence : c'est la période nécessaire au muscle pour réagir ;
- phase de contraction : le muscle se contracte et se raccourcit ;
- phase de relâchement : le muscle se décontracte et revient à sa position de repos.

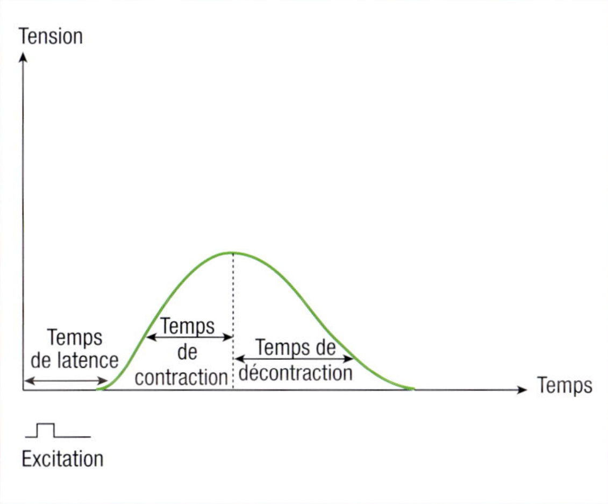

Fig. 2.31 – Myogramme d'une secousse musculaire.

Tonus musculaire

C'est une contraction permanente des muscles squelettiques permettant la position verticale, le maintien des différentes positions et de l'équilibre. Il résulte d'une activité réflexe.

Contraction isotonique

C'est une contraction à tension constante, le muscle se raccourcit et permet le mouvement.

Exemple : la marche.

Contraction isométrique

C'est une contraction dans laquelle la tension musculaire augmente et dans laquelle la longueur du muscle est constante.

Exemple : port d'un sac au bout du bras.

◂◂

Tétanos incomplet ou tétanos physiologique

Il est provoqué par des stimuli répétitifs ne permettant pas de relâchement complet de la fibre musculaire entre chaque stimulus.

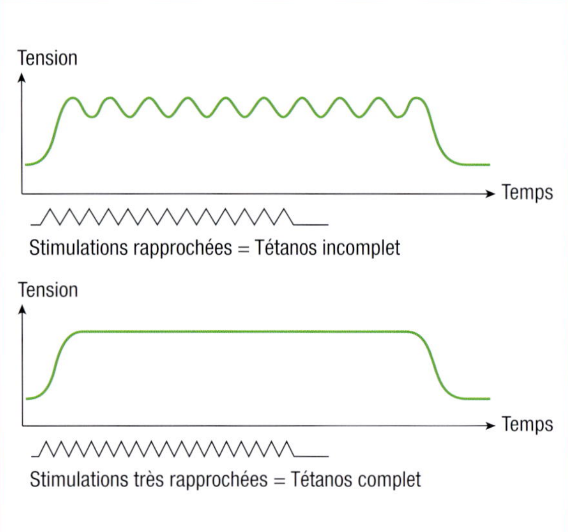

Fig. 2.32 – Tétanos incomplet et complet.

Tétanos complet

Il est provoqué par des stimuli répétitifs, à une fréquence élevée, ce qui aboutit à un état de contraction permanent de la fibre musculaire.

Fatigue musculaire

La fatigue physiologique se manifeste par une baisse de l'activité musculaire avec une augmentation du temps de latence, un allongement du temps de contraction et une diminution de l'amplitude.

L'effort musculaire entraîne une utilisation accrue de glycogène, une perte d'eau, de sels minéraux et une accumulation de déchets métaboliques, qui provoquent cette fatigue musculaire.

Effets sur les muscles des courants utilisés en esthétique cosmétique

Les appareils de stimulation musculaire sont utilisés pour provoquer une contraction musculaire passive et ainsi tonifier les muscles.

Pour le visage, en général, on utilise des courants de moyenne fréquence et pour le corps des courants de basse fréquence.

3
Système tégumentaire

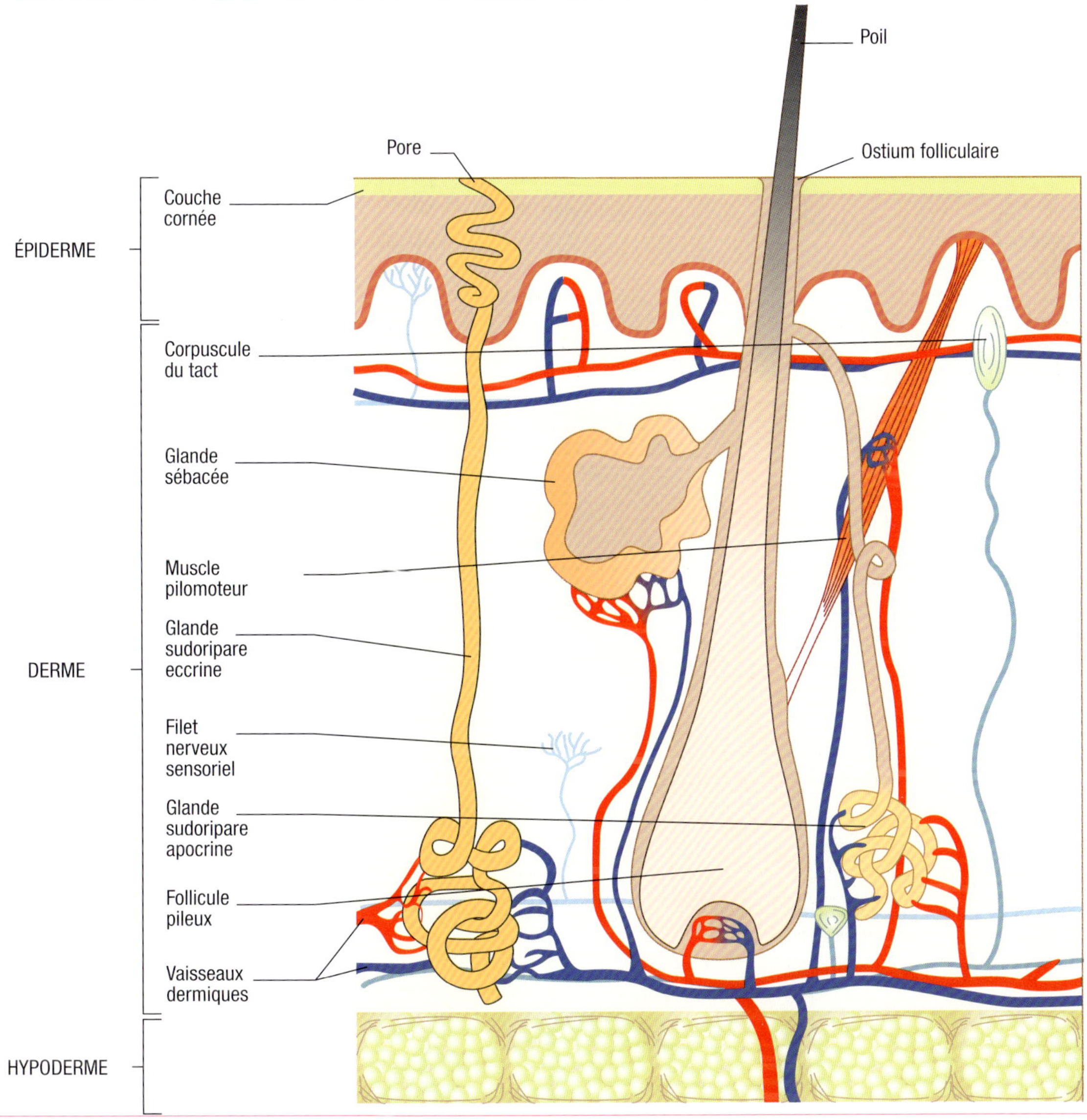

Fig. 3.1 – Schéma général de la peau et de ses annexes.

La peau ou tégument constitue l'enveloppe de revêtement de l'organisme, le protégeant du milieu extérieur. La peau et le cerveau sont issus du même feuillet embryonnaire, ce qui permet de la qualifier de « cerveau périphérique ». Sa superficie est d'environ 2 m² chez l'adulte et son poids d'environ 3 kilos. Son épaisseur d'environ 1,2 mm varie selon les points considérés.

C'est au niveau des paupières que la peau est la plus fine, et au niveau du dos et de la plante des pieds qu'elle est la plus épaisse. La peau masculine est plus épaisse que la peau féminine.

L'épaisseur de la peau diminue avec l'âge.

Elle se continue au niveau des orifices naturels par les muqueuses.

La peau comprend l'épiderme, le derme et un tissu adipeux sous-cutané, l'hypoderme.

Les annexes cutanées sont situées dans le derme. Ce sont :

- l'appareil pilosébacé ;
- la glande sudoripare eccrine ;
- l'ongle.

Épiderme

L'épiderme est un épithélium squameux, stratifié et kératinisé qui se renouvelle en permanence. Il n'est pas vascularisé, mais il est innervé. Il a une épaisseur inférieure à 1 mm.

Il comprend quatre types de cellules :

- les kératinocytes ;
- les mélanocytes ;
- les macrophagocytes intraépidermiques ;
- les épithélioïdocytes du tact.

KÉRATINOCYTES ET KÉRATINISATION

Les kératinocytes représentent 90 % des cellules de l'épiderme, leur fonction est de fabriquer les kératines.

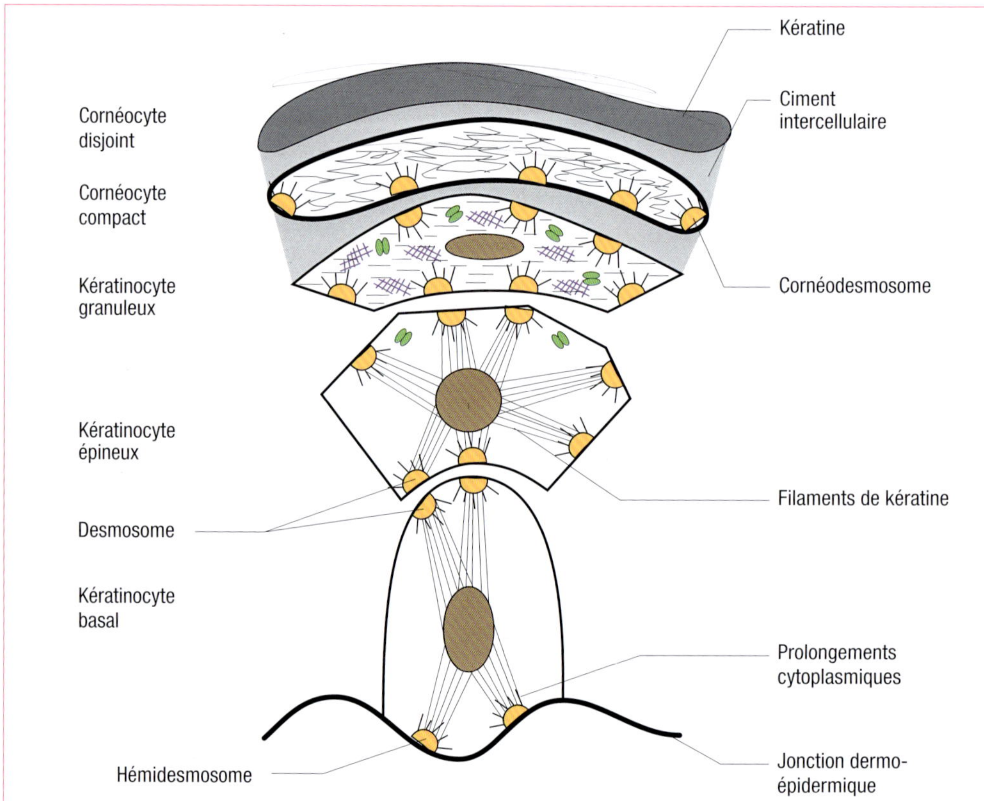

Fig. 3.2 – La kératinisation.

Différentes couches de kératinocytes et leur structure

Les kératinocytes sont disposés en quatre couches formant un épithélium squameux et stratifié.
On distingue de la profondeur vers la surface :

La couche basale ou couche germinative *(stratum basale ou stratum germinativum)*

La couche basale est la couche la plus profonde de l'épiderme, composée de cellules hautes, cylindriques avec un noyau ovalaire et volumineux. Elles sont reliées entre elles par des desmosomes. Elles sont disposées en une seule couche reposant sur la membrane basale ou lame basale, à laquelle elles adhèrent par des hémidesmosomes.
Leur cytoplasme renferme de nombreux filaments de kératine (tonofilaments) dont certains iront vers les desmosomes et les hémidesmosomes. On note également dans le cytoplasme des grains de mélanine provenant des mélanocytes voisins.
Dans la couche basale, les kératinocytes se divisent en deux cellules filles identiques dont l'une monte dans la couche supérieure tandis que l'autre reste dans la couche basale et se divise à son tour.

La couche filamenteuse ou couche épineuse *(stratum filamentosum ou stratum spinosum)*

Elle comporte cinq à six couches de cellules volumineuses qui commencent à s'aplatir, à s'élargir, en prenant une forme polyédrique.
Leur cytoplasme contient davantage de filaments de kératine que dans la couche basale, et les desmosomes y sont plus nombreux, ce qui donne à cette couche son aspect « épineux ».

La couche granuleuse *(stratum granulosum)*

Les cellules, réparties sur trois couches, sont aplaties, losangiques avec des granules dans le cytoplasme. Les filaments de kératine commencent à s'agglutiner.

La couche cornée *(stratum corneum)*

Selon la localisation, elle comprend de quatre à vingt couches de cellules en écailles.
Elle se divise en trois sous-couches :
- la couche claire ou couche brillante *(stratum lucidum)* : les cellules dépourvues de noyau sont aplaties. Cette couche n'est présente que dans les épidermes épais palmaires et plantaires ;
- la couche compacte *(stratum compactum)*
  - elle est formée de cellules kératinisées ou cornéocytes dont le noyau a disparu et qui sont remplies de filaments de kératine,
  - la membrane plasmique s'épaissit et se rigidifie et forme l'enveloppe cornée,
  - les desmosomes sont remplacés par les cornéodesmosomes qui assurent la cohésion des cellules : les cellules sont étroitement soudées,
  - présence de ciment intercellulaire lipidique entre les cornéocytes, il est composé de céramides, qui ont un rôle capital dans l'imperméabilité épidermique,
  - dans les cornéocytes, se trouve un mélange de substances hygroscopiques (capables de capter l'eau) qui constituent le NMF *(Natural Moisturizing Factor)*, et qui maintient l'hydratation de la couche cornée ;
- la couche desquamante *(stratum disjunctum)* : les cornéodesmosomes sont dégradés, les cornéocytes se détachent alors de la surface cutanée : c'est la desquamation.

Kératinisation

Pendant leur montée vers la surface, les kératinocytes provenant de la couche basale synthétisent de la kératine et subissent des modifications.

Kératines

Les kératines ou cytokératines sont des protéines fibreuses à structure hélicoïdale qui s'organisent pour former des filaments.
Les kératines ne sont pas toutes identiques en structure et en propriétés dans les différentes couches de l'épiderme.
Leur synthèse commence dans les cellules de la couche basale. Les filaments de kératine constituent le squelette des kératinocytes, ils se fixent sur les desmosomes. Ils donnent à l'épiderme sa structure et sa plasticité.
Dans les cornéocytes, les filaments de kératine sont tassés et compacts, ils envahissent tout le cytoplasme : le processus de kératinisation est terminé.

Modifications de la forme et de la structure des kératinocytes

Les kératinocytes de la couche basale sont de forme cylindrique, puis ils s'aplatissent au fur et à mesure de leur ascension.
Dans la couche cornée, les cellules ou cornéocytes sont réduits à l'état de lamelles ; ce sont des cellules mortes, sans noyau et remplies de filaments de kératine.

Cornéodesmosomes

Au niveau de la couche cornée, les desmosomes se transforment en cornéodesmosomes qui, par leur structure particulière, permettent la cohésion des cornéocytes. Ils persistent jusqu'à la couche desquamante, puis sont dégradés ensuite par des enzymes spécifiques qui provoquent ainsi le détachement des cornéocytes de la surface de l'épiderme.

Desquamation

La desquamation se produit par déstructuration des membranes cornéocytaires et par dégradation enzymatique des cornéodesmosomes. L'épiderme humain normal met environ 30 jours pour se renouveler entièrement. Chaque cellule cornée qui desquame provoque la division d'une cellule basale.

MÉLANOCYTES ET MÉLANISATION

L'épiderme, les cheveux et les poils sont colorés par des pigments, les mélanines, qui sont synthétisés par des cellules spécialisées, les mélanocytes. Les mélanocytes représentent environ 1 % des cellules épidermiques.

Structure

Les mélanocytes sont des cellules de grande taille, globulaires, pourvues de prolongements cytoplasmiques ou dendrites qui se développent latéralement et vers le haut et qui sont en contact avec les kératinocytes voisins.

Les mélanocytes sont insérés dans la couche basale et reposent sur la lame basale épidermique, mais on en trouve également dans le follicule pileux, au niveau du bulbe et dans l'œil au niveau de l'iris.
Ils sont dépourvus de desmosomes et de filaments de kératine.
On note la présence de vésicules, les mélanosomes, qui migrent le long des dendrites.

Mélanogenèse

Elle comprend la synthèse et la répartition de la mélanine dans l'épiderme.

Différents types de mélanine

Les pigments mélaniques peuvent être classés en deux groupes, présents chez tous les individus :

- les eumélanines, pigments les plus foncés (bruns ou marron), que l'on trouve dans les peaux noires ;
- les phaéomélanines, pigments jaune orangé, que l'on trouve dans la peau blanche. Les trichochromes appartiennent au groupe des phaéomélanines, ils contiennent du fer et sont présents dans les cheveux blonds et roux.

Les différentes couleurs de peau et de cheveux sont la conséquence d'un mélange entre les eumélanines et les phaéomélanines.

Synthèse de la mélanine

La synthèse de la mélanine se fait dans les mélanosomes à partir d'un acide aminé, la tyrosine, en présence

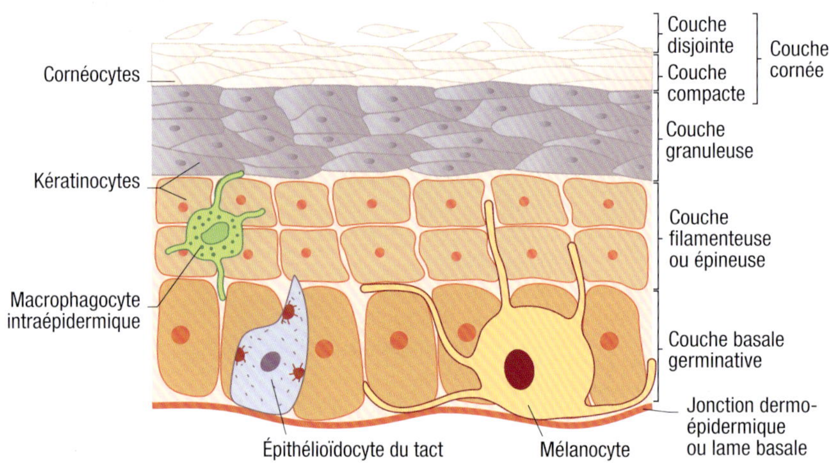

Fig. 3.3 – Structure de l'épiderme.

d'une enzyme, la tyrosinase et de l'ion cuivre, qui sont indispensables à la réaction.

Évolution des mélanosomes

Le mélanosome est une vésicule provenant de l'appareil de Golgi du mélanocyte.
Le mélanosome passe par quatre stades de maturation grâce à la tyrosinase : c'est la mélanisation du mélanosome.

- **Stade 1** : le mélanosome est rond et incolore.
- **Stade 2** : le mélanosome devient ovoïde et strié ; il commence à migrer dans la dendrite du mélanocyte.
- **Stade 3** : le mélanosome s'opacifie ; il continue sa migration.
- **Stade 4** : le mélanosome est complètement opaque ; il se trouve à l'extrémité de la dendrite et va être transféré dans le kératinocyte voisin.

Au cours de leur maturation, les mélanosomes qui synthétisent des eumélanines s'aplatissent et ceux qui synthétisent des phaéomélanines et des trichochromes restent ronds.

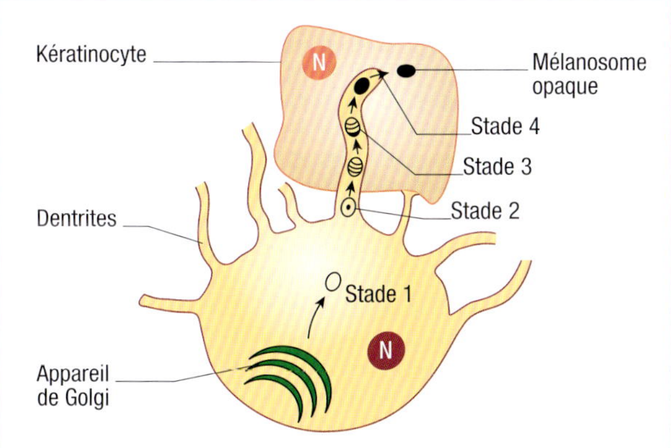

Fig. 3.4 – Transfert d'un mélanosome dans un kératinocyte voisin.

Unité épidermique de mélanisation (UEM)

Elle comprend : un mélanocyte qui synthétise la mélanine dans les mélanosomes et une trentaine environ de kératinocytes qui la reçoivent.

Pigmentation cutanée

Les mélanosomes migrent à l'extrémité des dendrites, puis sont transférés au kératinocyte voisin dont les enzymes digèrent la membrane.
Ce processus varie suivant le type de peau :

- dans les peaux claires, les mélanosomes sont peu nombreux, de petite taille, ils contiennent surtout des phaéomélanines, ils sont détruits au niveau de la couche épineuse ; les rayons UV sont indispensables à la production des mélanosomes ;
- dans les peaux noires, les mélanosomes sont nombreux, plus gros, ils contiennent des eumélanines qui sont transférés un par un jusqu'à la couche cornée où ils arrivent intacts ; les rayons UV ne sont pas indispensables à la production de mélanosomes ;
- dans les peaux de type asiatique, les mélanosomes ont des tailles variées, ils contiennent surtout des eumélanines qui sont présents jusque dans la couche granuleuse.

Les différences raciales de pigmentation ne reposent pas sur le nombre de mélanocytes, mais sur le type de mélanine, le nombre et la taille des mélanosomes et leur niveau de dégradation dans les différentes couches de l'épiderme.

Facteurs influençant la mélanogenèse

Facteur génétique

Tous les stades de la mélanogenèse sont sous contrôle génétique. Les caractéristiques des mélanosomes sont codées par les gènes de la pigmentation.

Facteur hormonal

La MSH *(Melanin Stimulating Hormone)*, hormone produite par l'hypophyse et par les kératinocytes sous l'action des rayons UV, stimule la mélanogenèse en activant la tyrosinase.
Les hormones sexuelles, comme la progestérone et les œstrogènes, peuvent provoquer une hyperpigmentation du visage, de la muqueuse génitale et de l'aréole des seins au cours de la grossesse.

Facteur physiologique

L'activité des mélanocytes diminue avec l'âge, provoquant des tâches cutanées et le blanchissement des cheveux.

Facteur physique

Les UV stimulent directement la mélanogenèse en accroissant le transfert des mélanosomes.
Ils induisent une réaction rapide de brunissement, puis une réaction retardée.

Rôles des mélanines

Les mélanines déterminent la couleur de la peau, mais elles ont surtout un rôle photoprotecteur important. Elles servent de bouclier aux kératinocytes.
Elles absorbent et réfléchissent le rayonnement UV et protègent les organites vitaux de la cellule comme le noyau.

Elles neutralisent les radicaux libres, facteurs de vieillissement cellulaire.
Les eumélanines constituent une protection anti-UV beaucoup plus efficace que les phaéomélanines.

MACROPHAGOCYTES INTRAÉPIDERMIQUES

Ce sont des cellules qui représentent 2 à 5 % des cellules épidermiques, elles font partie du système immunitaire de la peau et des muqueuses.

Structure

Ce sont des cellules en étoile, mobiles, sans desmosomes. Elles possèdent de longs prolongements cytoplasmiques ou dendrites, leur cytoplasme est très granuleux. Elles sont situées dans la partie moyenne de l'épiderme.

Fonctions

Elles peuvent circuler dans le système lymphatique, capter les antigènes et les présenter aux lymphocytes T dans les nœuds lymphatiques.
Elles jouent donc un rôle important dans l'immunité cutanée en activant la production de lymphocytes T.
Elles diminuent avec l'âge et augmentent en cas de problèmes cutanés immunitaires.

ÉPITHÉLIOÏDOCYTES DU TACT

Structure et localisation

Ce sont des cellules épithéliales ovales, avec des prolongements cytoplasmiques ou dendrites, qui sont situées au niveau de la couche basale germinative. Elles représentent moins de 1 % des cellules épidermiques. Leur cytoplasme possède des desmosomes qui leur permettent d'adhérer aux kératinocytes voisins. Elles sont toujours associées à une terminaison nerveuse.

Fonctions

Elles ont un rôle comme récepteur sensoriel du toucher.

FONCTIONS DE L'ÉPIDERME

- Les kératinocytes assurent la protection mécanique de la peau.
- Les mélanocytes assurent sa protection solaire.
- Les macrophagocytes intraépidermiques assurent sa protection immunitaire.
- Les épithélioïdocytes du tact ont un rôle sensoriel.

Jonction dermo-épidermique (JDE)

STRUCTURE

La jonction dermo-épidermique est formée par :
- la membrane plasmique des cellules de la couche basale épidermique qui contient des hémidesmosomes, points d'ancrage des kératinocytes sur la jonction dermo-épidermique ;
- la lame basale ou membrane basale qui permet l'adhésion de l'épiderme au derme.

Elle est l'intermédiaire entre le tissu épithélial et le tissu conjonctif.
Elle est sinueuse : les saillies de l'épiderme dans le derme constituent les crêtes épidermiques, les saillies du derme dans l'épiderme constituent les papilles dermiques.

RÔLES

La jonction dermo-épidermique a trois fonctions principales :
- elle supporte mécaniquement l'épiderme ;
- elle établit le contact entre le derme et l'épiderme ;
- elle a une fonction de barrière et de filtre sélectif.

Biologie

Derme

Élément de soutien et de nutrition de l'épiderme et de ses annexes, le derme est un tissu conjonctif qui comprend :

- des cellules : les fibroblastes, qui synthétisent les éléments de la matrice extracellulaire (MEC) ;
- les leucocytes qui sont des cellules de défense de l'organisme ;
- une matrice extracellulaire (MEC) composée :
  - de fibres de collagène, résistantes ;
  - de fibres d'élastine, élastiques ;
  - d'une substance fondamentale renfermant des macromolécules, comme les GAG (acide hyaluronique) qui fixent l'eau dans le derme ;
  - d'eau.

STRUCTURE

Le derme est d'une épaisseur variable selon la localisation, il est très épais au niveau de la paume des mains, de la plante des pieds, du dos et très mince au niveau des paupières.

Dans le derme, on distingue :

Derme superficiel ou papillaire

Il est constitué par les papilles dermiques.
La substance fondamentale y est importante, les fibres de collagène et d'élastine sont nombreuses et orientées perpendiculairement à l'épiderme pour soutenir les papilles dermiques.
Chaque papille (saillie du derme dans l'épiderme) renferme :

- une artériole ;
- une veinule ;
- des capillaires lymphatiques ;
- des terminaisons nerveuses.

Derme profond ou réticulaire

Il est plus épais.
Les fibres de collagène et d'élastine sont nombreuses et s'entrecroisent parallèlement à la surface cutanée.
C'est à ce niveau que se trouvent les glandes sébacées, les glandes sudoripares et les follicules pileux.
Cette couche est bien vascularisée.

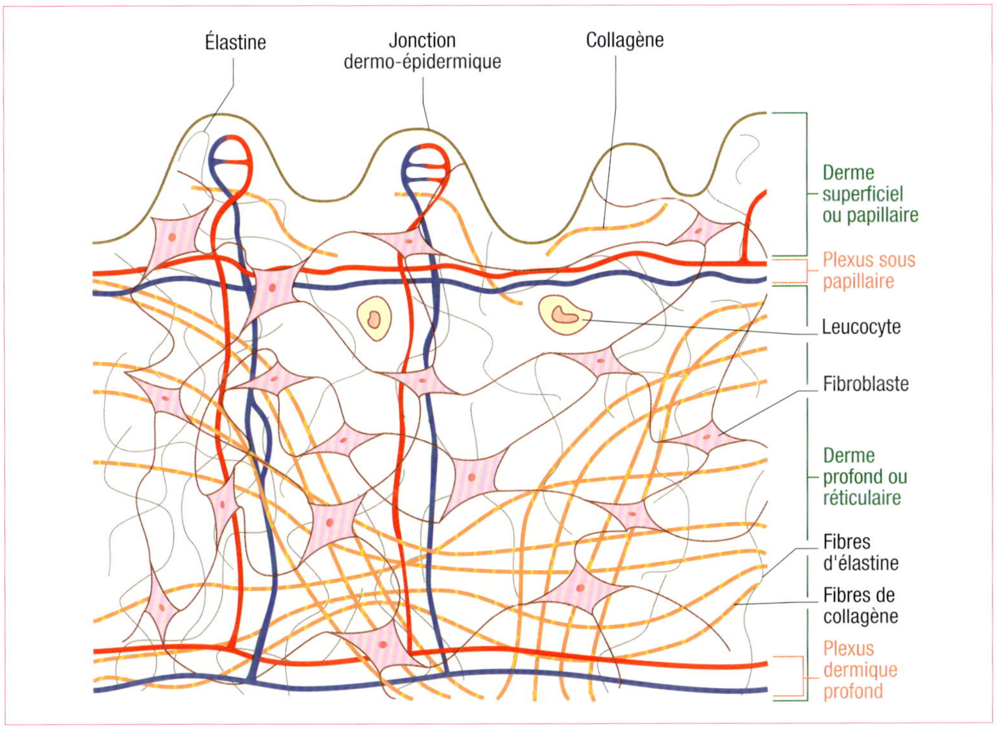

Fig. 3.5 – Le derme.

RÔLES

Le derme a pour rôles essentiels :

- la protection mécanique contre les chocs ;
- le soutien de l'épiderme et sa nutrition, la défense immunitaire et l'hydratation de la peau et des organes.

Hypoderme ou tissu adipeux sous-cutané

L'hypoderme est la couche la plus profonde de la peau. C'est un tissu conjonctif adipeux blanc dont l'épaisseur est variable selon la localisation.
Il est rattaché au derme par des fibres de collagène et d'élastine.
Il représente 10 à 15 % du poids corporel chez l'homme, 20 à 25 % chez la femme.

STRUCTURE

L'hypoderme est composé de cellules adipeuses sphériques, les adipocytes, qui se caractérisent par un cytoplasme rempli de triglycérides. Leur diamètre est variable.
Les adipocytes sont regroupés en lobules séparés par des cloisons de tissu conjonctif puis ces lobules se regroupent pour former les lobes graisseux.
Dans les cloisons conjonctives, la vascularisation et l'innervation sont importantes.
Cf. figure 3.6 page 78.

Le tissu adipeux contient également des fibroblastes particuliers, précurseurs des adipocytes, les préadipocytes.

RÉPARTITION EN FONCTION DU SEXE

Elle constitue un caractère sexuel secondaire.
Chez l'homme, le tissu adipeux prédomine au-dessus de la ceinture (abdomen, épaules) : c'est le type androïde.
Chez la femme, il prédomine au-dessous de la ceinture (hanches, fesses, cuisses, partie inférieure de l'abdomen) : c'est le type gynoïde.

PHYSIOLOGIE

L'adipocyte, lors de la digestion, accumule les lipides sous forme de triglycérides : c'est la phase de stockage ou lipogenèse. À ce stade, l'adipocyte augmente de volume.
En dehors de la digestion, sous l'action d'une enzyme, les triglycérides stockés dans l'adipocyte sont hydrolysés en acides gras et glycérol qui sont alors remis dans la circulation sanguine : c'est la phase de déstockage ou lipolyse.

RÔLES

Rôle énergétique

En cas de besoin, la lipolyse libère rapidement les acides gras de façon à fournir de l'énergie à l'organisme.

Rôle dans la thermogenèse

Le tissu adipeux est essentiel pour maintenir la température corporelle (homéothermie).

Rôle de protection mécanique

Le tissu adipeux a un rôle d'amortisseur surtout au niveau des organes internes.

Rôle sécrétoire de l'adipocyte

L'adipocyte est également une cellule sécrétoire à fonction endocrine.
Elle sécrète notamment des protéines, comme la leptine, qui provoque une diminution de l'appétit (fonction anorexigène) ainsi que des enzymes.

Innervation cutanée

La peau est une large surface sensible en contact avec l'extérieur. Elle constitue l'un des cinq organes des sens : le toucher.
Le centre nerveux se trouve dans le cerveau, au niveau de l'aire sensitive concernée.
L'innervation cutanée comprend les récepteurs sensoriels.

LES RÉCEPTEURS SENSORIELS

Ce sont :

- des terminaisons nerveuses libres qui sont des fibres nerveuses sensitives et qui sont très nombreuses dans l'épiderme et le derme ;
- des terminaisons nerveuses en corpuscules qui sont des formations compactes constituées par des cellules spécialisées qui entourent des filets nerveux. Les corpuscules sont surtout situés dans le derme superficiel et profond.
  On distingue :
  - les corpuscules de Meissner,
  - les corpuscules de Krause,
  - les corpuscules de Ruffini,
  - les corpuscules de Vater-Pacini ;
- des épithélioïdocytes du tact qui sont des cellules dendritiques situées dans la couche basale de l'épiderme reliées à des terminaisons nerveuses aplaties.

FONCTIONS

Les récepteurs sensoriels ont des fonctions différentes :

- les mécanorécepteurs ressentent les réactions de pression, de vibrations, *etc.* ;
- les thermorécepteurs sont les points de réception du chaud et du froid ;
- les nocirécepteurs ressentent les réactions de douleur (pincements, piqûres, *etc.*).

RÔLES DE L'INNERVATION CUTANÉE

Le rôle du système nerveux de la peau est très important. Il agit sur la plupart des fonctions cutanées.
Perception tactile : *cf.* page 29.
Perception olfactive : *cf.* page 33.

Vascularisation cutanée

La peau possède un réseau sanguin particulièrement important au niveau du derme et de l'hypoderme.
L'épiderme ne possède aucune vascularisation.

SYSTÈME ARTÉRIEL

De gros vaisseaux hypodermiques venant de la profondeur des tissus montent vers la surface de la peau en diminuant de calibre au fur et à mesure de leur ascension. Ils s'épanouissent en plusieurs réseaux parallèles à la surface de la peau et forment les plexus. Ces différents plexus sont reliés entre eux par des branches verticales ascendantes.

Plexus dermique profond

Il est situé à la jonction du derme et de l'hypoderme. De ce plexus montent verticalement des artérioles, qui assurent la nutrition du follicule pilosébacé et des glandes sudoripares.

Plexus sous-papillaire

Les artérioles se ramifient et forment le plexus sous-papillaire.

Capillaires papillaires

Les artérioles se subdivisent en capillaires qui, en arrivant dans la papille, forment les anses capillaires.

SYSTÈME VEINEUX

Il est parallèle au système artériel. Il est constitué par :

- les capillaires veineux papillaires ou anses capillaires qui véhiculeront le sang veineux qui rejoindra

- le plexus veineux sous-papillaire ;
- le plexus veineux dermique profond.

Ces plexus sont reliés entre eux par des branches verticales descendantes.

SYSTÈME LYMPHATIQUE

Les voies lymphatiques sont pratiquement superposables au réseau veineux.
Dans chaque papille, il y a des capillaires lymphatiques en doigt de gant qui se réunissent pour former le plexus lymphatique superficiel situé sous le plexus sous-capillaire. Les vaisseaux du plexus convergent vers les vaisseaux collecteurs qui dirigeront la lymphe vers les nœuds lymphatiques.

PROPRIÉTÉS DES VAISSEAUX SANGUINS

Le débit sanguin dans les vaisseaux est perpétuellement variable. Ces variations se font grâce à la vasomotricité des vaisseaux qui comprend deux systèmes de régulation :

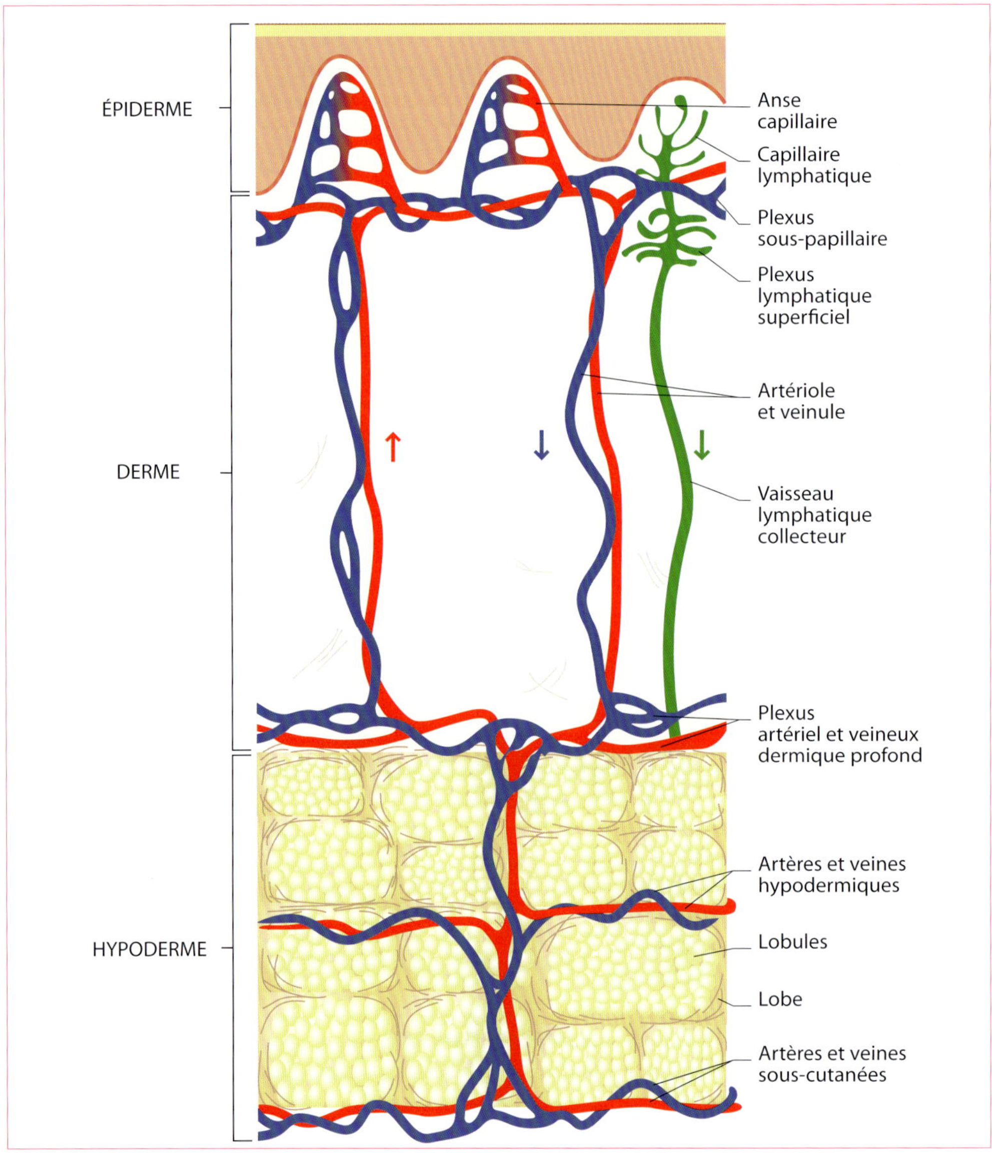

Fig. 3.6 – Vascularisation cutanée.

- la vasoconstriction : diminution du diamètre des vaisseaux ;
- la vasodilatation : augmentation du diamètre des vaisseaux.

RÔLES DE LA VASCULARISATION SANGUINE

- Rôle dans la thermorégulation du corps et dans l'équilibre de la tension artérielle grâce à la vasomotricité des vaisseaux dermiques qui permet de régler le débit sanguin. La vasoconstriction permet de conserver la chaleur, la vasodilatation de l'éliminer.
- Rôle de nutrition. La circulation cutanée assure l'oxygénation et la nutrition de la peau et de ses annexes ainsi que l'élimination des déchets.
- Rôle de défense. La peau utilise son système vasculaire contre les différents types d'agression.

4 Annexes cutanées

Trois types d'annexes cutanées

On distingue trois types d'annexes cutanées : le follicule pilosébacé, les glandes sudoripares eccrines, l'ongle.

FOLLICULE PILOSÉBACÉ

Le follicule pilosébacé comprend :
- le follicule pileux ;
- le poil ;
- le muscle pilomoteur ou arrecteur ;
- la glande sébacée ;
- les glandes sudoripares apocrines dans certaines parties du corps.

Follicule pileux

Le follicule pileux est une invagination épidermique s'enfonçant dans le derme et formant une cavité où est logé le poil.
Selon les populations, la forme du follicule des cheveux est différente. Pour la population noire, il est en spirale ; pour la population asiatique, il est droit ; pour la population blanche, il est incliné.
Il comprend :
- une partie superficielle où le poil n'adhère pas ;
- une partie profonde adhérente au poil.

Partie superficielle

On y distingue :
- l'orifice externe ou ostium folliculaire.
- le canal pilaire ou infundibulum situé au niveau de l'abouchement de la glande sébacée, composé d'une partie intraépidermique, l'acro-infundibulum et d'une partie intradermique, l'infra-infundibulum.

Partie profonde

On distingue :

Gaines

Les gaines sont de l'extérieur à l'intérieur :
- La gaine conjonctive ou sac fibreux qui enveloppe les deux tiers du follicule pileux.
- La lame basale qui prolonge la lame basale épidermique et qui persiste au niveau du bulbe.
- La gaine épithéliale externe qui est le prolongement de l'épiderme. Elle s'amincit progressivement et se réduit à une seule couche de cellules au niveau du bulbe : ce sont des cellules germinatives pouvant donc se diviser.
- La gaine épithéliale interne qui est située entre le poil et la gaine épithéliale externe. Elle prend naissance à partir des cellules matricielles du bulbe et se termine à l'abouchement de la glande sébacée.

Bulbe pileux

- Le **bulbe pileux**, renflement terminal du follicule pilaire, en forme de poire et qui comporte :
  - la zone féconde : zone la plus profonde qui entoure la base de la papille. Elle est le lieu de divisions cellulaires intenses. Elle produit le poil et la gaine épithéliale interne ;

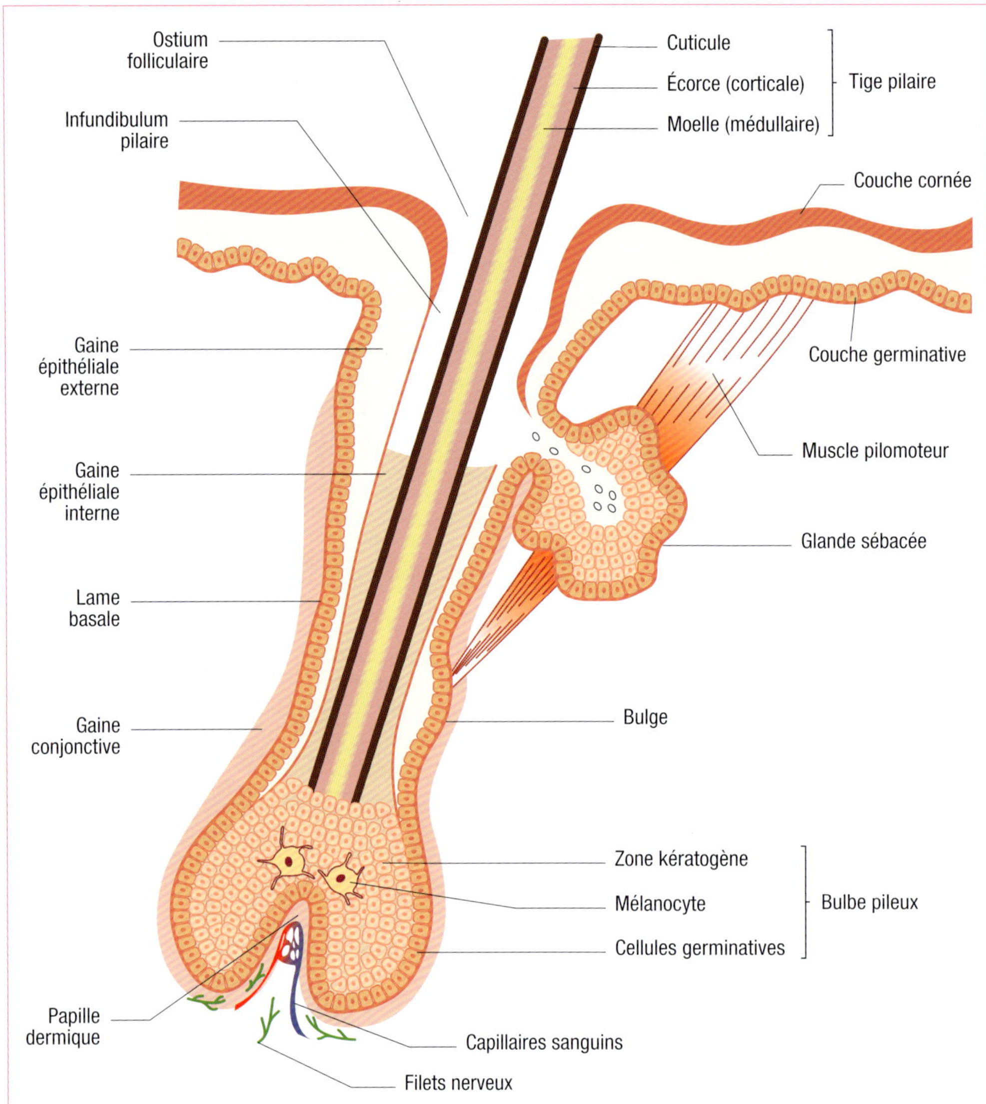

Fig. 4.1 – Coupe du follicule pilosébacé.

- la zone des mélanocytes qui entoure le sommet de la papille. C'est à ce niveau que se déterminera la couleur du poil par mélange des eumélanines et des phaéomélanines produites par les mélanocytes ;
- la zone kératogène, ou zone de différenciation, située à la partie supérieure du bulbe. C'est dans cette zone qu'a lieu la kératinisation des cellules germinatives.

- La **papille dermique pilaire** est logée dans une dépression du bulbe. Elle est formée de tissu conjonctif très vascularisé et innervé. Elle assure la nutrition du poil.

Bulge

Le bulge, renflement du follicule pileux, situé au-dessous de l'abouchement de la glande sébacée, sert de point d'attache au muscle pilomoteur. C'est un réservoir de cellules souches multipotentes (cellules pouvant générer plusieurs tissus).

Vascularisation et innervation du follicule pileux

La vascularisation est assurée par les vaisseaux de la papille dermique. L'innervation se fait par les terminaisons nerveuses libres mêlées aux vaisseaux de la papille dermique et par des terminaisons nerveuses tactiles.

Poil

Le poil est un filament de kératine dure. Il fait partie des phanères.
Les poils sont répartis sur toute la surface du corps à l'exception de certaines régions comme :
- la paume des mains ;
- la plante des pieds ;
- la face latérale des doigts ;
- le pénis et le clitoris.

Différentes sortes de poil

Il existe deux variétés de poils chez l'adulte :
- les poils matures ou terminaux qui sont pigmentés, épais et longs. Dans les deux sexes ce sont les cheveux, les sourcils, les cils, les poils des aisselles et du pubis. Dans le sexe masculin, ce sont les poils des joues, du menton, de la lèvre supérieure et de la poitrine ;
- le duvet qui recouvre la surface cutanée. Il est moins pigmenté, plus court et moins épais.

Description

La section transversale du poil varie selon les populations. Les cheveux asiatiques ont une section transversale ronde, les cheveux des populations blanches ont une section ovale et les cheveux frisés des populations noires ont une section en forme de haricot.
Le poil comprend deux parties principales :

Tige ou partie libre du poil

Elle est constituée de cellules kératinisées disposées en trois couches qui sont de l'extérieur vers l'intérieur :
- l'épidermicule ou cuticule qui a un rôle protecteur ;
- l'écorce ou corticale, solide et résistante, qui donne au poil sa couleur et sa résistance ;
- la moelle ou médullaire présente seulement dans les poils terminaux.

Racine

C'est la partie inférieure du poil. Elle se renfle à la base pour former le bulbe.
La racine est constituée de cellules vivantes, provenant de la matrice, qui se kératinisent au fur et à mesure qu'elles montent dans le follicule.

Cycle pilaire

Le follicule pileux a une activité intermittente : c'est le cycle pilaire.

Dans la pousse du poil, on distingue trois phases successives

- La phase anagène ou phase de croissance
  - La pousse du poil est constante, due à la multiplication des cellules germinatives.
  - Le bulbe est volumineux.
  - La papille est au contact du bulbe. Sa pénétration dans le bulbe est à l'origine de la multiplication des cellules germinatives.

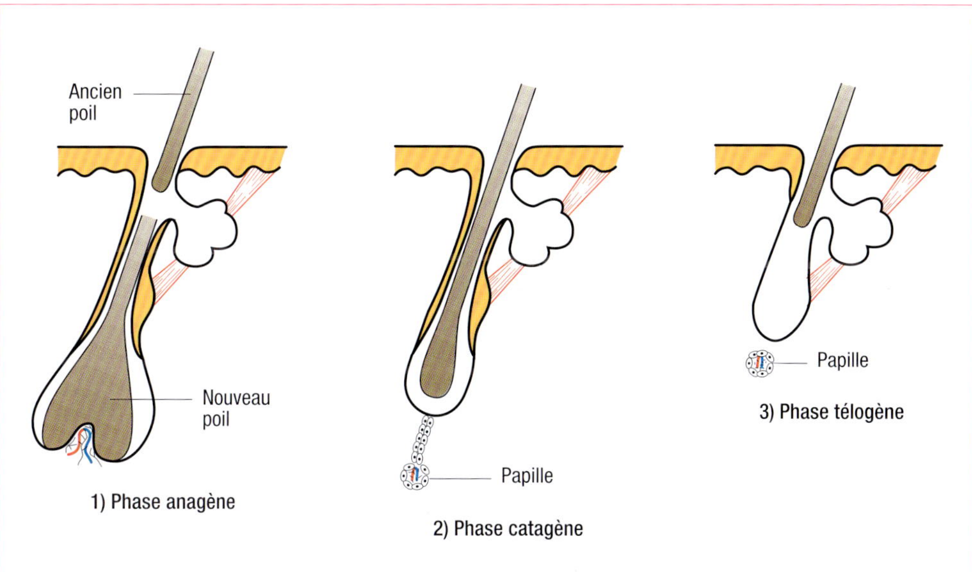

Fig. 4.2 – Cycle de pousse du poil.

- Les mélanocytes synthétisent de la mélanine.
- Un jeune poil prend racine avec la présence momentanée de l'ancien poil qui s'est détaché et qui va être éliminé. Cette phase dure de trois à quatre ans pour les cheveux et de deux à trois mois pour les autres poils.

- La phase catagène ou phase de régression
  - L'activité des cellules germinatives cesse ainsi que la mélanogenèse.
  - Le poil arrête de pousser.
  - Les cellules germinatives montent dans la zone kératogène pour se kératiniser.
  - Le bulbe prend la forme d'une massue.
  - Le poil monte dans le follicule pileux.
  - La papille n'est plus reliée au follicule pileux que par un mince cordon de cellules épithéliales. Cette phase dure trois semaines pour les cheveux.
- La phase télogène ou phase de repos
  - Les follicules sont plus courts.
  - Le bulbe est atrophié.
  - Le poil complètement kératinisé progresse jusque dans l'infundibulum, ce qui provoquera sa chute.
  - La papille est isolée du follicule pileux. Cette phase peut durer trois mois pour les cheveux.

Facteurs agissant sur le cycle pilaire

Le nombre de follicules pileux est acquis à la naissance. Il est normal de perdre environ une centaine de cheveux par jour.

- Facteurs alimentaires : vitamines, minéraux, protéines (acides aminés soufrés) sont indispensables à la croissance du poil.
- Facteurs saisonniers : le printemps induit un maximum de croissance et l'automne un maximum de chute.
- Facteurs hormonaux : les hormones sexuelles mâles et femelles, thyroïdiennes et hypophysaires agissent sur le métabolisme du follicule pileux.

Composition et caractéristiques de la kératine du poil

La kératine du poil est une scléroprotéine (protéine dure) renfermant des acides aminés contenant du soufre comme la cystéine, la cystine et la méthionine, des constituants minéraux, peu de lipides et pas d'eau.

Propriétés physiques et chimiques du cheveu

- Élasticité.
- Solidité, il résiste à la traction.
- Sensibilité à la chaleur, aux produits alcalins comme l'ammoniaque (teintures et permanentes), aux agents oxydants (décoloration).
- Production d'électricité statique par frottement.

Rôles du poil

Le système pileux a un rôle de protection thermique et anti-UV au niveau du cuir chevelu et un rôle dans la perception tactile (sensation de frôlement) car il est en relation avec les épithélioïdocytes du tact. Certains poils n'apparaissent qu'à la puberté, ils font partie des caractères sexuels secondaires (aisselles et pubis). D'autres ne sont présents que chez l'homme : moustache et barbe.

Cils

Ce sont de petits poils d'un type particulier : ils sont très résistants, élastiques et ne possèdent pas de muscle horripilateur.
Ils sont plus pigmentés que les cheveux et ne blanchissent pas avec l'âge.
Ils sont plus longs et plus nombreux sur la paupière supérieure.
Ils participent à la protection du globe oculaire en retenant poussières et sueur.

Muscle pilomoteur

C'est un faisceau de fibres musculaires lisses, innervé par le système nerveux sympathique et s'insérant sur le follicule pileux.
Il est tendu obliquement au niveau d'un petit renflement du bulbe pilaire appelé bulge jusqu'au derme superficiel.
Sa contraction, sous l'effet du froid et de la peur, déclenche le redressement du poil ou « chair de poule ».

Glande sébacée

Les glandes sébacées sont des glandes cutanées formées à partir de bourgeons épidermiques s'enfonçant dans le derme moyen et douées d'une activité sécrétoire exocrine. Elles siègent sur toute la surface du corps sauf au niveau de la paume des mains et de la plante des pieds. Elles sont en nombre très important dans la partie médiane du visage, dans le cuir chevelu et le haut du dos.
C'est également dans ces zones qu'elles sont les plus volumineuses.

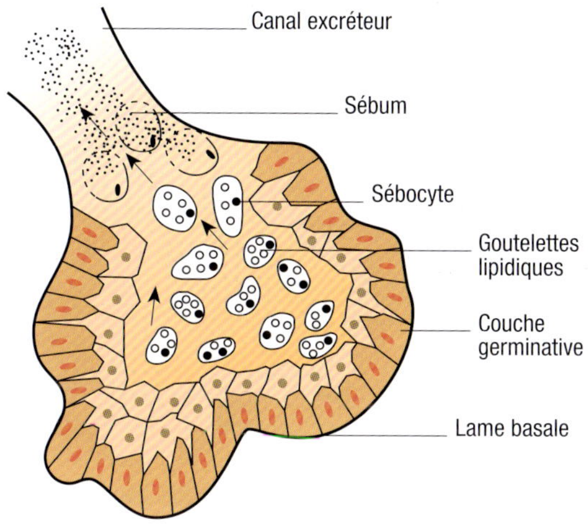

Fig. 4.3 – Glande sébacée.

Elles sont généralement annexées à un follicule pileux, cependant il en existe qui sont indépendantes comme, par exemple, les glandes sébacées des paupières, de la lèvre supérieure, de la muqueuse génitale et de l'aréole des seins.

Structure

La glande sébacée a une forme typique, c'est une glande acineuse comportant plusieurs acini, éléments arrondis semblables à des grains de raisin, regroupés en un ou plusieurs lobes, à sécrétion exocrine.

Elle comprend :

- une **partie alvéolaire** qui est formée de plusieurs acini dilatés. Leur paroi est formée d'une lame basale sur laquelle repose une couche de cellules germinatives à noyau arrondi qui ont le pouvoir de se diviser. Les sébocytes migrent vers le centre, se chargent de gouttelettes lipidiques et deviennent volumineuses. Après lipidisation complète, ils se désintègrent en devenant eux-mêmes le produit de sécrétion ou sébum ;
- un **canal excréteur ou canal sébacé** court.

Vascularisation

La glande sébacée, située dans le derme moyen, est vascularisée par des branches collatérales du plexus sous-papillaire. Elle n'est pas innervée.

Physiologie

Le sébum est le produit de sécrétion de la glande sébacée.

Il est composé de lipides et de sébocytes éclatés.

La quantité de sébum excrété est fonction de différents facteurs qui sont :

- l'âge : la sécrétion sébacée varie avec l'âge. Elle s'active à la puberté puis se ralentit à la maturité ;
- le sexe : la production de sébum est plus importante chez l'homme que chez la femme ;
- les hormones androgènes, notamment la testostérone agissent sur la sécrétion sébacée.

Composition chimique du sébum

Il contient surtout des lipides dont la composition est la suivante :

- triglycérides 60 % ; dans le canal pilosébacé et à la surface de la peau, ils seront partiellement hydrolysés par la flore résidante en acides gras libres ;
- cires 26 % ;
- squalène 12 % ;
- cholestérol 4,5 %.

Rôles du sébum

- Le sébum lubrifie le poil et la peau, c'est également un nutriment de la flore cutanée résidante.
- Il participe à l'élaboration du film hydrolipidique de surface.
- Il maintient la souplesse de la couche cornée.
- Les acides gras libres du sébum participent au maintien de l'acidité du pH cutané (environ 5,5).

Glandes sudoripares apocrines

Les glandes sudoripares apocrines sont localisées :

- aux aisselles, au pubis, aux régions génitales ;
- sur l'aréole des seins, les paupières ;
- dans le conduit auditif où elles produisent le cérumen.

Structure

Ce sont des glandes exocrines, tubuleuses et pelotonnées qui sont situées dans le derme profond.

Elles sont toujours annexées à un poil, et leur canal excréteur débouche au-dessus du canal excréteur de la glande sébacée. Le canal excréteur est rectiligne.

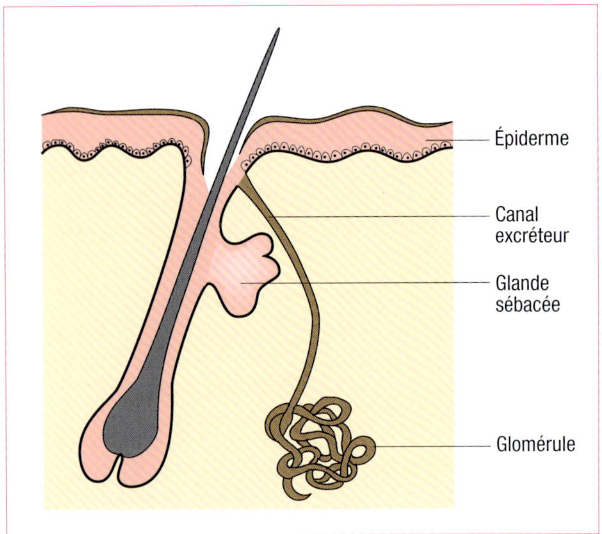

Fig. 4.4 – Glande sudoripare apocrine.

Innervation et vascularisation

Elles sont innervées par des fibres nerveuses du système sympathique et vascularisées par des capillaires sanguins.

Physiologie

La sécrétion apocrine débute à la puberté. Elle diminue avec l'âge. Elle est sous le contrôle des hormones sexuelles. La sécrétion apocrine est épaisse, laiteuse, riche en pigments et en lipides. Elle véhicule les odeurs propres à chaque individu : les phéromones. Après dégradation bactérienne, elle dégage une odeur désagréable.

GLANDES SUDORIPARES ECCRINES

Les glandes sudoripares eccrines sont des glandes en tube dont le canal excréteur débouche directement à la surface de la peau. Leur nombre est de trois à cinq millions, elles sont réparties sur toute la surface du corps, elles prédominent aux régions palmoplantaires, au front et à la poitrine. Certaines régions en sont dépourvues comme les lèvres et le lit de l'ongle.

Structure

Ce sont des glandes tubuleuses simples pelotonnées en glomérule, à sécrétion exocrine.

Elles comprennent :

- Une partie sécrétrice ou peloton sécrétoire située dans le derme profond dans la partie initiale du glomérule.

  Sa paroi est formée par :
  - des cellules claires reposant sur une membrane basale épaisse ;
  - des cellules sombres dont le cytoplasme est riche en ribosomes ;
  - des cellules myoépithéliales qui sont contractiles et permettent l'expulsion de la sueur.

  La fonction des cellules claires est de fabriquer la sueur primitive à partir du plasma, le glomérule étant entouré de nombreux capillaires sanguins. La sueur primitive a une composition presque identique à celle du plasma.
- Le canal excréteur dermique

  Il commence dans le peloton sécrétoire, puis il traverse le derme de façon presque rectiligne.
- Le canal excréteur intraépidermique

  C'est au niveau d'une crête épidermique interpapillaire que le canal sudoral pénètre dans l'épiderme où il prend une forme hélicoïdale.

  Il s'ouvre à la surface épidermique par le pore sudoral dirigé obliquement par rapport à la surface cutanée. Le canal excréteur dermique et intraépidermique constituent le conduit sudorifère.

  Lors de son passage dans le tube excréteur, la sueur primitive change de composition en raison de phénomènes de sécrétion, de réabsorption de certains constituants, pour donner la sueur définitive.

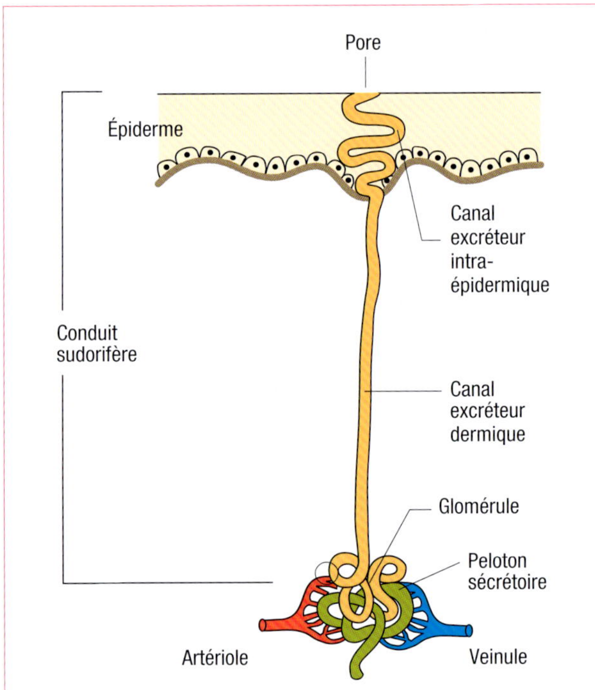

Fig. 4.5 – Glande sudoripare eccrine.

Vascularisation et innervation

Le glomérule sudoripare est très bien vascularisé par un réseau de capillaires sanguins et innervé par des fibres nerveuses, sauf dans sa partie épidermique.

Composition de la sueur

La sueur est un liquide aqueux, au pH acide (entre 4 et 6,8) qui contient :

- 99 % d'eau ;
- 0,5 % de sels minéraux : sodium, potassium et chlorures ;
- 0,5 % de substances organiques : urée, ammoniaque, acide lactique, acides aminés, *etc.*

Physiologie et rôles de la sueur

Les stimuli auxquels répondent les glandes sudoripares sont :

- des stimuli physiques : l'élévation de température externe ou interne (effort musculaire) déclenche une réaction sudorale ou sudation thermique au niveau de la face, du tronc et des membres ;
- des stimuli psychiques : les émotions déclenchent une réaction sudorale ou sudation psychique au niveau du front, de la paume des mains et de la plante des pieds.

La sueur participe :

- à la thermorégulation du corps en lui permettant de lutter contre les élévations de température interne et externe et de maintenir ainsi une température constante (homéothermie). *Cf.* « Fonction de thermorégulation », page 91 ;
- au maintien de l'hydratation de la couche cornée, car elle contient des acides aminés, de l'acide lactique, de l'urée et du chlorure de sodium qui sont les constituants principaux du facteur d'hydratation naturelle ou NMF ;
- à l'équilibre de la flore cutanée résidante, par son pH acide.

ONGLE

L'ongle est une plaque cornée, semi-transparente, brillante, rosée, bombée, située sur la face dorsale des extrémités des doigts et des orteils. Il fait partie des phanères.

Structure

L'ongle comprend :

Matrice

C'est la partie génératrice de l'ongle ; elle est issue directement de la couche basale germinative. À partir de la matrice, se forme la table ou lame unguéale, encore appelée limbe corné.

Lit de l'ongle

Sur lui repose la lame ou table unguéale qui y adhère fortement. Les cellules du lit de l'ongle se prolongent par une couche cornée, appelée hyponychium, située en avant de la zone où l'ongle quitte son lit.

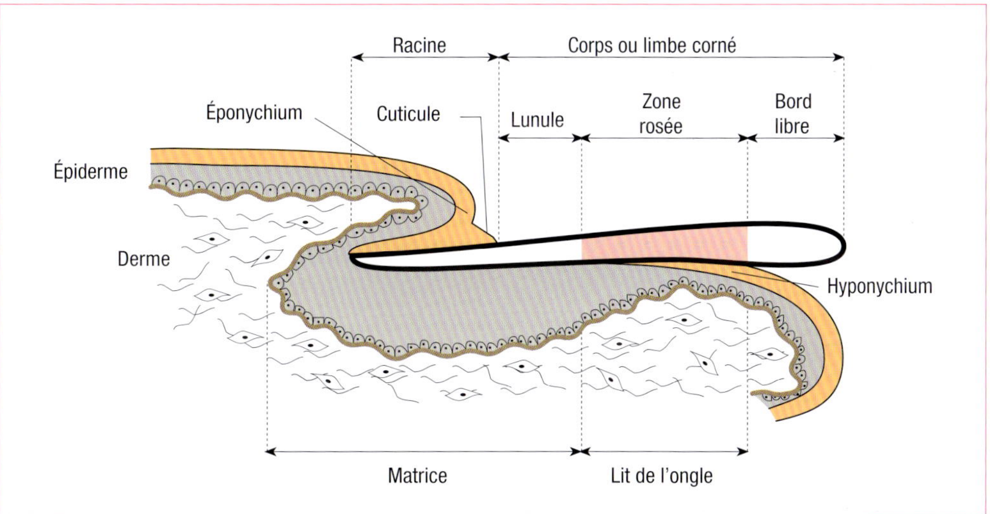

Fig. 4.6 – Coupe longitudinale d'un ongle.

Lame ou table unguéale

Elle est constituée de cellules sans noyau remplies de kératine dure. Elle comprend deux parties : la racine et le corps ou limbe.

Racine

C'est la base d'implantation, cachée par le repli sus-unguéal ; elle s'amincit graduellement et s'insère dans une invagination de l'épiderme appelée rainure unguéale. La racine repose sur la matrice dont elle dérive.

Corps ou limbe

C'est la partie visible de l'ongle qui est partagé en trois parties :

- la lunule est la portion antérieure, visible de la matrice, de couleur blanc opaque, de forme semi-lunaire ;
- la zone rosée s'insère dans les rainures latérales bordées par les replis péri-unguéaux ;
- le bord libre est l'extrémité de l'ongle n'adhérant plus au lit. Il est plus épais qu'au niveau de la racine.

Résumé

L'éponychium est formé par l'épiderme dorsal du doigt : c'est le bourrelet (repli sus-unguéal).
La cuticule est l'expansion de la couche cornée de l'éponychium.
L'hyponichium est l'épaississement épidermique de l'extrémité distale du lit de l'ongle.

Vascularisation

La vascularisation dépend des deux artères digitales qui se ramifient en plusieurs branches irriguant l'ongle, la matrice et le repli sus-unguéal.

Innervation

Le système nerveux unguéal comprend des nerfs sensitifs d'origine cérébrospinale, libres et encapsulés, et des nerfs d'origine sympathique.

Composition chimique de l'ongle

L'ongle est constitué de kératine dure, ou scléroprotéine, riche en soufre, en cystine (acide aminé soufré) et en arginine. Il renferme également :

- de l'eau ;
- des lipides, dont du cholestérol et des acides gras ;
- du calcium, principal constituant minéral de l'ongle ;
- du fer ;
- du phosphore.

Physiologie

L'épaisseur des ongles des doigts est d'environ 0,5 mm ; les ongles des orteils sont toujours plus épais.
La croissance de l'ongle est perpétuelle (environ 1 mm par semaine), il se renouvelle complètement en 4 à 5 mois. Cette croissance se fait de la matrice vers le bord libre. Elle est variable suivant les individus.
L'âge intervient en provoquant un ralentissement de la croissance.
L'ongle ne desquame pas.
Toute lésion de la matrice entraîne des déformations au niveau de l'ongle.
L'ongle sénile perd sa transparence, il devient opaque, grisâtre et fragile, la lunule diminue. Il se déforme et présente des stries.

Rôles

L'ongle protège l'extrémité distale des doigts et des orteils.
Il joue un rôle dans la préhension des petits objets.
Il participe à la sensibilité pulpaire tactile.
La surface cutanée est composée d'un réseau de sillons et d'orifices par lesquels s'épanchent les sécrétions sébacées et sudoripares.

Surface cutanée

RELIEF CUTANÉ

Le relief cutané présente une topographie particulière variable selon les régions corporelles et l'âge.

Réseau microdépressionnaire de surface (RmD)

La surface cutanée présente de nombreux sillons délimitant des formes géométriques comme des polygones. Les sillons primaires proviennent de l'organisation du derme papillaire, les sillons secondaires proviennent de l'épiderme.
Le RmD permet l'extension et l'étirement de l'épiderme. Lors du vieillissement, il se modifie et la surface des polygones s'agrandit : la peau devient « trop grande ».

Empreintes digitales ou dermatoglyphes

Ce sont les « dessins » créés par les crêtes et les sillons épidermiques au niveau des doigts, des orteils, de la paume des mains et des pieds. Ils sont propres à chaque individu. Ils permettent une meilleure préhension des objets et une meilleure adhérence au sol.
Ce « dessin » est unique pour chaque individu.

FLORE CUTANÉE

L'Homme ne vivant pas en atmosphère stérile, une flore microbienne plus ou moins importante se rencontre au niveau de la peau.

Deux types de flore cutanée

Flore cutanée permanente ou résidante

Elle est composée de germes commensaux (germes se nourrissant aux dépens d'un hôte sans lui causer de dommages).

Flore cutanée transitaire, occasionnelle

Elle est composée de germes pathogènes (qui provoquent une maladie) et opportunistes (qui provoquent des troubles lorsque les défenses de l'hôte sont affaiblies).

Localisation

La flore cutanée est surtout localisée dans :
- la couche desquamante (*stratum disjunctum*) où les cellules se détachent les unes des autres, créant ainsi des espaces vides qui constituent un excellent milieu pour le développement bactérien ;
- l'entonnoir folliculaire ou infundibulum qui favorise également le développement bactérien avec la présence de sébum et débris kératiniques ;
- les endroits où les glandes sudoripares sont nombreuses comme les aisselles, la chaleur et l'humidité constituant un bon milieu de culture.

Composition

Flore cutanée résidante

Elle se compose surtout de :
- propionibactéries comme le *Propionibacterium acnes* dont le développement est favorisé en présence de sébum ;
- microcoques comme le *Staphylococcus albus* (staphylocoque blanc) et *Staphylococcus epidermidis* ;
- levures comme *Candida albicans* qui peuvent devenir pathogènes en surnombre.

Flore cutanée transitaire

Elle résulte le plus souvent d'une contamination.
Les germes le plus souvent présents sont :
- *Staphylococcus aureus* ou staphylocoque doré ;
- les bactéries *Acinetobacter* et *Pseudomonas* ;
- des levures comme le *Pityrosporum*.

Fonctions

La flore résidante, de par sa présence, limite le développement de la flore pathogène ; elle participe à la défense contre l'infection.
Il faut cependant éviter qu'elle ne soit trop importante ou insuffisante, d'où la nécessité d'une bonne hygiène cutanée équilibrée et sans excès.
Le pH des produits de nettoyage doit toujours être proche du pH physiologique cutané de 5,5.

FACTEUR D'HYDRATATION NATUREL OU *NATURAL MOISTURIZING FACTOR* (NMF)

C'est un ensemble de substances présentes dans les cornéocytes et lors de la desquamation, à la surface de l'épiderme, qui possède une forte affinité pour l'eau (hygroscopique), lui permettant de la fixer et d'assurer ainsi l'hydratation de la couche cornée.
Il provient de la dégradation de la filaggrine, protéine agglomérant les filaments de kératine dans les cellules cornées.

Composition

Ses composants essentiels sont :
- des acides aminés (40 %) ;
- de l'acide pyrrolidone carboxylique (PCA) (12 %) ;
- de l'urée ;
- de l'acide lactique ;
- des ions chlorure, sodium, potassium ;
- des glucides.

Rôles

Il a pour rôle de fixer l'eau dans les cornéocytes puis à la surface cutanée.

FILM HYDROLIPIDIQUE DE SURFACE (FHLS)

Le film cutané de surface est une émulsion du type eau dans huile (hydrophile/lipophile) qui recouvre la couche cornée.

Composition

Il est formé de substances complexes, de provenances diverses.
- Des produits de désintégration des kératinocytes et de la kératine. À la surface cutanée, on trouve les cornéocytes qui contiennent de la kératine, et les composants du facteur d'hydratation naturel (NMF).
- Une fraction hydrosoluble d'origine sudorale qui comprend :
  - de l'eau provenant de la sécrétion sudorale et de la perspiration cutanée ;
  - du chlorure de sodium, du potassium, du calcium, du magnésium ;
  - des substances organiques telles que l'urée, l'ammoniaque, des acides aminés, des vitamines, du glucose.
- Une fraction liposoluble d'origine sébacée et épidermique qui comprend :
  - du cholestérol d'origine épidermique ;
  - des cires, du squalène d'origine sébacée ;
  - des triglycérides d'origine sébacée et épidermique ;
  - des acides gras libres d'origine sébacée et épidermique.

Fonctions

Il maintient l'acidité cutanée (pH entre 5 et 6) grâce aux acides gras du sébum et aux acides présents dans la sueur. Cette acidité permet à la peau de se défendre contre les agressions microbiennes et mycosiques.
Il permet à la peau de lutter contre la déshydratation.

Fonctions de la peau

La structure de la peau lui confère un rôle important.

FONCTION DE PROTECTION

Protection mécanique

Ce rôle est assuré par l'épiderme, le derme et l'hypoderme.

Épiderme

La couche cornée est solide et résistante à la friction, aux traumatismes, grâce à la kératine et à la rigidité des membranes cellulaires.
La couche cornée est extensible, grâce à son hydratation et à son réseau microdépressionnaire (Rmd).

Derme

Il est extensible et élastique, grâce à sa structure fibreuse et élastique.

Hypoderme

Il a un rôle d'amortisseur, il protège les muscles et les organes profonds.

Protection immunitaire

La couche cornée participe à la lutte antimicrobienne, grâce à :
- son pH acide ;
- sa desquamation permanente ;
- son film hydrolipidique de surface ;
- sa flore cutanée.

La peau possède des propriétés immunologiques grâce à certaines cellules comme :
- les kératinocytes qui peuvent déclencher une réaction inflammatoire et activer l'arrivée des lymphocytes T ;
- les macrophagocytes intraépidermiques qui recueillent des informations grâce à leurs dendrites et les communiquent en les amplifiant aux lymphocytes T ;
- les leucocytes du derme.

Protection contre les rayonnements solaires

Le rôle de photoprotection de la peau se situe au niveau de l'épiderme.
- La couche cornée. L'accélération des mitoses provoque un épaississement de la couche cornée qui absorbe une partie du rayonnement solaire.
- La mélanine. Elle constitue un film naturel qui réfléchit, disperse et absorbe les rayons UV.

Protection contre les radicaux libres

Les oligoéléments (zinc, sélénium, *etc.*), les enzymes (SOD, coenzyme Q10) permettent à la peau de lutter contre la formation dommageable des radicaux libres.

FONCTION DE THERMORÉGULATION

La thermorégulation est l'ensemble des mécanismes qui assurent le maintien de la température interne de l'organisme à 37° environ quelle que soit la température extérieure : c'est l'homéothermie.

Le centre de la régulation thermique se trouve dans le cerveau (hypothalamus) qui fonctionne comme un thermostat.

Il réagit selon les informations reçues par les thermorécepteurs nerveux profonds de la peau, en excitant les fibres nerveuses concernées.

Protection contre l'élévation thermique (thermolyse)

Lorsque la température du sang dépasse 37 °C, l'influx nerveux d'origine hypothalamique provoque :
- une vasodilatation active qui apporte le sang chaud près de la surface cutanée et accentue ainsi le refroidissement par échanges thermiques (rayonnement, convection et conduction) avec le milieu extérieur ;
- une sudation produite par le grand nombre de glandes sudorales. Leur rôle est fondamental dans la thermolyse par la rapidité de leur intervention et par la quantité d'eau évaporée (1 g de sueur évaporée élimine 2,45 kg/j) ;
- la perspiration insensible épidermique (PIE) qui n'est pas perçue par l'individu participe également à la thermolyse.

Protection contre le froid (thermogenèse)

- Le panicule adipeux de l'hypoderme permet de réduire la déperdition thermique du sang profond.
- Une vasoconstriction artériolaire réflexe est provoquée par le froid. Le flux vasculaire se trouve réduit ainsi que les échanges avec le milieu extérieur. Cette vasoconstriction est maximale aux extrémités des membres, au nez, aux oreilles.
- L'horripilation produite par le muscle pilomoteur (ou horripilateur) du poil provoque le redressement du poil ou « chair de poule » avec élévation thermique réflexe.

FONCTION SENSORIELLE

Cette fonction permet l'adaptation au milieu environnant.

La peau est l'organe du toucher.

Elle permet la perception :
- des sensations douloureuses ;
- des sensations tactiles et de pression ;
- des sensations thermiques.

FONCTION D'ABSORPTION

Pour pénétrer dans la peau, les substances ont plusieurs possibilités.

Absorption transcellulaire

Elle permet la pénétration d'une substance à travers la couche cornée puis, éventuellement, dans les autres assises cutanées, voire dans la circulation générale. Elle dépend de la concentration de la substance. Les petites molécules pénètrent plus rapidement que les grosses.

Absorption intercellulaire

Elle est faible, car il faut franchir le ciment intercellulaire.

Absorption par les follicules pilosébacés et les glandes sudoripares

Les solutés aqueux ou alcoolisés diffusent mieux dans les follicules pilosébacés et les glandes sudoripares, que par la couche cornée. C'est la seule voie de pénétration pour les plus grosses molécules.

Facteurs influençant l'absorption

- L'âge : la peau de l'enfant est plus perméable que la peau de l'adulte.
- L'intégrité de la couche cornée : l'atteinte de la couche cornée augmente l'absorption cutanée.
- L'épaisseur de la couche cornée : elle varie avec l'âge. Plus elle est épaisse, plus le coefficient de perméabilité est faible.
- La microcirculation locale : la vasodilatation améliore l'absorption.
- L'hydratation de la couche cornée : sa perméabilité est proportionnelle à son degré d'hydratation.
- La taille des molécules : plus les molécules sont petites, mieux elles sont absorbées.
- La concentration du produit et le type de véhicule.
- Les activateurs d'absorption : les tensioactifs anioniques, les solvants organiques, l'acide salicylique, l'urée, augmentent la perméabilité de la peau.

FONCTION MÉTABOLIQUE

Synthèse de la vitamine D

Sous l'influence des UV, une partie du cholestérol de la peau est transformée en vitamine D3 qui permet l'assimilation du calcium.

Métabolisme des lipides

Les adipocytes participent au métabolisme des lipides :
- en les stockant sous forme de triglycérides, c'est la lipogenèse ;
- en les libérant dans la circulation générale après les avoir scindés en acides gras, c'est la lipolyse.

FONCTION DE CICATRISATION

La peau possède un grand pouvoir de régénération, tant au niveau de l'épiderme que du derme. Il importe que la vascularisation soit bonne. Le processus peut se faire par première ou seconde intention.

Régénération par première intention

Elle a lieu lors d'une blessure, sans perte de substance.

- Au niveau de l'épiderme
  Les kératinocytes prolifèrent et entourent les bords de la plaie, les mitoses sont nombreuses, et l'épiderme s'épaissit.
- Au niveau du derme
  Les fibroblastes se multiplient et, en dix jours, ils se rejoignent de part et d'autre de la plaie. La cicatrisation dermique suit la cicatrisation épidermique.

Régénération par seconde intention

Elle a lieu s'il y a perte de substance.
La diapédèse leucocytaire est intense. C'est au niveau du derme que la cicatrisation commence.

- Au niveau du derme
  La vascularisation est importante, les fibroblastes se multiplient et provoquent la formation des fibres de collagène et d'élastine.
- Au niveau de l'épiderme
  Les mitoses s'accélèrent et les kératinocytes s'épidermisent petit à petit.

FONCTION D'HYDRATATION

La peau contient 70 % d'eau dont la plus grande partie est contenue dans le derme.

Au niveau de l'épiderme

L'eau épidermique est en majorité une eau intracellulaire.

Les éléments constitutifs de la couche cornée qui lui permettent de fixer l'eau et de s'opposer à sa déperdition sont :

- le film hydrolipidique de surface (FHLS) : il protège également la peau de la déshydratation ;
- le facteur d'hydratation naturel (NMF) : situé à l'intérieur des cornéocytes, il est formé de substances hydrosolubles ayant un grand pouvoir osmotique. La membrane lipidique des cornéocytes le protège ; toute agression de la membrane des cornéocytes provoque sa disparition et une déshydratation de la couche cornée ;
- le ciment intercellulaire : il s'oppose à l'évaporation de l'eau interne.

Au niveau du derme

L'eau du tissu conjonctif est en majorité une eau extracellulaire liée aux macromolécules de la matrice extracellulaire.

Parmi ces macromolécules, l'acide hyaluronique joue un rôle important dans l'hydratation du tissu conjonctif.

Perte insensible en eau (PIE) ou perspiration cutanée

L'eau intercellulaire s'évapore à la surface de la peau par la perspiration cutanée, surtout si la température extérieure est élevée et sèche, si la couche cornée et le film hydrolipidique sont déficients et si la peau est irritée. Elle permet la montée dans l'épiderme des substances nutritives venant du derme.

PARTIE 2

Notions de dermatologie appliquée

5

Principales lésions élémentaires

La dermatologie est la science qui a pour objet l'étude des maladies de la peau.
Les dermatoses ou affections de la peau sont constituées par un certain nombre de lésions élémentaires qui les caractérisent.

Les lésions élémentaires sont des anomalies ou modifications pathologiques visibles de la peau.

Macules

Les macules sont des modifications de la couleur de la peau formant des taches sans relief ni infiltration. On distingue :

- les macules rouges dues, essentiellement, à une dilatation des vaisseaux du derme ;
- les taches dyschromiques dues à des anomalies de la pigmentation.

Elles sont soit :

- hyperpigmentées (surcharge de mélanine) ;
- dépigmentées (diminution ou disparition de la mélanine).

EXEMPLES DE DERMATOSES PRÉSENTANT DES MACULES ROUGES

Érythrose faciale

- Manifestation : rougeur passagère (tendance à rougir facilement et fréquemment) qui tend à devenir permanente.
- Localisation : visage, décolleté.
- Mécanisme : stase sanguine veineuse.

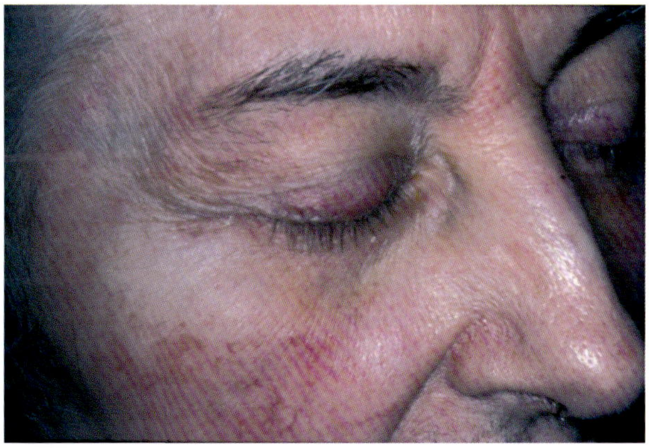

Fig. 5.1 – Érythrose faciale.

- Facteurs aggravants : absorption de boissons alcoolisées, de café, de mets épicés, changement brusque de température.

Couperose

- Manifestation : coloration rouge diffuse permanente formée de télangiectasies.

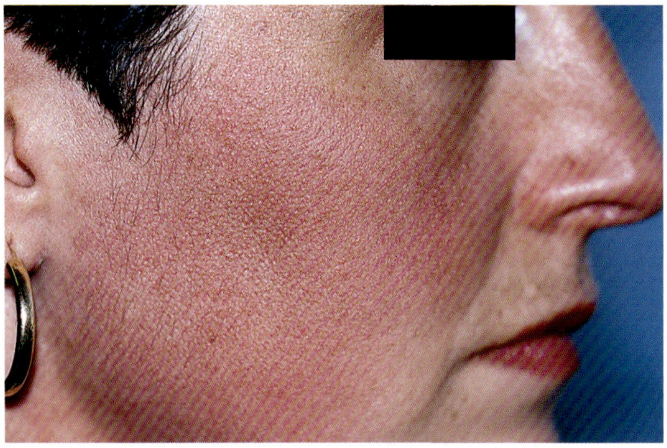

Fig. 5.2 – Couperose.

- Localisation : visage (prédominant symétriquement sur les pommettes, les ailes du nez).
- Mécanisme : dilatation des capillaires dermiques dessinant des arborisations avec rupture de leur paroi et congestion.

Conduite de l'esthéticien/ne

- Pratiquer des soins esthétiques pour peau sensible et réactive, et un maquillage camouflage (*cf.* page 155).
- Conseiller, l'hiver, des produits cosmétiques couvrants, l'été, des photoprotecteurs.
- Déconseiller les expositions aux UV.
- Suggérer une consultation médicale en cas de couperose et de rosacée.

> **NOTE**
>
> **Télangiectasies ou angiectasies**
>
> - Manifestation : petites « arborisations » rouges qui transparaissent sous l'épiderme.
> - Localisation : principalement sur le visage (pommettes, ailes du nez).
> - Mécanisme : dilatation permanente des capillaires dermiques.
> - Facteur aggravant : exposition solaire.
> - Facteurs favorisants : finesse et fragilité de certaines peaux dont le tissu conjonctif est de qualité déficiente, ménopause, alcoolisme, *etc.*

BP/BAC PRO

Érythèmes

L'érythème est une rougeur de la peau.

- Manifestation : macules rouges localisées ou généralisées.
- Mécanisme : dilatation des artérioles dermiques.

On distingue :

- l'érythème pur (*exemple :* rougeole) ;
- l'érythème associé à des squames (*exemple :* psoriasis).

Intertrigos ou eczéma des plis

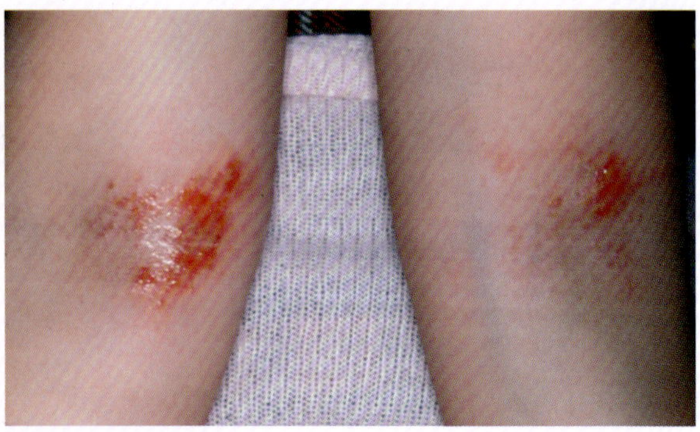

Fig. 5.3 – Eczéma des plis.

- Manifestation : plaques rouges, violacées, suintantes, plus ou moins prurigineuses.
- Localisation : grands plis (sous-mammaires, axillaires, ombilicaux), espaces interdigitaux, entre les orteils.
- Agent causal : *Candida albicans*.
- Facteurs favorisants : transpiration, macération, chaleur, irritation, obésité.

Rosacée

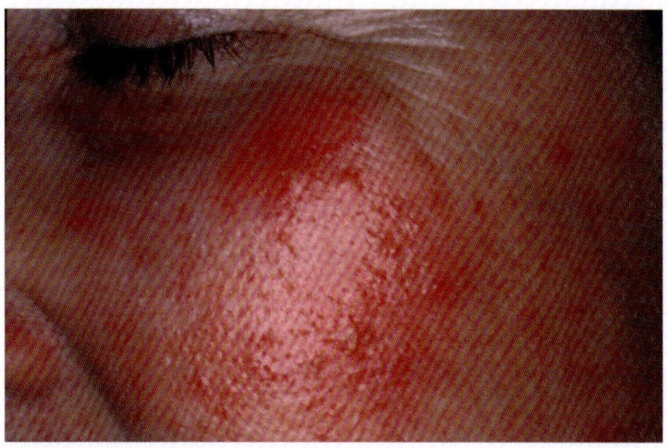

Fig. 5.4 – Rosacée.

La rosacée est une anomalie vasculaire de la peau.

- Manifestation : érythrose permanente, télangiectasies accompagnées de papules rouges souvent surmontées de pustules.
- Localisation : joues, front, ailes du nez.
- Mécanisme : dilatation des capillaires dermiques, congestion et altération des glandes sébacées.
- Facteur favorisant : ménopause.

EXEMPLES DE DERMATOSES PRÉSENTANT DES TACHES DYSCHROMIQUES

Hyperchromie

Mélasma

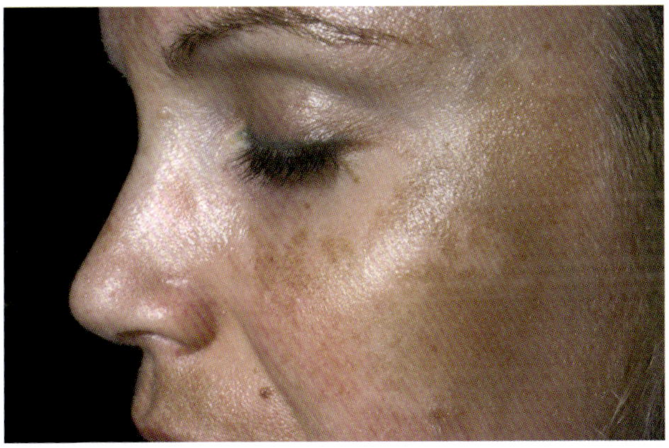

Fig. 5.5 – Mélasma.

- Manifestation : taches variant du brun clair au brun foncé aux contours irréguliers.
- Localisation : front, tempes, pommettes, de façon symétrique.
- Mécanisme : mécanisme intime inconnu.
- Facteur déclenchant : grossesse, contraceptif hormonal.
- Facteur favorisant : soleil.

Dermite des parfums en « breloque »

- Manifestation : taches brunes aux contours irréguliers.
- Localisation : cou, décolleté (surfaces d'application du parfum).
- Facteur déclenchant : substances sensibilisantes.
- Facteur favorisant : rayons ultraviolets.

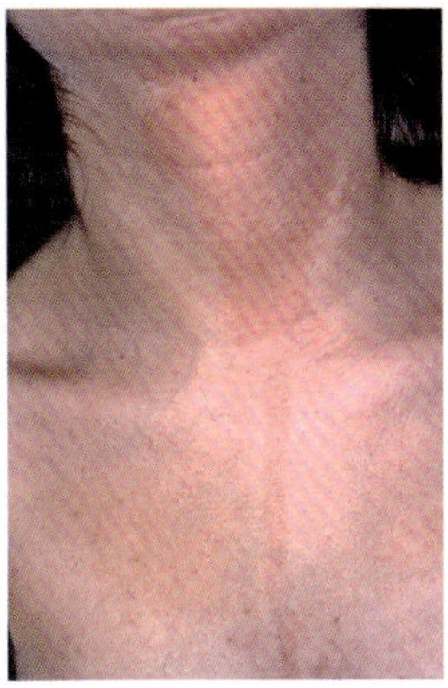

Fig. 5.6 – Dermite des parfums en « breloque ».

Hypochromie

Vitiligo

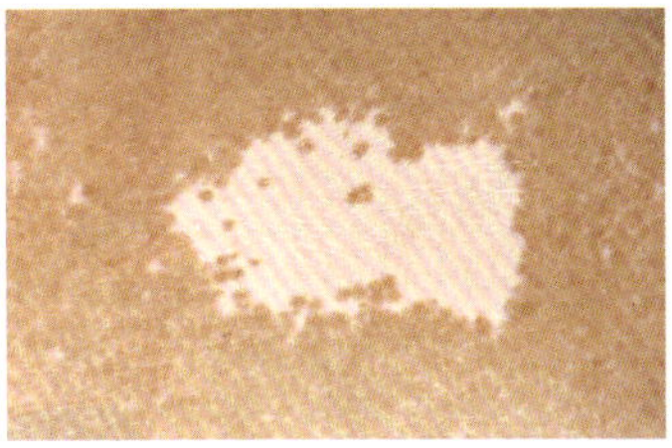

Fig. 5.7 – Vitiligo.

- Manifestation : taches dépigmentées, blanches, limitées par des contours irréguliers, parfois entourées d'un halo hyperpigmenté, et de dimensions variables.
- Localisation : visage, cou, dos des mains, avant-bras.
- Mécanisme : destruction des mélanocytes.
- Origine : auto-immune vraisemblablement.
- Facteur favorisant : stress.

Conduite de l'esthéticien/ne

- Pratiquer un maquillage camouflage (*cf.* page 155).
- Conseiller l'application de produits antisolaires « très haute protection ».

BP/BAC PRO

Albinisme

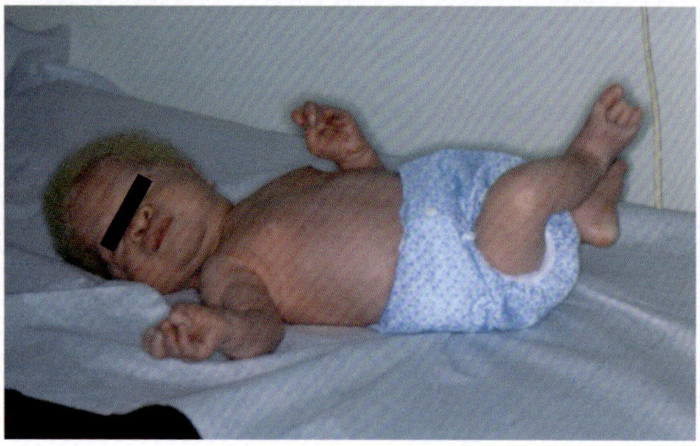

Fig. 5.8 – Albinisme (albinos africain).

- Manifestation : absence de pigment, partielle ou générale.
- Localisation : peau, cheveux, yeux.
- Mécanisme : anomalie de la synthèse de la tyrosinase par les mélanosomes.
- Origine : génétique.

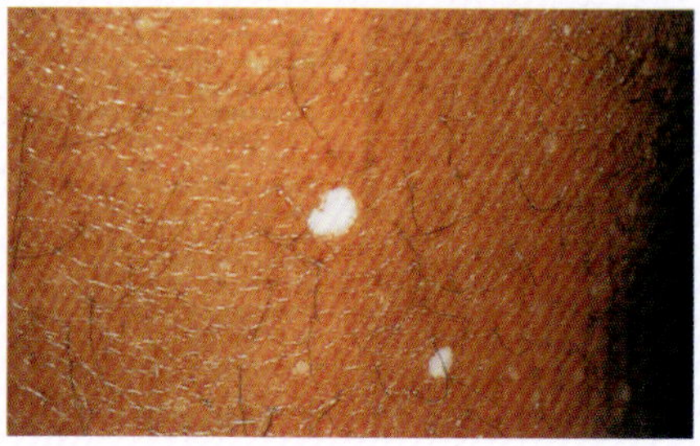

Fig. 5.9 – Hypomélanose en gouttes ou achromie lenticulaire.

Hypomélanose en gouttes ou achromie lenticulaire

- Manifestation : petites taches blanches bien limitées apparaissant progressivement.
- Localisation : jambes (face antérieure), avant-bras.
- Mécanisme : destruction des mélanocytes.
- Facteur favorisant : expositions solaires fréquentes.

Papules

Les papules sont des lésions roses ou rouges, en relief, solides, de taille variable.
On distingue :
- les papules épidermiques qui résultent d'un épaississement de l'épiderme ;
- les papules dermiques qui résultent de l'épaississement du derme.

EXEMPLES DE DERMATOSES PRÉSENTANT DES PAPULES ÉPIDERMIQUES

Verrues planes

- Manifestation : petites élevures multiples à peine saillantes, lisses, arrondies, de la couleur de la peau normale ou légèrement jaunâtres, roses, grisâtres et tenaces.
- Localisation : visage, paupières, front, dos des mains, avant-bras, jambes.
- Agent causal : papillomavirus.

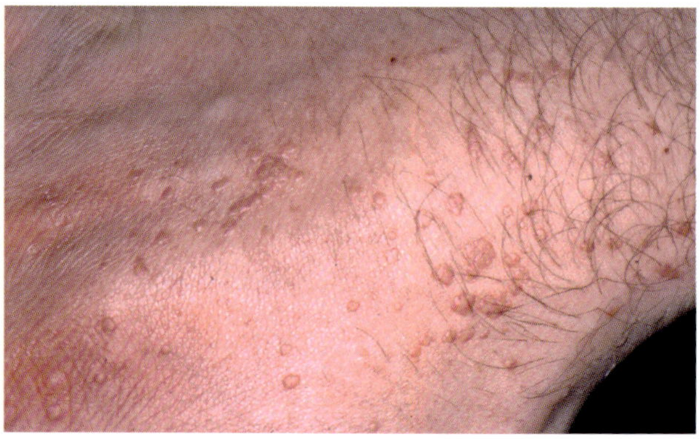

Fig. 5.10 – Verrues planes.

Lucite estivale bénigne (photodermatose)

- Manifestation : papules très prurigineuses (qui démangent) apparaissant une douzaine d'heures après une exposition solaire.

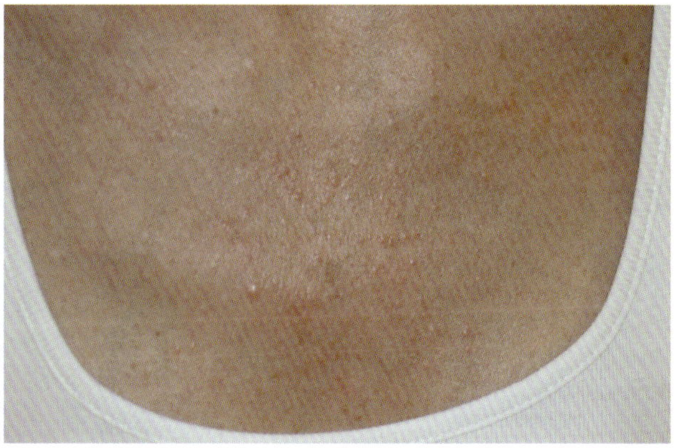

Fig. 5.11 – Lucite estivale bénigne.

- Localisation : zones corporelles habituellement couvertes (décolleté, épaules, membres). Le visage est respecté.
- Agent causal : le soleil.

Lucite estivale polymorphe

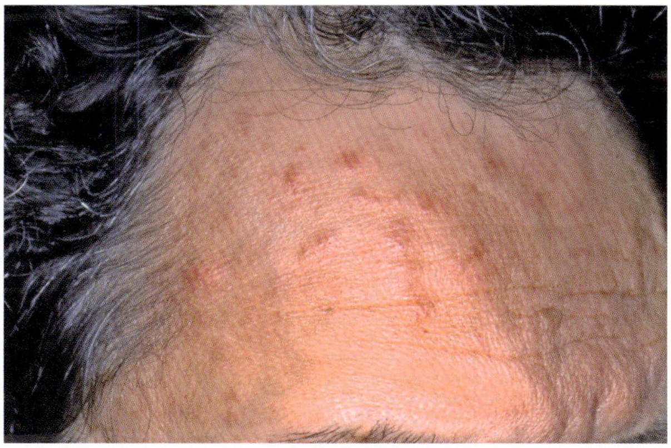

Fig. 5.12 – Lucite estivale polymorphe.

- Manifestation : petites ou grandes papules, aspect d'urticaire (à tout âge).
- Localisation : zones exposées, visage en particulier.
- Agent déclenchant : soleil (au printemps).

Kératose pilaire ou folliculaire

- Manifestation : petites papules folliculaires rougeâtres accompagnées de sécheresse de la peau.
- Localisation : bras, jambes, face extérieure des cuisses.
- Cause : hyperkératose (anomalie de la kératinisation) des ostiums pilosébacés.

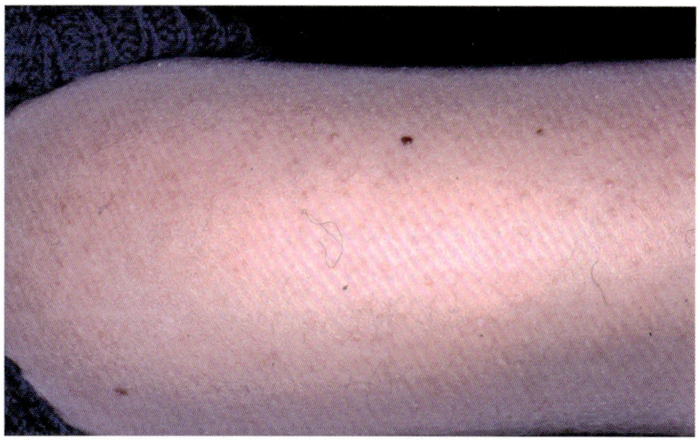

Fig. 5.13 – Kératose pilaire ou folliculaire.

EXEMPLE DE DERMATOSE PRÉSENTANT DES PAPULES DERMIQUES

Urticaire

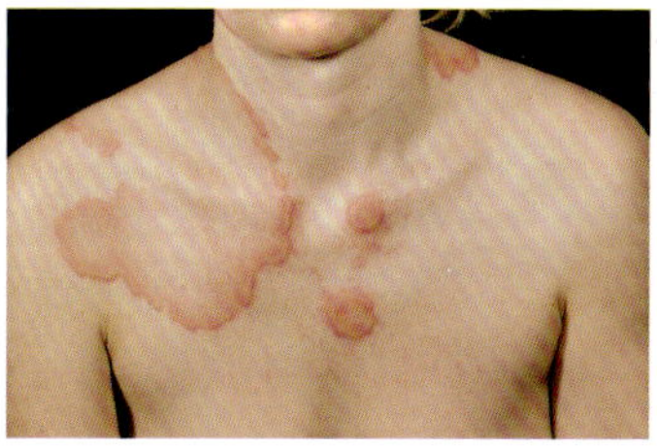

Fig. 5.14 – Urticaire.

- Manifestation : papules dermiques œdémateuses, prurigineuses, disséminées et rapidement confluentes en placards érythémateux et œdémateux. Les poussées aiguës peuvent être, soit uniques et fugaces, soit chroniques, récidivantes ou continues.
- Localisation : quelconque partie de la peau.
- Agents causals :
  - radiations solaires (urticaire solaire) ;
  - froid ;
  - chaleur ;
  - transpiration excessive après un effort et une émotion (urticaire cholinergique) ;
  - ingestion d'aliments (crustacés, œufs, fraises, condiments) ;
  - inhalation de certains produits (vapeurs de peinture) ;
  - frottements (dermographisme) ;
  - allergie à certains médicaments (antibiotiques) ;
  - sensibilisation aux parasites (parasites intestinaux), microbes et champignons.

Conduite de l'esthéticien/ne

- Déconseiller les expositions solaires « naturelles » et en « solarium » en ce qui concerne les lucites.
- Combattre la sécheresse du tégument par l'application de crèmes nourrissantes en ce qui concerne la kératose pilaire.

BP/BAC PRO

Xanthomes

Ce terme regroupe des lésions dites « dysmétaboliques » caractérisées par une accumulation de substances amorphes dans le derme et dues en général à un trouble métabolique.

Exemple : xanthélasma (xanthome plan des paupières).

- Manifestation : petites plaques jaunâtres ou brunâtres aplaties ou très peu saillantes.
- Localisation : périorbitaire, moitié interne des paupières.
- Mécanisme : dépôts de lipides dans le derme.

Le xanthélasma est quelquefois en rapport avec un taux de cholestérol élevé mais, le plus souvent, on ne trouve pas d'augmentation significative du cholestérol.

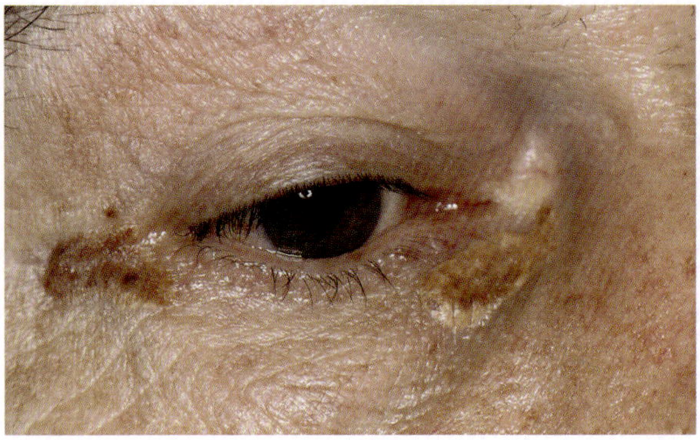

Fig. 5.15 – Xanthélasma.

Vésicules

Les vésicules sont des élevures cutanées de petite taille, translucides, souvent prurigineuses et contenant un liquide clair, séreux.

EXEMPLES DE DERMATOSES PRÉSENTANT DES VÉSICULES

Herpès

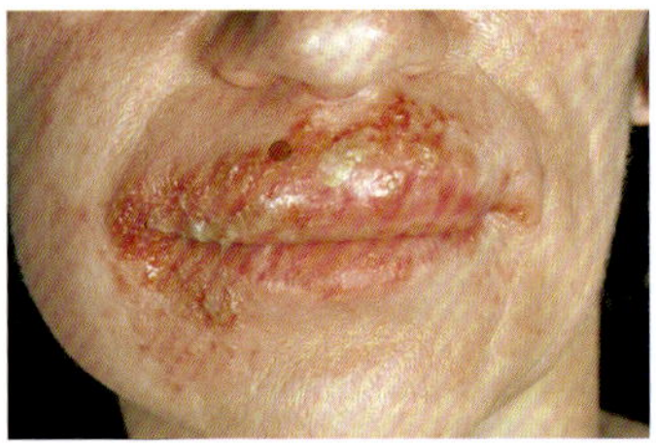

Fig. 5.16 – Herpès.

- Manifestation : sensation de cuisson puis, 24 heures après, lésions vésiculeuses douloureuses « en bouquet » sur plaque érythémateuse ; ensuite, rupture des vésicules qui deviennent croûteuses.
- Localisation : lèvres, visage, autour de la bouche, du nez, sur les organes génitaux, sur les doigts et sur la cornée.
- Agent causal : *Herpes simplex virus.*
- Facteurs déclenchants : menstruations, exposition solaire, stress, fièvre, surmenage.

L'herpès est contagieux et peut devenir récurrent.

Eczéma allergique de contact

- Définition : l'eczéma est une réaction cutanée inflammatoire, vésiculeuse et prurigineuse, d'origine allergique, due à une sensibilisation spécifique à des agents externes appelés allergènes.
- Manifestation et évolution
  - plaques érythémateuses plus ou moins œdémateuses accompagnées de prurit ;
  - vésicules ;
  - suintement de sérosité ;

- formation de croûtes ;
- desquamation (phase de réparation des tissus).

Ces diverses lésions caractérisent l'eczéma aigu qui peut devenir chronique par la persistance des facteurs externes mis en cause ou surinfecté par l'agression de différents germes (staphylocoque, streptocoque).

EXEMPLES D'ECZÉMA DE CONTACT

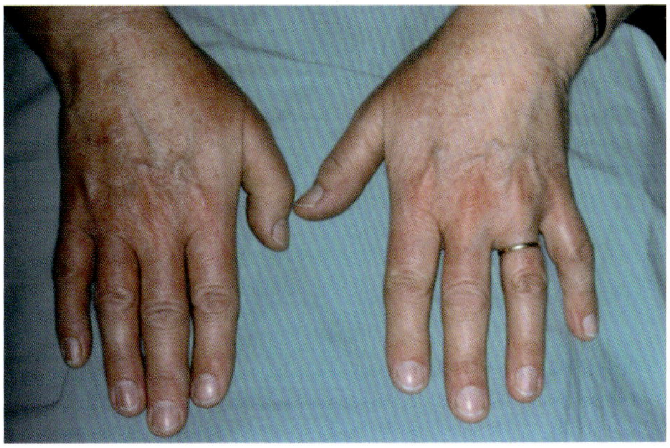

Fig. 5.17 – Eczéma de contact.

Eczéma cosmétique

- Agents causals : colorants, parfums, teintures, fards à paupières, vernis à ongles, déodorants, rouge à lèvres, *etc.*
- Localisation : visage, paupières, cuir chevelu, aisselles.

Eczéma médicamenteux

- Agents causals : sulfamides, antibiotiques.
- Localisation : visage, mains.

Eczéma domestique

- Agents causals : produits d'entretien, détergents, gants de protection.
- Localisation : mains, avant-bras.

Eczéma vestimentaire

- Agents causals : teintures, cuirs, élastiques.
- Localisation : zones de frottement sur le corps.

Eczéma professionnel

Coiffeurs

- Agents causals : teintures, produits de permanente, shampooings.
- Localisation : mains, membres supérieurs.

Autres professions

- Agents causals : nickel, chrome.

Conduite de l'esthéticien/ne

Éviter de pratiquer des soins esthétiques sur les infections virales cutanées (risque de contagion).

Dermatologie

BP/BAC PRO

Eczéma

Différents aspects

Eczéma craquelé

Squames roses ou rouges superficielles.

Eczéma lichenifié

Lésions sèches, grises, peau épaissie (fréquentes après le grattage).

Eczéma papulovésiculeux

Petites papules surmontées de vésicules isolées ou groupées.

Eczéma fissuré et kératosique

Lésions d'eczéma épaisses, douloureuses, recouvertes de kératose, siégeant sur la paume des mains et la plante des pieds.

Eczéma impétignisé

Lésions érythémateuses et suintantes recouvertes de croûtes jaunâtres dues au grattage et à la surinfection.

Plusieurs types d'eczéma

Dermatite atopique (eczéma constitutionnel)

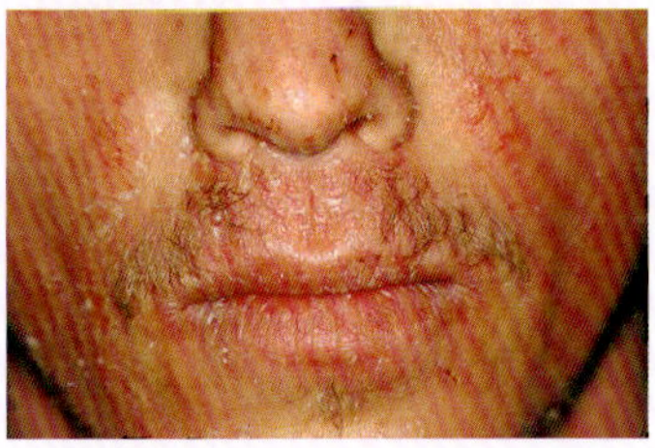

Fig. 5.18 – Eczéma constitutionnel.

◀◀

C'est une affection familiale héréditaire qui se déclare généralement chez le nourrisson, mais aussi, parfois, chez l'adulte. L'éruption cutanée est souvent associée à de l'asthme, des migraines, des rhinites, des colites.

- Localisation : le visage, puis le cou, le tronc, les membres, les plis de flexion.
- Facteurs aggravants : les irritations mécaniques, chimiques, les coups de soleil, la chaleur, le stress.

Eczéma dyshidrosique (dyshidrose ou dysidrose)

- Manifestation : grosses vésicules, dures, très prurigineuses, qui, dans la forme chronique, deviennent des placards accompagnés de desquamation.

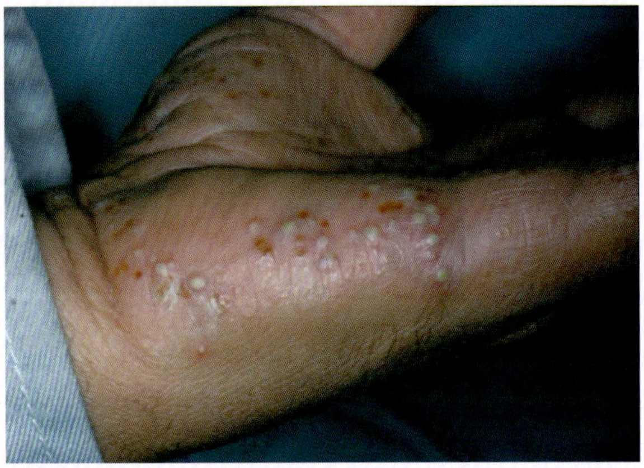

Fig. 5.19 – Eczéma dyshidrosique.

- Agents causals : champignons, microbes (le plus souvent).
- Localisation : paume des mains, pieds, le plus souvent sur la face latérale des doigts et des orteils.

Eczéma nummulaire

- Manifestation : placards arrondis, œdémateux, érythémateux et vésiculeux, ou squameux et prurigineux.
- Agent causal : souvent inconnu.
- Localisation : le plus souvent sur les membres inférieurs et supérieurs.

Eczématides achromiantes ou *Pityriasis alba*

- Manifestation : plaques rosées squameuses, dépigmentées ensuite, non prurigineuses ; fréquentes chez les enfants.
- Localisation : visage.

Zona

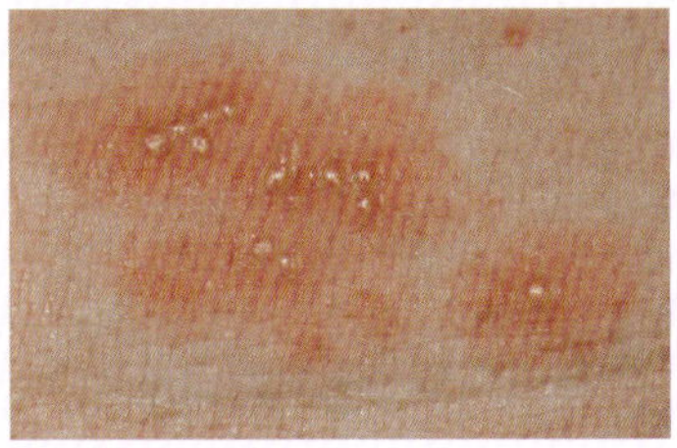

Fig. 5.20 – Zona.

- Manifestation : placards érythémateux, douloureux, surmontés de vésicules contenant un liquide trouble. Les vésicules laissent une croûte qui tombe au bout d'une à deux semaines faisant place à des cicatrices indélébiles.
- Localisation : le plus souvent sur un trajet nerveux et unilatéralement : thorax, abdomen, nuque, périnée, œil.
- Agent causal : virus varicelle-zona.

Dermatophytie circinée ou herpès circiné

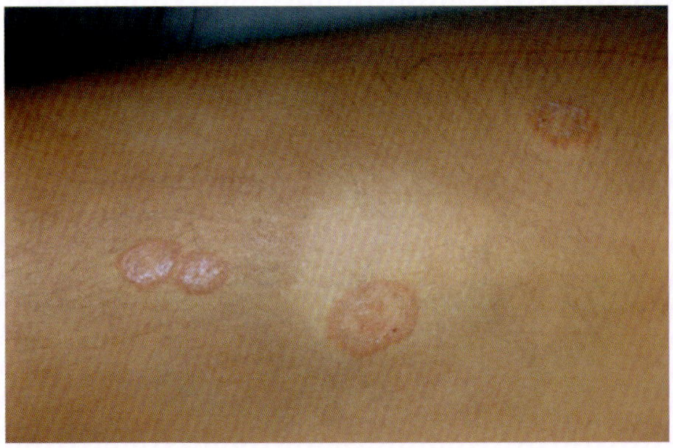

Fig. 5.21 – Dermatophytie circinée ou herpès circiné.

- Manifestation : une ou plusieurs lésions érythémateuses, circulaires, bien limitées dont la bordure squameuse présente de fines vésicules et dont la croissance est lente.
- Localisation : n'importe quel point du tégument, en particulier sur les régions découvertes.
- Agent causal : dermatophytes.

Pustules

Ce sont des lésions en relief dont la taille varie de quelques millimètres au centimètre, de coloration blanche laiteuse et dont le contenu est du pus.

On distingue :

- les pustules folliculaires secondaires à une infection du follicule pilosébacé ;
- les pustules non folliculaires.

EXEMPLES DE DERMATOSES PRÉSENTANT DES PUSTULES FOLLICULAIRES

Folliculite banale

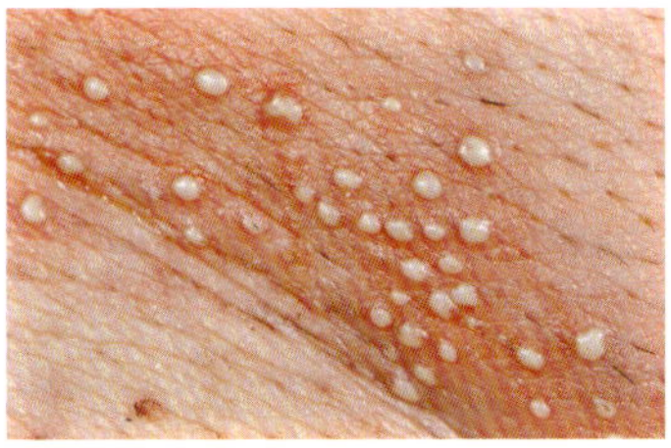

Fig. 5.22 – Folliculite banale.

- Infection superficielle bactérienne atteignant l'appareil pilosébacé.
- Manifestation : papules surmontées de pustules.
- Localisation : visage, nuque, poitrine, dos, jambes, fesses.
- Agents causals : différentes bactéries dont le staphylocoque et le *Corynebacterium*.

Furoncle

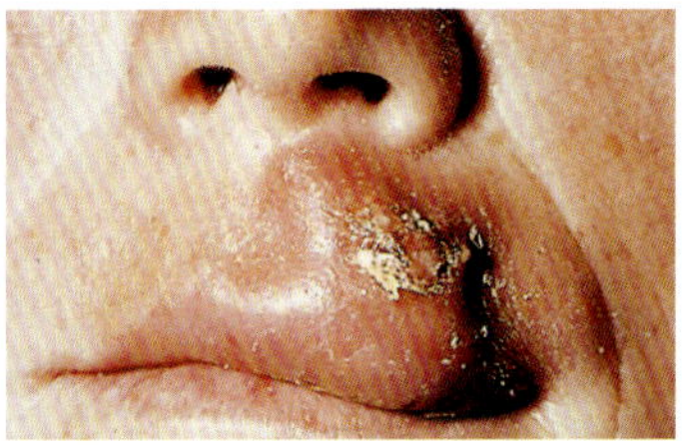

Fig. 5.23 – Furoncle.

C'est une folliculite profonde.

- Manifestation : saillie douloureuse, rouge vif, œdémateuse, puis apparition d'un « bourbillon » rempli de pus.
  L'agglomération de furoncles se nomme « anthrax ».
- Localisation : fréquemment périnée, aisselles, bras.
- Agent causal : staphylocoque doré.

Conduite de l'esthéticien/ne

- Hygiène extrêmement rigoureuse.
- Éviter le contact avec la dermatose.

EXEMPLE DE DERMATOSE PRÉSENTANT DES PUSTULES NON FOLLICULAIRES

Impétigo

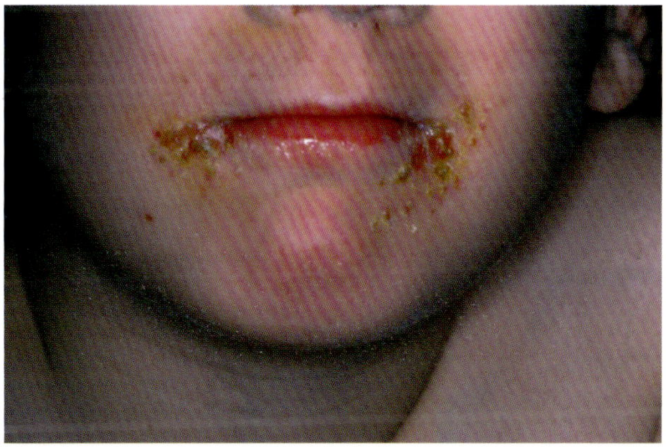

Fig. 5.24 – Impétigo.

- Infection superficielle contagieuse, fréquente chez l'enfant et l'adolescent.
- Manifestation : lésions pustuleuses, vésiculeuses, recouvertes de croûtes jaunâtres.
- Localisation : visage, mains, membres.
- Agents causals : staphylocoque, streptocoque.

Conduite de l'esthéticien/ne

Ne pas pratiquer de soins esthétiques sur une peau atteinte d'impétigo.

Dermatologie

Squames

Ce sont des lamelles de cellules épidermiques qui se détachent de la surface de la peau. Elles apparaissent fréquemment sur un érythème.

EXEMPLE DE DERMATOSE PRÉSENTANT DES SQUAMES

Psoriasis

Un facteur génétique et des troubles immunitaires sont à l'origine de cette affection cutanée chronique évoluant par poussées et rémissions.

- Manifestation : plaques érythémato-squameuses bien limitées, de dimensions variables, de couleur rose ou rouge, surmontées de nombreuses squames épaisses, blanchâtres, brillantes, sèches, friables.
- Localisation : coudes, genoux, région sacrolombaire, tronc, cuir chevelu, ongles, rarement le visage.
- Mécanisme : hyperprolifération des cellules épithéliales, accélération de leur renouvellement et accumulation des kératinocytes.
- Facteurs déclenchants : stress, anxiété, infection par des bactéries, prise de médicaments, traumatismes physiques divers.

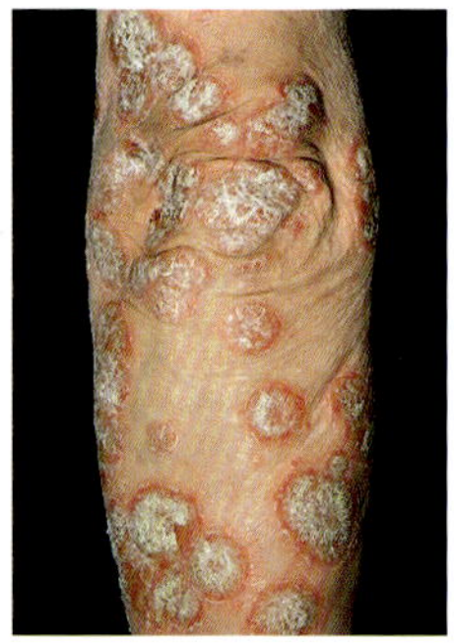

Fig. 5.25 – Psoriasis.

BP/BAC PRO

Dermatite ou dermite séborrhéique

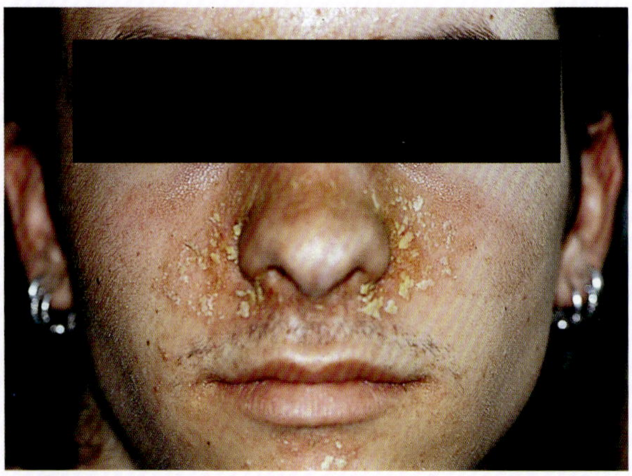

Fig. 5.26 – Dermite séborrhéique.

- Manifestation : plaques érythémato-squameuses à squames grasses, jaunâtres.
- Localisation : lisière du cuir chevelu, front, sourcils, sillons nasogéniens, sillons rétro-auriculaires, conduits auditifs externes, région médiosternale.
- Agent présent : *Pityrosporum ovale*, levure lipophile qui dégrade le sébum et provoque une irritation.
- Facteurs aggravants : stress, fatigue.

Pityriasis rosé de Gibert

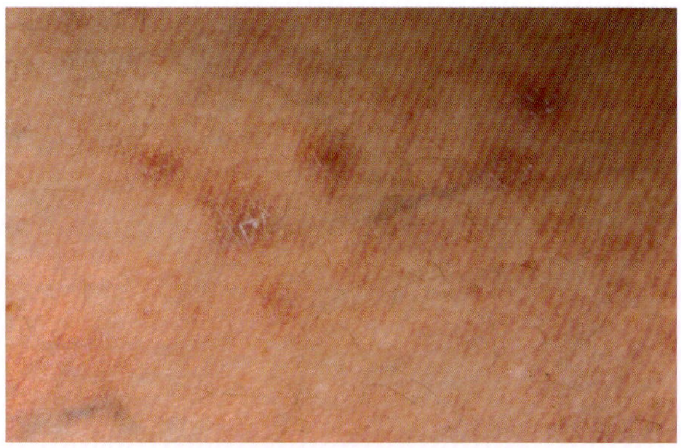

Fig. 5.27 – Pityriasis rosé de Gibert.

- Manifestation : plaque initiale dont la zone centrale est claire, la zone périphérique rougeâtre, bordée d'une fine desquamation en collerette, puis, au bout de quelques jours, éruption secondaire formée de médaillons (macules ovalaires) plus petits que la plaque initiale. Régression spontanée vers la 6e semaine.
- Localisation : thorax (lieu de prédilection), cou, racine des membres.
- Agent causal : inconnu.
- Origine : infectieuse, peut-être virale.

▸▸

◀◀

Pityriasis versicolor pigmenté

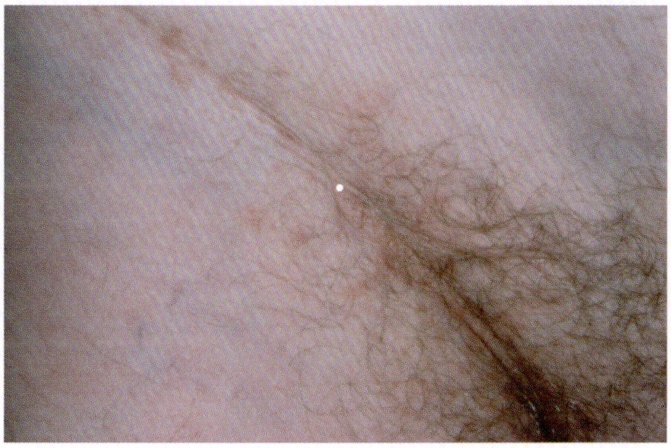

Fig. 5.28 – *Pityriasis versicolor* pigmenté.

- Manifestation : petites taches d'un jaune chamois, légèrement desquamantes, de forme et de taille variées.
- Localisation : cou, thorax, membres supérieurs.
- Agent causal : *Malassezia furfur* (levure).

Pityriasis versicolor achromiant

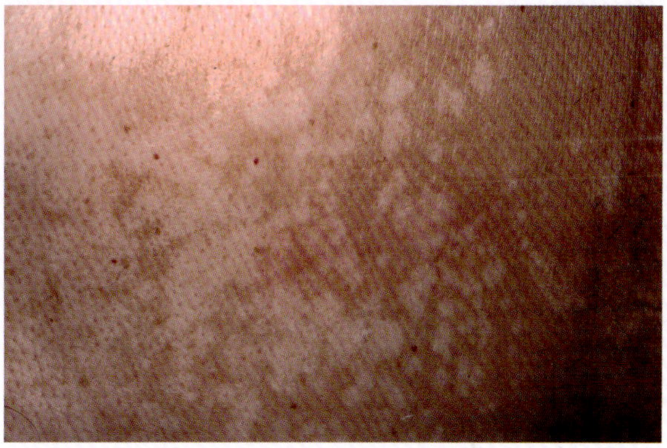

Fig. 5.29 – *Pityriasis versicolor* achromiant.

- Manifestation : taches achromiques (dépigmentées), squameuses ou non squameuses.
- Localisation : cou, thorax, membres supérieurs.
- Agent causal : *Malassezia furfur* (levure).

Tumeurs cutanées

Ce sont des lésions, de volume et de consistance variables, dues à la formation de tissus pathologiques aux dépens de tissus sains. On distingue :
- les tumeurs bénignes ;
- les tumeurs malignes ou cancers cutanés.

TUMEURS BÉNIGNES

Nævi mélanocytaires ou pigmentaires (grains de beauté)

- Manifestation : petites tumeurs bénignes fréquentes, planes ou légèrement saillantes, aux bords réguliers dont la couleur homogène varie du brun clair au brun foncé.
- Localisation : sur n'importe quelle partie du corps.
- Mécanisme : prolifération et amas de mélanocytes intradermiques ou épidermiques, soit congénitaux, soit de formation plus tardive (enfant, adolescent ou adulte jeune).

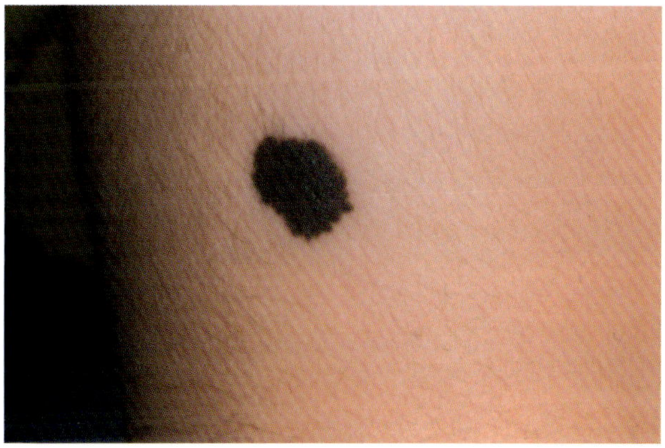

Fig. 5.30 – Nævus mélanocytaire ou pigmentaire.

Nævi pigmentaires pileux

Ce sont des nævi pigmentaires pourvus d'un ou de plusieurs poils.

Conduite de l'esthéticien/ne

Précaution : éviter les gestes pouvant traumatiser un grain de beauté (gommage ou autres).

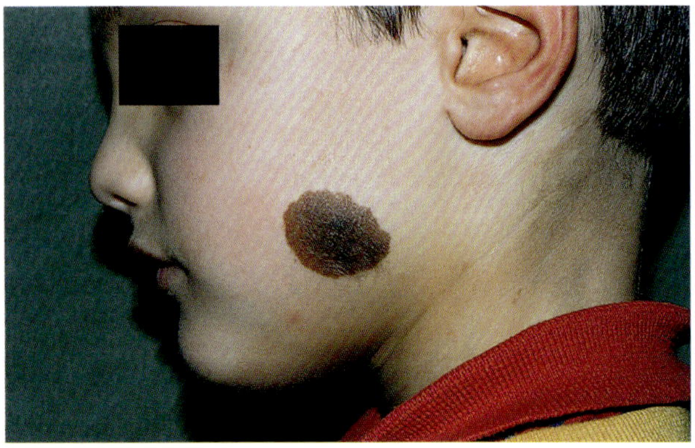

Fig. 5.31 – Nævus pigmentaire pileux.

Lentigos

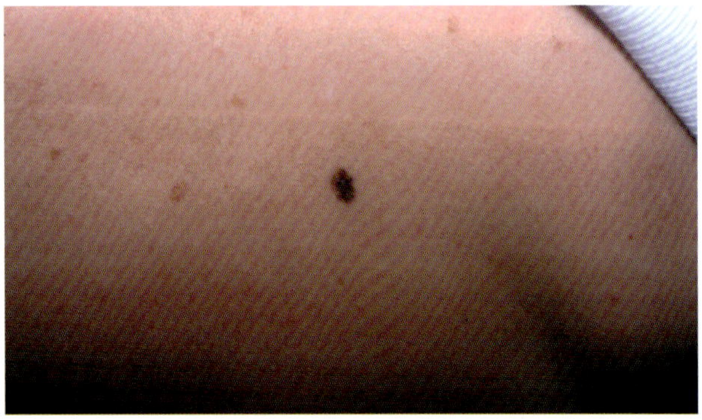

Fig. 5.32 – Lentigo.

- Manifestation : taches lenticulaires bien limitées, planes ou peu saillantes, de couleur variant du jaune au brun foncé.
- Localisation : disséminées sur le tégument.
- Mécanisme : augmentation du nombre des mélanocytes.
- Origine : surcharge de mélanine.
- Facteur favorisant : soleil.

Kératoses séborrhéiques (anciennement verrues séborrhéiques)

- Manifestation : lésions en relief, arrondies, bien limitées, hyperpigmentées, de couleur jaune grisâtre allant jusqu'au noir, à la surface rugueuse, de taille variable, et comme posées sur la peau.
- Localisation : visage, partie supérieure du tronc, cuir chevelu.
- Mécanisme : prolifération épidermique.

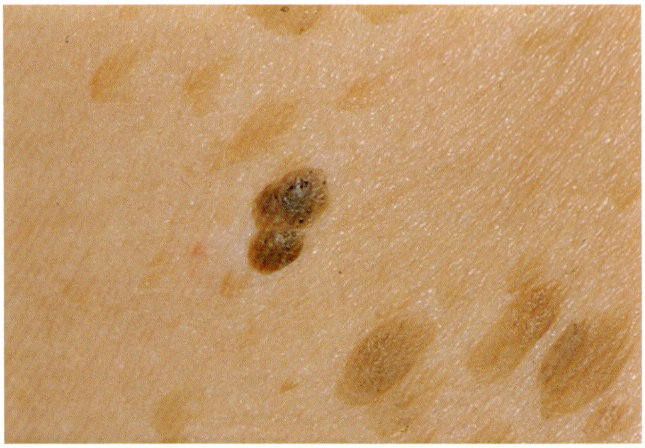

Fig. 5.33 – Kératoses séborrhéiques ou verrues séborrhéiques.

Chéloïdes

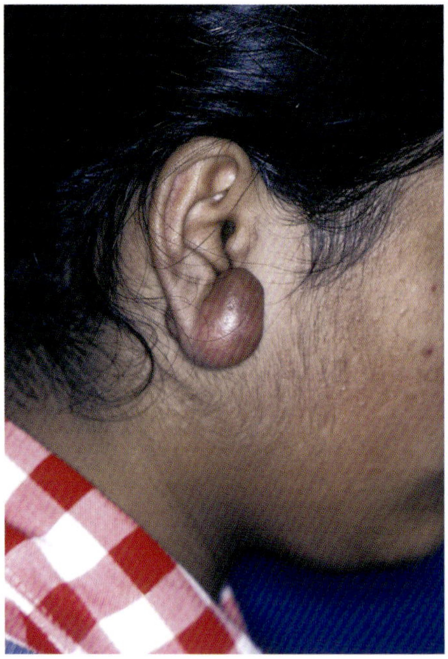

Fig. 5.34 – Chéloïde de l'oreille chez une jeune femme.

- Manifestation : soit petits nodules fermes, saillants, rosés, soit plaques irrégulières, fermes, rouges, en relief.
  Elles surviennent :
  - après une intervention chirurgicale ;
  - une vaccination ;
  - une brûlure ;
  - un traumatisme.
  Elles peuvent apparaître spontanément (chéloïdes vraies).
- Localisation : n'importe quelle partie du tégument.
- Mécanisme : prolifération excessive du tissu fibreux.

BP/BAC PRO

Verrues vulgaires

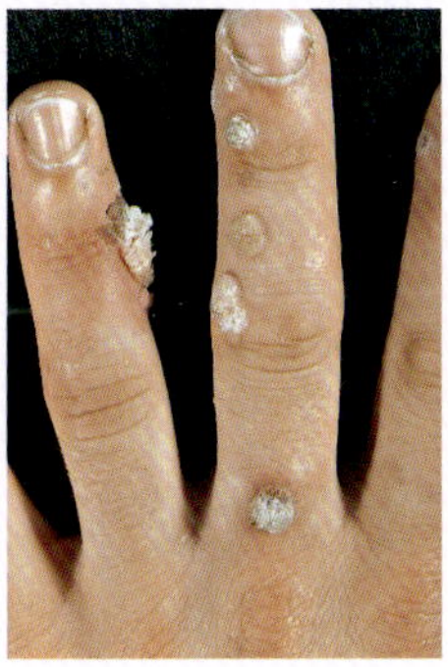

Fig. 5.35 – Verrues.

Les verrues vulgaires sont dues à une infection virale.

- Manifestation : papules épidermiques, fermes, isolées ou pouvant confluer, de quelques millimètres d'épaisseur, saillantes, grisâtres ou de couleur proche de la normale, recouvertes de saillies cornées (elles sont contagieuses).
- Localisation : mains, doigts, plante des pieds, mais aussi sur tout le tégument.
- Agent causal : papillomavirus.

Angiomes cutanés

Ce sont des nævi vasculaires ou tumeurs cutanées bénignes. On distingue :

Angiomes plans

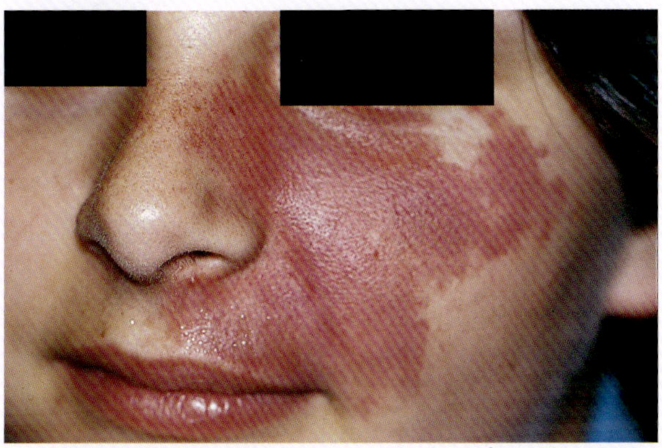

Fig. 5.36 – Angiome plan.

- Manifestation : taches congénitales (le plus souvent) roses, rouges, violacées, planes et d'étendue variable.
- Localisation : n'importe quelle partie du tégument, avec des zones de prédilection comme le visage et le cou.
- Mécanisme : dilatation anormale des capillaires dermiques.

Angiomes tubéreux

- Manifestation : dès la naissance, petite tumeur rouge framboise, saillante, unique, qui se développe dans les premiers mois et peut disparaître spontanément ou, initialement, taches rosées qui deviennent des plaques rouges et violacées en relief, dont l'extension est rapide.
- Localisation : visage (nez, lèvres, joues), doigts et autres parties du corps.
- Mécanisme : prolifération et dilatation des capillaires dermiques.

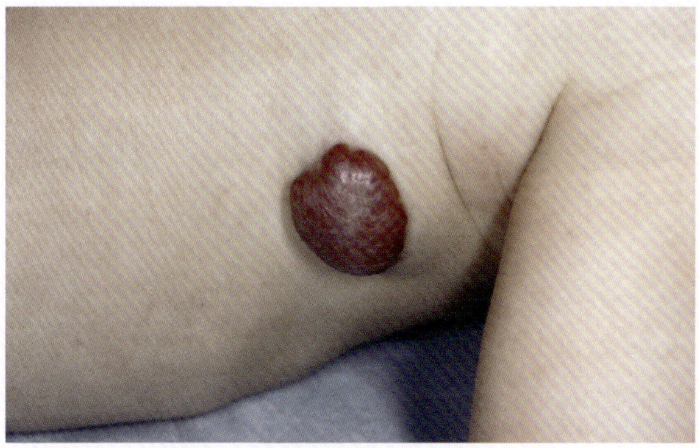

Fig. 5.37 – Angiome tubéreux.

Angiomes stellaires

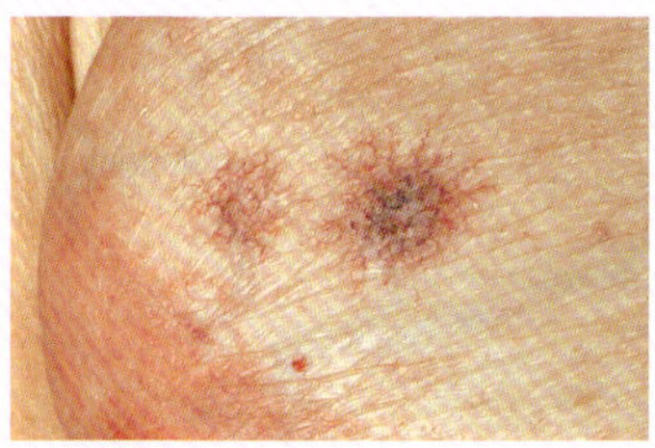

Fig. 5.38 – Angiome stellaire.

- Manifestation : très petits points rouges, plus ou moins saillantes, entourés d'un réseau fin de capillaires dermiques en étoile.
- Localisation : visage, mains, partie supérieure du thorax.
- Mécanisme : dilatation des artérioles cutanées.

««

Angiomes rubis ou points rubis

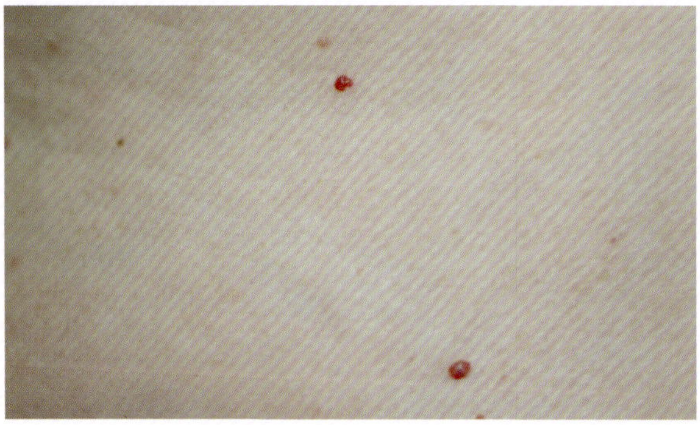

Fig. 5.39 – Angiome rubis.

- Manifestation : petites papules multiples, hémisphériques, de couleur rouge vif, légèrement saillantes, fermes.
- Localisation : tronc (le plus fréquemment).
- Mécanisme : agglomération de vaisseaux sanguins.

TUMEURS MALIGNES OU CANCERS CUTANÉS

Épithélioma (ou carcinome) basocellulaire

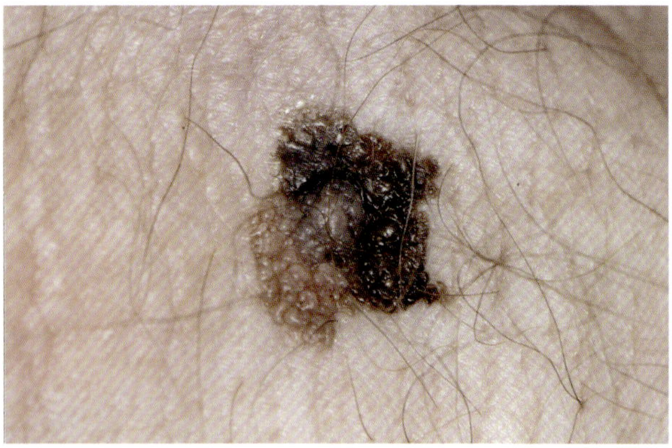

Fig. 5.40 – Carcinome basocellulaire.

- Manifestation : au stade initial, petites infiltrations superficielles, simple érosion ou élevure rosée couverte de quelques télangiectasies, puis plaque de forme irrégulière, cicatricielle dont le centre est ulcéré, déprimé, dépigmenté, et la périphérie formée de soulèvements perlés, blanchâtres, translucides. Certains sont bourgeonnants, recouverts de squames. Les épithéliomas basocellulaires sont extensifs, mais ne donnent pas de métastases.
- Localisation : principalement joues, tempes, nez, zones découvertes.
- Mécanisme : développement aux dépens des cellules basales de l'épiderme.
- Facteur favorisant : exposition solaire chronique.

Épithélioma (ou carcinome) spinocellulaire

- Manifestation : nodule extensif qui s'incruste profondément dans le derme, et sur lequel siègent une ulcération centrale et un bourrelet périphérique induré.

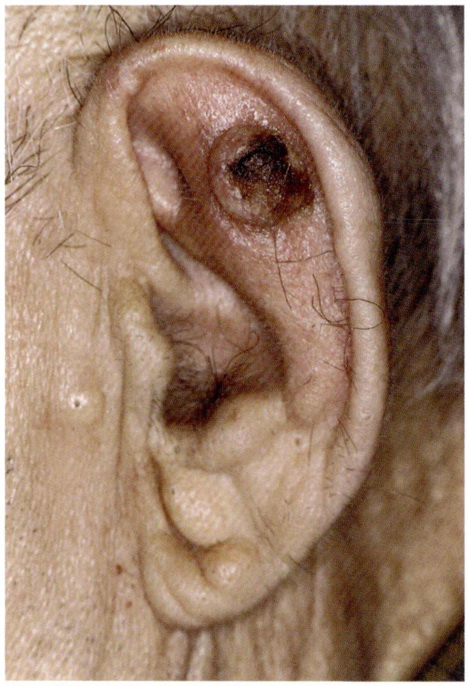

Fig. 5.41 – Carcinome spinocellulaire.

- Localisation : sur les zones découvertes, visage, oreilles, dos des mains, le plus souvent sur une lésion cutanée préexistante (kératose sénile, kératose actinique) ou sur un tégument qui a subi des agressions physiques, chimiques ou mécaniques (radiodermites, cicatrices de brûlure, ulcères chroniques de la jambe).

- Agents causals : expositions solaires cumulées.
- Mécanisme : développement aux dépens des cellules du corps muqueux de Malpighi.

Mélanomes

On distingue différentes formes de mélanomes dont le mélanome d'extension superficielle et le mélanome nodulaire.

Mélanome d'extension superficielle

Il apparaît soit sur un nævus pigmentaire soit d'emblée. Doté d'un fort pouvoir de donner des métastases, c'est le plus grave des cancers cutanés.

- Manifestation :

RÈGLE DE L'A B C D E

La règle de l'A B C D E définit cinq critères d'évaluation d'un mélanome à partir d'une tache pigmentaire.

- Asymétrie
- Bords irréguliers
- Couleur polychrome hétérogène (du brun au noir, zones blanches, rouges ou bleutées).
- Diamètre (supérieur à 6 mm).
- Évolution (extension, modification, épaississement).

- Localisation : n'importe quelle région du tégument sur un nævus existant : visage, épaules, poitrine, membres inférieurs, doigts, cuir chevelu.
- Mécanisme : dégénérescence des mélanocytes qui synthétisent du pigment mélanique en excès et se groupent en thèques ; évolution horizontale, puis progression verticale jusqu'à l'hypoderme.

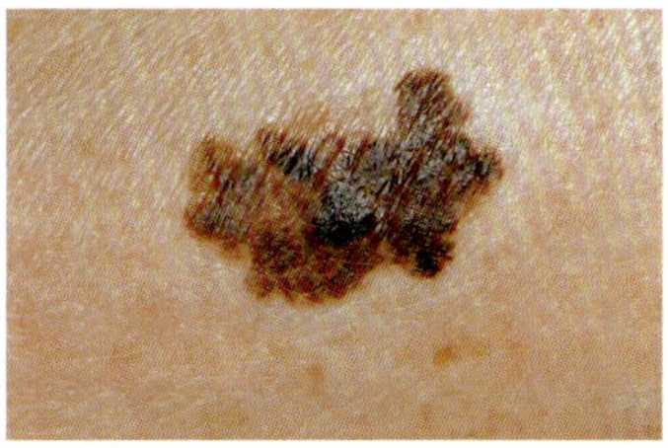

Fig. 5.42 – Mélanome.

- Agents favorisants : rayons ultraviolets (exposition intense, intermittente durant l'enfance), excoriation, traumatisme sur un nævus pigmentaire préexistant.

Mélanome nodulaire

- Manifestation : nodule bosselé de petite taille, de couleur bleu ou rouge noirâtre, parfois sans pigment (achromique).
- Évolution : développement rapide et vertical.
- Localisation : tronc, tête, cou.

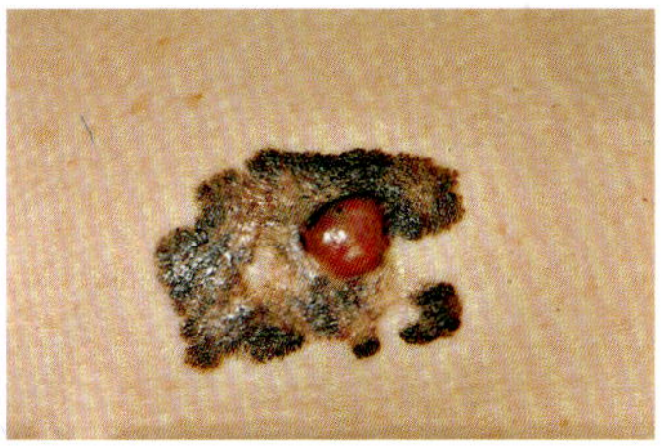

Fig. 5.43 – Mélanome nodulaire.

Dermatologie

6

Affections des annexes cutanées

Follicules pileux. Cuir chevelu

HYPERTRICHOSE

- Manifestation : développement anormal du système pileux (congénital ou acquis).
  Localisé ou généralisé.
- Facteurs causals : hérédité, système endocrinien, médicaments.

ALOPÉCIES

On distingue les alopécies diffuses et les alopécies circonstrictes.

Alopécies diffuses

Chute anormale des cheveux concernant l'ensemble du cuir chevelu.
Exemple : la calvitie commune de l'homme.

- Manifestation : absence plus ou moins complète et définitive des cheveux.
- Localisation : raréfaction au niveau du front, des temporaux, de l'occipital.
- Évolution : les zones raréfiées confluent et forment une alopécie sur le sommet du crâne, entourée d'une couronne de cheveux.
  L'alopécie est essentiellement masculine, c'est la *calvitie commune de l'homme*, mais elle peut atteindre les femmes.
- Facteurs causals :
  - facteur hormonal : hyperandrogénie ;
  - facteur génétique.

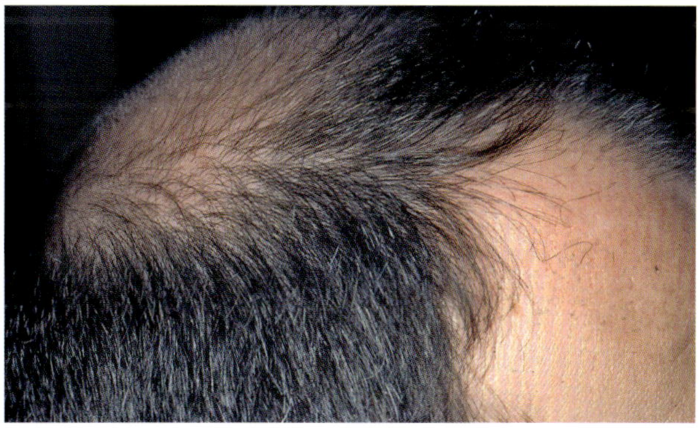

Fig. 6.1 – Calvitie.

Alopécies circonscrites

Chute anormale localisée de cheveux.
Exemple : la pelade.

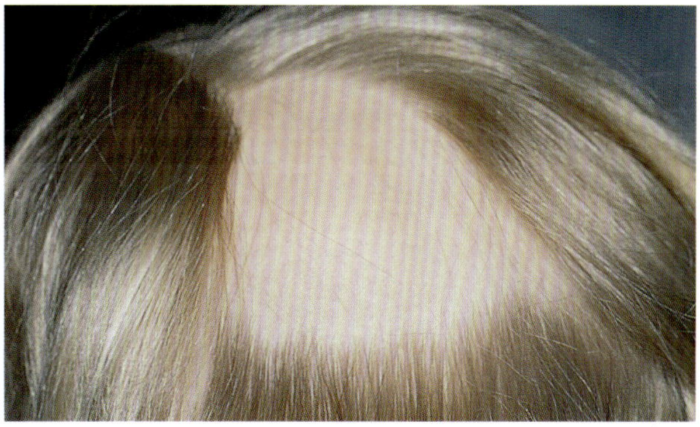

Fig. 6.2 – Pelade.

- Manifestation : une ou plusieurs petites plaques glabres, arrondies ou ovalaires, pâles, et lisses qui peuvent confluer.
- Localisation : cuir chevelu, cils, sourcils.
- Évolution : débute à n'importe quel âge, extension rapide, mais guérison spontanée en quelques mois.
- Mécanisme : auto-immunitaire (l'organisme fabrique des anticorps contre le follicule pileux).
- Agent favorisant : choc émotionnel.

BP/BAC PRO

Différentes formes de pelade

Pelade décalvante

Pelade banale qui s'étend pour aboutir à une calvitie totale en quelques semaines, avec parfois perte des cils, sourcils et de tous les poils corporels (pelade universalis).

Pelade de la barbe

Formée de petites plaques (récidivante).

Pelade ophiasique

Atteint surtout les enfants et siège sur les régions occipitales et frontales en dessinant des courbes.

États pelliculaires : *Pityriasis simplex capitis*

Affections spécifiques du cuir chevelu.

- Manifestation : fines squames sèches ou amas de squames.
- Localisation : cuir chevelu.
- Mécanisme : desquamation anormale et excessive du cuir chevelu, due :
  - à l'accélération de la multiplication des kératinocytes et de leur renouvellement,
  - à l'accumulation des cornéocytes à la surface du cuir chevelu,
  - à la présence de bactéries, de champignons (*Malassezia* anciennement appelé *Pityrosporum ovale*),
  - à l'augmentation de la sécrétion sébacée.
- Distinction : deux formes de pellicules :
  - les pellicules sèches qui siègent sur les cuirs chevelus secs et dont l'aspect est farineux ; elles tombent en neige sur les épaules ;
  - les pellicules grasses qui siègent sur les cuirs chevelus gras et qui se présentent sous forme de squames adhérentes, épaisses, jaunâtres, amalgamées au sébum. Une inflammation et des démangeaisons du cuir chevelu sont fréquemment concomitantes.
- Facteurs causals :
  - externes : traumatismes chimiques (produits capillaires irritants), traumatismes physiques (brushings, brossages violents, séchages excessifs), pollution, climat ;
  - internes : stress, surmenage, fatigue, fièvre.

Teignes

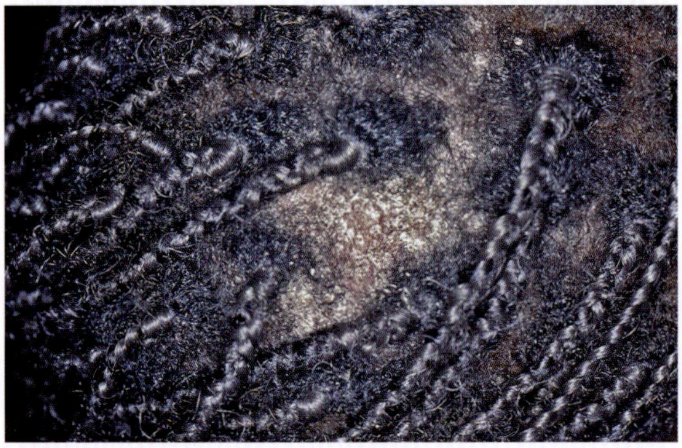

Fig. 6.3 – Teignes.

- Manifestation : plaques squameuses dépilées, grisâtres, cheveux ternes et cassants.
- Facteur causal : infection mycosique.

Il existe plusieurs variétés. Les plus fréquentes sont les teignes tondantes qui s'observent presque uniquement chez les enfants.

Follicules pilosébacés

ACNÉ JUVÉNILE

L'acné juvénile est une affection qui atteint sélectivement les follicules pilosébacés.

- Manifestation :
  - séborrhée ;
  - comédons ;
  - microkystes ;
  - papules ;
  - pustules.

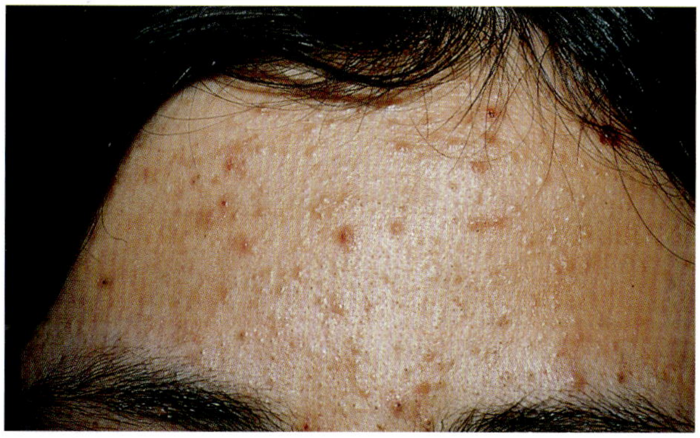

Fig. 6.4 – Acné polymorphe juvénile.

Conduite de l'esthéticienne

Cf. page 129, « Peau Grasse ou séborrhéique ».

NOTE

Ces différentes lésions se trouvent associées dans l'acné juvénile dite « acné juvénile polymorphe ».

- Localisation : visage (région médiofaciale), partie supérieure du dos, poitrine et épaules.
- Évolution : débute à la puberté, évolue pendant une période de trois à cinq ans.
- Mécanisme :
  - augmentation de la taille des glandes sébacées et de leur production de sébum due à des stimuli hormonaux (testostérone) au moment de la puberté ;
  - hyperkératinisation du canal folliculaire due à la libération d'acides gras irritants, et formant un bouchon corné ;
  - envahissement des follicules pilosébacés par des bactéries *(Propionibacterium acnes, Pityrosporum ovale, Staphylococcus epidermidis)* ;
  - formation de comédons (sébum oxydé) ouverts à l'extérieur, et de microkystes fermés, constitués de sébum, de cellules kératinisées et de bactéries ;
  - réactions inflammatoires : papules, pustules.

Glandes sudoripares

Hyperhydrose palmoplantaire

- Manifestation : hypersécrétion sudorale s'accompagnant d'une odeur fétide.
- Localisation : paume des mains et plante des pieds.
- Facteurs déclenchants : chaleur, stimuli émotionnels.

BP/BAC PRO

Syringome ou hydradénome

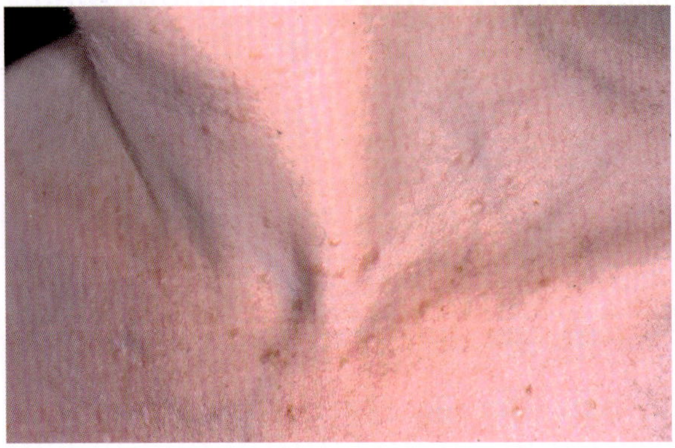

Fig. 6.5 – Syringome ou hydradénome.

- Manifestation : ensembles de petites tumeurs bénignes fermes.
- Localisation : partie antérieure du thorax, paupières.
- Mécanisme : développement aux dépens des glandes sudoripares.

Hidrocystome eccrine

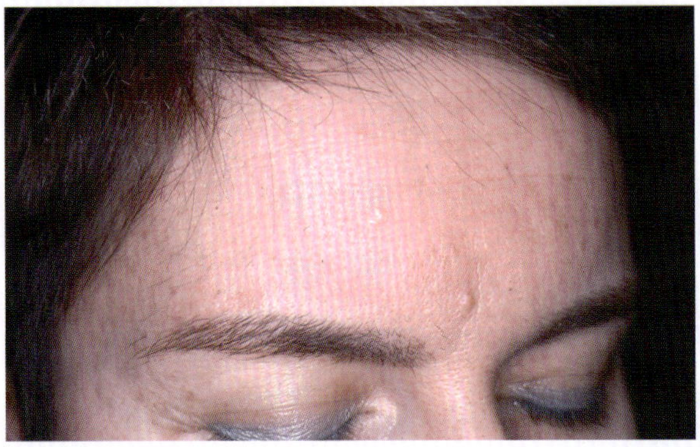

Fig. 6.6 – Hidrocystome eccrine.

- Manifestation : petits kystes translucides.
- Localisation : visage.
- Facteur déclenchant : chaleur.

Ongles

Anomalies et affections.

MODIFICATION DE LA FORME DES ONGLES

Ongles hippocratiques

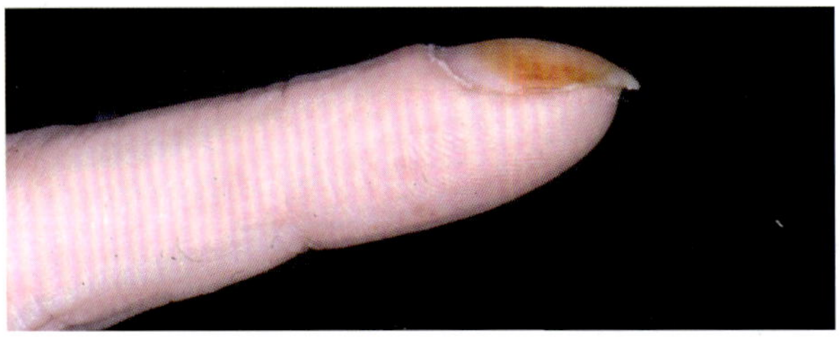

Fig. 6.7 – Ongles hippocratiques.

- Manifestation : ongles épaissis, bombés en verre de montre, élargis.
- Facteurs causals : affections cardiovasculaires, bronchopulmonaires, digestives.

Onychogryphose

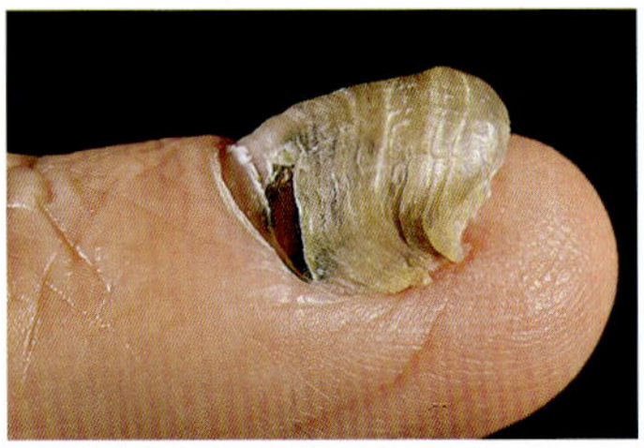

Fig. 6.8 – Onychogryphose.

- Manifestation : ongles considérablement épaissis, durcis, cannelés transversalement, et incurvés en forme de griffes.
- Facteurs causals : traumatismes, parasites, champignons.

Koïnolychie

- Manifestation : relèvement des bords latéraux et dépression (concavité) de la partie médiane.
- Facteurs causals : agressions ou affections diverses.

Onycholyse

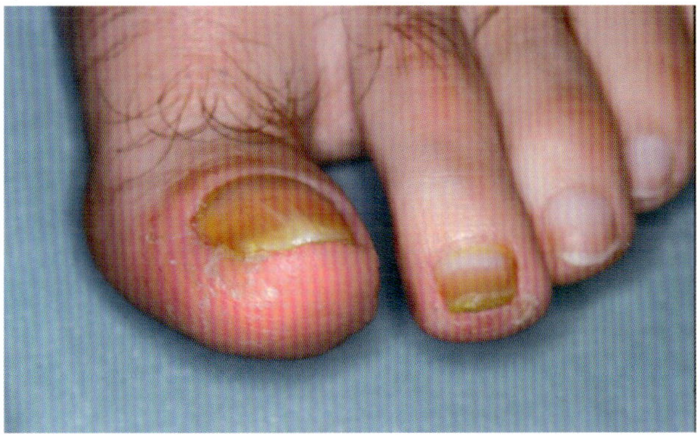

Fig. 6.9 – Onycholyse.

- Manifestation : décollement de l'ongle de son lit, de la partie distale vers la partie proximale.
- Facteurs causals : psoriasis, mycoses, traumatismes d'origine chimique (produits détergents, acétone).

MODIFICATION DE LA SURFACE DES ONGLES

Cannelures ou hyperstriations longitudinales

- Manifestation : sillons longitudinaux, parallèles et serrés qui forment des reliefs.
- Facteurs causals : vieillissement, affections circulatoires, lichen plan.

Lignes de Beau

- Manifestation : sillons transversaux, soit sur les ongles des deux pouces, soit sur les ongles de tous les doigts.
- Facteurs causals : atteinte de la matrice, consécutive à une affection organique ou psychique.

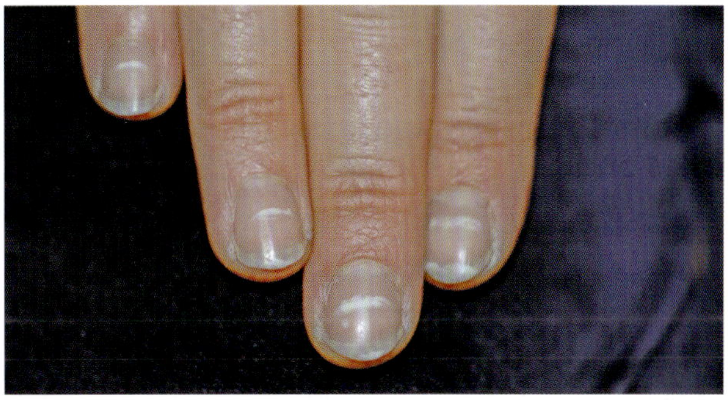

Fig. 6.10 – Lignes de Beau.

Ponctuations

- Manifestation : dépressions multiples en dé à coudre disséminées sur la plaque unguéale.
- Facteurs causals : psoriasis, pelade, *etc.*

MODIFICATION DE LA COULEUR DES ONGLES

Ongles blancs (leuconychie)

- Manifestation : coloration blanche, soit striée, soit ponctuée.
- Facteurs causals : éventuellement trouble de la kératinisation, légers traumatismes.

Ongles verts

- Facteur causal : infection microbienne ou mycosique.

Ongles jaunes

- Facteur causal : infection mycosique.

Ongles bruns (mélanonychie longitudinale)

- Manifestation : bande brune longitudinale.
- Facteurs causals : traumatismes répétitifs, médicaments, maladies endocriniennes ou plus rarement, lentigo matriciel, nævus, ou mélanome malin de la matrice.

Conduite de l'esthéticien/ne

Hygiène rigoureuse des instruments (désinfection).
Éviter les gestes traumatisants lors de la manucurie.
Ne pas pratiquer de manucurie sur des mycoses (risque de contagion).
Désinfecter les mains.

BP/BAC PRO

Pathologie infectieuse concernant les ongles

Péri-onyxis

- Manifestations : inflammation douloureuse des replis unguéaux, aiguë ou chronique.
- Agents causals : staphylocoque, *Candida albicans*.
- Facteur favorisant : macération.

Onyxis

Onyxis dermatophytique

- Manifestation : épaississement et soulèvement du bord libre de l'ongle ; coloration jaune, brune, ou noire et friabilité de la tablette unguéale.
- Agent causal : trychophyton (en général).

Onyxis candidosique

(le plus souvent secondaire à un péri-onyxis chronique)

- Manifestation : décollement des bords latéraux de l'ongle, friabilité et coloration verdâtre de la plaquette.
- Agent causal : *Candida albicans*.

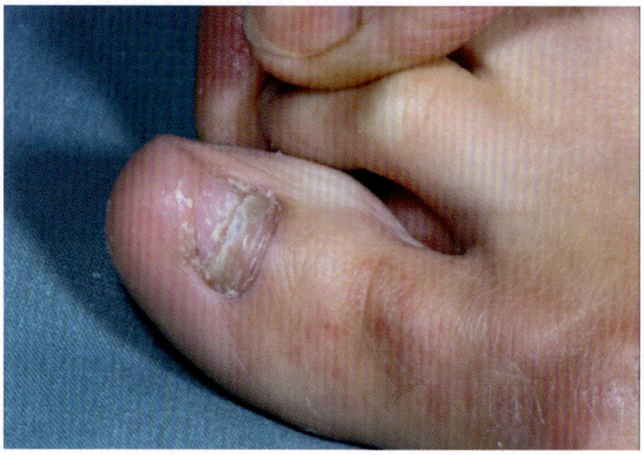

Fig. 6.11 – Onyxis.

BP/BAC PRO

Lésions élémentaires. Atrophies cutanées

Les atrophies cutanées résultent d'un amincissement du tégument dû à la diminution des éléments constitutifs de la peau, d'où l'aspect lisse, nacré, translucide et une perte d'élasticité.

Exemple de dermatose présentant des atrophies cutanées : les vergetures

- Manifestation : stries fines, planes ou légèrement creuses, parallèles dont la largeur varie de quelques millimètres à un centimètre, la longueur d'un à quelques centimètres. Leur couleur évolue du rose clair, rose vif au rouge foncé puis au blanc nacré brillant.
- Localisation : abdomen, seins, face interne des cuisses, fesses.
- Mécanisme : amincissement de l'épiderme, rupture et raréfaction des fibres élastiques, atrophie des fibres collagènes du tissu conjonctif.
- Facteurs déclenchants : étirement, distension exagérée de la peau (grossesse, prise de poids importante), puberté, troubles hormonaux lors de la puberté ou de la période préménopausique, hérédité, application sur la peau de certains médicaments (corticoïdes).

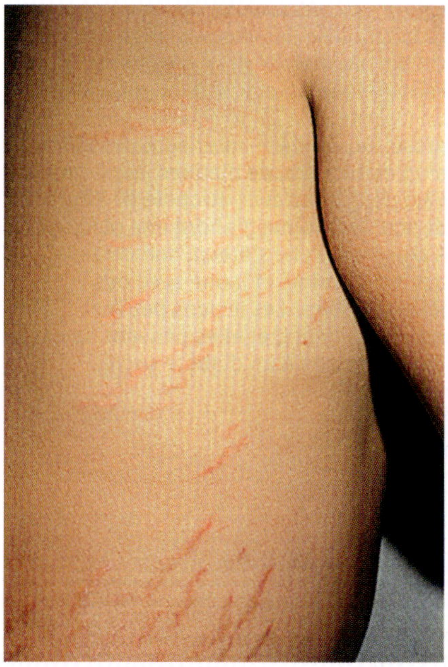

Fig. 6.12 – Vergetures.

BAC PRO

Traumatismes au niveau de la peau

Œdèmes

- Manifestation : gonflement indolore sans érythème.
- Mécanisme : infiltration séreuse du tissu conjonctif.

Hématomes

- Manifestations : macules de couleur bleu violacé.
- Mécanisme : collection de sang dans le tégument consécutif à un écoulement hors des vaisseaux.

Cicatrices

Définition

Trace laissée par une régénération tant au niveau du derme que de l'épiderme à la suite d'une lésion ou d'une incision cutanée.

Mécanisme

- Régénération par première intention :
  - au niveau du derme : formation d'un caillot envahi par les globules blancs, mobilisation et multiplication des fibroblastes, jonction des fibroblastes des deux bords de l'incision, apparition des fibres de réticuline et des fibres collagènes ;
  - au niveau de l'épiderme : prolifération épithéliale au contact du derme et kératinisation.
- Régénération par seconde intention (en cas de perte de substance) :
  - au niveau du derme : vascularisation intense, multiplication des fibroblastes, formation de fibres collagènes et d'élastine (si la lésion est profonde, formation de tissu fibreux dense) ;
  - au niveau de l'épiderme : épidermisation par glissement centripète, puis kératinisation. Parfois formation de chéloïdes saillantes, rougeâtres, imprévisibles, dues à une régénération anormale du derme, avec formation abondante de fibres collagènes enchevêtrées dans tous les sens.

Dermatologie

À SAVOIR

Quelques pathologies fréquentes des pieds

Ampoule ou phlyctène

Poche dont le contenu liquide est séreux.
Localisée généralement au talon, elle est due à des frottements récurrents (chaussures).

Cor

Épaississement des couches superficielles de l'épiderme dû à une pression.
Les cors siègent sur le dessus, l'extrémité des orteils ou entre les orteils et sont douloureux.

Durillon, callosité

Épaississement et durcissement de la couche cornée situés sur le talon et sur la plante des pieds.

Verrue plantaire

Tumeur bénigne dont le contour est hyperkératinisé et le centre incrusté dans le derme. Localisées à la plante des pieds, provoquées par un papillomavirus, les verrues plantaires sont contagieuses et douloureuses.

Hallux valgus (oignon)

Déformation et déviation du gros orteil en dedans vers les autres orteils qui se chevauchent. Si l'*hallux valgus* devient douloureux, il nécessite, alors, une intervention chirurgicale.

Ongle incarné

Pénétration du bord latéral de la lame unguéale dans la peau du repli péri-unguéal.

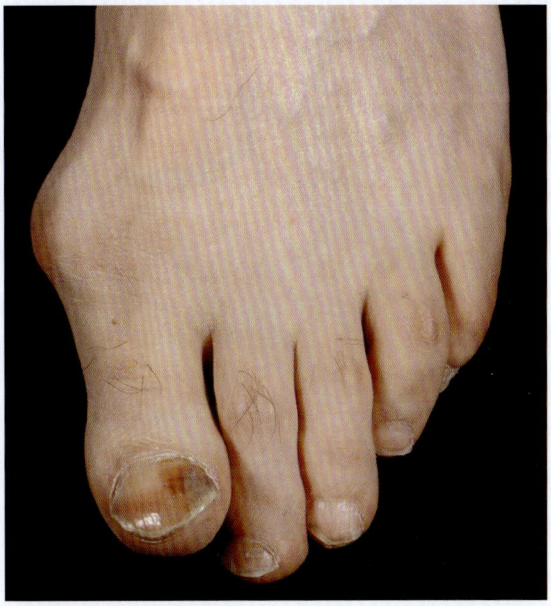

Fig. 6.13 – *Hallux valgus.*

BP/BAC PRO

Cellulite

La cellulite est une lipodystrophie située dans l'hypoderme et impliquant les adipocytes, les fibroblastes, les cellules endothéliales de la paroi des vaisseaux capillaires.

Caractéristiques

Adipose

L'adipose est l'augmentation du nombre et du volume des adipocytes, provoquée par des perturbations de la lipogenèse et de la lipolyse.

Ces deux dernières sont elles-mêmes sous le contrôle d'une enzyme, la protéine lipase (LPL), d'une hormone, la leptine et de récepteurs spécifiques.

Rétention d'eau

Provoquée par des troubles de la circulation veineuse et de la circulation lymphatique.

Fibrose

Elle est la conséquence de la stagnation des déchets, non résorbés par les circulations veineuse et lymphatique, ce qui provoque une réaction fibreuse des fibroblastes, une rigidification des fibres de collagène.

Graisse

Elle est compacte et entourée d'un tissu fibreux.

Différents types de cellulite

Cellulite adipeuse

Caractérisée par une surcharge graisseuse dominante où la peau d'orange n'apparaît qu'au pincement.

Cellulite fibreuse

Caractérisée par la fibrose, où la peau d'orange est indurée et douloureuse à la palpation.

Cellulite œdémateuse ou aqueuse

Caractérisée par une rétention d'eau dominante dans les tissus adipeux.

Localisation

Cette lipodystrophie est localisée sur les hanches, le ventre, les cuisses, les genoux, les bras et la nuque et n'atteint pratiquement que la femme.

Examen visuel

- Aspect de capitons.
- Présence fréquente de télangiectasies.

Examen tactile

- « Peau d'orange ».
- Peau indurée.
- Peau rigide.

Facteurs favorisants

- Facteur hormonal : déséquilibre œstrogène/progestérone.
- Facteur alimentaire : alimentation déséquilibrée.
- Mauvaise hygiène de vie.
- Sédentarité.
- Manque de sommeil.
- Stress.

Techniques esthétiques améliorant la cellulite

Les techniques manuelles et l'utilisation de matériels spécifiques pour le corps activent la circulation veineuse et lymphatique, permettent un drainage et un défibrosage :

- Les drainages lymphatiques manuels.
- Les ultrasons basse fréquence.
- L'« endermologie » (massage mécanique qui reproduit le palper-rouler manuel.
- La presso-esthétique.
- L'hydro-presso-esthétique, sur un matelas d'eau chaude et l'utilisation de puissants jets d'eau.
- Les excitomoteurs sous infrarouges.
- Les hydromassages en baignoire.

7

Effets biologiques du soleil sur la peau

Rayonnement solaire

Le rayonnement solaire est constitué d'une suite de radiations électromagnétiques qui forment le spectre solaire.

Ce rayonnement se propage en ligne droite à la vitesse de 300 000 km/seconde, sous forme d'une onde et d'un flot de particules appelées photons.

Les différentes radiations se caractérisent par leur longueur d'onde, qui est la distance parcourue pendant une période T exprimée en secondes.

La longueur d'onde s'exprime soit en nanomètre (nm), soit en micromètre (µm) :

- 1 nanomètre = 10^{-9} m ;
- 1 micromètre = 10^{-6} m.

L'œil humain n'est réceptif qu'aux radiations visibles (du violet au rouge) qui vont de 780 nm à 380 nm.

SPECTRE SOLAIRE

Parmi les radiations qui composent le spectre solaire, on distingue les éléments suivants :

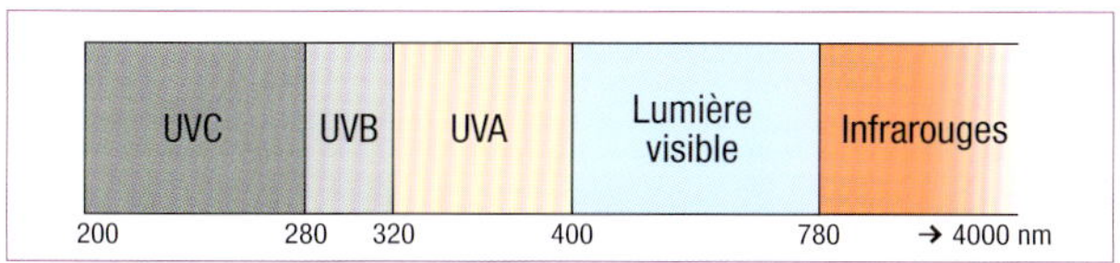

Fig. 7.1 – Spectre solaire.

Infrarouges (IR)

Leur longueur d'onde est située entre 780 et 4000 nm. Ils provoquent sur la peau une action calorifique immédiate entraînant une vasodilatation et un érythème.

Rayonnement visible

Sa longueur d'onde se situe entre 360 à 400 nm et 760 à 830 nm.

UVA *(long wave UV)*

Leur longueur d'onde est comprise entre 400 et 320 nm. Ils traversent le verre ordinaire, atteignent le derme, provoquent une pigmentation immédiate.

C'est dans cette zone que se trouve la lumière de Wood, dont la longueur d'onde est comprise entre 380 et 330 nm.

UVB *(middle wave UV)*

Leur longueur d'onde est comprise entre 320 et 280 nm. Ils ne traversent pas le verre ordinaire, atteignent l'épiderme, provoquent l'érythème actinique ou coup de soleil, entraînant la pigmentation indirecte ou retardée.

UVC *(short wave UV)*

Leur longueur d'onde est comprise entre 280 et 200 nm. Ce sont des rayons ionisants, à haut pouvoir énergétique. Ils n'arrivent pas jusqu'à la Terre car ils sont arrêtés par la couche d'ozone. Ils ont une action germicide.

Plus les longueurs d'onde sont courtes, plus l'énergie des radiations est grande et plus ces radiations sont nocives.
Le rayonnement solaire subit des modifications en traversant l'atmosphère terrestre. La couche d'ozone arrête les UVC, une grande partie des UVB les plus courts et une petite partie des UVA.

Répartition du rayonnement solaire atteignant le sol
- IR : 50 %
- Lumière visible : 40 %
- UV : 10 %.

Pénétration du rayonnement solaire dans la peau
- 20 % des UVB pénètrent jusqu'à la couche filamenteuse et 10 % jusqu'au derme
- 20 % des UVA arrivent jusqu'au derme profond
- 30 % des rayons visibles atteignent le derme
- 15 % des IR arrivent dans l'hypoderme.

INDEX UV

Il existe une définition internationale de la force du rayonnement ultraviolet solaire, appelée l'index UV.

Index UV	Puissance du soleil	Mesure du temps d'apparition d'un érythème sur sujet sensible
1 et 2	faible	> 1 heure
3 et 4	moyen	40 minutes
5 et 6	fort	30 minutes
7 et 8	très fort	20 minutes
> 8	extrême	< 15 minutes

CONDITIONS D'ENSOLEILLEMENT

Plusieurs facteurs sont à prendre en considération lors des séances de bronzage.

Altitude

La quantité d'UVB augmente de 4 % tous les 300 m ; à 1 500 m, il y a 20 % d'UVB de plus qu'au bord de la mer.

Latitude

Plus on se rapproche des tropiques, plus la quantité d'UVB est importante.

Réflexion

Elle varie selon la nature du sol : 85 % pour la neige, 5 à 25 % pour le sable, 5 % pour l'eau, 3 % pour l'herbe.

Heure

Le maximum de rayonnement UV se situe entre 11 heures et 15 heures.

Nuages

Ils absorbent seulement les IR.

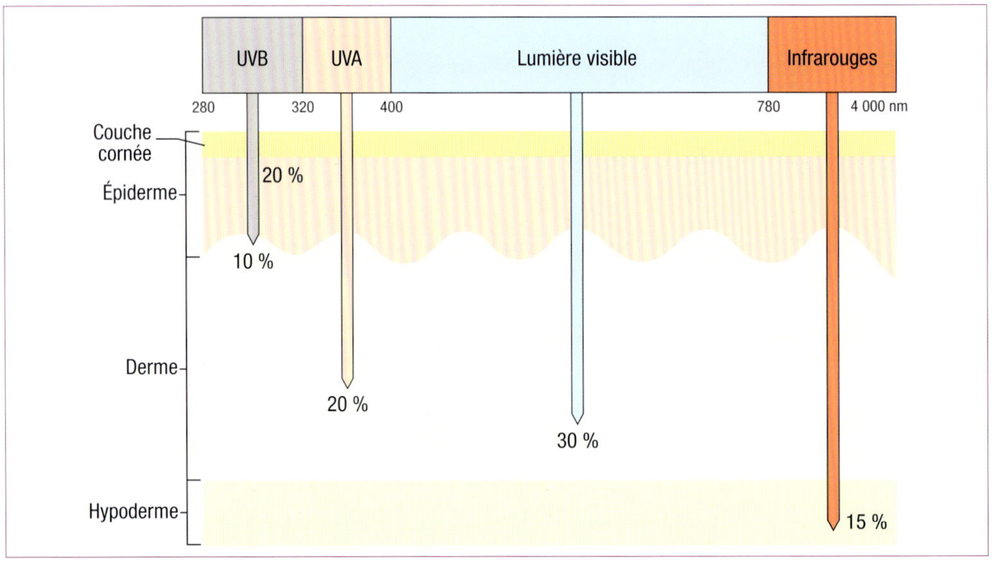

Fig. 7.2 – Pénétration du rayonnement solaire dans la peau.

Phototypes

Tous les individus ne sont pas égaux face au soleil.
Plus l'épiderme est pigmenté, plus la peau résiste à l'agression solaire.
La pigmentation dépend du capital génétique de chacun.
Le phototype traduit l'aptitude à l'érythème et à la pigmentation.

On regroupe les différents phototypes sous les termes de :
- mélanocompromis : sujets qui ne peuvent bronzer ou bronzent difficilement ;
- mélanocompétents : sujets qui bronzent facilement.

Les caractéristiques et les réactions aux UV des principaux phototypes

Phototypes	Cheveux	Carnation	Coup de soleil	Réactions aux UV
1. Mélanocompromis	Roux	Laiteuse	Constant	Ne bronze pas
2. Mélanocompromis	Blonds	Claire	Constant	Bronze peu
3. Mélanocompromis	Châtain	Claire	Fréquent	Bronze modérément
4. Mélanocompétent	Brun clair	Mate	Rare	Bronze bien
5. Mélanocompétent	Brun foncé	Mate	Exceptionnel	Bronzage intense
6. Mélanocompétent	Noir	Noir	Jamais	Fortement pigmenté

Peaux claires

MANIFESTATION IMMÉDIATE

Pigmentation immédiate

Elle est principalement induite par les UVA et apparaît rapidement après l'exposition solaire, mais dure peu. Elle résulte d'une accélération du passage des prémélanosomes au stade de mélanosomes matures et d'un allongement des dendrites des mélanocytes qui favorise le transfert vers les kératinocytes voisins.

MANIFESTATIONS RETARDÉES

Érythème actinique ou solaire ou coup de soleil

Il présente quatre degrés :
- premier degré : l'érythème est rose pâle ;
- deuxième degré : l'érythème est rose vif ;
- troisième degré : l'érythème est douloureux, œdémateux ;
- quatrième degré : présence de phlyctènes et troubles de l'état général (vertiges, fièvre).

L'érythème solaire est produit par les UVB. Il engendre les transformations suivantes :
- certains kératinocytes des couches profondes de l'épiderme se transforment en *sunburn cells*, c'est-à-dire en cellules dont le noyau est rétracté et le cytoplasme vacuolisé ; ces kératinocytes modifiés desquament plus vite que les autres ;
- les vaisseaux superficiels du derme sont dilatés entraînant un afflux important de sang, donc une rougeur momentanée de la peau ;
- un exsudat cellulaire se forme au niveau de la couche filamenteuse ; si cet exsudat conflue, des phlyctènes se forment à la surface de la peau.

L'érythème actinique, déclenché par le rayonnement solaire, est défini par la DME (dose minimale érythémateuse).
C'est la plus petite dose de rayonnement ultraviolet qui produit un érythème apparaissant quelques heures après l'exposition et se développant pendant 24 heures.

Pigmentation retardée ou bronzage

Déclenchée par les UVA ou les UVB, elle survient environ quarante-huit heures après l'exposition.
Tous les stades de la mélanogenèse sont stimulés :
- augmentation du nombre des mélanocytes actifs ;
- stimulation de la tyrosinase ;
- augmentation du nombre des dendrites, accélérant ainsi le transfert des mélanosomes.

Cette pigmentation retardée persiste tant que le sujet s'exposera.

Hyperkératinisation ou épaississement de la couche cornée

Ce phénomène provoqué uniquement par les rayons UVB est dû à l'accélération des mitoses au niveau de la couche basale germinative. C'est une réaction de photoprotection plus importante que la pigmentation.

MANIFESTATIONS ACCIDENTELLES

Le rayonnement excessif provoque les réactions suivantes.

Réactions inflammatoires

Avec rougeur, œdème et production d'enzymes qui dégradent les élastines, les collagènes et les protéoglycannes.

Modifications sur l'ADN cellulaire

Notamment sur sa structure hélicoïdale. Ces perturbations entraînent des conséquences sur la division cellulaire et sur la synthèse des protéines. Les UVB causent des mutations en lésant directement l'ADN ; les UVA agissent par l'intermédiaire de radicaux oxydants.

Altérations membranaires

Des radicaux libres produits sous l'effet des UV, en particulier, agressent les membranes cellulaires et déclenchent une peroxydation de leurs lipides. Cette peroxydation entraîne une superproduction de radicaux libres responsables du vieillissement des cellules : c'est le stress oxydatif.

Rupture de la membrane lysosomiale

Avec libération d'enzymes destructrices.

Altération du système immunitaire ou photo-immunosuppression

Les UVA et le UVB affaiblissent et modifient les réactions locales et générales du système immunitaire. Ils diminuent le nombre des cellules de Langerhans et des lymphocytes T et en altèrent leur fonctionnement. Ils agissent sur la production de certaines substances immunosuppressives, telles que les cytokines et l'acide cis-urocanique.

Photodermatoses

Elles sont fréquentes, variées et polymorphes.

Lucites

La plus fréquente est la *lucite estivale bénigne*. Elle atteint en général les jeunes femmes, quelques heures après une exposition solaire excessive. L'éruption consiste en petites papules très prurigineuses sur les épaules, le décolleté, les membres ; elle s'estompe progressivement et disparaît lorsque le bronzage est élaboré. La particularité de cette dermatose sans gravité est de récidiver dans les mêmes conditions.

Urticaire solaire

Elle est généralement liée, pour un sujet donné, à une certaine longueur d'onde du spectre solaire.

Réactions phototoxiques

La phototoxicité est une réaction d'irritation et de cytotoxicité. De mécanisme non immunologique, elle est le fait d'une substance qui rend nocif un rayonnement qui ne l'est pas, donc qui abaisse le seuil de sensibilité à un rayonnement. La réaction phototoxique survient chez tous les individus dès la première exposition. La substance chimique phototoxique doit être en concentration suffisante. La réaction phototoxique se manifeste par un érythème plus ou moins œdémateux limité à la zone irradiée et imprégnée de substance phototoxique. Elle est suivie de pigmentation séquellaire.
Exemples :

- La dermite des prés

Elle survient après un bain de rivière, un allongement sur l'herbe et une exposition au soleil. Elle est provoquée par certaines herbes renfermant des furocoumarines. Elle se manifeste par un érythème vésiculeux ou bulleux reproduisant le dessin d'une herbe ou d'une feuille.

- La dermite pigmentaire en breloque

Elle apparaît après application de parfums. Elle se manifeste par un érythème puis des taches brunes en coulées au niveau du front, du cou, du tronc. Ces taches ne disparaissent pas d'une année à l'autre. Elles sont dues aux psoralènes présents dans les parfums, les produits accélérateurs de bronzage.

Réactions photoallergiques

Elles mettent en jeu le système immunitaire. Sous l'action du rayonnement solaire et d'une substance photoallergisante, il y a formation de photoantigène. Les lymphocytes T sont informés et libèrent les lymphokines qui agissent dans la réponse cellulaire inflammatoire.

La réaction photoallergique nécessite une sensibilisation préalable.

- Elle ne concerne que certains individus.
- Elle est indépendante de la concentration de la substance phototoxique.
- Elle apparaît après un certain temps de latence.
- Elle se manifeste par du prurit suivi, soit de prurigo, soit d'urticaire ou d'eczéma.
- Elle peut récidiver à chaque exposition solaire malgré l'absence de la substance sensibilisante : c'est la photosensibilisation rémanente.

Vieillissement photo-induit ou élastose solaire ou héliodermie

Les agressions induites aussi bien par les UVA que par les UVB et les rayons visibles entraînent une accélération de la sénescence cutanée qui se traduit par l'élastose solaire.

HISTOLOGIE DE L'ÉLASTOSE

Au niveau de l'épiderme

- La couche cornée est épaissie.
- La couche filamenteuse est amincie.
- La répartition des mélanocytes est désordonnée.
- La densité des mélanocytes est augmentée.
- Les cellules de Langerhans sont raréfiées.

Au niveau du derme

- Les papilles dermiques sont aplaties.
- Les capillaires, moins nombreux, sont dilatés.
- Les fibres collagènes sont altérées, car il y a eu libération d'enzymes destructrices (les collagénases).
- Les fibres d'élastine sont remplacées par une élastine anormale : la proélastine.
- L'ADN des fibroblastes est désorganisé et la production du matériel conjonctif s'en ressent.
- Les glycosamino-glycannes s'accumulent.

Élastose solaire

L'élastose solaire, due aux expositions solaires répétées et excessives, est localisée presque exclusivement sur les parties découvertes comme le visage, le décolleté, la nuque, le dos des mains.

La peau a une coloration jaunâtre parsemée de taches pigmentaires.

L'épiderme est sec, rigide, aminci, et présente des zones hyperkératosiques.

Des ridules puis des rides profondes apparaissent.

Le derme a perdu son élasticité.

Conséquences de ces modifications

- La peau poïkilodermique : la peau est atrophiée, elle présente de l'érythème, des télangiectasies, des taches hyper- ou hypopigmentées.
- La peau rhomboïdale : les plis sont épaissis et dessinent un réseau losangique au niveau de la nuque.
- La peau citrinoïde : la peau est épaissie, jaunâtre, les pores sont dilatés, rappelant la peau d'un citron.
- L'élastoïdose de Favre et Racouchot : l'élastose est associée à la présence de kystes et de comédons sur les tempes et les régions périorbitaires.

CANCERS CUTANÉS PHOTO-INDUITS

Induits principalement par les UVB, mais aussi par les UVA, les cancers cutanés sont souvent la conséquence d'expositions solaires excessives qui désorganisent l'ADN, les kératinocytes, les mélanocytes et qui favorisent la libération d'enzymes lysosomiales.

Les conséquences d'une exposition excessive aux UV ne sont pas immédiates. Il peut s'écouler de dix à trente ans avant l'apparition d'un cancer cutané :

- Mélanome malin, épithélioma basocellulaire, épithélioma spinocellulaire (*cf.* « Notions de dermatologie appliquée », page 95).
- Kératoses solaires ou actiniques
  Ce sont des lésions épidermiques sèches, rugueuses qui ne surviennent que sur des zones exposées à la lumière et qui peuvent évoluer vers un carcinome.

Risques pour l'œil

Les UVB attaquent la cornée et le cristallin, les UVA attaquent le cristallin et la rétine.

- La photokératite
  Inflammation de la cornée qui se manifeste par une rougeur et une douleur.
- La photoconjonctivite
  Inflammation de la conjonctive.
- La cataracte
  Opacification du cristallin favorisée par les UVA.

Capital soleil

Pour se défendre contre les agressions du soleil, la peau possède des mécanismes qui constituent « le capital Soleil ». Lorsque ce capital, congénital, est épuisé à la suite d'expositions solaires abusives, la peau n'est plus protégée.

Quel que soit le phototype, les actions dommageables des UV sur les cellules n'apparaissent pas immédiatement, mais elles provoquent des effets qui deviennent nuisibles à moyen et long terme.

Règles générales en matière de photoprotection

- Choisir un photoprotecteur en fonction de son phototype, de l'ensoleillement qui dépend de la latitude et de l'altitude, et de la durée de l'exposition.
- Appliquer le produit solaire (20 minutes avant l'exposition) en quantité suffisante et en renouveler l'application régulièrement (surtout après le bain et le sport) en insistant sur le nez, les oreilles, le crâne (glabre). Préférer un stick pour les lèvres.
- Éviter de s'exposer entre 11 heures et 16 heures.
- Augmenter progressivement le temps d'exposition et ne pas rester immobile.
- Se méfier des temps couverts.
- Porter des lunettes filtrantes.
- Utiliser un parasol en tenant compte de la réflexion sur le sable.
- Supprimer les parfums et déodorants (photosensibilisants).
- Ne pas s'exposer en cas de prise de médicaments photosensibilisants.
- Appliquer un produit protecteur sur les cheveux (spray ou huile) afin d'éviter le dessèchement provoqué par le soleil et l'eau de mer.
- Après l'exposition au soleil appliquer une crème apaisante, hydratante, rafraîchissante sur le corps et le visage.

PARTIE 3

Étude des différents types de peau et soins esthétiques de base

8

Différents types de peau

Les examens visuel et tactile permettent de différencier les types de peau.

Examen visuel

- soit à l'œil nu ;
- soit à l'aide d'une lampe-loupe ;
- soit à l'aide de la lampe de Wood.

Examen tactile

- examen de la surface cutanée par effleurage avec la face interne des doigts ;
- examen de la texture de la peau par formation d'un pli cutané entre deux doigts.

Peau grasse ou séborrhéique

MODIFICATION DE LA SÉCRÉTION SÉBACÉE

La modification physiologique essentielle est une hypersécrétion sébacée ou séborrhée, donc une augmentation du taux de sébum dans la phase lipidique du film hydrolipidique de surface.

On distingue deux formes de séborrhée :
- la séborrhée où le sébum s'écoule en quantité plus ou moins grande à la surface de l'épiderme ;
- la séborrhée rétentionnelle, où le sébum s'accumule dans l'infundibulum obstrué par un bouchon corné.

Les facteurs responsables sont les perturbations hormonales (puberté, ménopause).

Peau grasse dont le sébum est « fluant »

Caractéristiques

- Examen visuel
  - Teint terne.
  - Aspect luisant.
  - Grain de peau irrégulier.
  - Ostiums (orifices) pilosébacés dilatés.
  - Présence de comédons.
- Examen tactile
  - Peau huileuse, épaisse.

Peau grasse à séborrhée rétentionnelle

Caractéristiques

- Examen visuel
  - Teint terne.
  - Grain de peau irrégulier.
  - Présence de comédons et de microkystes.
- Examen tactile
  - Peau rugueuse, épaisse (hyperkératinisée).

> Les peaux grasses présentent souvent des zones déshydratées consécutives à l'utilisation excessive de produits cosmétiques détergents.
> Les peaux grasses sont fréquemment atteintes d'acné polymorphe juvénile (*cf.* page 115).

PROTOCOLE DES SOINS

Objectifs

- Affiner la couche cornée en « gommant » les cellules desquamantes.
- Éliminer l'excès de sébum et les comédons sans irriter.
- Assainir et purifier.
- Matifier.

Ingrédients actifs

Séborégulateurs

Courge *(Cucurbita pepo)*, bouleau blanc *(Betula alba)*, piroctone olamine, acétate d'oléyle, dérivés du zinc (gluconate, cystéate, pidolate de zinc), *Sabal cerrulata*.

Purifiants, absorbants

Argiles (bentonite, kaolin, argile verte).

Antiseptiques et bactéricides

Thym *(Thymus vulgaris)*, bardane *(Arctium lappa)*, chlorhexidine, triclosan, levure de bière.

Apaisants et anti-inflammatoires

Cuivre et zinc, *Centella asiatica*, camomille *(Matricaria chamomilla)*, mélisse *(Melissa officinalis)*, biolysat hafnia, phlorogine, acide glycyrrhétinique (réglisse), allantoïne, millepertuis *(Hypericum perforatum)*.

Kératolytiques et kératorégulateurs

Alphahydroxyacides (acide glycolique, lactique, mandélique), bêtahydroxyacides (acide salicylique).

Techniques manuelles conseillées

Techniques manuelles dites de « Jacquet », pratiquées « à sec ».

Techniques à l'aide d'appareils électriques, mécaniques

- Pulvérisation, vaporisation.
- Désincrustation.
- Aspiration des comédons.

Conseils

- Pratiquer une hygiène rigoureuse en nettoyant matin et soir le visage à l'aide de produits non agressifs, sans savon.
- Appliquer le soir, en alternance, antiseptiques et kératolytiques.
- Appliquer le matin une crème ou un fluide apaisant et matifiant.
- Éviter de presser les comédons en raison du risque d'une réaction inflammatoire.
- Ne pas appliquer des produits trop détergents qui engendrent une séborrhée réactive.
- Éviter les expositions solaires sans protection cosmétique.

Peau déshydratée dite peau sèche

MODIFICATION DE L'HYDRATATION CUTANÉE

Déshydraté signifie « qui manque d'eau ».
La diminution de la concentration en eau de la couche cornée est due :
- à l'altération du film hydrolipidique ;
- à la désorganisation du ciment intercellulaire ;
- au ralentissement de la synthèse des composants du NMF.

Le NMF

Le natural moisturising factor est un ensemble de substances hygroscopiques (capables d'absorber l'humidité ambiante) situé à l'intérieur des cornéocytes dont il fixe l'eau.
Les composants essentiels du NMF sont l'urée, l'acide urique, l'acide lactique, les acides aminés, l'acide pyrrolidone carboxylique (PCA), les glucides, le sodium, le potassium.

FACTEURS RESPONSABLES

Facteurs exogènes

- Les produits détergents.
- Le froid, le vent, le soleil.
- La climatisation.
- La pollution.
- Le contact prolongé et récurrent avec l'eau.

Facteurs endogènes

- Le vieillissement.
- Les perturbations hormonales (ménopause).

Facteur constitutionnel

- L'hérédité.

CARACTÉRISTIQUES

Examen visuel

- Aspect parcheminé.
- Rides fines et nombreuses.
- Grain de peau serré.
- Présence fréquente de rougeurs, de dartres.

Examen tactile

- Peau fine, rugueuse.
- Perte de souplesse et d'élasticité.

Interrogatoire

- Sensations de « tiraillement », d'inconfort.

PROTOCOLE DES SOINS

Objectifs

- Reconstituer le film hydrolipidique de surface.
- Rétablir le taux de NMF insuffisant.
- Ralentir l'évaporation de l'eau.

Ingrédients actifs

- Les humectants : glycérol, sorbitol, acide pyrrolidone carboxylique, acides aminés, urée < 10 %.
- Les occlusifs : vaseline, cires animales, cires végétales, cires synthétiques, huile de silicone, céramides, phospholipides, acides gras essentiels.
- Les hydratants de surface : acide hyaluronique, chitine, élastine, chitosane, aloès, bourrache *(Borago officinalis)*, cactus *(Cactacea sp.)*, concombre *(Cucumis sativus)*.
- Les alphahydroxyacides ou AHA (acide glycolique, acide lactique, acide malique) qui, en pH alcalin, ont un pouvoir hydratant.

Techniques manuelles conseillées

Ce sont essentiellement les effleurages. Les effleurages légers et les effleurages plus lents, plus appuyés, en dehors de leur effet calmant, facilitent la pénétration des principes actifs.

Appareils électriques

- Pulvérisateur.
- Vaporisateur.

Types de peau

Peau alipidique dite peau rêche

Alipidique signifie : privé de lipides.
Ce type de peau présente :
- des troubles de la kératinisation ;
- une diminution de la phase lipidique du film hydrolipidique de surface ;
- des modifications de la composition du ciment intercellulaire.

FACTEURS RESPONSABLES

Facteurs exogènes

Chimiques

- Produits cosmétiques détergents.
- Savons.
- Eau calcaire.

Physiques

- Froid.
- Vent.

Facteurs constitutionnels

- Vieillissement.
- Affections génétiques.

CARACTÉRISTIQUES

Examen visuel

- Desquamation visible et groupée des cornéocytes.

Examen tactile

- Rugosité.

PROTOCOLE DES SOINS

Objectifs

- Éliminer les cornéocytes excédentaires.
- Restructurer le ciment intercellulaire.
- Reconstituer le film hydrolipidique de surface.

Ingrédients actifs

- Les kératolytiques : urée > 10 %, alphahydroxy-acides (AHA).
- Les restructurants relipidants : céramides, phospholipides, acides gras polyinsaturés (acide linoléique, acide linolénique).
- Les lissants et les filmogènes : acide hyaluronique, collagène.

Techniques esthétiques

Un gommage soit manuel soit à l'aide de l'appareil à brosses rotatives est nécessaire avant les techniques manuelles et les applications d'ingrédients actifs.

NOTE

La perte d'eau consécutive à l'altération des lipides entraîne une déshydratation.
La peau rêche est très souvent déshydratée.

Peau mixte

Ce terme est justifié par le fait que sur la même peau peuvent coexister différents états.
La peau mixte présente, en général, des zones grasses sur la partie médiane du visage (plus riche en glandes sébacées) et des zones, alipidiques, déshydratées sur le reste du visage.
Les soins esthétiques doivent prendre en compte cette mixité.

Peau sensible et réactive

La peau sensible réagit de façon exagérée aux agressions internes et externes, d'où son qualificatif de « réactive ».
L'hypersensibilité des terminaisons nerveuses sensitives, présentes dans la peau, déclenche des réactions qui se manifestent par des picotements, tiraillements, échauffements, rougeurs, d'intensité variable selon les sujets, le tout provoquant une sensation permanente d'inconfort.

MODIFICATIONS BIOLOGIQUES

- La barrière cutanée hydrolipidique est altérée.
- La microcirculation est perturbée.
- Le seuil de tolérance est abaissé.
- L'évolution possible d'une peau sensible ou réactive vers la couperose, la rosacée ou la dermite séborrhéique nécessite un traitement médical.

FACTEURS RESPONSABLES

Endogènes

- Les perturbations hormonales.
- La maladie.
- Le stress, l'anxiété, la fatigue.

Exogènes

- Le soleil, le vent, le froid.
- Les brusques changements de température.
- La pollution, la climatisation.
- Le tabac, l'alcool, les mets épicés.
- Les produits cosmétiques agressifs et détergents.

CARACTÉRISTIQUES

Examen visuel

- Rougeurs temporaires.
- Télangiectasies, couperose permanente.

Examen tactile

- Perception de chaleur.

Interrogatoire

- Sensations de picotements, d'inconfort.

PROTOCOLE DES SOINS

Objectifs

- Calmer, apaiser.
- Décongestionner.
- Restaurer la barrière cutanée hydrolipidique déficiente.
- Protéger.

Ingrédients actifs

Apaisants

Mimosa tenuiflora, Aloe vera, allantoïne, alpha-bisabolol, acide glycyrrhétinique, calendula, millepertuis *(Hypericum perforatum)*, avoine *(Avena sativa)* camomille matricaire (*Matricaria chamomilla*), tilleul *(Tilia cordata)*, biolysat hafnia, gingko biloba, guimauve *(Altea officinalis)*, mauve *(Malva silvestris)*, mélilot *(Melilotus officinalis)*, sulfate de dextran.

Vasotoniques

Marron d'Inde *(Aesculus hippocastanum)*, mélilot *(Melilotus officinalis)*, vigne rouge *(Vitis vinifera)*, ruscus ou petit houx, procyanidol.

Reconstituants du film hydrolipidique

Huiles végétales : jojoba *(Simmondsia chinensis)*, onagre *(Oenothera biennis)*, bourrache *(Borrago officinalis)*.
Cire d'abeille, beurre de karate, acides gras essentiels.

Protecteurs filmogènes

Chitine, chitosane, acide hyaluronique.

Techniques manuelles

- Effleurage.
- Drainage.

Appareils

- Appareil à pulvérisation (Lucas Championnière tiède).
- Pulvérisateur à compresseur.

Conseils

- Appliquer une crème protectrice de jour (E/H).
- Éviter les gommages et les actifs irritants (AHA).
- Utiliser des fonds de teint couvrants et des correcteurs de teint de couleur verte (couleur complémentaire du rouge qui estompe les rougeurs).
- Utiliser un écran total en cas d'exposition solaire.
- Éviter les mets épicés, les boissons alcoolisées.

Peau du contour des yeux

STRUCTURE

La structure de la peau du contour des yeux diffère de celle du reste du visage :
- l'épiderme est plus mince, les glandes sébacées sont moins nombreuses donc le film hydrolipidique de surface assure moins son rôle protecteur ;
- le derme est moins dense. Les éléments constituant la matrice intercellulaire (fibres de collagène, d'élastine, protéoglycanes) sont en plus faible quantité ;
- l'hypoderme est dépourvu d'adipocytes.

CONSÉQUENCES

Il en résulte une fragilité, une déshydratation, une perte d'élasticité dues au vieillissement naturel accéléré par les facteurs climatiques (vent, froid, soleil).
Les ridules et rides sont la conséquence de la mobilité réflexe des paupières qui protègent l'œil.
Les cernes, localisés sous les paupières inférieures, sont caractérisés par une couleur allant du violacé, bleuté, gris au marron. Ils sont dus au dépôt des pigments sanguins lors du ralentissement de la microcirculation sanguine.

CAUSES

Les causes sont diverses : insomnie, maladie, tabac, hérédité.
Une pigmentation congénitale est également à l'origine des cernes.
Les « poches » ou gonflements situés sous les paupières inférieures ont deux origines, soit une mauvaise circulation lymphatique provoquant un œdème, soit un amas de graisse qui distend la peau (hernie graisseuse).

PROTOCOLE DES SOINS

Objectif

L'objectif et les ingrédients actifs sont les suivants :
- protéger et hydrater : céramides, acides aminés ;
- améliorer la microcirculation : marron d'Inde *(Aesculus hippocastanum)*, mélilot *(Melilotus officinalis)*, fragon *(Ruscus aculatus)*, vigne rouge *(Vitis vinifera)*, arnica *(Arnica montana)*, hamamélis *(Hamamelis virginiana)*, busserole *(Arctostaphylo uva-ursi)* ;
- lutter contre le relâchement cutané et les rides : polyphénols, pycnogénols, protéines de blé, acide hyaluronique ;
- atténuer les « poches » : caféine, lierre, prêle.

> **NOTE**
> Les excipients ne doivent pas être gras. Utiliser des gels, des fluides ou des émulsions non grasses.

Conseils

- Démaquiller à l'aide de lotions ou de gels adoucissants à base de bleuet, camomille, mauve, calendula.
- Camoufler les cernes en utilisant fluides, sticks, ou crayons, de couleur plus claire que celle du fond de teint.

Peau des lèvres

La portion interne des lèvres en contact avec l'orifice buccal est constituée d'une muqueuse qui ne fait pas l'objet de soins cosmétiques.
En revanche, la portion externe visible, composée d'une peau très fine (derme et épiderme) sans glandes sébacées, sans film hydrolipidique, présente une grande fragilité face aux diverses agressions climatiques.

OBJECTIF

L'objectif est la protection renforcée.
Les principes actifs contenus dans les baumes, crèmes ou sticks luttent contre la sécheresse, les gerçures :
- céramides ;
- *Aloe vera* ;
- beurre de karité ;
- acide hyaluronique.

NOTE

Pour pallier la diminution du volume des lèvres lors du vieillissement, des résines, des polymères, des microfibres textiles sont ajoutés dans les produits cosmétiques. Ils comblent les mini-sillons, bloquent l'évaporation de l'eau, provoquant ainsi un gonflement des lèvres.
L'effet « repulpant » est renforcé par des pigments réflecteurs de la lumière.

Peau et grossesse

La grossesse est une période de grands bouleversements sur le plan hormonal, qui provoquent certains problèmes cutanés :
- troubles pigmentaires fréquents (mélasma ou masque de grossesse) ;
- troubles vasculaires, varicosités, angiomes stellaires ;
- vergetures au niveau de l'abdomen, des seins et des cuisses dues à la dégénérescence des fibres collagènes et d'élastine ;
- risque de chute des cheveux après l'accouchement.

PROTOCOLE DES SOINS

Objectifs

- Traiter avec douceur la peau fragilisée sur le plan vasculaire.
- Procurer détente et bien-être.
- Effectuer des soins préventifs contre d'éventuelles vergetures.

Ingrédients actifs

- Les vasotoniques : marron d'Inde, mélilot, ruscus, gingko biloba.
- Les apaisants : aloès, mimosa tenuiflora, calendula, millepertuis, camomille.
- Les hydratants : acide hyaluronique, collagène, chitine.

Appareils électriques

Pulvérisateur : Lucas Championnière.

Techniques manuelles

Effleurages pour améliorer la circulation sanguine et relaxer.

Conseils

- Application quotidienne d'une crème corporelle hydratante sur l'abdomen, les seins et les cuisses.
- Application quotidienne sur le visage d'une crème hydratante et protectrice.
- Éviter le soleil, ou utiliser des écrans totaux.
- Utiliser un shampooing doux pour les cheveux et des masques « nourrissants ».

Peau de l'enfant

La peau du nouveau-né est recouverte d'une substance blanche et grasse d'origine sébacée, le *Vernix caseosa*, qui la protège (en l'absence de kératine). Lorsque cette substance disparaît, la peau devient très fragile et particulièrement vulnérable aux agressions climatiques (vent, froid, soleil).

La structure de la peau du nourrisson et de l'enfant (jusqu'à la puberté) présente des différences par rapport à la peau mature :

- le film hydrolipidique de surface est minimal ;
- la couche cornée est plus fine ;
- le pH est moins acide ;
- la perméabilité est plus élevée ;
- la mélanogenèse est incomplète ;
- la fonction barrière de l'épiderme, dépendant de ces facteurs, est amoindrie ;
- la peau de l'enfant réagit particulièrement au froid par un dessèchement, voire des rougeurs et des dartres ;
- la pigmentation n'assume pas son rôle protecteur contre les UV et leurs effets délétères.

OBJECTIFS ET INGRÉDIENTS ACTIFS

Les objectifs et ingrédients actifs des produits cosmétiques sont les suivants.

- Respecter le film hydrolipidique : éviter les savonnages excessifs et détergents. Utiliser des savons doux pour le corps, des laits pour le visage.
- Hydrater : utiliser des émulsions légères à base d'huiles végétales (huile d'onagre : *Oenothera biennis*, d'amande douce : *Amygdalus dulcis*), de cire d'abeille, d'eaux thermales.
- Protéger, en hiver, à l'aide d'une crème enrichie en vitamines A, E, F.
- Apaiser : en cas d'irritations, appliquer une crème à base d'oxyde de zinc.
- Protéger des rayons solaires : une protection double est nécessaire :
  - protection cosmétique : crème de protection élevée, composée de filtres minéraux (anti-UVA, UVB, IR), résistante à l'eau. Ne pas oublier les oreilles, la nuque. Renouveler toutes les deux heures ;
  - protection vestimentaire : tee-shirt (non transparent), chapeau.

À SAVOIR

Ne pas exposer l'enfant entre 11 heures et 16 heures et le faire boire régulièrement.
Ne pas exposer un bébé de moins d'un an.
Ne pas appliquer de protection solaire à un bébé de moins de 6 mois (ne pas l'exposer).
Économiser « le capital soleil »
L'effet cumulatif des coups de soleil chez l'enfant a une responsabilité indiscutable dans la formation, à l'âge adulte, de cancers cutanés.

Peau masculine

Les hormones mâles, dont la testostérone, agissent sur la peau masculine qui présente des différences par rapport à la peau féminine.

PARTICULARITÉS

- Elle est plus épaisse, donc mieux protégée.
- Elle est plus riche en collagène, en élastine, donc plus résistante, plus ferme et plus élastique.
- La sécrétion sudorale apocrine est plus intense, puisque les glandes sudorales apocrines sont toujours associées aux follicules pileux qui sont plus nombreux chez l'homme.
- Le sébum, sous l'influence des hormones mâles, est sécrété en plus grande quantité, donc la peau est plus grasse.
- À la puberté, des poils épais recouvrent une partie du visage.

ÉVOLUTION DE LA PEAU MASCULINE

La séborrhée est à l'origine de l'acné polymorphe qui, non traitée et en l'absence d'hygiène strict, peut entraîner des cicatrices indélébiles (acné nécrotique).
L'épaisseur de la peau décroît lors du vieillissement.
L'élasticité et la fermeté décroissent rapidement.
La présence des poils sur le visage nécessite un rasage quotidien que la peau ressent comme une agression ; elle devient irritable, irritée, déshydratée.
La sensation d'inconfort qui en résulte peut être combattue par des soins et des conseils prodigués par des esthéticiens/nes et des applications quotidiennes de produits cosmétiques spécifiques.

PROTOCOLE DES SOINS

Objectifs

- Nettoyer la peau (pulvérisation, vaporisation).
- Pratiquer un gommage exfoliant pour affiner l'épiderme.
- Extraire les comédons, si nécessaire, par aspiration.
- Privilégier des techniques manuelles relaxantes.
- Reconstituer le film hydrolipidique de surface souvent altéré par le rasage quotidien.

Ingrédients actifs

- Les apaisants : allantoïne, mimosa tenuiflora, calendula *(Calendula officinalis)*.
- Les séborégulateurs : courge *(Cucurbita pepo)*, dérivés du zinc.
- Les restructurants épidermiques : céramides, acides gras essentiels.

Conseils

- Proposer des textures non grasses et légères (gels) pour les soins quotidiens.

Types de peau

Peau noire ou métissée sous un climat tempéré

Génétiquement, la peau noire se différencie de la peau blanche (caucasienne) par un réseau de fibres élastiques et de collagène plus dense, par la dispersion de la mélanine dans toutes les couches de l'épiderme et par le film hydrolipidique plus riche en lipides. Plus tonique, mieux protégée, elle vieillit moins vite que la peau blanche (les rides apparaissent vers soixante ou soixante-dix ans).
Mais, la physiologie de la peau colorée, bien adaptée à son milieu naturel, présente des modifications et des troubles d'adaptation sous un climat tempéré. La peau devient plus « vulnérable ». Sous un climat tempéré, les peaux noires et métissées sont fragilisées, déséquilibrées.

PARTICULARITÉS

- La couche cornée est épaissie et dense.
- La desquamation est ralentie, d'où l'aspect souvent terne et grisâtre de la peau dû à l'accumulation et à la stagnation des couches du *stratum disjunctum*.
- La sécrétion sébacée est importante.
- La composition du film hydrolipidique de surface est détériorée. Sa déficience en eau provoque la déshydratation cutanée. Néanmoins le visage est luisant, car la phase lipidique du FHLS subsiste.
- Le pH du FHLS est très acide.
- La sécrétion eccrine et apocrine des glandes sudoripares, plus importante l'hiver en passant d'une zone fraîche à surchauffée, entraîne une brillance de la peau.
- Le *turnover* des kératinocytes (renouvellement cutané) est ralenti.
- Les cellules desquamantes persistantes obstruent les pores, favorisent la prolifération microbienne et contribuent à l'apparition de comédons, d'acné rétentionnelle et kystique.
- Des dartres dues à la déshydratation laissent, en guérissant, une dépigmentation qui régresse lentement.
- Les carnations présentent une grande variété de teintes allant du brun clair au noir et non uniformes selon les zones corporelles.
- Le nombre des cellules pigmentaires, les mélanocytes, est identique quelle que soit la peau. En revanche, la taille des mélanosomes (organites responsables de la sécrétion de la mélanine) et la répartition de la mélanine influent sur la pigmentation.

- Des facteurs peuvent modifier la carnation et créer des dyschromies inesthétiques soit hyperpigmentées soit hypopigmentées :
  - les hyperpigmentations, mis à part un état pathologique, résultent fréquemment d'irritations, de traumatismes, si légers soient-ils et de cicatrices post-acnéiques ;
  - les hypopigmentations sont souvent dues à l'utilisation de produits dépigmentants, nocifs pour la peau.
- Le vieillissement entraîne l'accentuation des dyschromies naturelles : taches noires saillantes appelées communément « pointes de chaire noires » ; hypomélanose lenticulaire en gouttes.

NOTE

Sous un climat tempéré, déshydratation, acné et dyschromies sont les trois principaux problèmes esthétiques des peaux noires et apparentées.

PROTOCOLE DES SOINS

Objectif

L'objectif est de combattre les problèmes majeurs inhérents au climat tempéré.

Xérose (sécheresse)

La xérose est combattue par l'application biquotidienne de produits très hydratants reconstituant le film hydrolipidique. À l'examen visuel, la xérose se manifeste par un aspect furfuracé, grisâtre, appelé « cendres ». Elle peut évoluer en eczématides qui laissent une hypopigmentation ovoïde.

Acné polykystique

L'acné est principalement de type rétentionnel avec des poussées kystiques et inflammatoires fréquentes au printemps et à l'automne. Les nombreux petits points blancs sont constitués par la rétention du sébum. Si les kystes nécessitent une excision médicale, l'esthéticienne peut, par des soins esthétiques et des conseils d'hygiène, assainir la peau et éviter ainsi des récidives.

Dyschromies

Leur traitement relevant du domaine médical, l'esthéticienne peut agir à l'aide d'un maquillage camouflant.

Ingrédients actifs

- Les démaquillants : syndets doux au pH acide, surgraissés, à base d'avoine *(Avena sativa)*, de mauve *(Malva silvestris)*, d'huiles végétales.
- Les gommants : billes synthétiques, poudre de noyaux au pH acide.
- Les kératolytiques : AHA, acide salicylique.
- Les antiseptiques : chlorhexidine, thym.
- Les séborégulateurs : zinc, piroctone olamine.
- Les anti-inflammatoires : avoine, allantoïne, bisabolol, azulène.
- Les hydratants non comédogènes : aloès, sorbitol, acide hyaluronique, acides gras essentiels (émulsion H/E en périodes chaudes, E/H en périodes froides et sèches).

Soins esthétiques

- Nettoyer la peau à l'aide d'une pulvérisation chaude ou d'une vaporisation.
- Effectuer un gommage.
- Activer la desquamation par un massage tonique ; si nécessaire, pratiquer les pincements dits « Jacquet » pour exprimer les comédons.
- Appliquer des produits hydratants sous différentes formes pour combattre la xérose.

Conseils

- Insister sur la nécessité des gestes d'hygiène de base biquotidiens (nettoyants-démaquillants) et de l'application quotidienne d'un produit très hydratant.
- Utiliser des fonds de teint allégés en corps gras.
- Appliquer un correcteur de teint pour camoufler les dyschromies.

CHEVEUX FRISÉS ET CRÉPUS

Ils diffèrent des cheveux caucasiens :
- le diamètre est plus grand ;
- la forme est aplatie ou elliptique ;
- l'implantation dans le derme est profonde ;
- la pousse est plus lente et en forme d'hélice ;
- la sécrétion sébacée est moindre.

En milieu tempéré, la sécheresse génétique des cheveux frisés et crépus est accentuée par des facteurs extrinsèques : la réduction de l'hygrométrie, l'utilisation de produits chimiques pour le défrisage, la décoloration, le tressage.

Les cheveux secs deviennent fragiles et cassants, ce qui entraîne souvent des alopécies.

Peau asiatique

La peau asiatique se différencie de la peau caucasienne par sa pigmentation, car elle contient un mélange des deux pigments mélaniques : l'eumélanine (tendance marron) et la phaéomélanine (jaune orangé).
Les variations de couleur des peaux jaunes dépendent de la concentration en pigments et de leur site migratoire. Chez les Asiatiques du Nord, la phaéomélanine prédomine, leur carnation tend vers le type caucasien. Chez les Asiatiques du Sud, la quantité d'eumélanine est plus importante, leur carnation est plus foncée.
Entre ces deux extrêmes, il existe des nuances de couleur de la carnation.
Une hyperpigmentation localisée autour des yeux et de la bouche est fréquente.

PARTICULARITÉS

- La couche cornée est un peu plus épaisse.
- La xérose est fréquente sous un climat tempéré et des eczématides peuvent apparaître, laissant fréquemment des taches hypopigmentées.
- La zone médiofaciale est le lieu de prédilection de l'acné juvénile, souvent nodulaire.
- La pilosité corporelle est moindre.

PROTOCOLE DES SOINS

La peau des Asiatiques, dite mongoloïde, se situe entre la peau blanche (caucasienne) et la peau noire (négroïde).
Les soins et les produits cosmétiques proposés seront ceux des peaux blanches pour les phototypes clairs et ceux des peaux noires pour les phototypes plus foncés.

Vieillissement cutané

MODIFICATIONS BIOLOGIQUES ET CONSÉQUENCES

Au niveau de l'épiderme

- La couche basale germinative se désorganise :
  - les mitoses ralentissent ;
  - le nombre d'assises cellulaires diminue ;
  - l'épiderme s'amincit.
- La couche cornée se modifie :
  - elle devient lamellaire et cassante ;
  - la membrane des cornéocytes est altérée et ne retient plus les composants du NMF ;
  - la desquamation est anarchique ;
  - le film hydrolipidique de surface se raréfie ;
  - le ciment intercellulaire s'appauvrit en céramides ;
  - d'une façon générale, la synthèse des lipides au niveau de l'épiderme diminue.

(Tous ces facteurs concourent à rendre l'épiderme sec et cassant.)

- Le nombre des cellules de Langerhans diminue, d'où une baisse des défenses immunitaires de la peau.
- La jonction dermo-épidermique s'aplatit, d'où :
  - ralentissement des échanges nutritifs ;
  - diminution de l'adhérence du derme et de l'épiderme ;
  - modification des lignes du réseau microdépressionnaire (rides) ;
  - augmentation de la surface de la peau.

Au niveau du derme

Les modifications sont considérables :

- Les fibres du derme papillaire sont détruites, entraînant l'aplatissement de la jonction dermo-épidermique.
- La prolifération des fibroblastes décroît, mais ceux-ci synthétisent de plus en plus de collagénase et d'élastase.
- Les fibres élastiques s'altèrent, se chargent de lipides et s'agrègent en amas jaunâtres visibles à travers l'épiderme. Elles deviennent la cible des élastases.
- Les fibres collagènes se modifient. Elles se rigidifient, deviennent grêles et désordonnées.

- Les constituants majeurs de la matrice extracellulaire subissent pour la plupart un phénomène de glycation (réaction de Maillard) qui aboutit à une rigidification du tissu conjonctif.

Au niveau de l'hypoderme

Le tissu conjonctif régresse, ce qui entraîne un affaissement général de la peau.
Les fibres collagènes se rigidifient.

Au niveau vasculaire

L'épiderme devenu mince, les vaisseaux sont visibles par transparence et sont fragiles.
Chez les personnes âgées, les vaisseaux de la peau laissent sortir les globules rouges ; en quelques semaines, ces derniers se détruisent et laissent sur place le fer qu'ils contenaient et à la tache de purpura succède une tache brunâtre qui traduit un dépôt de fer dans le derme.
La vascularisation est diminuée au niveau du plexus sous-papillaire et des capillaires papillaires, entraînant une mauvaise irrigation des téguments. Le sujet âgé est toujours pâle.

Au niveau pigmentaire

L'unité épidermique de mélanisation se désorganise entraînant des dyschromies. La diminution du nombre des mélanocytes provoque des taches hypopigmentées ou achromiques. L'augmentation incontrôlée de la synthèse de la mélanine dans certains mélanocytes produit des taches hyperpigmentées appelées taches séniles.

Annexes cutanées

Glandes sébacées

Leur activité se ralentit, mais chez les sujets âgés une hyperplasie de ces glandes peut survenir.

Glandes sudoripares

Le nombre des glandes eccrines diminue, elles sont moins réceptives aux stimuli, ce qui perturbe l'homéothermie.

Ongles

Ils s'altèrent progressivement :
- perte de transparence ;
- disparition de la lunule ;
- apparition fréquente de stries verticales ;
- amincissement et friabilité des ongles des mains ;
- épaississement des ongles des orteils.

Poils

Les follicules pilaires ralentissent leur activité. La phase anagène est plus courte et la phase télogène plus longue, ce qui aboutit à une chute partielle définitive des poils. La disparition des mélanocytes matriciels entraîne l'apparition des poils blancs ou canitie.
Certains poils s'épaississent, comme les sourcils.
Des poils anarchiques apparaissent au niveau des oreilles, des narines, chez les hommes, au niveau des lèvres, du menton et des joues chez les femmes.

FACTEURS FAVORISANT LE VIEILLISSEMENT CUTANÉ

- Le déséquilibre hormonal.
- L'excès d'expositions solaires.
- Les facteurs climatiques excessifs (chaleur, froid, vent).
- La pollution.
- Le tabac, l'alcool, la drogue.
- Le stress, la maladie.
- Le manque de sommeil, le déséquilibre alimentaire, les carences.

Modifications biologiques au cours du vieillissement

Au niveau de l'épiderme
- Ralentissement de la division cellulaire ▸ Amincissement de l'épiderme
- Désorganisation de la couche cornée ▸ Déshydratation superficielle
- Diminution de la synthèse des lipides ▸ Peau rêche
- Aplatissement de la JDE et modification du réseau microdépressionnaire ▸ Agrandissement de la peau (rides, laxité tégumentaire)
- Altération de l'unité épidermique de mélanisation ▸ Pigmentation anarchique
- Raréfaction des cellules de Langerhans ▸ Affaiblissement des défenses de la peau
- Multiplication cellulaire anarchique ▸ Tumeurs

Au niveau du derme
- Désorganisation des macromolécules de la matrice intercellulaire ▸ Perte de souplesse, de fermeté
- Altération des fibres élastiques du derme superficiel par élastase ▸ Atrophie du derme

▸▸

▸▸
- Modification du collagène et diminution des glycoaminoglycanes (acide hyaluronique) ▸ Déshydratation profonde
- Ralentissement de la microcirculation sanguine ▸ Stases et lésions vasculaires
- Hypofonctionnement de la sécrétion sébacée et sudorale ▸ Sécheresse
- Raréfaction des mastocytes et des lymphocytes ▸ Affaiblissement des défenses
- Multiplication cellulaire anarchique ▸ Tumeurs

Examen visuel

- Couleur : teint pâle, jaunâtre, terne.
- Grain de peau : irrégulier, présence, parfois, de pores dilatés, comédons, kystes sébacés et kératoses.
- Plis : plis d'expression accentués (au niveau du cou), peau rhomboïdale.
- Rides : rides multiples soit fines, soit profondes, sur le visage (principalement autour des yeux et des lèvres), sur le cou et le décolleté.
- Cernes et « poches » sous les yeux.
- Affaissement de l'ensemble du visage et du cou.
- Système pileux anarchique.
- Altération des ongles.

Examen tactile

Peau rêche, amincie (atrophique), fibrosée, atone.

PROTOCOLE DES SOINS

Objectif

Lutter contre les diverses manifestations du vieillissement cutané (renforcer les défenses antioxydantes) à l'aide d'actifs cosmétiques anti-âge (utilisés sous forme de gommages, de crèmes, de masques, de sérum), de techniques manuelles et d'appareils autorisés dans l'exercice de la profession d'esthéticienne.

Ingrédients actifs

Antiradicalaires

Flavonoïdes, vitamines C et E, thé vert, oligoéléments, enzymes (superoxyde dismutase), provitamine A, pycnogénols de pépin de raisin.

Restructurants épidermiques

Céramides, acides gras essentiels (soja, argan, onagre, rosier muscat, spiruline ou algue bleue).

Stimulants cellulaires

Ginseng, tepescohuite, *Centella asiatica*, sélénium.

Hydratants

Collagène, acide hyaluronique, phospholipides, insaponifiables d'huile végétale (soja, avocat (*Persea americana*), jojoba (*Simmondsia chinensis*)).

Antirides

Beurre de karité, vitamine A ou rétinol et dérivé de la vitamine A rétinaldéhyde.

Kératorégulateurs

Alphahydroxyacides en pH acide (acide glycolique, mandélique, citrique, malique, lactique).

Phytoœstrogènes

Hormones végétales (extraits de soja), chitine.

Tenseurs

Protéines de soie, de blé.

Anticernes

Arnica (*Arnica montana*), ruscus, marron d'Inde, hamamélis (*Hamamelis virginiama*).

« Antipoches »

Lierre (*Hedera helix*), caféine, prêle (*Equisetum arvense*).

Antitaches

Acide kojique, acide ascorbique ou vitamine C.

Techniques manuelles

Adapter les différentes techniques citées dans « Soins esthétiques de base » (*cf.* page 143) selon le diagnostic esthétique personnalisé.

Appareils électriques

(*Cf.* partie « Technologie des appareils et des instruments », page 241)

Types de peau

Conseils complémentaires des soins en institut

- Soins quotidiens : démaquillage et protection.
- Utilisation de produits spécifiques pour le contour des yeux, des lèvres et pour le cou.
- Application nocturne de produits anti-âge, hydratants, tonifiants, revitalisants.
- Cure saisonnière de sérum anti-âge.

9

Soins esthétiques de base

Étude non exhaustive des techniques manuelles esthétiques du visage et du corps

Principes généraux des techniques manuelles

Les paramètres spécifiques des techniques manuelles sont :
- le geste ;
- le rythme ;
- la vitesse ;
- la pression ;
- le sens du mouvement ;
- la force ;
- la précision ;
- la durée ;
- la surface concernée.

Tous ces éléments déterminent des réponses physiologiques cutanées différentes et contrôlables :
- excitation des terminaisons nerveuses ▸ déclenchement de réflexes ;
- vasodilatation des vaisseaux superficiels ▸ afflux de sang (hyperémie) ;
- amélioration de la nutrition et de l'oxygénation des cellules ;
- drainage accéléré de la lymphe ▸ élimination des déchets ▸ éclaircissement du teint ;
- exfoliation des cornéocytes ▸ affinement de la couche cornée ;
- évacuation des comédons ;
- régulation de la sécrétion sébacée ;
- assouplissement des téguments.

La peau est issue d'un feuillet embryonnaire, l'ectoderme, qui donne naissance à l'ensemble du système nerveux et des organes des sens. Les terminaisons nerveuses présentes sur toute la surface du corps transmettent au cerveau, par l'intermédiaire des neuromédiateurs, les sensations tactiles, thermiques, douloureuses.

La peau et le système nerveux sont étroitement liés.
Les techniques manuelles, ensemble de stimuli, agissent sur la peau, les vaisseaux capillaires, les récepteurs cutanés, provoquant par voie réflexe des modifications biochimiques des tissus.

TECHNIQUES MANUELLES POUR LE VISAGE ET LE COU

- Effleurages lents, rythmés, appuyés ▸ relaxation.
- Effleurages légers, rapides ▸ hyperémie, tonicité.
- Drainage lymphatique esthétique ▸ drainage accéléré de la lymphe, élimination des déchets, assainissement de la peau, diminution de l'œdème, atténuation des « poches » sous les yeux.
- Contention ou pressions palmaires ▸ remodelage du visage dans le cas d'atonie tégumentaire.
- Pétrissage superficiel ▸ stimulation de la nutrition des cellules, accélération de la desquamation.
- Frictions circulaires, palpations ▸ amélioration de la structure des tissus modifiés par la fibrose, restauration de l'élasticité, assouplissement des téguments.

- Pincements « Jacquet » ▸ action stimulante, amélioration de la tonicité de la peau et également, expression des comédons et du sébum.
- Digitopressions : légères pressions des pulpes digitales, suivies de relâchements ▸ action relaxante ou tonifiante selon le rythme.
- Vibrations ▸ selon l'amplitude, effet calmant, circulatoire ou tonique.
- Percussions (tapotements, hachures) ▸ effet stimulant.

BP/BAC PRO

Techniques manuelles de « bien-être » spécifiques pour le corps

Les techniques manuelles déclenchent sur la peau des sensations tactiles rythmées qui provoquent des influx dans les centres nerveux. La simple imposition des mains agit par les ondes qui se dégagent du corps humain. Les mains procurent une sensation de chaleur, siège d'une transmission d'influx qui calme l'excitation ou relève l'hypotonie.
Les huiles essentielles aromatiques (dont il est nécessaire de bien connaître les effets) utilisées lors de certains massages esthétiques renforcent l'action mécanique des techniques manuelles ; la stimulation des zones olfactives engendre une réactivité psychique.

Classification (non exhaustive) des techniques et de leurs buts recherchés

Massage californien

Ensemble de pressions glissées, d'effleurages, de gestes fluides et harmonieux. Il apporte une sensation de bien-être, de relaxation.

***Sensitive Gestalt Massage* (SGM)**

S'inspirant des techniques californiennes, son but est d'augmenter la conscience corporelle, la détente, de développer la sensibilité du corps dans la douceur.

Massage indien ayurvédique

Composé de tapotements, frictions, pétrissages et pressions sur des points précis, il vise à purifier le corps, à éliminer les blocages, les tensions, les fatigues. Il est à la fois dynamisant et relaxant, d'où une sensation de bien-être.

Massage avec des pierres chaudes (*stone therapy*)

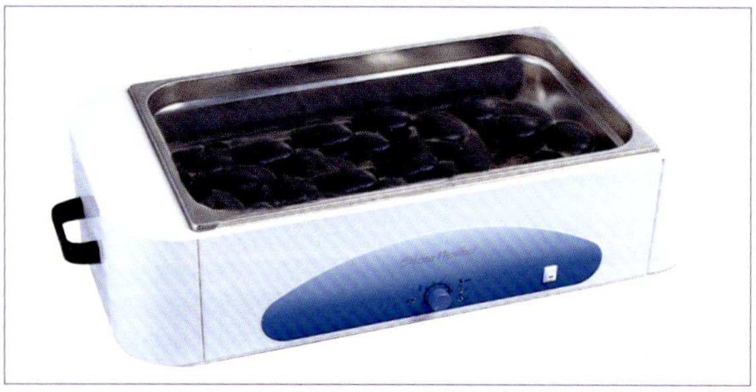

Fig. 9.1 – Appareil de soins pour pierres chaudes.

Cette méthode associe les bienfaits énergétiques des pierres volcaniques (basaltes) et des techniques manuelles. Ses buts recherchés sont une amélioration de la circulation sanguine par vasodilatation des capillaires, une élimination des toxines, une diminution des tensions musculaires, un apport de confort. Les galets chauffés au bain-marie sont glissés doucement en gestes continus sur le corps huilé.

Drainage lymphatique esthétique

Cette technique est composée de différents gestes combinés, harmonieux, précis (technique de la pompe, de la pelle rotative), au rythme lent, monotone, suivant le trajet de la lymphe. Elle provoque une accélération du flux lymphatique vers les nœuds lymphatiques entraînant l'évacuation des déchets du métabolisme cellulaire et une stimulation de la circulation sanguine favorisant la nutrition cellulaire.

Réflexologie plantaire

Un réflexe est la réponse à un stimulus sur les récepteurs présents dans la peau. Les récepteurs convertissent le stimulus en excitation qui est transmise à une cellule nerveuse, puis au centre réflexe et de là vers les organes. Les zones des pieds sur lesquelles les organes et les régions du corps se projettent sont appelées zones réflexes.
Le massage des zones réflexes suppose l'existence de liaisons entre les zones réflexes des pieds, les organes internes et les régions anatomiques. Employée comme méthode empirique de relaxation, la réflexologie plantaire est un ensemble de pressions douces, agréables, sur les zones réflexes, exécutées avec la paume d'une main, la pulpe des doigts, celle du pouce, principalement, tandis que l'autre main maintient le pied.
La réflexologie des mains, moins connue, basée sur le même principe, consiste en pressions, notamment au niveau des articulations et des phalanges.

Digitopression

C'est un ensemble de pressions pratiquées avec la pulpe des doigts dans le but de drainer, d'activer les échanges cellulaires, de stimuler.

Presso-esthétique

Il s'agit d'une compression effectuée avec la paume de la main pour dynamiser la microcirculation.

▸▸

◀◀

Acupression

Ce terme désigne un massage de points, par pression et relâchement, effectué selon les principes de l'acupuncture. Son efficacité pourrait s'expliquer par le fait que la pression exercée sur les points de puncture génère un type de courant électrique qui permet à l'information sensorielle de circuler jusqu'aux tissus. Pratiquée sur le visage, le cuir chevelu, le corps, avec la pulpe digitale, mais aussi la paume des mains, l'acupression a un effet calmant, déstressant.

Palper rouler

Cette manœuvre superficielle est une mobilisation de la peau. Elle consiste à saisir la peau entre la pulpe du pouce, de l'index et du majeur de façon à réaliser un pli cutané et à le faire rouler de proche en proche. Cette technique a une double action tissulaire et circulatoire ; elle assouplit, régénère et tonifie la peau, active la microcirculation locale (sanguine et lymphatique).

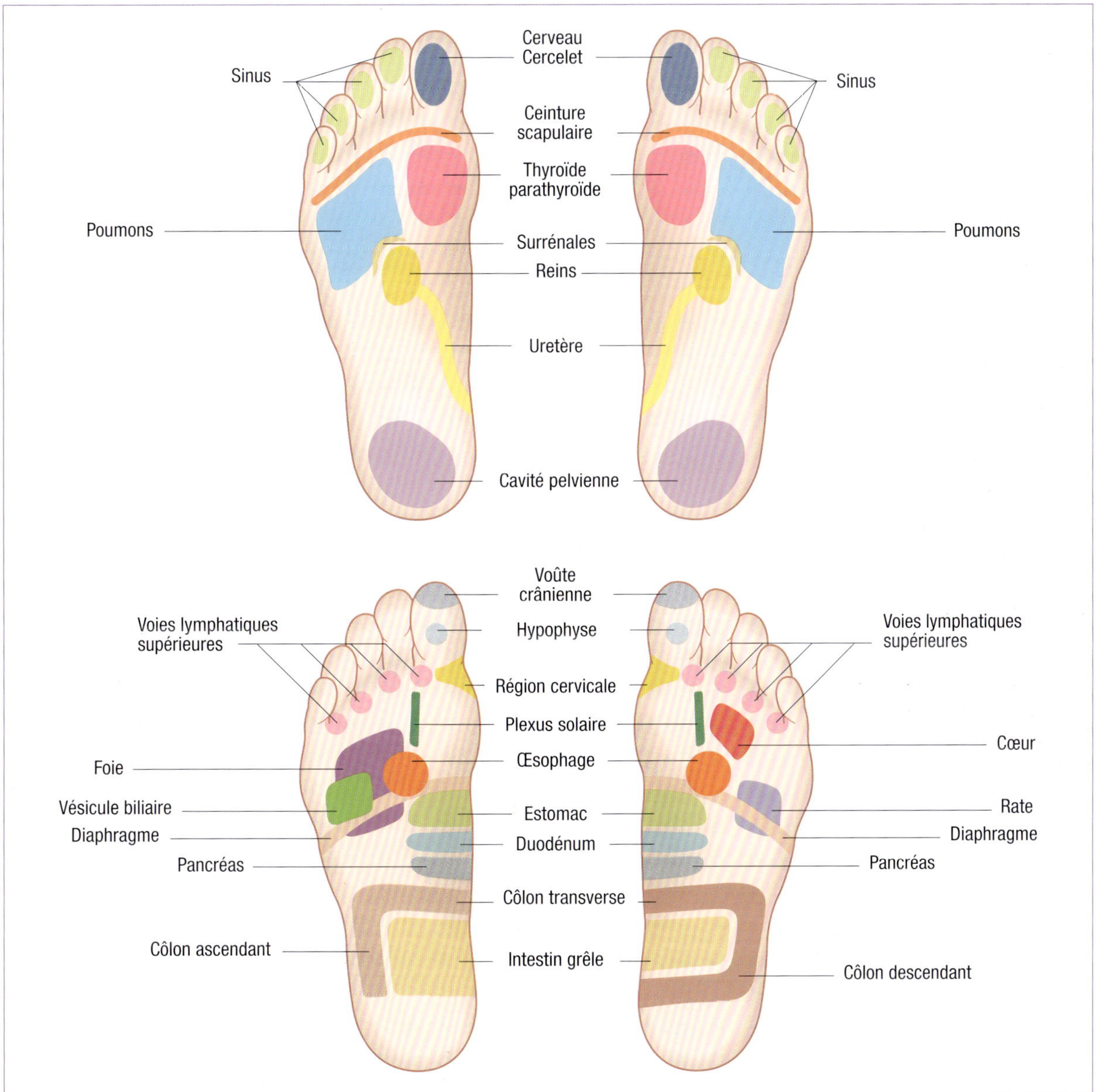

Fig. 9.2 – Zones réflexes des pieds.

▶▶

Autres techniques (non exhaustives)

Ce sont des techniques inspirées des massages suédois, tunisien, chinois, japonais, vietnamien, thaïlandais traditionnel, bengali, népalais, singapourien, javanais, polynésien, africain, balinais, coréen qui sont revitalisants, toniques, énergétiques, déstressants.

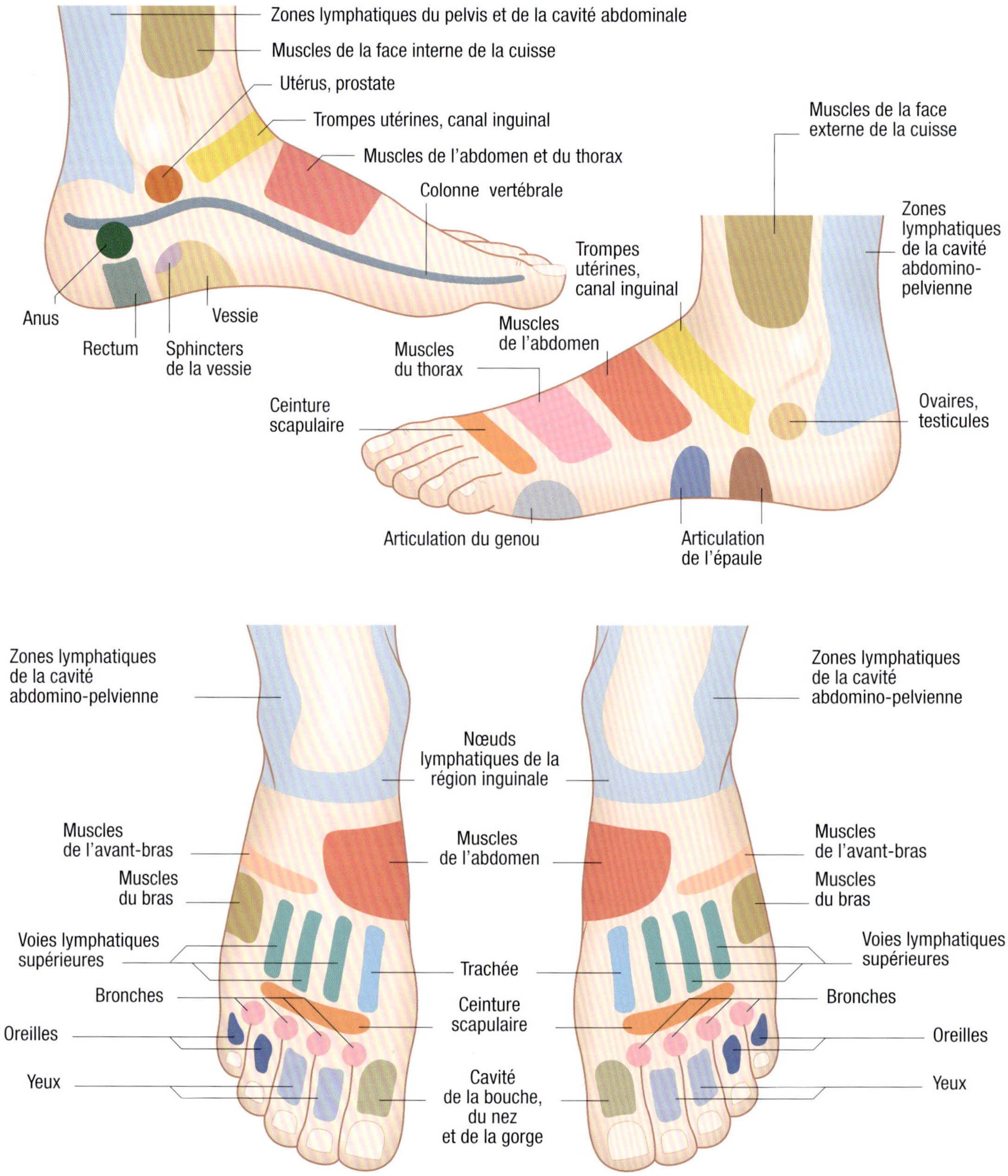

Fig. 9.2 (suite) – Zones réflexes des pieds.

LÉGISLATION

Limites d'utilisation en France et en Europe
Le « massage » esthétique est un ensemble de techniques manuelles appliquées sur toutes les parties superficielles du corps humain, dans un but strictement d'embellissement et de bien-être, ce qui le différencie du massage exercé par le kinésithérapeute à des fins thérapeutiques et défini par le décret du 8 octobre 1996 et par le décret n° 2000-57 du 27 juin 2000 qui précise également que ces actes de massage relèvent du domaine exclusif des masseurs kinésithérapeutes.

Différentes méthodes épilatoires

On distingue deux types d'épilation : l'épilation temporaire et l'épilation durable.

ÉPILATION TEMPORAIRE

Épilation à l'aide d'une pince

Cette technique d'épilation mécanique (principalement des sourcils) consiste à saisir chaque poil entre les mors de la pince et à l'extraire d'un geste rapide dans le sens de la pousse du poil.
Cette méthode sélective est essentiellement réservée à l'épilation des sourcils et des poils épars.

Précautions
- Désinfecter la pince après chaque utilisation.
- Appliquer une lotion antiseptique sur la région sourcilière.

Épilation chimique

Le principe est de détruire les ponts disulfures de la kératine à l'aide de dérivés organiques soufrés incorporés dans des crèmes, laits ou mousses. Le temps de pose varie selon le produit qui est éliminé après un rinçage à l'eau tiède.

Précautions
- Pratiquer une touche d'essai la veille de l'épilation.
- Éviter cette technique sur les peaux sensibles.
- Appliquer un lait ou une crème adoucissants après l'épilation.

Épilation à la cire chaude recyclable

La cire est portée à son point de fusion (40 °C) dans un appareil prévu à cet effet. Elle est appliquée en bandes épaisses et étroites, dans le sens du poil, à l'aide d'une spatule, sur la peau désinfectée et talquée. Après durcissement, l'arrachage se fait d'un geste sec et rapide. Les avis sont divergents sur le sens de l'arrachage : soit dans le sens contraire à la pousse du poil, soit dans le même sens, afin d'éviter que celui-ci ne s'incarne. Certaines cires recyclables dites basse température ont un point de fusion inférieur à 40 °C.

Précautions
- Tester la température de la cire avant de l'appliquer et ne pas utiliser cette technique sur les peaux présentant des problèmes vasculaires (varices, capillaires dilatés).
- L'épilation terminée, appliquer un lait ou une crème adoucissants.

Épilation à la cire tiède jetable ou à usage unique avec bandes

Description
Le chauffe-cire électrique comporte un cordon secteur, un interrupteur, un voyant lumineux, un variateur d'intensité et une ou plusieurs cartouches de cire munies d'un applicateur (roulette).

Mode d'emploi
- Faire glisser la cartouche dans le sens de la pousse des poils de façon à obtenir une bande très fine.
- Faire adhérer par-dessus une bande de papier non tissé, puis on la retire dans le sens inverse de la pousse des poils ou, selon les avis, dans le sens de la pousse.
- Appliquer un lait ou un crème adoucissants après l'épilation.

Épilation à la cire jetable (non recyclable) sans bandes

Deux techniques :
- la cire est chauffée à 37 °C dans un bac en acier inoxydable comportant un thermostat et un bouton marche/arrêt ;
- une cartouche de cire, surmontée d'un applicateur à bille *roll on* est emboîtée dans un module chauffant électrique. Ce système peut comporter plusieurs modules, donc plusieurs cartouches. Appliquer la cire en couches fines et régulières.

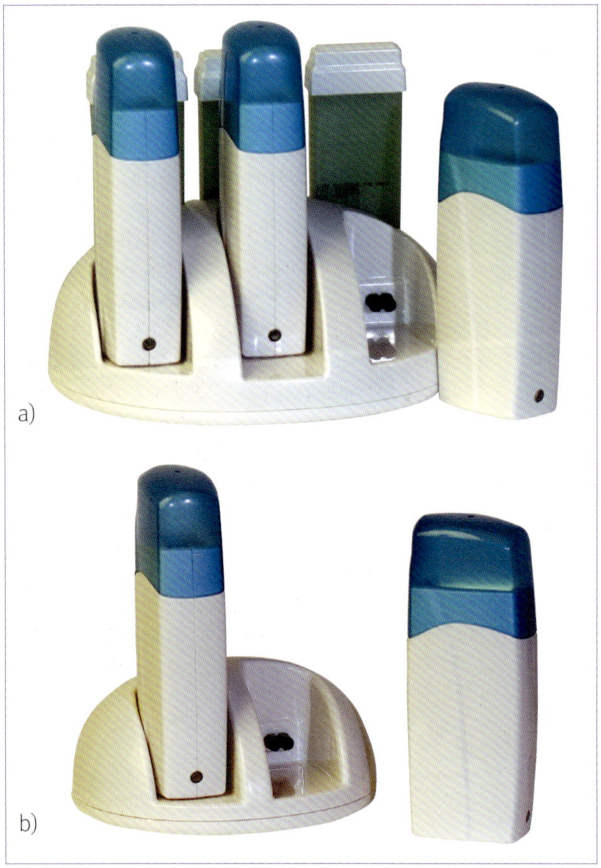

Fig. 9.3 – Module chauffant électrique. a) *Roll on* trio (3 supports cartouche). b) *Roll on* duo.

Elle est conseillée pour les zones sensibles : visage, aisselles, maillot et jambes lourdes.
Appliquer un lait ou une crème adoucissants lorsque l'épilation est terminée.

Épilation à la cire froide à usage unique

Alternative pour les sujets présentant des problèmes vasculaires, cette cire déposée en petite quantité s'étale à l'aide d'une spatule en couche très fine. Une bande de cellophane est appliquée par-dessus en la faisant bien adhérer, puis retirée d'un geste horizontal et rapide.

Précautions
- Passer sur la peau un produit désinfectant avant et après l'épilation.
- Appliquer après l'épilation un gel, une crème ou un lait adoucissants.

Épilation au sucre

Cette méthode marocaine consiste à étaler, par petites touches, sur les parties du corps à épiler, une pâte composée de sucre, de jus de citron et parfois de fleur d'oranger. Après avoir arraché d'un coup sec, un rincage à l'eau tiède est nécessaire.

Épilation au fil

Cette technique, d'origine indienne, consiste à emprisonner les poils à travers un réseau de deux fils torsadés tout en effectuant un mouvement de la main qui amplifie la torsion (un entraînement est nécessaire).
L'épilation au fil est surtout conseillée pour le visage : sourcil, espace intersourcilier, duvet de la lèvre supérieure, joues.

Avantages
- Écologique (pas de déchets, pas d'utilisation d'énergie).
- Économique.
- Sans danger.

ÉPILATION DURABLE

LÉGISLATION

La réglementation en vigueur, actuellement, concernant l'utilisation des appareils cités ci-dessous résulte d'un arrêté de 1962 sur les actes médicaux.
En conséquence, ces appareils sont décrits à titre d'information.

Épilation à lumière pulsée ou photoépilation durable (lampe flash)

Cette technique utilise une énergie lumineuse polychromatique dont la longueur d'onde est située entre 650 et 1 100 nm dans le rouge et l'infrarouge. Certains systèmes utilisent une lampe flash au xénon, productrice de lumière de haute intensité. La lumière absorbée par la mélanine du poil est convertie en chaleur ; celle-ci est véhiculée jusqu'au follicule pileux et à la matrice qu'elle coagule, sans risque pour les tissus environnants.

Épilation par laser

LÉGISLATION

La Cour de cassation, en mars 2008, a rappelé que l'usage du laser est strictement réservé aux médecins.

L'épilation au laser est basée sur le principe de la captation de l'énergie de la lumière monochromatique du laser par la mélanine du poil et de la transformation de celle-ci en énergie thermique au sein du follicule pileux. Cette énergie détruit la matrice du poil en phase anagène par photocoagulation. La longueur d'onde est comprise entre 600 et 800 nm. Les paramètres intervenant dans cette technique sont :

- la longueur d'onde différente selon l'épaisseur du poil (entre 600 et 800 nm) ;
- la durée d'impulsion ;
- la fluence (quantité d'énergie délivrée par unité de surface cutanée, calculée en J/cm^2) ;
- le refroidissement de l'épiderme par un gel ;
- la taille du spot (plus le diamètre est important, plus l'énergie pénètre en profondeur) ;
- la couleur du poil (seuls les poils foncés relèvent de cette méthode) ;
- la couleur de la peau (les peaux noires sont une contre-indication).

L'espacement des séances est fonction du cycle pilaire.
Cette technique procède par large surface et altère progressivement la repousse du poil. L'épilation est complète après plusieurs séances.

Épilation électrique par haute fréquence (thermocoagulation)

La technique consiste à introduire dans le follicule pileux une aiguille très fine reliée à une électrode et à faire passer, par impulsion, un courant alternatif de haute fréquence. La chaleur obtenue détruit le bulbe pileux par coagulation. Le poil est extirpé à l'aide d'une pince.

Épilation par électrolyse (électrocoagulation)

Ce type d'épilation consiste à véhiculer un courant galvanique le long de la tige du poil et à parvenir à la matrice à l'aide d'une fine aiguille fixée à un porte-électrode relié au générateur. Le passage du courant produit de la soude caustique au bout de l'aiguille (électrode active) qui détruit le bulbe pileux. Cette technique est de moins en moins utilisée à cause d'éventuelles lésions dues à la soude caustique.

Épilation par électrolyse et thermolyse (système Blend)

L'appareil comprend deux sorties indépendantes de courant galvanique et de courant haute fréquence. Chacun des deux courants dispose de commandes de programmation d'intensité et de durée d'application indépendantes. Un affichage numérique permet d'identifier ces paramètres.
Les courants peuvent être programmés pour travailler séparément ou d'une façon séquentielle. Dans le premier cas, et selon le courant utilisé, on réalise soit une électrocoagulation de la racine du poil par le courant galvanique, soit une thermocoagulation par le courant de haute fréquence. Dans le deuxième cas, on applique le courant galvanique à l'effet anesthésiant, suivi du courant de haute fréquence, ce qui entraîne la destruction définitive du poil par électrolyse et par thermolyse.
Une pédale actionne le passage du courant (en dessous du seuil de la douleur). Le courant galvanique produit de l'hydroxyde sodique qui agit sur la destruction du bulbe pileux et le courant de haute fréquence augmente la température et thermocoagule le follicule pileux. La racine du poil étant détruite, on l'extrait facilement avec une pince à épiler.

À SAVOIR

Les appareils destinés à l'épilation soit par thermocoagulation, soit par électrocoagulation ou selon le système *Blend*

Ils comportent en général :

- un boîtier ou coffret contenant un générateur de courant électrique ;
- un cordon secteur avec prise de terre ;
- un tableau de bord avec des boutons de réglage de l'intensité du courant ;
- un porte-aiguille relié au boîtier ;
- une pédale pour actionner le passage du courant ;
- des aiguilles différentes adaptées aux types de poil.

Types de peau

Gommages corporels

BUT

Activer l'élimination des cellules mortes (cornéocytes) afin d'affiner et de lisser le grain de la peau.

PRINCIPES ACTIFS

Gomme polyvinylique, poudre de noyaux, sel marin (sel fin ou fleur de sel), cristaux de sucre, auxquels sont ajoutés des oligoéléments, des huiles essentielles, des huiles végétales, des extraits de fruits (abricots, pépins de raisin, citron, papaye, *etc.*).

CONSEIL

Procéder à un gommage du corps avant de faire des enveloppements ou autres applications de principes actifs afin de faciliter leur pénétration et de « booster » leurs effets.

Enveloppements pour le corps

Les ingrédients actifs et les effets des enveloppements sont les suivants :

PULPE DE RAISIN NOIR

Grâce aux polyphénols qu'ils contiennent, la pulpe et les pépins possèdent une action antiradicalaire antivieillissement.

CACAO

Le cacao induit la production d'endorphine, neuromédiateur aux propriétés antalgiques, sécrété par le cerveau. L'enveloppement au cacao diminue le stress et procure une sensation de bien-être. Les arômes sont énergisants grâce à la théobromine, équivalente de la caféine.

BOUE MARINE

Extraite de la mer, elle est riche en sels minéraux. Elle a une action nettoyante.

ALGUES

Elles contiennent des vitamines et des oligoéléments et possèdent une action désintoxiquante.

BOUE DE TOURBE

Elle est extraite de végétaux, contient des oligoéléments, du salicylate (antiseptique). Elle raffermit l'épiderme et élimine les toxines.
Pour une pénétration plus intense de ces principes actifs divers, il est conseillé de rester allongé 30 minutes sous une couverture chauffante.

Soins esthétiques des mains et des ongles

MAINS

Les mains sont particulièrement exposées aux agressions chimiques, climatiques, mécaniques qui sont des facteurs de vieillissement.

Manifestations

- Amincissement de la peau (atrophie).
- Sécheresse, déshydratation.
- Troubles de la pigmentation (dyschromies : taches brunes, taches blanches).
- Kératoses séniles qui peuvent dégénérer.

- Problèmes vasculaires.
- Élastose solaire.

Soins conseillés

- Protéger des intempéries par le port de gants ou, l'été, par des crèmes contenant des filtres solaires à l'indice élevé.
- Protéger des agressions chimiques des produits domestiques par le port de gants de caoutchouc doublés de coton.
- Réparer les « dommages » en appliquant des crèmes hydratantes (préférer la nuit sous des gants en coton), des masques nourrissants.
- Combattre les taches à l'aide de sérums ou de crèmes contenant des agents dépigmentants et exfoliants, tous les soirs pendant trois mois au minimum.

ONGLES

Les ongles subissent les mêmes agressions quotidiennes qui accélèrent leur vieillissement.

Manifestations

- Amincissement et fragilité de la plaque unguéale.
- Stries et fissures longitudinales.
- Friabilité.
- Dédoublement transversal de l'extrémité de la lame unguéale.
- Cassures.

Soins conseillés

- Appliquer des crèmes hydratantes, des durcisseurs, des lissants.
- Polir la plaque unguéale.
- Éviter les contacts trop fréquents avec l'eau.

Soins esthétiques des pieds

Les soins consistent à :

- Assainir et rafraîchir les pieds à l'aide d'un produit antiseptique (lotion, spray, lingette).
- Pratiquer un gommage avec une crème exfoliante en insistant sur la voûte plantaire et sur le talon où les frottements répétitifs provoquent un épaississement de la couche cornée.
- Effectuer un effleurage, des orteils vers la cheville (pour activer la circulation sanguine), avec une crème contenant des humectants (polyols), des restructurants (céramides), des vitamines (A, E, F).
- Conseiller l'application quotidienne d'un lait ou d'une crème hydratante et d'un spray rafraîchissant.

NOTE

Il existe des récipients ergonomiques dont certains produisent un effet massant et vibrant grâce à une eau chaude sous pression et dans lesquels on peut ajouter des produits désodorisants et adoucissants.

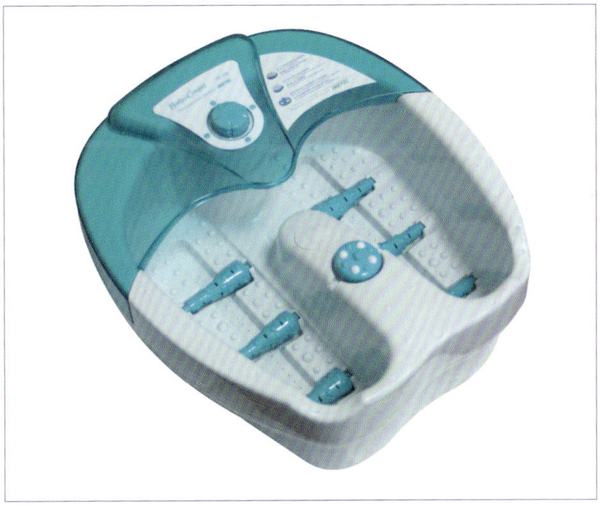

Fig. 9.4 – Récipient ergonomique pour les pieds.

Bains de paraffine pour les mains et les pieds

La paraffine est un hydrocarbure solide dont le point de fusion est aux environs de 55 à 60 °C. Elle permet une diffusion lente de la chaleur et se rétracte lors de son refroidissement, en passant de l'état liquide à l'état solide.

TECHNIQUE

Appliquer une crème ou un masque hydratant sur les mains et/ou les pieds, les plonger dans un bac ergonomique rempli de paraffine, à plusieurs reprises, puis envelopper individuellement pieds et/ou mains d'une feuille de plastique et recouvrir de moufles et de bottes en éponge pour les pieds. Laisser agir 15 minutes. Ôter les moufles, bottes, feuilles de plastique et paraffine.

EFFETS

Hydrate, adoucit, assouplit l'épiderme et apporte une sensation de confort.

Soins esthétiques en milieu hospitalier

SOCIOESTHÉTICIENNES

Les socioesthéticiennes sont des esthéticiennes qui dispensent des soins esthétiques au sein du secteur hospitalier et social. Cette spécialité est homologuée depuis 1984. L'association des « Centres de Beauté CWE » a été la première à réaliser ce projet.
De plus en plus d'hôpitaux intègrent dans leur équipe médicale et paramédicale des socioesthéticiennes dont les bienfaits des soins sont reconnus par le personnel soignant. Nous citerons : l'Institut Curie à Paris, l'Institut Gustave-Roussy à Villejuif, l'hôpital Raymond-Poincarré à Garches, l'hôpital Ste Périne à Paris, l'hôpital de la Salpêtrière à Paris, l'hôpital Raymond-Poincarré à Paris, l'Hôpital Antoine-Béclère à Clamart, la clinique Hartman à Neuilly, les CH de La Rochelle, de Douai, de Bordeaux, *etc.*
Les services hospitaliers où les socioesthéticiennes peuvent intervenir sont divers : gérontologie, psychiatrie, gynécologie, chirurgie réparatrice, kinésithérapie rééducation, cancérologie.
Une étroite collaboration entre le personnel soignant et l'esthéticienne est primordiale afin de mieux cibler les besoins des patientes et d'adapter les soins esthétiques en fonction des traitements médicaux et de leurs éventuels effets secondaires.

RÔLES DES SOCIOESTHÉTICIENNES

- Substituer momentanément l'identité de « malade » à celle de « personne féminine » par une approche non thérapeutique.
- Détourner l'attention de la maladie par une écoute et des soins non médicalisés.
- Atténuer l'angoisse par la relaxation, la douceur.
- Valoriser les parties du corps qui ne sont pas atteintes par la maladie.
- Pallier les effets secondaires de la chimiothérapie (perte des cheveux, des sourcils, sécheresse de la peau).
- Aider la femme à retrouver l'estime de soi, de son image, de sa féminité (notamment après l'ablation d'un sein).

SOINS ESTHÉTIQUES DISPENSÉS

Les pratiques les plus demandées sont :
- les soins du visage ;
- la manucurie et la beauté des pieds ;
- le maquillage.

CONSEILS

En dehors des massages et des soins cosmétiques, la socioesthéticienne doit être capable de donner des conseils et des adresses spécifiques de chevelure d'appoint (perruque), de prothèses mammaires, de sous-vêtements, de maillots de bain étudiés spécialement en cas d'amputation d'un ou des deux seins.

QUALITÉS REQUISES DE LA SOCIOESTHÉTICIENNE

Outre les compétences propres à la profession d'esthéticienne, la socioesthéticienne doit s'oublier elle-même pour être à l'écoute des autres, faire preuve de calme, de douceur, de patience, d'empathie, être consciente de son rôle social en milieu hospitalier.

Maquillage thérapeutique ou maquillage « camouflage »

La finalité de ce type de maquillage est de redonner un aspect esthétique à un visage atteint de mutilations diverses, de cicatrices, de séquelles de dermatoses chroniques ou non (rosacée, eczéma, couperose), d'hématomes, de dyschromies (vitiligo), *etc.*
Les conséquences psychologiques de ces pathologies sont souvent importantes : peur du regard de l'autre, perte de confiance en soi, rejet de son image.
Le maquillage thérapeutique permet alors de retrouver une vie sociale normale.
Le rôle de l'esthéticienne est non seulement d'exécuter le maquillage mais aussi de l'enseigner aux personnes concernées. Un apprentissage de la manipulation des produits spécifiques de ce maquillage couvrant et du choix des couleurs correctrices est nécessaire.

CORRECTIONS PAR LA COULEUR

Ces corrections sont basées sur le principe que deux couleurs opposées se neutralisent lorsqu'elles se mélangent.

Ainsi, le rouge étant neutralisé par le vert, une base verte est appliquée sur une peau atteinte de problèmes vasculaires (rouges).
Cette base se présente sous forme de stick ou de crème compacte, selon l'étendue des imperfections.
Le bleu étant neutralisé par le jaune, un stick jaune camoufle les « bleus » ou les cernes bleutés sous les yeux.

CORRECTIONS PAR LE FOND DE TEINT

Une crème compacte couvrante assortie à la carnation et appliquée à l'aide d'une éponge par-dessus le « neutraliseur » unifie le teint.

CORRECTION PAR LA POUDRE

La poudre translucide, libre ou compact, permet de fixer, de matifier et d'uniformiser le maquillage « camouflage ».

Micropigmentation esthétique ou maquillage longue durée

PRINCIPE

C'est une technique dont le but est d'introduire des pigments dans les couches supérieures de la peau à des fins esthétiques ou reconstructrices, c'est-à-dire redessiner certaines lignes du visage ou colorer certaines zones du corps.

MATÉRIEL

- Une platine munie d'un variateur dont le réglage permet de nuancer les tracés.
- Un stylo (pièce à main) ou dermographe droit ou coudé et un porte-stylo.
- Des modules stériles à usage unique, dont la pointe (aiguille) et l'embout sont réunis formant ainsi une cartouche à clipper ou à visser sur le stylo. (Ces modules sont les plus récents.)
- Des pigments aux normes européennes.
- Des cupules destinées à recevoir les pigments.
- Un diluant.
- Une loupe.
- Des gants à usage unique.
- Des boîtes, obligatoires, collectrices d'aiguilles pour jeter les aiguilles.

TECHNIQUE

Elle consiste à déplacer le stylo au-dessus de la peau dans un mouvement linéaire et régulier permettant de déposer à chaque passage de petites quantités de pigments dans les couches superficielles de la peau.
Un tracé prévisionnel est effectué à l'aide d'un crayon ou d'un feutre spécifique trempé dans l'alcool.
Les pigments s'éclaircissant progressivement avec le temps, une réintensification de la couleur est à prévoir tous les ans, voire tous les deux ans.
Une formation est indispensable pour maîtriser parfaitement cette technique qui implique de grandes responsabilités.

APPLICATIONS

- Sourcils : dessin des sourcils clairsemés et à la ligne trop courte ou descendante.
- Ligne des cils : tracé de l'*eye-liner*.
- Lèvres : correction des lèvres fines, asymétriques, descendantes, et de leur contour.
- Seins : reconstitution et repigmentation de l'aréole.
- Cicatrices : recoloration.
- Taches achromiques : repigmentation.

CONTRE-INDICATIONS

- Traitement dermatologique.
- Asthme.
- Maladie auto-immune.
- Hémophilie.
- Diabète.
- Grossesse.
- Cicatrisation anormale.

HYGIÈNE

LÉGISLATION

Les règles générales d'hygiène sont fixées par les articles L1 à L11 du Code de la santé publique (6 janvier 1986) et l'article 118 du RSDT (Règlement sanitaire départemental type).

Le Conseil supérieur d'hygiène publique a édicté le 11 décembre 2000 des avis et recommandations à l'usage des professionnels pour la prévention de la transmission des maladies infectieuses.

Le décret du 20 février 2008 concerne le maquillage permanent : la déclaration de l'activité, la formation, le matériel, les locaux, les déchets produits, les informations aux clients.

Le décret du 3 mars 2008 concerne la fabrication, le conditionnement et l'importation des pigments.

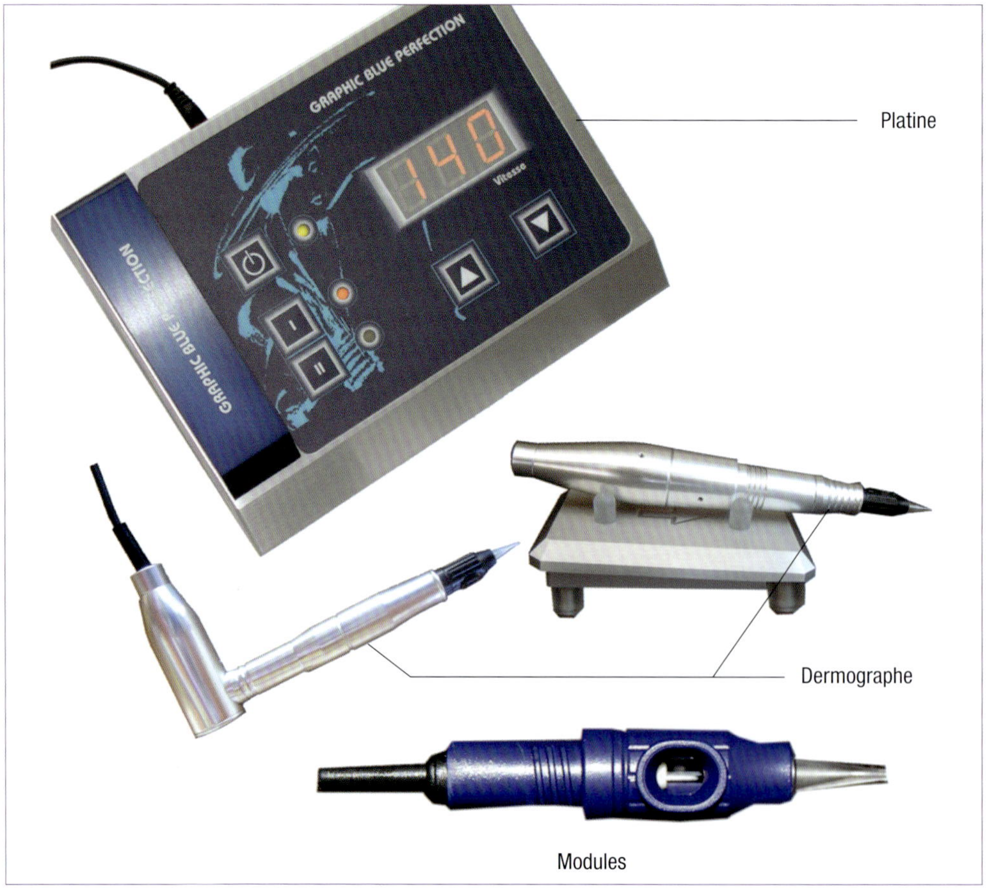

Fig. 9.5 – Matériel pour la micropigmentation esthétique.

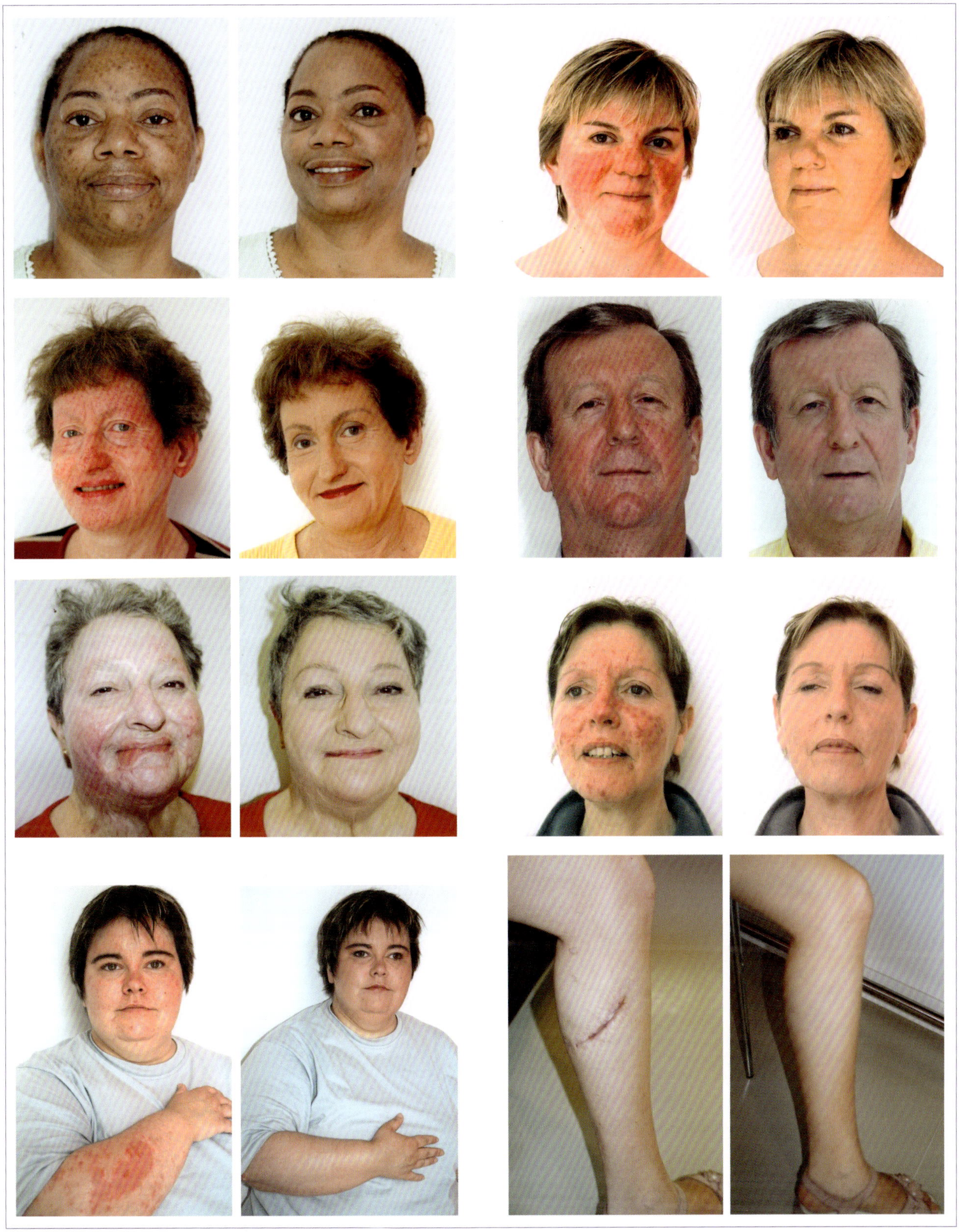

Fig. 9.6 – Maquillage camouflage (exécuté par Monique Sanas Buisson).

PARTIE 4

Cosmétologie

10

Notions de législation concernant les produits cosmétiques

Réglementation française et européenne

LÉGISLATION FRANÇAISE

La législation française sur les produits cosmétiques date de **1975**. Il s'agit de la **loi Veil**. Elle a été modifiée plusieurs fois depuis.

La **loi du 1er juillet 1998** est relative au renforcement de la veille sanitaire et du contrôle de la sécurité sanitaire des produits destinés à l'homme.

Elle a notamment créé l'**Agence française de sécurité des produits de santé**.

Trois structures en France sont compétentes en matière de suivi des produits cosmétiques :

- la Direction générale de la santé (DGS) en charge de la réglementation de ces produits. Les produits cosmétiques faisant partie des produits de santé sont régis par le Code de la Santé Publique (CSP) ;
- la Direction générale de la concurrence, de la consommation et de la répression des fraudes (DGCCRF) ;
- l'Agence française de sécurité sanitaire des produits de santé (Afssaps).
  Une **commission de cosmétologie** siège auprès du directeur général de l'Afssaps, elle contrôle la qualité, la sécurité et la publicité des produits cosmétiques.
  Ces contrôles s'effectuent en coordination avec la DGCCRF. Elle agit également en liaison avec la Commission européenne.

LÉGISLATION EUROPÉENNE

La législation européenne est représentée par la Directive Cosmétique Européenne de juillet 1976, qui a été modifiée sept fois depuis.

Les amendements modifient des points importants, les adaptations portent sur des points de moindre importance.

Définition des produits cosmétiques et d'hygiène corporelle et catégories

DÉFINITION DU PRODUIT COSMÉTIQUE

Elle est détaillée dans l'article du Code de la Santé Publique et dans la Directive Cosmétique européenne.
« On entend par produit cosmétique toute substance ou préparation destinée à être mise en contact avec les diverses parties superficielles du corps humain, notamment l'épiderme, les systèmes pileux et capillaire, les ongles, les lèvres et les organes génitaux externes, ou avec les dents et les muqueuses buccales, en vue, exclusivement ou principalement, de les nettoyer, de les parfumer, d'en modifier l'aspect, de les protéger, de les maintenir en bon état ou de corriger les odeurs corporelles. »
Les produits d'hygiène corporelle font partie des produits cosmétiques.

DÉFINITION DU MÉDICAMENT

Le Code de la Santé Publique donne une définition du médicament. Il importe que les esthéticiennes fassent bien la différence avec celle du produit cosmétique.
« On entend par médicament toute substance ou composition présentée comme possédant des propriétés curatives ou préventives à l'égard des maladies humaines ou animales, ainsi que tout produit pouvant être administré à l'homme ou à l'animal, en vue d'établir un diagnostic médical ou de restaurer, corriger ou modifier leurs fonctions organiques. »

LISTE DES DIFFÉRENTES CATÉGORIES DE PRODUITS COSMÉTIQUES

- Crèmes, émulsions, lotions, gels et huiles pour la peau (mains, visage, pieds, notamment).
- Masques de beauté, à l'exclusion des produits d'abrasion superficielle de la peau par voie chimique.
- Fonds de teint (liquides, pâtes, poudres).
- Poudres pour maquillage, poudres à appliquer après le bain, poudres pour l'hygiène corporelle et autres produits.
- Savons de toilette, savons déodorants et autres savons.
- Parfums, eaux de toilette et eaux de Cologne.
- Préparations pour le bain et la douche (sels, mousses, huiles, gels et autres préparations).
- Dépilatoires.
- Déodorants et antisudoraux.
- Produits capillaires :
  - teintures capillaires et décolorants ;
  - produits pour l'ondulation, le défrisage et la fixation ;
  - produits pour la mise en plis ;
  - produits de nettoyage (lotions, poudres, shampoings) ;
  - produits d'entretien pour la chevelure (lotions, crèmes, huiles) ;
  - produits de coiffage (lotions, laques, brillantines).
- Produits de maquillage et démaquillage du visage et des yeux.
- Produits destinés à être appliqués sur les lèvres.
- Produits pour soins dentaires et buccaux.
- Produits pour le soin et le maquillage des ongles.
- Produits pour les soins intimes externes.
- Produits solaires.
- Produits de bronzage sans soleil.
- Produits permettant de blanchir la peau.
- Produits antirides.

Dispositions concernant les établissements cosmétiques

DÉCLARATION D'OUVERTURE ET D'EXPLOITATION D'ÉTABLISSEMENT

Elle doit se faire auprès de l'Agence française de sécurité sanitaire des produits de santé (Afssaps) et de la DGCCRF.

Elle doit indiquer :
- le nom ou la raison sociale,
- l'adresse de l'établissement,
- la catégorie des produits fabriqués et la nature de l'activité envisagée : fabrication, conditionnement, importation, *etc.* ;

- les renseignements administratifs, nom, prénom, *etc.*

DÉSIGNATION ET QUALIFICATION DES RESPONSABLES

Les personnes qualifiées responsables de la fabrication, de l'évaluation de la sécurité pour la santé, des contrôles de qualité et du conditionnement, doivent être titulaires de diplômes mentionnés.

Exemples : les diplômes d'État de docteur en médecine, en chirurgie dentaire, les diplômes d'état de pharmacien, de vétérinaire, *etc.*

Mise sur le marché d'un produit cosmétique

DOSSIER DE MISE SUR LE MARCHÉ

Ce dossier comporte les informations suivantes :

- la formule qualitative et quantitative du produit ;
- la description des conditions de fabrication et de contrôles physicochimiques, microbiologiques et toxicologiques ;
- l'évaluation de la sécurité pour la santé humaine du produit fini ;
- les preuves de l'effet revendiqué.

Ce dossier doit être tenu à disposition des autorités compétentes, lors d'éventuelles inspections.

FORMULE INTÉGRALE ET TRANSMISSION AUX CENTRES ANTIPOISON

La formule intégrale du produit comprend tous les ingrédients ayant servi à la fabrication du produit.

Elle doit être transmise aux centres antipoison de Paris, Lyon et Marseille.

Cette mesure permet ainsi de traiter les éventuelles intoxications.

TESTS ET CONTRÔLES

Contrôle des matières premières

Elles doivent tout d'abord être identifiées par leurs caractères organoleptiques comme la couleur, l'odeur, la consistance, le goût, puis par des contrôles physicochimiques (viscosité, réactions colorées, *etc.*).

Contrôle des produits finis

Contrôles physicochimiques

Exemples :

- pour les émulsions : on détermine le type d'émulsion E/H ou H/E, la taille des particules, la stabilité, *etc.* ;
- pour les vernis à ongles : on mesure la viscosité, la dureté du film, la vitesse de séchage, *etc.*

Contrôles microbiologiques

Les produits cosmétiques ne doivent comporter aucun germe pathogène comme des bactéries (staphylocoque doré, *etc.*) et aucun champignon microscopique *(Candida albicans, etc.)*.

La propreté bactériologique d'un produit commence lors de la fabrication : contrôle des matières premières, hygiène des locaux, du matériel, du personnel, choix du conservateur antimicrobien.

Contrôles de toxicité transcutanée

La toxicité transcutanée d'un produit ou d'une molécule peut se traduire principalement par :

- une irritation ;
- une allergie de contact ;
- une photoallergie ;
- une phototoxicité.

Pour les tests, on essaie d'utiliser le moins possible les animaux afin de leur éviter de la souffrance. On les remplace par des méthodes alternatives comme les cultures cellulaires de kératinocytes ou de fibroblastes. On peut également réaliser des tests sur des volontaires humains en accord avec les règles éthiques de la déclaration d'Helsinki et en accord avec les règles de la bonne pratique clinique.

Contrôles de l'effet revendiqué

Si le produit revendique une action particulière, la preuve de son efficacité peut être faite par des tests réalisés par des consommateurs.

On pratique ainsi des tests mesurant l'hydratation, l'action des antiséborrhéiques, des restructurants de la couche cornée, des antipelliculaires, des déodorants, *etc.*

Composition des produits cosmétiques

LISTE DES SUBSTANCES NE POUVANT ENTRER DANS LA COMPOSITION DES PRODUITS COSMÉTIQUES (LISTE NÉGATIVE)

Exemples : antibiotiques, androgènes, œstrogènes, cellules d'origine humaine, *etc.*

LISTE DES SUBSTANCES QUI NE PEUVENT ÊTRE UTILISÉES DANS LES PRODUITS COSMÉTIQUES EN DEHORS DES RESTRICTIONS ET CONDITIONS FIXÉES PAR CETTE LISTE (LISTE RESTRICTIVE)

Exemples :

- **Acide borique, borates et tétraborates**
  Usage : le talc
  - Concentration maximale dans le produit fini : 5 %.
  - Conditions d'emploi, à reproduire sur l'étiquetage :
    « Ne pas utiliser chez les enfants de moins de 3 ans »
    « Ne pas utiliser sur des peaux irritées ou excoriées ».

  Usage : produits pour l'hygiène buccale
  - Concentration maximale autorisée dans le produit fini : 0,1 %.
  - Conditions d'emploi, à reproduire sur l'étiquetage :
    « Ne pas avaler »
    « Ne pas utiliser chez les enfants de moins de 3 ans ».
- **Formaldéhyde**
  - Usage : préparations pour durcir les ongles.
  - Concentration maximale dans le produit fini : 5 %.
  - Conditions d'emploi, à reproduire sur l'étiquetage :
    « Protéger les cuticules par un corps gras. Contient du formaldéhyde ».

LISTE DES COLORANTS QUE PEUVENT CONTENIR LES PRODUITS COSMÉTIQUES (LISTE POSITIVE)

Les colorants sont caractérisés par un numéro à 5 chiffres précédé de CI *(Color Index)*.
Pour certains colorants, la teneur maximale et les champs d'application sont précisés.
Exemples : CI 10006, CI 15880, *etc.*

LISTE DES CONSERVATEURS QUE PEUVENT CONTENIR LES PRODUITS COSMÉTIQUES (LISTE POSITIVE)

Les conservateurs listés doivent respecter une concentration maximale, des éventuelles limitations et exigences et des conditions d'emploi à faire figurer sur l'étiquetage.
Exemples :

- **Acide benzoïque et ses sels**, concentration maximale autorisée : 0,5 % ;
- **Acide sorbique et ses sels**, concentration maximale autorisée : 0,6 %.

LISTE DES FILTRES SOLAIRES QUE PEUVENT CONTENIR LES PRODUITS COSMÉTIQUES (LISTE POSITIVE)

Les filtres solaires listés doivent respecter la concentration maximale autorisée, les limitations et les conditions d'emploi à faire figurer sur l'étiquetage.
Exemples :

- **Acide 4 aminobenzoïque (PABA)**, concentration maximale autorisée : 5 % ;
- **Dioxyde de titane**, concentration maximale autorisée : 25 %.

Étiquetage

MENTIONS OBLIGATOIRES DEVANT FIGURER SUR UN RÉCIPIENT, UN EMBALLAGE, UNE NOTICE D'UN PRODUIT COSMÉTIQUE

- Le nom ou la raison sociale et l'adresse du fabricant.
- Le contenu nominal indiqué en masse ou en volume.
- La date de durabilité minimale si elle n'excède pas 30 mois.
- Indiquer la PAO (période de validité après ouverture, lorsque le produit a une durée de conservation supérieure à 30 mois).
- Les précautions particulières d'emploi.
- Les substances allergènes.
- Le numéro de lot de fabrication.
- La fonction du produit.

LISTE DE TOUS LES INGRÉDIENTS

Il s'agit de la liste des ingrédients composant le produit dans l'ordre décroissant de leur concentration.
Cette mesure ne s'applique pas, si la concentration est inférieure à 1 %, les ingrédients peuvent alors être cités dans le désordre.

Les ingrédients sont inscrits sous leur dénomination INCI (*International Nomenclature of Cosmetic Ingredients*) en latin pour les extraits végétaux, en anglais pour les autres molécules.

SYMBOLES

Fig. 10.1 – Logo représentant un livre ouvert.

- Le logo représentant un livre ouvert est utilisé en cas d'impossibilité pratique à réaliser un étiquetage normal. Il signifie donc que les précautions d'emploi et la liste des ingrédients se trouvent sur une notice, une étiquette, une bande ou une carte jointe ou attachée.
- Le logo avec le petit pot ouvert accompagné d'une durée en mois apposé sur l'emballage est la PAO « période de validité après ouverture ».

Protection du consommateur

REACH

Acronyme de l'anglais *Registration, Evaluation and Authorization of Chemicals*, c'est le nom de la nouvelle réglementation européenne visant les substances chimiques de synthèse. Elle concerne donc les produits cosmétiques.
Cette nouvelle réglementation est officiellement entrée en vigueur le 1er juin 2007. Elle demande aux fabricants de fournir les preuves toxicologiques que leurs produits sont sûrs.
En effet 12 500 substances chimiques vont devoir être testées pour faire la preuve (ou non) de leur innocuité.

COSMÉTOVIGILANCE

La cosmétovigilance est l'ensemble des moyens permettant la surveillance des effets indésirables résultant de l'utilisation des produits cosmétiques, après leur mise sur le marché.
Les professionnels de santé (médecins, pharmaciens, dentistes, infirmiers) se doivent de déclarer auprès de l'Afssaps les effets indésirables graves constatés.
Les fabricants ou leurs représentants sont tenus, en cas de doute sérieux sur l'innocuité d'une ou plusieurs substances, de fournir à l'Afssaps la liste des cosmétiques qui contiennent lesdites substances.

Cette déclaration comporte :
- la description des effets indésirables constatés, c'est-à-dire les réactions nocives se produisant dans les conditions normales d'utilisation ou lors d'un mésusage ;
- le mésusage qui correspond à une utilisation non conforme à la destination du produit, à son usage habituel, à son mode d'emploi ou aux précautions.

Une fiche de déclaration a été établie et distribuée aux professionnels de santé. Lorsque le nombre de déclarations d'effets indésirables est suffisant, une procédure d'alerte est déclenchée.

Substances allergènes

DÉFINITION D'UNE SUBSTANCE ALLERGÈNE

L'allergie est une réaction disproportionnée du système immunitaire consécutive à un contact avec une substance étrangère à l'organisme ou antigène que l'on qualifiera d'allergène.
C'est un phénomène individuel.

DIFFÉRENTS ALLERGÈNES

Parmi les substances allergènes en cosmétologie, nous citerons les suivantes.

Parfums et huiles essentielles

LÉGISLATION

La législation européenne a établi une nouvelle liste de 23 substances allergènes, composants de parfums, devant à présent être mentionnés précisément sur l'étiquetage à la liste des ingrédients (et non plus sous la dénomination de « parfum ») si la concentration est supérieure à 0,001 % pour les produits non rincés et 0,01 % pour les produits rincés.
Exemple : l'essence de rose contient six de ces allergènes comme le géraniol, le linalol, le citral, *etc.*

Formol

Utilisé comme conservateur et pour durcir les ongles.

Colorants

Les colorants de rouge à lèvres comme les fluorescéines, certains oxydes métalliques utilisés dans les fards à paupières (oxyde de chrome ou de nickel).

Teintures capillaires

Notamment celles qui contiennent du paraphénylène diamine (PPDA) et du paratoluène diamine (PTDA) peuvent être très allergisantes.

Conservateurs

Ammoniums quaternaires.

PEG

Utilisés comme solvant.

11

Composants des produits cosmétiques et d'hygiène corporelle

Ingrédients lipophiles

Ce sont des substances grasses qui sont utilisées dans la phase lipidique des émulsions.

HYDROCARBURES

Hydrocarbures minéraux

Ce sont des produits obtenus après la distillation du pétrole brut.
On les purifie puis on les raffine.

Huiles de vaseline ou huiles de paraffine *(paraffinum liquidum ou mineral oil)*

Ce sont des liquides incolores, inodores, s'émulsionnant facilement.

Vaselines

La vaseline blanche est de consistance onctueuse et translucide.

Paraffines

Ce sont des masses cireuses, blanches, de structure cristalline. Elles permettent de « durcir » les crèmes.

Ozokérite *(ozokerite wax)*

C'est une paraffine qui se trouve au voisinage des champs pétrolifères.

Cérésine *(ceresine wax)*

C'est une paraffine de consistance cireuse, considérée comme une ozokérite purifiée.

Utilisation en cosmétique

Ces hydrocarbures n'ont aucun pouvoir de pénétration.
Ils sont filmogènes et occlusifs.
Ils sont utilisés dans la formulation :
- des crèmes et laits démaquillants ;
- des crèmes protectrices ;
- des cires à épiler ;
- des rouges à lèvres ;
- des mascaras ;
- des gels pour les cheveux ;
- des fonds de teint compacts.

Hydrocarbures animaux

Squalène

C'est un hydrocarbure insaturé provenant de la graisse des animaux marins. Le sébum humain en contient environ 12 %.
C'est une huile jaune, très émolliente, mais qui s'oxyde facilement. On lui préfère son produit d'hydrogénation : le squalane.

Squalane ou perhydrosqualène

Il se prépare par hydrogénation du squalène.
C'est une huile incolore, inodore, qui ne rancit pas.
Il est très émollient.
On l'utilise comme surgraissant, pour reconstituer le film hydrolipidique cutané.

Hydrocarbures végétaux

Squalane végétal ou phytosqualane

Le squalane végétal provient de l'hydrogénation du squalène de l'huile d'olive.

SILICONES

Ce sont des composés organiques du silicium, obtenus par polymérisation du monomère, le siloxane.
Les caractères des silicones varient suivant leur structure, la nature des radicaux organiques et le degré de polymérisation.
Les diméthicones, les phénylméthicones (huiles silicones) hydrophobes et filmogènes, donnent aux émulsions un toucher « glissant ».
Les cyclométhicones (silicones volatils) hydrophobes et volatiles sont utilisés dans les produits de maquillage (*waterproof*) et les après-shampoings.

ACIDES GRAS ET ALCOOLS GRAS

Ce sont des acides et des alcools organiques, composants des lipides.
Ils viennent du règne végétal ou animal.
Ils ne sont pas solubles dans l'eau, mais sont solubles dans les solvants organiques.
On distingue :

Acides gras saturés

Les atomes de carbone sont tous reliés par une liaison simple.
Ils sont solides pour la plupart :

- l'acide myristique *(myristic acid)* est présent dans le beurre de coprah ;
- l'acide palmitique *(palmitic acid)* est présent dans l'huile de palme ;
- l'acide stéarique *(stearic acid)* est présent dans la graisse de bœuf et de mouton.

Acides gras insaturés

Les atomes de carbone sont reliés par une double liaison, ils sont liquides et très oxydables :

- l'acide oléique est présent dans l'huile d'arachide ;
- l'acide linoléique est présent dans l'huile de tournesol ;
- l'acide linolénique est présent dans les huiles de bourrache et d'onagre.

Utilisation des acides gras en cosmétique

Ils entrent dans la composition de nombreuses matières premières comme les huiles végétales et animales, les cires végétales et animales, les tensioactifs, *etc.*
Les acides gras insaturés peuvent, de par leurs propriétés, être des actifs régénérants et protecteurs cutanés.

Alcools gras saturés à chaîne longue

Ils sont solides :

- l'alcool cétylique (cire de lanette) ;
- l'alcool stéarylique ;
- l'alcool cétostéarylique est un mélange des deux précédents.

On les utilise comme épaississants et dans la synthèse de certains tensioactifs.

Alcools gras insaturés, à chaîne courte

Ils sont liquides.
Exemples : l'alcool oléique.
On les utilise comme solvants.

ESTERS GRAS SYNTHÉTIQUES

La formation d'un ester résulte de l'action d'un acide sur un alcool.
Le myristate d'isopropyle est l'ester de l'acide myristique et de l'isopropanol.
Le palmitate d'isopropyle est l'ester de l'acide palmitique et de l'isopropanol.
Ce sont des liquides huileux, très utilisés pour leurs propriétés émollientes, filmogènes et hydratantes.

TRIGLYCÉRIDES

Ce sont des esters triples d'acides gras et du glycérol. Ce sont les composants essentiels des huiles végétales, animales, synthétiques et des beurres.

Huiles végétales

Elles proviennent des graines (amandes, maïs, ricin, soja, *etc.*), des fruits (avocat, olive, *etc.*) et sont composées de triglycérides, phospholipides et insaponifiables. La dénomination INCI des huiles végétales correspond aux noms latins des plantes.

Huile de palme et huile de palmiste

Elles sont fournies par un même palmier, le palmier à huile. Elles contiennent des acides gras saturés.
Le fruit donne l'huile de palme de consistance pâteuse qui, à une température inférieure à 27 °C, est un beurre de couleur orangée très riche en caroténoïdes et en vitamine E.
Le noyau donne l'huile de palmiste, incolore, riche en acide laurique, utilisée en savonnerie.

Huile d'amande douce

Riche en acide oléique, fluide, de couleur jaune pâle, elle est adoucissante, onctueuse, surgraissante.
On l'utilise comme base de formulation.

Huile d'arachide

Extraite des graines (cacahuètes), elle renferme de l'acide oléique.
On l'utilise comme base de formulation.

Huile d'argan

Extraite des amandes, elle contient de l'acide oléique et linoléique et de la vitamine E.
On l'utilise comme actif régénérant.

Huile d'avocat

Huile épaisse, verte, riche en acide palmitoléique, et en vitamines A et E, elle est onctueuse.
On l'utilise comme actif adoucissant et protecteur.

Huile de bourrache

Extraite des graines, elle renferme des acides linoléique et linolénique.
On l'utilise comme actif régénérant.

Huile de camélia

Extraite des graines, elle contient de l'acide oléique et linoléique.
On l'utilise comme actif émollient, adoucissant et protecteur.

Huile de germe de blé

Extraite des germes, elle contient des acides gras polyinsaturés et de la vitamine E.
On l'utilise comme actif régénérant.

Huile d'onagre

Elle contient de l'acide linoléique et linolénique.
On l'utilise comme actif régénérant.

Huile de rosier muscat

Extraite du fruit, elle renferme des acides linoléique et linolénique.
On l'utilise comme actif régénérant.

Huile de ricin *(castor oil)*

Extraite des graines, elle est très épaisse et visqueuse.
On l'utilise dans la formulation des rouges à lèvres.

Huile de jojoba

Extraite des graines, elle possède des propriétés très adoucissantes et hydratantes.
Elle ne contient pas de triglycérides, mais des esters d'acides gras insaturés.

Utilisation en cosmétique

Les huiles riches en acides gras insaturés (AGPI) sont utilisées comme ingrédients actifs pour lutter contre le dessèchement, la déshydratation, le vieillissement et pour reconstituer le ciment lipidique cutané.

Huiles animales

- Les huiles de foie de poisson (morue, flétan, requin) sont des huiles très vitaminées (A et D) et très riches en acides gras insaturés.
- L'huile de saumon est riche en acides gras polyinsaturés.

Ces huiles sont utilisées pour leur action protectrice.

Huiles hydrogénées

L'hydrogénation catalytique d'une huile permet de saturer les doubles liaisons des acides gras. L'huile se solidifie, elle n'est plus sensible à l'oxydation, donc elle ne rancit pas. On l'utilise alors comme épaississant.

Huiles synthétiques

Les triglycérides synthétiques donnent des huiles qui ne s'oxydent pas, donc de bonne conservation. Elles sont lipophiles et servent de base de formulation.
Le miglyol est le plus utilisé.

Beurres

Ce sont des triglycérides d'origine végétale, composés d'acides gras saturés et insaturés, de consistance pâteuse.

- Le beurre de karité, extrait du fruit, est utilisé pour ses propriétés protectrices solaires et régénérantes.
- Le beurre de coprah ou huile de coco est extrait de la noix de coco. On l'utilise dans les crèmes à raser et en savonnerie.
  Associée aux fleurs de tiaré, l'huile de coco donne une huile parfumée, le monoï.
- Le beurre de cacao, extrait de la fève, est utilisé dans les sticks adoucissants pour les lèvres.

INSAPONIFIABLES

Ce sont des substances qui ne peuvent être saponifiées et qui sont présentes dans les huiles végétales, animales et dans les beurres.
Ils renferment des caroténoïdes, des tocophérols (vitamine E), des phytostérols, *etc.*
Exemples : les insaponifiables d'avocat, de soja, de karité, *etc.*
On les utilise comme ingrédients actifs dans les produits régénérants.

CIRES

Ce sont des substances lipophiles qui peuvent être d'origine animale, végétale ou synthétique. Leur action est filmogène.

Cires animales

Cire d'abeille

Elle constitue la paroi des alvéoles dans la ruche. On l'obtient après fusion et purification. Il en existe deux variétés :

- la cire jaune à peine purifiée, que l'on utilise dans les cires à épiler ;
- la cire blanche, plus pure, qui permet d'augmenter la consistance des émulsions.

Cire de propolis

C'est un ensemble de substances résineuses recueillies par les abeilles sur les bourgeons et l'écorce de certains arbres. Elles les mélangent à leurs sécrétions, et les utilisent pour construire les parois de la ruche.
Elle contient des acides gras, des acides aminés, des vitamines et des oligoéléments.
Elle est régénérante et antiseptique.
On l'utilise dans les sticks pour les lèvres.

Lanoline

Elle est élaborée par les glandes pilosébacées du mouton, dont elle enduit la laine. De consistance ferme, elle est jaune et d'odeur particulière.
Elle possède une grande affinité pour l'eau. On l'utilise comme surgraissant.
De nombreux dérivés aux propriétés variées sont obtenus après transformation physique et chimique de la lanoline.

Cires végétales

Cire de carnauba

Elle recouvre les feuilles d'un palmier du Brésil. Elle est jaune.
On l'utilise pour augmenter la consistance des émulsions dans les rouges à lèvres, mascaras, sticks, cires dépilatoires, *etc.*

Cire de candelilla

Elle provient d'un arbuste du Mexique qu'elle recouvre. Elle est jaune.
Son utilisation est identique à la précédente.

Cire de riz

Elle est obtenue à partir de l'enveloppe du grain de riz et de son germe. Elle est transparente.
On l'utilise comme épaississant et pour donner un toucher très doux au produit. Elle prévient la déshydratation cutanée par son action filmogène.

Cire de mimosa

Elle est obtenue à partir des fleurs et possède une odeur de miel très appréciée dans les sticks pour les lèvres.

Dérivés de la lanoline

Ils proviennent de la transformation physique ou chimique de la lanoline. On les utilise dans les savons, les rouges à lèvres, les émulsions.
Ils ont des propriétés chimiques variées comme la lipophilie, l'hydrophilie ou même les deux.
Certains sont des huiles, d'autres des cires.

- La lanoline hydrogénée, très blanche, sans odeur, très stable, est utilisée comme facteur de consistance.
- La lanoline liquide, moins collante, moins poisseuse, est utilisée comme surgraissant.
- La lanoline cireuse, plus dure, est utilisée dans les rouges à lèvres.

- La lanoline éthoxylée par de l'oxyde d'éthylène devient hydrosoluble.
- Le lanolate d'isopropyle est surgraissant.

Cires synthétiques

Elles sont à base de polymères synthétiques. Elles ont une bonne conservation et améliorent la consistance. On les utilise dans les rouges à lèvres et les cires à épiler.

Ingrédients hydrophiles

EAU

Caractéristiques cosmétologiques

L'eau est très utilisée en cosmétique, notamment dans les lotions, les émulsions, les gels, les shampoings, comme solvant, composant de la phase aqueuse et comme hydratant.

Méthodes de purification de l'eau

Déminéralisation

Bipermutation par résines échangeuses d'ions

L'eau passe successivement sur des résines échangeuses de cations et sur des résines échangeuses d'anions ; elle est ainsi déminéralisée, mais non stérile. On la filtre ensuite sur des membranes poreuses pour retenir les polluants.

Osmose inverse

L'eau passe sur une membrane de dialyse, sous pression.
L'eau est ainsi déminéralisée et bactériologiquement propre.
L'eau déminéralisée est utilisée en cosmétique.

Stérilisation

- Par distillation dans des appareils à distillation continue.
  L'eau portée à 100 °C passe à l'état de vapeur dans l'évaporateur, puis se condense dans le condensateur et se refroidit dans le réfrigérant. Toute la quantité d'eau doit passer par la phase vapeur. L'eau ainsi obtenue est déminéralisée et stérile.
- Par filtration stérilisante
  La filtration se fait sur des membranes de cellulose dont les pores sont infiniment petits.

Adoucissement de l'eau

L'eau est débarrassée du calcaire mais n'est pas stérile. Le carbonate de calcium est échangé pour du sodium.

SOLVANTS

Un solvant est un liquide qui a la propriété de dissoudre, de diluer, ou d'extraire d'autres substances.

Alcools

Éthanol ou alcool éthylique

Liquide incolore, d'odeur caractéristique, très volatil, il est miscible à l'eau en toutes proportions. C'est un très bon solvant. Il brûle facilement dans l'oxygène de l'air.
Les solutions alcooliques sont de simples mélanges d'alcool et d'eau.
Le pourcentage d'alcool dans la solution définit le degré alcoolique qui représente le volume d'alcool dans 100 volumes du mélange.
Ainsi, une solution alcoolique à 20 % contient 20 mL d'alcool pur dans 100 mL.
On l'utilise comme conservateur, antiseptique, dans certains déodorants, lotions astringentes, lotions après-rasage et pour diluer les parfums, *etc.*

Isopropanol ou alcool isopropylique

Liquide incolore, volatil, obtenu par hydratation du propylène.
Il possède les mêmes propriétés que l'alcool éthylique, il est utilisé comme solvant.

Glycols

L'éthylène-glycol et le propylène-glycol sont utilisés comme solvants notamment des extraits végétaux.

HUMECTANTS

Ce sont des substances hygroscopiques, c'est-à-dire capables de fixer des molécules d'eau.

Glycols

Le propylène-glycol possède des propriétés humectantes.

Polyols

Le glycérol ou glycérine, liquide visqueux, incolore, est miscible en toutes proportions dans l'eau et dans l'alcool. Il est obtenu à partir de la saponification des corps gras. Il est utilisé comme humectant et hydratant.
Le sorbitol se présente sous forme d'une poudre blanche microcristalline, il est soluble dans l'eau et dans l'alcool. D'origine végétale, il est préparé à partir du glucose. Il possède des propriétés humectantes et hydratantes.

ÉPAISSISSANTS ET GÉLIFIANTS

Ils apportent de la consistance aux produits tout en améliorant leur stabilité et sont capables de former des gels.
Ce sont des macromolécules hydrophiles d'origine naturelle, semi-synthétique ou synthétique. Elles ont des propriétés filmogènes et permettent d'adapter la viscosité finale du produit.

Origine végétale

- Les graines de légumineuses donnent les gommes de caroube et de guar : épaississants à propriétés filmogènes.
- Les algues donnent les alginates et la gélose : gélifiants dans les shampoings, les masques, les dentifrices.
- Les lichens donnent les carraghénates, qui stabilisent les émulsions.
- Les extraits de fruits donnent les pectines (pomme et citron).
- Les exsudats de plantes donnent la gomme karaya, la gomme arabique, la gomme adragante utilisées comme épaississants pour les gels capillaires et les dentifrices, les mascaras, *etc.*

Origine minérale

La silice colloïdale ou gel de silice, poudre blanche très fine et très hygroscopique, est utilisée comme gélifiant dans les dentifrices et les déodorants.
Le silicate double d'aluminium et de magnésium (Veegum), obtenu par synthèse, est utilisé comme épaississant dans des produits de maquillage.
Les argiles naturelles (montmorillonite, bentonite) sont utilisées comme épaississants, dans les masques et les fonds de teint.

Origine semi-synthétique

Les dérivés de la cellulose, l'hydroxyéthylcellulose et l'hydroxypropylcellulose, sont utilisés comme agents épaississants et filmogènes dans de nombreux gels capillaires, shampoings et crèmes.
La gomme xanthane provient de la fermentation du dextrose par une bactérie.

Origine synthétique

Ce sont des polymères vinyliques comme les Carbomères qui sont des poudres très fines, servant à épaissir des émulsions, des shampoings, *etc.*

Tensioactifs ou surfactifs

DÉFINITION

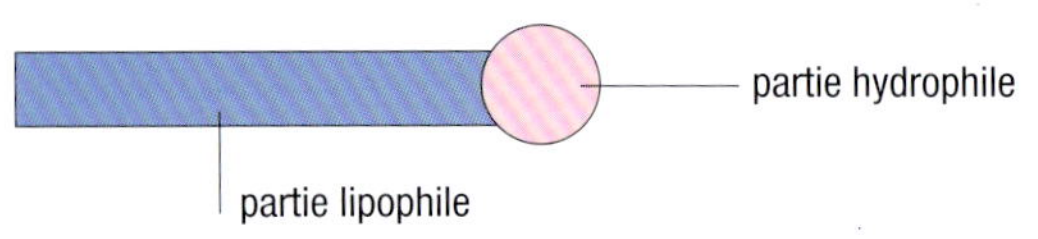

Fig. 11.1 – Schéma d'un tensioactif.

Les tensioactifs ou surfactifs sont des molécules formées d'une partie hydrophile (affinité pour l'eau) et d'une partie lipophile (affinité pour les lipides). Ce sont des molécules amphiphiles puisqu'elles ont une double affinité.

PROPRIÉTÉS

Les tensioactifs peuvent avoir les propriétés suivantes :

- mouillantes : ils permettent l'étalement d'un liquide sur une surface, ce qui améliore la détergence ;
- émulsionnantes : ils permettent de mélanger deux liquides non miscibles comme l'eau et l'huile. Un des liquides est dispersé dans le second sous forme de petites gouttelettes ;
- détergentes : ils facilitent l'élimination des salissures ;
- moussantes : ils permettent la formation de mousse, qui est la dispersion de gaz dans un faible volume de liquide ;
- solubilisantes : les tensioactifs s'associent pour former des micelles qui facilitent la solubilisation des corps insolubles ;
- antiseptiques : ils agissent sur la membrane plasmique des germes.

CLASSIFICATION

Tensioactifs d'origine naturelle

Lécithines

Ce sont des lipides complexes présents dans le jaune d'œuf et le soja.
On les utilise comme émulsionnants et pour la préparation des liposomes.

Stérols

Le principal représentant est le cholestérol qui entre dans la composition des liposomes.

Saponines

Ce sont des substances moussantes extraites de plantes comme le lierre, la saponaire, le bois de Panama.
On les utilise dans certains shampoings.

Tensioactifs d'origine synthétique

Ils se divisent en deux groupes.

Tensioactifs ioniques

Ils sont ionisés en solution aqueuse et sont très hydrophiles.
Ils comprennent trois sous-groupes.

Tensioactifs anioniques

La partie hydrophile est chargée négativement.
Ils sont moussants, mouillants et détergents.
Exemples :
- les savons de sodium et potassium ;
- le laurylsulfate de sodium.

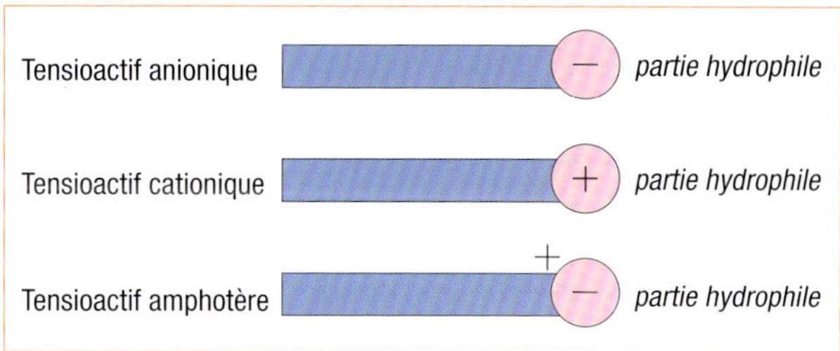

Fig. 11.2 – Schéma des tensioactifs ioniques.

Tensioactifs cationiques

La partie hydrophile est chargée positivement. Ils ont une forte affinité pour la peau et les cheveux qui sont chargés négativement.
On les utilise dans les produits capillaires comme conditionneurs. Ils sont antiseptiques et incompatibles avec les tensioactifs anioniques avec lesquels ils forment un complexe insoluble.
Exemples : les sels d'ammonium quaternaires (chlorure de benzalkonium, *etc.*).

Tensioactifs amphotères

La partie hydrophile est négative en milieu basique et positive en milieu acide.
Ce sont de bons nettoyants, mais plus doux que les anioniques, dont ils améliorent la tolérance cutanée et oculaire.
Exemples :
- les dérivés de la bétaïne : alkylbétaïnes ;
- les dérivés de l'imidazoline.

Ils sont compatibles avec les autres tensioactifs.

Tensioactifs non ioniques

Ils ne sont pas ionisables (ils ne portent aucune charge).
Ils sont compatibles avec les autres tensioactifs.
Ils sont doux et possèdent une bonne tolérance cutanée.
Ils sont utilisés comme émulsionnants, mouillants, solubilisants.
Exemples : les esters de glycols, de glycérol, de saccharose, de sorbitan (Span, Tween), *etc.*

Cosmétologie

Ingrédients pulvérulents

SILICE COLLOÏDALE

Elle provient de l'oxyde de silicium, présent dans certaines roches.
C'est une poudre blanche utilisée comme gélifiant.

TALC

C'est un silicate de magnésium extrait du sol. Poudre blanche, onctueuse, glissante et adoucissante, le talc adsorbe les corps gras.
On l'utilise dans les poudres libres, compactes, dans les masques et les fonds de teint.

VEEGUM

Silicate double d'aluminium et de magnésium, obtenu par synthèse. Poudre beige aux propriétés gélifiantes.
On l'utilise comme épaississant.

ARGILES

Elles proviennent de la désintégration du granit. Elles sont formées de silicate d'aluminium mélangé parfois à d'autres métaux. On distingue :

- l'argile rouge, qui contient de l'oxyde de fer ;
- l'argile verte, qui contient un chlorure ferreux ;
- le kaolin est un silicate d'aluminium pur ;
- la montmorillonite est une argile de structure particulière en réseau expansé ;
- la bentonite est une argile colloïdale, qui se présente sous forme d'une poudre blanc-beige.

Utilisation
Les argiles sont utilisées comme épaississants (produits de maquillage), comme absorbants des graisses dans les masques et dans les shampoings.
Le kaolin est absorbant et matifiant. On l'utilise dans les poudres, les fonds de teint et les masques.

La bentonite a des propriétés stabilisantes pour les émulsions et des propriétés thixotropiques.

OXYDES

Ils résultent de l'action de l'oxygène sur un métal.

Oxyde de titane

C'est une poudre blanche, opacifiante, qui a la propriété de réfléchir la lumière.
On l'utilise dans les produits solaires comme écran, et dans les poudres et produits de maquillage.

Oxyde de zinc

C'est une poudre blanche antiseptique et adoucissante.
On l'utilise dans les poudres, fonds de teint, vernis à ongles, produits solaires.

Oxydes de fer, de chrome, de nickel, de cobalt et de manganèse

Ils sont utilisés comme pigments colorés.

CARBONATES

Ce sont des minéraux largement répartis à la surface de la Terre.

Carbonate de magnésie

Poudre blanche très légère qui a un grand pouvoir absorbant.
On l'utilise dans les fonds de teint et les poudres.

Carbonate de calcium

Poudre blanche, microcristalline, utilisée dans la formulation des poudres, dentifrices et produits solaires.

Additifs

LÉGISLATION

Leur utilisation est réglementée par la législation française et par la directive cosmétique européenne (Annexe IV). La liste comprend quatre groupes de colorants autorisés :

- Colorants admis pour tous les produits cosmétiques.
- Colorants admis pour tous les produits cosmétiques, à l'exception de ceux destinés à être appliqués à proximité des yeux, notamment les produits de maquillage et de démaquillage des yeux.
- Colorants admis uniquement pour les produits cosmétiques qui ne sont pas destinés à entrer en contact avec les muqueuses.
- Colorants admis uniquement pour les produits cosmétiques qui sont destinés à n'entrer qu'en bref contact avec la peau, ils doivent être rincés.

COLORANTS

Définitions et propriétés

Les colorants sont des molécules complexes qui ont la propriété de se fixer sur un support et de le colorer.
Cette propriété est due à la présence, dans la molécule, de chromophores qui absorbent la lumière visible et d'auxochromes qui la fixent.
La lumière visible est formée de 7 couleurs.
La molécule colorante absorbe une partie des radiations visibles, seules sont perçues par l'œil celles qui n'ont pas été absorbées.

Origine végétale

- Le curcuma, (racines de curcuma), colorant jaune.
- Le safran (pistils de safran), colorant jaune.
- Les caroténoïdes (huile de palme, carotte, *etc.*), colorants jaune orangé.
- La chlorophylle (feuilles vertes des végétaux), colorant vert.
- L'indigo (feuilles de l'indigotier), colorant bleu.
- L'alizarine (racine de garance), colorant rouge.
- Le henné (feuilles d'un arbuste), colorant brun-rouge.
- Le rocou (fruit du rocouier), colorant jaune orangé.
- Le charbon végétal (coque de noix de coco, bois de peuplier, bois de campêche, *etc.*), colorant noir.
- Le rouge de betterave (betterave rouge) colorant rouge.

Origine animale

Le carmin, colorant rouge, provient d'un insecte du Brésil, la cochenille.
On l'utilise dans les rouges à lèvres et dans d'autres produits de maquillage.

Origine minérale : les pigments

- Les oxydes de fer : noir, brun, rouge, jaune.
- L'oxyde de chrome : vert.
- Les oxydes de manganèse : violet.
- Le ferrocyanure de fer : bleu.
- L'oxyde de titane : blanc.
- L'oxyde de zinc : blanc.
- Les poudres métalliques d'aluminium, d'argent, d'or.

Origine synthétique

Ils sont de formules chimiques différentes et sont regroupés et catalogués dans le Color Index.
Dans la formulation, on les caractérise par la dénomination CI suivi d'un numéro à 5 chiffres.

- Les colorants nitrés : le jaune naphtol.
- Les colorants azoïques : c'est la classe la plus abondante (variétés de rouges et de jaunes).
- Les dérivés du triphénylméthane : violet, vert et bleu.
- Les fluorescéines : jaunes, rouges, violets.

Différents types de colorants

Selon leur différente solubilité, on les classe ainsi :

- colorants hydrosolubles (colorants synthétiques ou végétaux) : ils sont utilisés dans les shampoings, bains moussants, dentifrices, savons, émulsions H/E et dans certains produits parfumants ;
- colorants liposolubles (colorants synthétiques) : ce sont surtout des colorants synthétiques qui sont utilisés dans les rouges à lèvres ;
- pigments (colorants synthétiques ou minéraux) : insolubles dans l'eau et les corps gras, ils sont utilisés, par exemple, dans les produits de maquillage ;

- laques : elles sont insolubles dans l'eau et les corps gras. Elles sont réalisées par fixation d'un colorant soluble, sur un support inerte, comme une poudre blanche, par exemple d'hydroxyde d'aluminium. On les utilise dans les rouges à lèvres et les vernis à ongles.

AGENTS NACRANTS

Ce sont des substances cristallines pouvant absorber, diffracter et réfléchir la lumière. Elles se présentent sous forme de paillettes.
- Essence d'Orient : extraite autrefois des écailles de poissons, elle est synthétisée actuellement avec de la guanine.
- Oxychlorure de bismuth.
- Mica titane, particules de mica enrobées d'oxyde de titane.
- Silice recouverte de différents oxydes métalliques pour créer des variations de couleurs et d'effet.
- Verre.

On les utilise dans les produits de maquillage : vernis à ongles, rouge à lèvres.
Pour les shampoings, les mousses à raser, on obtient un effet nacrant en y incorporant des stéarates de glycols.

CONSERVATEURS ANTIMICROBIENS

LÉGISLATION

La législation française et la Directive Cosmétique Européenne (Annexe VI) fixent la liste des agents conservateurs que peuvent contenir les produits cosmétiques, leur concentration, leur limitation et les conditions d'emploi.

Définition et propriétés

« Ce sont des substances naturelles ou de synthèse qui sont ajoutées à un produit cosmétique pour le protéger de la contamination des micro-organismes. »
Ils sont soit :
- bactériostatiques : ils empêchent le développement des bactéries ;
- bactéricides, ils éliminent les bactéries ;
- fongistatiques, ils empêchent le développement des champignons microscopiques (moisissures et levures) ;
- fongicides, ils éliminent les champignons microscopiques.

Principaux conservateurs antimicrobiens

Les plus utilisés sont :
- l'acide sorbique : fongicide ;
- l'acide déhydroacétique : fongicide ;
- l'acide benzoïque et ses sels : fongicide ;
- les esters de l'acide parahydroxybenzoïque (parabens) : fongicides et bactéricides ;
- l'acide salicylique : fongicide et bactéricide ;
- la chlorhexidine : fongicide et bactéricide ;
- l'éthanol : bactéricide et fongicide.

Vecteurs de contamination microbienne des produits cosmétiques

Les vecteurs de contamination sont :
- le personnel de fabrication ;
- les matières premières ;
- le matériel de conditionnement ;
- les locaux.

ANTIOXYDANTS

Ils empêchent l'oxydation, c'est-à-dire le rancissement des produits cosmétiques.

LÉGISLATION

Il n'y a pas de législation concernant les antioxydants.

On utilise :
- le tocophérol (vitamine E) ;
- l'acide ascorbique (vitamine C), palmitate d'ascorbyle ;
- les huiles essentielles de thym, carvi, cumin, romarin ;
- le BHA (Butyl Hydroxy Anisol) ;
- le BHT (Butyl Hydroxy Toluène).

SUBSTANCES PARFUMANTES

Elles sont composées de matières aromatiques qui sont des molécules volatiles odorantes donc perçues par les organes olfactifs et dont les origines sont diverses.

Origine végétale

- Fleurs : héliotrope, rose, jasmin, tubéreuse, jacinthe, géranium, iris, lavande, ylang-ylang, jonquille, violette, iris, lavande, magnolia, *etc.*
- Feuilles : oranger, laurier, verveine, menthe, *etc.*

- Fruits : citron, bergamote, oranger (la fleur donne l'essence de néroli et le fruit, l'essence de bigarade), mandarine, pamplemousse, pêche, cassis, poivre de Cayenne, *etc.*
- Gousses : vanille, *etc.*
- Graines : cardamone, fève tonka, *etc.*
- Racines : vétiver, valériane, iris, gingembre, vétiver, *etc.*
- Bois : cèdre, santal, bois de rose, cannelle, *etc.*
- Résines et baumes : benjoin, olibanum, opoponax, myrrhe, encens, galbanum, *etc.*
- Lichens : chêne, hêtre, *etc.*

Origine animale

Les matières aromatiques d'origine animale étaient à la fois des parfumants et des fixateurs de parfum.

- Ambre gris : sécrétion intestinale du cachalot.
- Castoréum : sécrétion sébacée du castor (odeur « cuir de Russie »).
- Civette : sécrétion d'une glande sébacée périnéale d'un petit mammifère carnassier d'Asie et d'Afrique.
- Musc : sécrétion sébacée génitale du bouquetin d'Asie.

Ils sont maintenant interdits et remplacés par des produits de synthèse.

Origine synthétique

Les produits de synthèse appartiennent aux familles chimiques suivantes :

- les aldéhydes ;
- les alcools aromatiques ;
- les cétones.

Ils permettent de créer des notes parfumées innovantes.

Modes d'obtention des matières aromatiques

Les huiles essentielles ou essences sont extraites des produits aromatiques par différents procédés.

Distillation à la vapeur d'eau (hydrodistillation)

Les plantes (fleurs, feuilles, racines) sont introduites dans un alambic et les principes volatils sont entraînés par la vapeur d'eau.

On obtient ainsi une substance aqueuse parfumée, ou hydrolat, et une substance liposoluble ou huile essentielle.

Cette méthode est utilisée pour les plantes dont les essences ne sont pas modifiées par la température.

On l'utilise pour la rose, la fleur d'oranger, la lavande, le vétiver, la menthe.

Expression

Ce procédé ne se pratique que pour les agrumes. Après avoir écrasé l'écorce, on en extrait le suc par des procédés mécaniques et on obtient une huile essentielle.

Extraction par les graisses

- Les graisses utilisées sont des graisses de porc et de bœuf. L'extraction se fait à chaud.
- Pour les fleurs très fragiles, l'extraction se fait à froid, c'est l'enfleurage. Les fleurs sont étalées sur une plaque de verre, recouvertes d'une pommade à base de graisse comme l'axonge, le suif, la vaseline, *etc.* Ces fleurs sont renouvelées vingt à trente fois. Ce procédé, très onéreux, n'est utilisé que pour les fleurs les plus nobles : jasmin, tubéreuse, fleur d'oranger et rose.

Que l'extraction se fasse à chaud ou à froid, le produit obtenu est une pommade qui, traitée par l'alcool et après evaporation, donnera une absolue.

Extraction à l'aide de solvants volatils

Les plantes sont coupées ou broyées et traitées par des solvants volatils tels que l'hexane, le cyclohexane. Après évaporation, on obtient :

- soit les concrètes si ce sont des plantes fraîches ;
- soit les résinoïdes, si ce sont des plantes sèches ou des racines.

Après un nouveau traitement par l'alcool éthylique, et après filtration et évaporation, on obtient les absolues.

Extraction par CO_2 (Solfact®)

Le CO_2, placé sous une pression à une température inférieure à 40 °C, devient liquide et possède toutes les qualités d'un solvant.

Cette extraction douce, utilisée pour des substances peu volatiles comme les épices, permet d'obtenir des extraits d'une grande pureté et de qualité olfactive maximale.

Propriétés chimiques

Les matières aromatiques sont liposolubles, volatiles, oxydables, miscibles entre elles et solubles dans l'alcool.

On peut les rendre hydrosolubles en les solubilisant avec des tensioactifs non ioniques.

Produits cosmétiques parfumés

Les substances parfumantes, à des concentrations de 0,1 à 0,3 %, sont souvent présentes dans :

- les laits, crèmes, huiles et poudres corporels ;
- les déodorants, les savons, les gels douche, les bains moussants, l'huile pour le bain ;
- les shampoings ;
- les lotions ou baumes après-rasage.

Ingrédients actifs

INGRÉDIENTS ACTIFS POUR LES PEAUX DÉSHYDRATÉES

Ce sont des produits hydratants.
Les émulsions qui intègrent ces actifs sont souvent du type H/E.

- Le pyrrolidone carboxylate de sodium est un des constituants du NMF, il est obtenu par synthèse.
- Les acides aminés faisant partie du NMF (la sérine, l'alanine, la thréonine). Leur origine est végétale ou animale.
- L'acide lactique et les lactates sont des composants du NMF, ils sont obtenus par synthèse.
- Les sucres présents dans le NMF participent à l'hydratation de la couche cornée. On utilise des sucres comme le tréhalose, le xylose, des esters de saccharose, dans certaines crèmes hydratantes. Leur origine est synthétique.
- L'urée est un des constituants du NMF. On l'obtient par synthèse. On l'utilise à une concentration égale ou inférieure à 10 % pour fixer l'eau.
- Le collagène, macromolécule du derme, est obtenu dans l'industrie à partir des peaux de poissons. La molécule de collagène, trop volumineuse, ne passe pas la barrière cutanée, on l'utilise alors sous forme d'hydrolysat de collagène comme agent hydratant de surface et tenseur.
- Le chitosane est un composant de la carapace des crustacés et des insectes. Il est hydratant de surface et filmogène.
- L'acide hyaluronique, présent dans le derme, est utilisé pour son action humectante, lissante et hydratante. Il est obtenu dans l'industrie par biotechnologie.
- Le glycérol, obtenu par synthèse, est hydratant.

INGRÉDIENTS ANTIDÉSHYDRATANTS

Ils ont une action occlusive car ils empêchent l'évaporation de l'eau : ce sont des produits protecteurs.
On les trouve dans des émulsions E/H.

- Vaseline, huile de vaseline, paraffines, squalane.
- Cire d'abeilles et cires végétales.
- Silicones, esters gras, *etc.*

INGRÉDIENTS ACTIFS POUR LES PEAUX RÊCHES

Ce sont des produits restructurants du film hydrolipidique de surface et du ciment intercellulaire. Ils ont une action lissante.

- Le cholestérol, d'origine animale ou synthétique.
- Les acides gras polyinsaturés ou AGPI (acide linoléique et gamma linolénique) d'origine végétale.
- Les céramides d'origine végétale, animale ou synthétique,
- Les phospholipides, d'origine végétale, s'incorporent aux lipides du ciment intercellulaire et reconstituent la barrière cutanée.
- L'urée > 10 % est kératolytique, elle a une action lissante.
- Les alphahydroxyacides, d'origine synthétique, sont kératolytiques et hydratants.

INGRÉDIENTS POUR LES PEAUX SENSIBLES

Ce sont des produits apaisants.
Les actifs sont pour la plupart d'origine végétale.

- La réglisse (acide glycyrrhétinique).
- La matricaire (alpha bisabolol).
- La grande consoude (allantoïne), le bleuet (anthocyanes), *etc.*

Les peaux sensibles ont très souvent des rougeurs traduisant une microcirculation défaillante.
On utilise des produits d'origine végétale comme : le ginkgo biloba, le marron d'Inde, l'hamamélis, la vigne rouge, le fragon, *etc.*

INGRÉDIENTS POUR LES PEAUX SÉBORRHÉIQUES

Ce sont des produits séborégulateurs.
Ces produits se présentent sous forme d'émulsions H/E, lotions ou gels, *etc.*

- Les acides aminés soufrés (cystéine, méthionine), les plantes renfermant du soufre (capucine et cresson).
- Le zinc pour son action apaisante et séborégulatrice.
- Les alphahydroxyacides pour leur action kératolytique.
- Les extraits végétaux riches en huile essentielle pour leur action antiseptique comme le bouleau, le cyprès, le citron, *etc.*
- L'olivier, le *Sabal serrulata* (palmier nain), l'ortie, le souci, la bardane, la reine-des-prés, ralentissent la production de sébum.
- Les argiles pour leur action absorbante.

- Les vitamines B2 (riboflavine), B3 (niacine), B6 (pyridoxine), B8 (biotine).

INGRÉDIENTS POUR LES PEAUX PRÉSENTANT DES DYSCHROMIES

Ce sont des produits éclaircissants et dépigmentants qui bloquent la synthèse de la mélanine.

- L'arbutine, présente dans de nombreuses plantes comme la busserole, le poirier, *etc.*
- L'acide kojique, obtenu par fermentation du glucose.
- L'acide lactique, d'origine synthétique.
- La glabridine, présente dans la réglisse.
- La vitamine C, d'origine synthétique.

INGRÉDIENTS POUR LES PEAUX SÉNESCENTES

Ces produits se présentent sous forme d'émulsions ou sérums. Ils ont une action anti-âge.

- Les antioxydants et piégeurs de radicaux libres.
  - Les oligoéléments comme : le sélénium, le zinc.
  - Les enzymes comme : le coenzyme Q10, la superoxydedismutase (SOD).
  - Les plantes comme le *Sophora japonica*, le thé vert.
  - La vitamine C.
  - La vitamine E.
- Les kératolytiques, stimulant l'activité épidermique.
  - Les alphahydroxyacides (AHA), la vitamine A (rétinol).
  - L'acide salicylique.
- Les restructurants : les acides aminés, notamment ceux qui sont présents dans la peau comme la sérine, l'alanine, la proline, *etc.*
  - La vitamine C, car elle participe à la synthèse du collagène.
  - Les plantes, comme la *Centella asiatica*, le ginseng, le tepescohuite, *etc.*
  - L'ADN végétal.
  - Les céramides, les acides gras polyinsaturés (acide linoléique et linolénique).
  - Les phospholipides.
  - Les insaponifiables d'huiles végétales : avocat, soja, karité.
  - L'élastine sous forme d'hydrolysat.
  - Le silicium.

CHRONOBIOLOGIE ET COSMÉTOLOGIE

Les processus physiologiques de l'organisme obéissent à des rythmes appelés horloges biologiques. Leur étude est la chronobiologie.
Les différentes activités cutanées varient en fonction du rythme circadien qui a une période d'environ 24 heures.
Les fonctions cutanées sont très différentes le jour et la nuit :

- le jour, la peau met tout en œuvre pour se protéger :
  - sécrétion de sébum,
  - épaisseur de la peau maximum,
  - acidité du pH maximum,
  - cornéocytes très resserrés ;
- la nuit, elle se régénère et devient plus perméable aux actifs cosmétiques :
  - les cellules épidermiques se multiplient,
  - la microcirculation cutanée est au maximum, ce qui augmente les échanges cellulaires et les éliminations de toxines,
  - les cornéocytes sont plus espacées.

Véhicules de principes actifs

LIPOSOMES

Définition

Les liposomes sont de petites vésicules sphériques constituées d'une membrane lipidique organisée en bicouches concentriques entourant une cavité centrale aqueuse. Les lipides qui les composent sont des phospholipides et du cholestérol.

Dans les liposomes, on peut inclure des actifs lipophiles dans la paroi ou des actifs hydrophiles dans la cavité centrale.
On les classe en trois catégories selon leur taille et le nombre de bicouches lipidiques :

- les petits liposomes unilamellaires SUV *(Small Unilamellar Vesicles)*. Ce sont des vésicules comportant une seule paroi et une seule cavité aqueuse. Leur taille est de 20 nm ;

- les gros liposomes unilamellaires LUV *(Large Unilamellar Vesicles)*. Ce sont des vésicules de 100 à 500 nm ;
- les liposomes multilamellaires MIV *(Multilamellar Vesicles)*. Ce sont des vésicules comportant plusieurs parois et plusieurs compartiments concentriques dont la taille est de 1 à 2 micromètres.

Utilisation

Les liposomes peuvent être utilisés en cosmétique sans actif, car leur structure elle-même est proche des lipides cutanés de surface. Mais ils permettent également d'encapsuler des actifs de nature très différente (hydrosoluble et liposoluble), voire même incompatibles.

Les niosomes sont des liposomes dont la paroi est préparée à partir de tensioactifs non ioniques. Ils sont beaucoup plus stables.

NANOSPHÈRES

Ce sont de petites sphères (nanoparticules) constituées de polymères biodégradables. Elles sont semblables à des « pelotes de laine », le principe actif étant dissous dans l'enchevêtrement de polymères qui en se biodégradant le libère. Leur taille est de quelques nanomètres.

MICROSPHÈRES

La structure est identique aux précédents, seule la taille diffère. Elles sont de quelques micromètres.

NANOCAPSULES

Ce sont des nanoparticules constituées par une enveloppe formée de polymères naturels ou synthétiques et d'une cavité où se trouve l'actif.

12

Différentes formes galéniques des produits cosmétiques et d'hygiène corporelle

Solutions

SOLUTIONS VRAIES

Une solution est un mélange homogène composé au moins de deux constituants :

- le soluté est le constituant le moins abondant ;
- le solvant est le constituant le plus abondant.

Lorsque le solvant est l'eau, la solution est appelée solution aqueuse.
Les solutions ne comportent qu'une seule phase.
Exemples :

- les solutions alcooliques pour diluer les parfums ;
- les solutions florales, toniques, adoucissantes, astringentes, *etc.*

SOLUTIONS COLLOÏDALES

Une solution colloïdale est une pseudo-solution, dans laquelle les particules de soluté, de taille importante, sont dispersées dans un solvant.

Une solution colloïdale peut former un gel par coagulation.
Exemple : les sérums.

GELS

Définition

En coagulant une solution colloïdale, on obtient un gel.
Les gels sont formés de macromolécules en réseau qui emprisonnent le solvant.

Utilisation

On utilise les gels pour formuler les gels douches, les gels dentaires, les gels solaires, les gels amincissants, les gels rafraîchissants et les gels capillaires.

Dispersions

DÉFINITION

Une dispersion résulte de la division d'une substance en petites particules au sein d'une autre substance. Ces deux substances ne sont pas miscibles et peuvent se présenter sous différents états physiques : solide, liquide ou gazeux.

CARACTÉRISTIQUES

Une dispersion comporte toujours deux phases :
- une phase dispersée ou discontinue, interne ;
- une phase dispersante ou continue, externe.

Une dispersion est homogène quand toutes les particules dispersées sont de même taille.
Une dispersion est hétérogène quand les particules dispersées sont de taille différente.

DIFFÉRENTS TYPES DE DISPERSIONS

Il existe plusieurs types de dispersion :
- les émulsions : dispersion de liquides non miscibles entre eux (laits et crèmes) ;
- les suspensions : dispersion de solides dans un liquide (fonds de teint) ;
- les aérosols : dispersion de liquide ou de solide dans un gaz (laques capillaires) ;
- les mousses : dispersion de gaz dans un liquide (mousses à raser).

FACTEURS RESPONSABLES DE L'INSTABILITÉ D'UNE DISPERSION

L'instabilité des dispersions est due soit à :
- l'hétérogénéité des particules qui peut provoquer l'agglomération des petites particules avec les plus grosses, c'est le mûrissement ;
- la tension interfaciale qui, trop élevée, provoque la séparation des deux phases : c'est la coalescence ;

  On stabilise avec un émulsionnant ;
- la pesanteur qui provoque :
  - soit le crémage, qui est la remontée en surface des particules disperses,
  - soit la sédimentation, qui est la chute des particules dispersées ;

  On stabilise avec un épaississant ;
- des phénomènes électrostatiques qui provoquent la floculation, dans laquelle les particules s'agglomèrent en flocons, puis en amas ;

  On stabilise avec des sels ionisés ;
- la température qui provoque l'inversion de phase : une émulsion E/H peut devenir H/E ;

  On stabilise avec un autre tensioactif.

Émulsions

Définition

Une émulsion est une dispersion constituée de deux liquides, non miscibles entre eux

Elle est formée de deux phases :
- une phase hydrophile ;
- une phase lipophile.

Exemples d'émulsions naturelles : le lait, le film hydrolipidique cutané.

Composition de la phase lipophile

Cette phase peut comprendre :
- des huiles végétales, animales, minérales ou synthétiques ;
- des graisses végétales, animales ou minérales ;
- des cires végétales, animales, minérales ou synthétiques.

Composition de la phase hydrophile

Cette phase comprend de l'eau purifiée et stérilisée, des hydrolats, *etc.*

Différents types d'émulsions et leurs caractéristiques

Émulsions simples

Eau dans huile (E/H) ou hydrophile-lipophile (H/L)

Dans ce cas, la phase continue est huileuse ou lipophile, la phase dispersée aqueuse ou hydrophile.
On trouve ce type d'émulsion dans des crèmes de soin, *etc.*

Huile dans eau (H/E) ou lipophile-hydrophile (L/H)

La phase continue est aqueuse ou hydrophile, la phase dispersée est huileuse ou lipophile.
On trouve ce type d'émulsion dans les crèmes de jour, les fluides, les fonds de teint, *etc.*

Émulsions multiples

Ce sont des émulsions d'émulsions. On les trouve dans les produits solaires.

Les émulsions Eau dans Huile dans Eau (E/H/E)

Dans ce cas, une phase huileuse sépare les phases aqueuses interne et externe.

Les émulsions Huile dans Eau dans Huile (H/EH)
Dans ce cas, une phase aqueuse sépare les phases huileuses interne et externe.
On les fabrique en réalisant une première émulsion E/H ou H/E que l'on disperse ensuite dans une phase aqueuse ou huileuse selon le cas.

Micro-émulsions

Elles sont parfois appelées « émulsoïdes » et sont formées d'huile, d'eau et d'une quantité importante de tensio-actifs.
Elles sont transparentes, parfois bleutées, à faible viscosité (gouttelettes entre 10 et 100 nm).
Ces micro-émulsions sont très stables et favorisent l'absorption cutanée.
Elles améliorent la pénétration cutanée, l'aspect et le confort de la peau (crèmes régénérantes).

Suspensions

Définition

Les suspensions résultent de la dispersion de fines particules solides (poudres) dans un liquide.
Elles se composent :
- d'une phase liquide continue, dispersante (solution, émulsion, gel) ;
- d'une phase discontinue, dispersée (poudres).

Certains fonds de teint fluides sont des suspensions.

Aérosols

Définition

Un aérosol est une dispersion très fine de liquide ou de solide dans un gaz, qui est la phase dispersante.

Description

Un aérosol comprend :
- un récipient cylindrique ;
- une valve en matière plastique rigide assurant le bouchage et la distribution du contenu qui comprend le dispositif suivant : un bouton-poussoir, un gicleur, un clapet, un ressort et un tube plongeur en matière plastique souple ;
- des gaz pulseurs, qui sont soit comprimés comme l'azote, le dioxyde de carbone, le protoxyde d'azote, soit liquéfiés comme le butane, le propane, l'isopropane ;
- un solvant comme l'éthanol, l'isopropanol, *etc.* où sont dissous le (ou les) ingrédient(s) actif(s).

Fonctionnement

Aérosols à gaz comprimé

Ils comprennent deux phases : une phase gazeuse, une phase liquide.
Le volume de gaz est important et la pression diminue au cours de l'utilisation, la dispersion est moins efficace.

Aérosols à gaz liquéfiés

Le mélange actif-solvant est miscible au gaz liquéfié, le volume occupé par le gaz est moins important, la pression reste constante pendant toute la durée de l'utilisation, la dispersion est donc plus efficace.

LÉGISLATION

Les aérosols à gaz liquéfiés sont très inflammables ; l'étiquetage doit donc mentionner :
- « Extrêmement inflammable » et porter le dessin d'une flamme.
- Protéger des rayons solaires et ne pas exposer à une température supérieure à 50 °C.
- Ne pas percer ou brûler, même après usage.
- Ne pas vaporiser vers une flamme ou un corps incandescent.
- Conserver à l'écart de toute flamme ou sources d'étincelles.
- Ne pas utiliser en fumant.
- Ne pas vaporiser vers les yeux ou vers une peau irritée.
- Ne pas inhaler intentionnellement. Ne pas utiliser dans une atmosphère confinée.
- Ne pas laisser à la portée des enfants.
- Ne pas utiliser pour un usage autre que celui pour lequel le produit est destiné.
- La lettre E signifie que l'aérosol est conforme à la législation européenne sur les aérosols.
- Le sigle 3 signifie que le produit est conforme à la directive aérosol.

Mousses

Définition

Les mousses sont des dispersions de gaz comprimé ou liquéfié dans un liquide en présence d'un émulsionnant.
Elles sont formées par la juxtaposition de bulles séparées par de minces lames de liquide.
Le gaz contenu dans le conditionnement est à la fois propulseur et phase dispersée. Elles ne sont pas inflammables. Dans les produits cosmétiques, on les trouve notamment dans les fonds de teint, les mousses à raser, les mousses solaires, les dépilatoires, *etc.*

Poudres

DÉFINITION

La poudre est un solide fractionné en petites particules de taille inférieure à 1/10e de millimètre (100 µm).
On la caractérise par sa granulométrie, c'est-à-dire par la taille des grains qui la composent.

QUALITÉS REQUISES

La poudre doit avoir :
- un bon pouvoir couvrant ;
- présenter un pouvoir d'étalement suffisant pour éviter les « plaques » ;
- être suffisamment adhérente pour tenir sur le visage plusieurs heures ;
- absorber les sécrétions cutanées (aqueuses et huileuses) ;
- ne produire aucune irritation.

DIFFÉRENTS TYPES DE POUDRE

Poudre libre

Elle est destinée soit au maquillage, soit pour adoucir et parfumer la peau après la toilette.

Composition

Elle se compose d'un mélange de poudres comme le talc, le kaolin, le carbonate de magnésium, le carbonate de calcium, poudre de polyamide, poudre de soie, des pigments, éventuellement un parfum léger.

Poudre compacte

Elle est destinée au maquillage.

Composition

Ce sont des poudres colorées, agglomérées par des mélanges de corps gras.

Baumes

Ce sont des mélanges de corps gras contenant très peu d'eau, ou des émulsions épaisses, qui sont à base de cires, d'huiles végétales ou minérales, de glycérides synthétiques, *etc.*
On les utilise en cosmétique pour la protection des lèvres, pour soigner le pourtour des ongles, pour les mains et les pieds.

Le terme « baume » est utilisé parfois pour des crèmes démêlantes, des crèmes solaires et des crèmes après rasage, mais il s'agit en fait d'émulsions très adoucissantes.

Patchs cosmétiques

Ce sont des découpes de matériau non tissé, adhésif, imbibées en ingrédients actifs.

Exemples : patch purifiant contre les points noirs à appliquer sur le nez, patch hydrogel traitant le contour des yeux, patch à la caféine dans les produits amincissants, patch à l'acide hyaluronique comme hydratant.

13

Composition générale des produits cosmétiques et d'hygiène corporelle

Produits d'hygiène et de toilette

PRODUITS NETTOYANTS

Définition et qualités requises

Les produits nettoyants sont des préparations cosmétiques destinées à éliminer les impuretés poussiéreuses, les cellules mortes, la sueur et le sébum. Ils n'ont pas de pouvoir de pénétration. Ils ne doivent pas être trop détergents et doivent respecter le pH cutané.

Savons

Ce sont des sels d'acides gras, obtenus par saponification en faisant agir une base minérale, soude ou potasse, sur un mélange d'esters d'acides gras (triglycérides) d'origine animale (suif) ou d'origine végétale (huile d'olive, de palme, de coprah, d'amande douce).
Les savons de toilette sont en général préparés à partir d'un mélange d'environ 80 % de suif et 20 % d'huiles végétales.

Composition

Les savons sont composés :
- de stéarate, palmitate, laurate de sodium ;
- de surgraissants : dérivés de la lanoline, huile d'amande douce, de maïs, amides de coprah ;
- d'adoucissants : lait d'avoine, huile de calendula, polysaccharides ;
- d'humectants : glycérine ;
- d'opacifiants : talc, oxyde de titane ;
- d'antioxydants : dérivé de tocophérol ;
- d'antiseptiques : acide sorbique ;
- de colorants, de parfums.

Caractéristiques

Ce sont des tensioactifs anioniques au pouvoir moussant élevé sauf en eau dure où ils précipitent les sels de calcium et de magnésium.
Ils sont très détergents et peuvent délipider excessivement l'épiderme.
Ils sont alcalins et peuvent provoquer des irritations cutanées (à éviter sur le visage).
Les savons dits surgras sont enrichis en sébum, lanoline, huile d'amandes douces.
Les savons transparents sont enrichis en glycérine.

Pains dermatologiques ou syndets solides

Syndet signifie « ***syn**thetic **det**ergent* ». Ce sont des détergents synthétiques.

Composition

Les syndets sont composés de tensioactifs anioniques doux, de tensioactifs amphotères et de non ioniques moins agressifs.
Les adjuvants améliorent les qualités physiques du syndet. Ce sont :
- des plastifiants (huile de ricin hydrogénée, alcools gras éthoxylés) ;
- des stabilisateurs de mousse (amides de coprah) ;
- des surgraissants ;
- des adoucissants ;
- des acidifiants : acide lactique ou tartrique.

Propriétés

- Ils ne précipitent pas en eau dure.
- Leur pH est adapté au pH cutané.
- Ils sont moins détergents, donc moins desséchants.

On peut les utiliser sur le visage.

« Savons liquides » ou syndets liquides

Ce sont des solutions de syndets composées de tensioactifs anioniques et amphotères.
On leur associe des surgraissants, des épaississants, des stabilisateurs de mousse et parfois des actifs cosmétiques.
On peut les utiliser sur le visage et sur le corps car ils ne sont pas agressifs.

PRODUITS DÉMAQUILLANTS

Laits : composition et utilisation

Ce sont des émulsions de faible viscosité, d'utilisation aisée, de faible détergence et qui respectent l'équilibre hydrolipidique. Destinées à être rincées, elles sont le plus souvent du type H/E.
La phase hydrophile, la plus importante, comprend généralement un hydrolat, des humectants.
La phase lipophile peut être à base d'huiles, végétales (amande douce, noyaux, *etc.*), minérales (huile de vaseline, *etc.*) ou synthétiques (esters d'acides gras), de cires (lanoline, *etc.*).
Les émulsionnants sont des tensioactifs, soit anioniques (ils risquent de piquer les yeux), soit non ioniques, mieux tolérés par la peau.
Le lait peut être utilisé sur le visage et sur le cou. On l'élimine ensuite par rinçage à l'aide d'un coton imbibé d'eau ou de lotion.

Crèmes

Ce sont des émulsions à viscosité élevée renfermant des tensioactifs anioniques ou amphotères.
On les élimine par rinçage.

Compacts

Ce sont des émulsions déshydratées que l'on utilisera avec un coton ou un gant humide, ce qui reconstituera la phase aqueuse.
On peut les utiliser sur des peaux sensibles.

Mousses

Ce sont des émulsions de type H/E, additionnées d'un gaz et présentées en conditionnement pressurisé.

Gels

Ils sont constitués d'un tensioactif gélifié par un dérivé vinylique ou acrylique, d'un filmogène surgraissant comme l'huile de ricin, d'eau, de conservateur. Le produit mousse légèrement avec l'eau. Il faut le rincer soigneusement.

Huiles

Ce sont des mélanges d'huiles végétales, minérales ou synthétiques très fines auxquelles on ajoute un tensioactif qui permettra l'élimination du produit à l'aide d'eau ou de lotion.

Démaquillants pour les cils et les paupières

Ces produits ne doivent pas irriter la muqueuse oculaire, ni déshydrater les paupières, ni les faire gonfler.
Ils doivent avoir un pH voisin de celui des larmes.
On les trouve sous forme de :
- lotions : à base d'hydrolats, de tensioactifs doux et de conservateurs antimicrobiens ;
- gels : à base de lotions gélifiées par des dérivés vinyliques ou cellulosiques ;
- huiles : elles dissolvent bien les produits de maquillage, même ceux résistant à l'eau. On y ajoute un tensioactif qui permet de rincer plus facilement. On peut imprégner des disques de tissu d'huile démaquillante ;
- laits : on utilise des matières premières non irritantes. Ce sont des émulsions du type H/E renfermant des tensioactifs non ioniques et des substances lipidiques.

Les huiles et les laits utilisés pour éliminer les maquillages *waterproof* doivent être soigneusement rincés pour éviter irritation et gonflement des paupières.

Eaux micellaires

Elles sont à base d'eau et de micelles ou microgouttelettes de tensioactif doux qui absorbent les impuretés et les résidus de maquillage. On ajoute des principes actifs choisis selon le type de peau traitée.
Elles ne nécessitent pas de rinçage.

Lotions faciales ou toniques

Ce sont des solutions destinées à parfaire le démaquillage.

Composition

Les lotions sont le plus souvent à base :

- d'eau distillée de plantes ou hydrolats comme les eaux de rose, d'hamamélis, de sauge ;
- d'humectants (glycérol, sorbitol), qui rendent la peau lisse ;
- de viscosants, qui améliorent l'adhérence à la peau ;
- parfois d'alcool à faible degré alcoolique pour tonifier, rafraîchir et aseptiser ;
- d'adoucissants, comme l'allantoïne, l'azulène ;
- d'astringents, comme l'alun, le tanin, l'acide tartrique.

Eaux thermales

Elles se présentent sous forme de brumisateurs. Ce sont de très bons compléments des produits nettoyants. Riches en sels minéraux et en oligoéléments, elles font bénéficier la peau des bienfaits de l'eau thermale et provoquent un micromassage du fait de la pulvérisation.

Avène

Eau bicarbonatée très riche en oligoéléments variés.
Actions : cicatrisante, anti-irritante, apaisante.

Évian

Eau bicarbonatée, calcique, magnésienne, très riche en oligoéléments, en sulfates, en silice.
Actions : hydratante, tonifiante, rafraîchissante, anti-irritante.

La Roche-Posay

Eau bicarbonatée très riche en zinc, sélénium, cuivre, silicium.
Actions : antiseptique, antiradicalaire, apaisante, décongestionnante.

Uriage

Eau très riche en oligoéléments et en sels minéraux.
Actions : antiradicalaire, apaisante, filmogène, antiseptique.

PRODUITS DE GOMMAGE

Définition

Ce sont des préparations cosmétiques qui accélèrent la desquamation naturelle des cellules cornées ou cornéocytes et stimulent les couches profondes de l'épiderme.
On les trouve sous forme de lotion, gel, mousse, crème, poudre ou granulés à dissoudre dans une lotion appropriée.
Les produits de gommage ont deux types d'action qui conditionnent leur composition.

- **Une action mécanique ou abrasive**
  Ils agissent par frottement.
  Composition :
  - poudre de noyaux finement pulvérisés ;
  - poudre de coque de grain de riz ;
  - poudre de noix de coco ;
  - poudre de nacre ;
  - gomme polyvinylique ;
  - microbilles de cire de polyéthylène ;
  - microcristaux d'oxyde d'aluminium (effet de microdermabrasion) ;
  - microcristaux de carbonate de calcium.

- **Une action chimique ou lytique**
  Ils agissent en détruisant la kératine des cornéocytes de surface.
  Composition :
  - enzymes kératolytiques extraites de la papaye, de la figue de barbarie ;
  - acide salicylique ;
  - acide glycolique.

Indications

Les produits de gommage peuvent être utilisés sur des peaux grasses, sur la partie médiane des peaux dites « mixtes » et sur les peaux sénescentes.
On les utilise de plus en plus sur le corps : décolleté, dos, bras, jambes, pieds et mains.

Contre-indications

Ils sont contre-indiqués sur les peaux fragiles, irritables, ayant des problèmes vasculaires.

Produits désincrustants pour les hommes

Ils permettent d'éviter les poils de barbe incarnés qui peuvent provoquer des infections du follicule ; de plus, ils nettoient et affinent le grain de peau.
Ils se présentent sous forme de gel ou de crème. Leur action est :
- soit abrasive : ils contiennent alors des microbilles de silice, de la poudre de noyaux ou des microbilles de polyéthylène ;
- soit chimique : ils contiennent alors de l'acide glycolique ou salicylique.

PRODUITS POUR LE BAIN ET LA DOUCHE

Savons

Définition

Ce sont des sels d'acides gras résultant de la saponification, qui est l'action d'une base (soude ou potasse) sur un corps gras végétal ou animal. Selon la base utilisée, on obtient soit des savons durs (soude), soit des savons mous (potasse).

Composition

- Corps gras : suif, huile de coprah, huile d'olive, huile de palme, *etc.*
- Alcalis : soude ou potasse.
- Adjuvants.
- Surgraissants : dérivés de la lanoline, huile d'amande douce, *etc.*
- Adoucissants : huile de calendula, polysaccharides, *etc.*
- Humectants : glycérine, *etc.*
- Opacifiants : talc, oxyde de zinc, *etc.*
- Antioxydants et antiseptiques.

Caractéristiques

Les savons sont des tensioactifs anioniques.
Ils sont alcalins, donc ils augmentent le pH cutané.
Ils possèdent un grand pouvoir détergent qui dénature le film hydrolipidique cutané.
Ils précipitent sous forme de sels de calcium en présence d'eau dure.

Syndets solides *(synthetic detergents)* ou pains dermatologiques

Composition

Ils sont composés :
- de tensioactifs anioniques doux ;
- de tensioactifs amphotères ;
- de tensioactifs non ioniques.

On leur ajoute des adjuvants comme :
- des stabilisateurs de mousse : amides de coprah, *etc.* ;
- des plastifiants pour améliorer la consistance : esters de polyols, *etc.* ;
- des surgraissants et des adoucissants : huile d'amande douce, lipoaminoacides, *etc.* ;
- des acides faibles pour ajuster le pH : acide lactique, *etc.*

Caractéristiques

Ils ont une bonne tolérance cutanée et oculaire.
Ils respectent le film hydrolipidique cutané.
Ils ne se modifient pas en présence d'eau dure.

Savons liquides, syndets liquides et gels moussants

Composition

- Les savons liquides sont des solutions aqueuses de savons à pH alcalin (savons pour les mains).
- Les syndets liquides sont des solutions aqueuses de mélange de tensioactifs.
- Les gels moussants sont des solutions aqueuses de tensioactifs auxquelles on ajoute des agents gélifiants, des surgraissants, *etc.*

Ces trois types de produits nettoyants comprennent tous dans leur formule :
- des épaississants : gommes, dérivés de la cellulose, *etc.* ;
- des stabilisateurs de mousse : amides de coprah, *etc.* ;
- des surgraissants : huiles végétales, *etc.* ;
- des correcteurs de pH : acide lactique, *etc.* ;
- des conservateurs, des antiseptiques, *etc.* ;
- des parfums ;
- des actifs cosmétiques : extraits végétaux, *etc.*

Bains moussants

Ils sont destinés à produire une mousse abondante et stable dans l'eau du bain.
Ils contiennent :
- des tensioactifs anioniques choisis pour leur pouvoir moussant ;

- des tensioactifs amphotères ;
- des stabilisateurs de mousse ;
- des épaississants ;
- des adoucissants ;
- des parfums, des colorants ;
- des conservateurs, des antiseptiques ;
- des principes actifs cosmétiques, comme des extraits végétaux.

Ne pas oublier le rinçage.

Huiles de bain

Ce sont des huiles parfumées, d'origine végétale, animale ou synthétique, qui pallient les effets desséchants du savon et de l'eau.
Elles sont rendues hydrodispersibles par adjonction d'un tensioactif non ionique.

Sels de bain

Ce sont des produits cristallisés à base de carbonate, bicarbonate et chlorure de sodium.
Ils sont colorés, parfumés et adoucissent l'eau du bain.

Perles de bain

Ce sont des capsules molles de gélatine renfermant des adoucissants et des parfums.

Tablettes ou galets

Elles ont une dissolution effervescente due à la présence d'acide citrique et de bicarbonate dans leur composition.

Crèmes de bain

On ajoute un corps gras à la formulation d'un bain moussant ou d'un gel moussant.

DÉODORANTS

Définition

Ce sont des produits destinés à supprimer ou à réduire les odeurs corporelles désagréables dues à la décomposition, par la flore microbienne cutanée, de la sécrétion sudorale apocrine.
Ils peuvent agir :
- soit par action antiseptique ;
- soit par neutralisation des odeurs ;
- soit en associant ces deux types d'action.

Ils se présentent sous forme pressurisée (aérosol), sticks, flacon à bille.

Composition

Antiseptiques

Les micro-organismes se trouvant normalement à la surface de la peau, dégradent la sueur et provoquent ainsi l'odeur désagréable de la transpiration.
Les antiseptiques agissent en limitant leur développement.
On utilise surtout le triclosan, des huiles essentielles.

Produits neutralisant les odeurs : capteurs et masqueurs d'odeurs

Ils agissent par séquestrage des molécules malodorantes. On utilise :
- des adsorbants : talc, oxyde de zinc, *etc.*
- des complexants : le ricinoléate de zinc ;
- des parfums.

ANTITRANSPIRANTS

Définition

Ce sont des produits destinés à limiter la sécrétion sudorale excessive des mains, des aisselles et des pieds.
Ils agissent en obstruant l'orifice des canaux excréteurs des glandes sudoripares. Cette obstruction est obtenue par coagulation protéique et hyperkératose.

Composition

Les actifs antitranspirants sont essentiellement à base :
- d'hydroxychlorure d'aluminium ;
- d'hydroxychlorure double d'aluminium et de zirconium (interdit en conditionnement pressurisé).

Formes et conditionnement

Déodorants et antitranspirants peuvent se présenter sous forme de :
- aérosols : ce sont des solutions de l'actif dans un gaz pulseur ;
- sticks : ce sont des gels ou lotions avec parfois un roulement à billes pour en faciliter l'utilisation ;
- sprays : ce sont des lotions ou émulsions ;
- « aérosols secs » : le principe actif est déposé sur la peau après évaporation des autres composants ;
- savons-déodorants : on incorpore au savon l'ingrédient actif précité ;

- crèmes : émulsions H/E avec l'actif incorporé ;
- lingettes en non-tissé cellulosique imprégnées de lotions ou d'émulsions actives.

PRODUITS POUR LE RASAGE

Le rasage est une agression cutanée quotidienne qui peut provoquer une irritation et une déshydratation importante. L'épiderme devient sensible.

Produits pour le rasage mécanique (rasage humide)

Ces produits doivent humidifier le poil, le ramollir et prévenir les irritations éventuelles.

Produits moussants

Ces produits s'utilisent avec le blaireau, qui permet ainsi le développement de la mousse, sur une peau humide.

Savons à barbe

Ils se présentent comme des savonnettes dans des bols ou des coupelles. Leur composition est celle d'un savon.

Crèmes à raser moussantes

Elles se présentent en tube et contiennent :
- un savon dans de l'eau et de la glycérine ;
- des humectants : glycérol, sorbitol ;
- des adoucissants : allantoïne, calendula, bisabolol ;
- des filmogènes : polymères cellulosiques, polyvinylpyrrolidone (PVP) ;
- des antiseptiques, parfois, pour les peaux séborrhéiques : irgasan, hexamidine.

Mousses à raser

Elles sont en conditionnement pressurisé.
Ce sont des émulsions H/E, qui contiennent :
- des corps gras (huile de vaseline, de l'acide myristique, des amides gras, de la lanoline) ;
- des tensioactifs non ioniques ou des savons ;
- des épaississants, des humectants, des filmogènes ;
- des adoucissants ;
- un gaz propulseur (butane-propane).

Produits non moussants

Crèmes à raser sans blaireau

Elles s'utilisent sans blaireau et se présentent en tube.
Ce sont des émulsions H/E qui contiennent :
- de l'huile de vaseline, des dérivés de la lanoline ;
- des tensioactifs non ioniques ;
- des humectants : sorbitol, glycérol ;
- des gélifiants : dérivés de la cellulose, gel d'aloès ;
- des filmogènes : polyvinylpyrrolidone ;
- des lubrifiants : silicones.

Elles sont d'une utilisation plus rapide, sont moins irritantes et conviennent mieux aux peaux fragiles car elles laissent un film gras.

Gels à raser

Ils se présentent sous forme moussante ou non moussante, en tube ou en conditionnement pressurisé. Leur formule est à peu près identique à celle des produits précédents.

Produits pour rasage à sec (rasage électrique)

Le rasage électrique est irritant, il doit donc être précédé de l'application de lotion avant rasage.

Lotions de prérasage pour le rasage électrique

Elles sont utilisées lors des rasages électriques, pour favoriser l'érection et le durcissement du poil. Elles sont à base de solutions hydroalcooliques, de résines acryliques, de menthol, de dérivés siliconés hydrophobes. L'effet astringent destiné à redresser le poil est obtenu avec l'alcool et des sels d'aluminium.

Talcs

Le talc permet au rasoir de glisser plus facilement. Il se présente sous forme de boîte poudreuse ou de stick (talc + gélifiant)

Produits après rasage

Ces produits se présentent sous forme d'émulsion fluide non grasse, de baume, de gel, de lingettes imprégnées, de lotion.

Qualités requises

Ces produits doivent :
- rafraîchir ;
- apaiser les réactions d'irritation (rougeurs, tiraillements, picotements) ;
- hydrater ;
- faciliter la cicatrisation.

Composition

- Cicatrisants et hémostatiques : allantoïne, aloès, sels de zinc, alun de potassium.
- Rafraîchissants : menthol.
- Apaisants : bisabolol, biolysat hafnia, huile de carthame, aloès.
- Hydratants : collagène, triglycérides, sorbitol.
- Antiseptiques : triclosan.

Les bâtonnets de sulfate d'alun, à usage unique et aux propriétés hémostatiques, sont indispensables pour les petites coupures.

Produits de soins esthétiques

MASQUES

Ce sont des préparations cosmétiques de consistance variée, pouvant s'appliquer sur le visage, le cou, le décolleté, le dos, les mains et les pieds. Ils peuvent hydrater, raffermir, détendre les traits et favoriser la pénétration des actifs.

Masques appliqués à froid

On les étend au doigt, au pinceau ou à la spatule.

Masques crème

Ce sont soit des émulsions E/H ou H/E, soit des suspensions stabilisées dans une émulsion. On y incorpore des ingredients actifs tels que :

- des poudres absorbantes, comme l'argile, le kaolin, le carbonate de calcium, *etc.* ;
- des humectants : glycérol, propylène-glycol ;
- des gélifiants : alginates ;
- des adoucissants : talc, oxyde de titane, amidon ;
- des astringents : alun, tanin, *etc.* ;
- des extraits de plantes ;
- des oligoéléments ;
- des huiles essentielles ;
- du collagène, de l'élastine.

Ces masques sont appliqués en couche épaisse. Ils peuvent sécher complètement en durcissant ou conserver une certaine onctuosité.
On les élimine à l'aide d'éponges, ou de cotons humides.
Actuellement, certains de ces masques crème se posent pendant une dizaine de minutes, le surplus est absorbé sur des « kleenex » et le reste constitue la base de maquillage.

Masques gel

Ce sont des préparations transparentes ou semi-transparentes à base de substances gélifiantes telles que :

- gomme adragante, gomme arabique ;
- carraghénates ;
- résines acryliques ;
- gélatine, *etc.*

et d'ingrédients actifs divers comme :

- extraits tissulaires ;
- collagène ;
- levures de bière ;
- extraits de sucs végétaux, *etc.*

La pose et le retrait sont identiques à ceux des masques précédents. Certains masques gels à base d'alginates durcissent après pulvérisation d'une solution coagulante : ils se posent sur le visage avec une gaze et se retirent par décollement.

Masques poudre

Ils sont constitués par des mélanges de poudres absorbantes :

- d'origine minérale : kaolin, bentonite, boues thermales, argile ;
- d'origine végétale : poudre de plantes sèches, algues micronisées ;

et d'autres composants comme :

- des astringents : alun, tanins ;
- des humectants : glycérol, propylèneglycol ;
- des assainissants : levure de bière, camphre, menthol ;
- des régulateurs de flux séborrhéique : extrait végétal de bouleau blanc, oligoéléments, vitamine B6.

Ces masques se présentent soit en poudre à mélanger extemporanément à des hydrolats ou des huiles végétales, soit tout prêts à l'emploi. Leur action est absorbante, nettoyante, et astringente. Ils sont donc destinés à des peaux grasses.

Cosmétologie

La pose se fait au doigt ou au pinceau, le retrait à l'éponge ou au coton humide.

Masques en film ou en pellicule

Ce sont des masques que l'on applique en couche mince (doigt ou pinceau) et qui forment un film transparent continu et élastique.
Après un séchage rapide, on les retire directement par décollement. Ils permettent une mise en beauté rapide.
Ils sont composés :

- de substances filmogènes comme les polymères acryliques, le polyvinyle pyrrolidone, les gommes, *etc.* ;
- d'opacifiants : kaolin, argiles ;
- de tenseurs cutanés comme l'albumine.

Leur action dépend des ingrédients actifs qui y sont incorporés.

Masques au plâtre auto-chauffants

Le plâtre (sulfate de calcium), additionné d'eau, durcit en dégageant de la chaleur. Pour lui donner de la consistance, on lui ajoute des fibres végétales.
On l'applique au pinceau sur le visage enduit d'une crème contenant des principes actifs adaptés au type de peau. La chaleur provoque une vasodilatation facilitant la pénétration des principes actifs. On le retire par décollement. On utilise ce type de masque surtout pour des peaux sénescentes.

Masques ampoule

Le terme de masque est impropre, car il s'agit en fait d'ampoules renfermant des principes actifs qui ont un effet tenseur momentané sur la peau, comme les albumines animales ou des hydrolysats de protéines, *etc.* Ils possèdent une action antirides passagère et permettent le maquillage immédiat (ampoules « coup d'éclat »). Ces ampoules s'appliquent au doigt par tapotements légers.

Masques pour le contour des yeux et des paupières

Ils doivent réhydrater la peau flétrie du contour de l'œil et des paupières, la lisser et la détendre, tout en respectant cet épiderme mince et fragile.
Ils se présentent le plus souvent sous forme de gels et d'émulsions légères compatibles avec le pH lacrymal.
Les principes actifs ont :

- une action décongestionnante : extraits végétaux ;
- une action « lissante » : extraits protéiniques, collagène, élastine ;
- une action hydratante : extraits d'algues, polyols, acide hyaluronique.

Masques fibres

Ils sont réalisés en fibres non tissées (polyester, viscose ou coton), ce qui donne une matière ultra fine et très douce qui a la capacité de transférer l'ingrédient actif à la peau.
Le non-tissé est prédécoupé dans une forme adaptable au visage. À usage unique, présenté à l'unité, ces masques garantissent une vraie sécurité en matière d'hygiène. Le non-tissé permet d'utiliser des émulsions hydratantes et régénérantes.

Masques appliqués à chaud

Ils se présentent sous un aspect solide ; on les étend au pinceau après chauffage au bain-marie.
On pratique au préalable une touche d'essai sur la face interne du poignet, pour vérifier la température. Ces masques se posent parfois sur une gaze et se retirent par décollement.

Composition

Ce sont des mélanges de :

- caoutchouc ;
- cires microcristallines ;
- paraffine ;
- huiles minérales ;

auxquels on peut ajouter :

- de l'oxyde de zinc, de titane ;
- de l'argile.

Les ingrédients actifs sont du type :

- boues thermales ;
- oligoéléments ;
- azulène.

On les applique tièdes. Ils sèchent et durcissent par refroidissement. Ils se retirent par décollement.
Leur action occlusive favorise la perspiration, donc l'humidification de la couche cornée.
La température provoque une légère vasodilatation favorable à la pénétration des principes actifs qui ont été appliqués au préalable sur la peau sous forme de crèmes, ampoules, *etc.*
Ces masques possèdent également une action remodelante et relaxante due à l'immobilisation momentanée du visage.

Conclusion

D'une façon générale, les masques s'utilisent une fois par semaine en moyenne. Leur durée

d'application varie de dix à vingt minutes, voire vingt-cinq minutes.
Les effets déjà cités dépendent donc des principes actifs qui sont choisis selon le type de peau ; nous les résumerons donc :

- action nettoyante, obtenue par la présence de produits absorbants et désincrustants qui éliminent les cellules mortes et autres impuretés ;
- action normalisatrice des sécrétions séborrhéiques, par absorption et rétablissement de l'équilibre acidobasique ;
- action hydratante, obtenue par la présence d'humectants et de principes actifs hydratants ;
- action stimulante et raffermissante. L'effet occlusif génère une vasodilatation qui stimule les fonctions métaboliques de la peau et améliore la pénétration des principes actifs ;
- action lissante et remodelante, due à l'effet tenseur immédiat de certains principes actifs.

SÉRUMS

Ce sont des produits cosmétiques très concentrés en ingrédients actifs, qui se présentent sous forme de solutions, gels ou émulsions fluides.
Exemples : sérum tenseur « coup d'éclat », raffermissant, anti-âge, contour des yeux, antitache, capillaire, *etc.*

Crèmes de soins esthétiques

CRÈMES DE PROTECTION

Ces crèmes doivent protéger la peau des conditions climatiques extrêmes : le froid, le vent, le soleil, l'eau, *etc.*
Ce sont des émulsions de type E/H dont l'action doit être occlusive. Les composants sont des hydrocarbures, des cires, des alcools gras et des surgraissants.
Les ingrédients actifs dépendent du type de protection recherché.

CRÈMES DE SOIN

Ce sont des émulsions E/H ou H/E, contenant des actifs choisis selon le but recherché.
On distingue :

- les crèmes hydratantes, l'émulsion sera H/E pour une peau sèche et E/H pour une peau très sèche ;
- les crèmes pour peau grasse, l'émulsion est H/E ;
- les crèmes pour les peaux fragiles et irritables, l'émulsion est H/E ou H/E si la peau est soumise aux intempéries ;
- les crèmes anti-âge, le plus souvent l'émulsion est E/H mais pas toujours car les principes actifs ont un rôle important ;
- les crèmes contour des yeux se présentent le plus souvent sous forme de gel ou d'émulsion légère H/E ;
- les bases de maquillage, l'émulsion est fluide H/E ;
- les crèmes pour les mains ;
- les crèmes dépigmentantes, l'émulsion est le plus souvent E/H.

Les différents ingrédients actifs ont été traités page 176.

Produits solaires

L'objectif d'une photoprotection est d'éviter l'érythème solaire et le vieillissement cutané.
Les UVA sont pénétrants et vieillissent prématurément la peau.
Les UVB sont les plus érythématogènes, donc les plus brûlants.
Les IR (infrarouges) provoquent vasodilatation, rougeur et ils potentialisent les effets néfastes des UV.

CHOIX DU PRODUIT

Le choix du produit est déterminé par le phototype et les conditions d'ensoleillement.

Phototype

Tous les individus ne sont pas égaux face au soleil. Plus l'épiderme est pigmenté, plus il résiste à l'agression solaire. La pigmentation dépend du capital génétique de chacun.
Le phototype traduit l'aptitude à l'érythème et à la pigmentation. Il existe différents types de phototype (*cf.* page 123).

Conditions d'ensoleillement

Plusieurs facteurs sont à prendre en considération lors des séances de bronzage.

Altitude

La quantité d'UVB augmente de 4 % tous les 300 m ; à 1 500 m, il y a 20 % d'UVB de plus qu'au bord de la mer.

Latitude

Plus on se rapproche des tropiques, plus la quantité d'UVB est importante.

Réflexion

Elle varie selon la nature du sol : 85 % pour la neige, 5 à 25 % pour le sable, 5 % pour l'eau, 3 % pour l'herbe.

Heure

Le maximum de rayonnement UV se situe entre 11 heures et 15 heures.

Nuages

Ils absorbent seulement les IR.

INDICE DE PROTECTION : LÉGISLATION ET ÉTIQUETAGE

Les filtres sont caractérisés par leur indice de protection (IP), encore appelé facteur de protection solaire (FPS) ou *sunburn protection factor* (SPF).

LÉGISLATION

La Commission européenne a **uniformisé l'étiquetage des produits solaires,** en fonction des types de peau (clair ou mat) et des degrés d'ensoleillement.
L'indice de protection solaire comprend désormais quatre niveaux :
– faible protection : FPS (IP, SPF) de 6 à 10 ;
– moyenne protection : FPS de 15 à 25 ;
– haute protection : FPS de 30 ou 50 ;
– très haute protection : FPS de 50 + .
La **double protection UVB/UVA** est obligatoire et devra être notifiée.
La protection UVA doit représenter au moins un tiers de la protection UVB.
Ainsi, une protection anti-UVB de 30 implique une protection UVA de 10.
Les mentions « écran total » ou « protection totale » sont interdites.

PHOTOPROTECTEURS

Ce sont des substances d'origine naturelle ou synthétique capables de diminuer l'action du rayonnement solaire.

Écrans d'origine minérale

Ils agissent par réflexion et dispersion du rayonnement solaire.
Ce sont des poudres d'origine minérale comme :
- oxyde de zinc ;
- oxyde de titane ;
- oxydes de fer ;
- mica-titane.

Les poudres pigmentaires sont opaques et laissent un dépôt blanc à la surface de la peau. Les poudres ultra-fines de granulation inférieure donnent des préparations transparentes.
Ces écrans sont utilisés dans les produits à haute protection. Ils protègent contre les UVB, les UVA, et en ce qui concerne le mica-titane, contre les IR.
Ils ne sont pas allergisants, ce qui les rend intéressants pour les enfants, les peaux intolérantes et les personnes allergiques aux filtres organiques.
La plupart des produits solaires associent dorénavant filtres et écrans afin de protéger des UVB et des UVA.

Filtres organiques

Ils agissent par absorption sélective des radiations solaires. Ce sont des molécules d'origine synthétique.

Filtres n'absorbant que les UVB érythémateux

- Dérivés de l'acide para amino benzoïque (PABA) et ses esters.
- Dérivés du benzylidène-camphre.
- Dérivés cinnamiques.
- Salicylates.

Filtres absorbant les UVA

- Dérivé du dibenzoylméthane.
- Dérivé du benzylidène-camphre (*Mexoryl SX*).

Antiradicalaires

Ils sont introduits dans les préparations solaires pour protéger la peau des effets des radicaux libres générés par les radiations solaires et particulièrement par les UVA :

- vitamine E ou alpha tocophérol ;
- bêta-carotène ;
- lycopène ;
- flavonoïdes ;
- SOD (superoxyde dismutase) ;
- extraits végétaux (ginkgo biloba), *etc.*

LÉGISLATION

27 filtres sont définitivement inscrits dans l'Annexe VII de la Directive Cosmétique Européenne.

CARACTÉRISTIQUES DES PRODUITS SOLAIRES

Substantivité

C'est la capacité d'un produit solaire à se maintenir dans le temps à la surface de l'épiderme et au niveau de la couche cornée (résistance à l'évaporation et au frottement).

Rémanence

Elle traduit le maintien des capacités de photoprotection après immersion et sudation.
La plupart des produits solaires sont testés résistants à l'eau selon des méthodes approuvées par la FDA (bain d'eau salée à 30 °C pendant 20 minutes, séchage à l'air puis deuxième bain), ce qui autorise la mention « résistant à l'eau ».

Indice de protection (IP) ou facteur de protection solaire (FPS) ou *Sun Protection Factor* (SPF)

L'indice de protection (IP) concerne les UVB, celui des UVA doit être obligatoirement le tiers de l'IP.
Le pouvoir protecteur IP ou FPS est le rapport de la dose minimale érythémateuse avec photoprotecteur à la dose minimale érythémateuse sans photoprotecteur :

$$\text{IP ou FPS} = \frac{\text{DME avec photoprotecteur}}{\text{DME sans photoprotecteur}}$$

Le choix de l'indice de protection du photoprotecteur dépend du risque solaire.

FORMES DES PRODUITS

Les filtres, les écrans et les antiradicalaires sont incorporés dans des formes galéniques diverses.

Huiles

Elles sont constituées de mélanges d'huiles végétales (coco, sésame, olive, arachide), d'huile de paraffine et de silicone.
Elles s'étalent facilement, résistent à l'eau, mais sont peu protectrices.

Émulsions : crèmes, laits

On utilise des émulsions E/H ou H/E plus ou moins fluides. Les crèmes à phase continue aqueuse sont rapidement éliminées par la sueur et l'eau, tandis que les crèmes à phase continue huileuse sont plus rémanentes.

Gels non gras

Ils sont à base d'émulsions gélifiées.

Sticks, baumes

Ils sont à base de cires, de paraffine, d'huile de ricin. On les utilise sur les lèvres et sur des petites surfaces au niveau du visage.

Lingettes

Elles sont imprégnées de produits solaires et à usage unique.

PRODUITS SOLAIRES POUR LES CHEVEUX

Comme la peau, les cheveux sont agressés par les rayons solaires : les écailles se soulèvent et finissent par casser, appauvrissant la kératine et provoquant la fuite des pigments : une protection capillaire est donc conseillée. Les indices de protection sont adaptés au degré d'usure de la fibre.

Ces produits se présentent sous forme d'huile, de gelée, de spray aux propriétés hydrophobes, filtrantes et réfléchissantes qui protègent contre les UVA, les UVB, mais également contre le sel, le sable, le vent et le chlore des piscines.

CONSEILS POUR UNE EXPOSITION SOLAIRE

Choisir un photoprotecteur en fonction de :
- son phototype (peau claire ou mate) ;
- de l'ensoleillement qui dépend de la latitude et de l'altitude, et de la durée de l'exposition.

Appliquer le produit solaire (20 minutes avant l'exposition) en quantité suffisante et en renouveler l'application régulièrement (surtout après le bain et le sport) en insistant sur le nez, les oreilles, le crâne (glabre).

Préférer un stick pour les lèvres.

Éviter de s'exposer entre 11 heures et 16 heures.

Après l'exposition au soleil, appliquer une crème apaisante, hydratante, rafraîchissante sur le corps et le visage.

PRODUITS APRÈS SOLEIL

Ce sont des produits qui se présentent sous forme de laits, de crèmes, de gels.

Ils ont pour but :
- d'apaiser la sensation de chaleur ;
- de rafraîchir ;
- de rétablir l'équilibre hydrique ;
- de prolonger le bronzage en luttant contre le dessèchement cutané ;
- de lutter contre les radicaux libres, comme la vitamine E, les flavonoïdes, *etc.*

Ingrédients actifs

Apaisants

- Allantoïne.
- Acide glycyrrhétinique.
- Biolysat hafnia.
- Bisabolol.
- Gel d'aloès.
- Calendula.

Rafraîchissants

- Dérivés du menthol.

Antidesséchants

- Beurre de karité.
- Rétinol.
- Germes de blé.
- Acides gras insaturés.
- Jojoba.
- Insaponifiables.
- Lécithine.
- Collagène.
- Élastine.

PRODUITS ACTIVATEURS DE BRONZAGE

Ils accélèrent la mélanogenèse. Ils sont à base de :
- tyrosine : acide aminé, précurseur de la mélanine ;
- cupropeptides : groupements d'acides aminés renfermant un ion cuivre ; ils stimulent l'activité de la tyrosinase, enzyme indispensable à la formation de mélanine.

DÉPIGMENTANTS

On les utilise contre les taches solaires.

Ils inhibent la synthèse de la mélanine en agissant principalement sur la tyrosinase :
- acide azélaïque ;
- acide kojique ;
- extrait de thé vert ;
- extrait de la mandarine du Japon ;
- vitamine B3 ou PP ;
- arbutine présent dans de nombreuses espèces végétales comme la busserole, l'arbousier, *etc.*
- extrait de réglisse,
- extrait de mûrier blanc ;
- extrait de scutellaire ;
- extrait de pâquerette ;
- acide ascorbique ou vitamine C.

Certaines préparations contiennent, en plus, des alpha ou bêta hydroxyacides qui accélèrent la desquamation des cellules pigmentées.

AUTOBRONZANTS

Ils se présentent sous forme de laits, crèmes, gels, lotions ou mousses en spray, lingettes, *etc.*

Ils sont à base de DHA (dihydroxyacétone) qui se combine avec les acides aminés de la peau pour former des polymères colorés, les mélanoïdines.

La coloration se développe en quelques heures et dure plusieurs jours.
L'association de la DHA avec un autre sucre, l'érythrulose, permet d'obtenir un bronzage plus éclatant et plus stable.

Les autobronzants ne sont pas photoprotecteurs. La date de péremption doit être indiquée.

Produits pour la beauté des mains et des pieds

VERNIS À ONGLES

Ils sont destinés à donner à l'ongle un brillant et une coloration devant durer plusieurs jours.
Ils se présentent dans un flacon de verre dont le bouchon est muni d'un pinceau.

Qualités requises

Les vernis à ongles doivent :
- s'étaler facilement ;
- posséder une bonne adhérence et une bonne tenue ;
- avoir une coloration stable à la lumière ;
- sécher rapidement ;
- ne pas être desséchants pour l'ongle.

Composition

Dans un vernis, on trouve les composants suivants.

Éléments filmogènes

Ils constituent le film transparent et brillant à la surface de l'ongle.
On utilise de la nitrocellulose à des concentrations variées.

Résines

Elles améliorent la brillance et l'adhérence du film :
- résines d'origine naturelle comme la colophane, la gomme kouri ;
- résines synthétiques : résines polyesters, résines acryliques, résines à base de formol.

Plastifiants

Ils facilitent l'étalement et rendent le film plus souple :
- phtalates de butyle ;
- camphre.

Solvants

Ils permettent la dissolution des nitrocelluloses et des résines.
Ils déterminent le temps de séchage :
- acétates de butyle, méthyle, éthyle ;
- acétone, butanone.

Diluants

Ils permettent la dilution du mélange et stabilisent la viscosité :
- toluène, xylène.

Colorants

- Colorants solubles : ils donnent des vernis translucides et très brillants.
- Pigments insolubles : ils donnent des vernis couvrants (vernis laqués). Les plus utilisés sont :
  - les pigments minéraux : oxydes de fer et de titane ;
  - les pigments organiques : dérivés azoïques ;
  - les poudres métalliques : aluminium.

Agents thixotropes

Ils évitent la sédimentation des pigments minéraux et diminuent la viscosité du vernis.
Après agitation, ils rendent le vernis plus fluide : la bentonite, la silice, *etc.*
Pour améliorer la fluidité, on ajoute également des petites billes métalliques dans le flacon.

Agents nacrants

Cristaux de guanine, mica-titane, oxychlorure de bismuth.

Paillettes

Particules de polyéthylène.

Surgraissants

Les solvants et diluants ayant une action délipidante sur l'ongle, il convient de leur ajouter des dérivés de la lanoline.

BASE DE VERNIS

Elle a pour but de protéger l'ongle des colorants.
Elle possède à peu près la même composition que le vernis, mais elle renferme plus de résines pour améliorer l'adhérence. Elle est donc sans colorants.

VERNIS PROTECTEUR OU FIXATEUR

On l'utilise pour protéger le vernis des agressions extérieures.
Il est incolore.
Sa composition est très semblable à celle du vernis, mais il renferme plus d'éléments filmogènes et de solvant.
Il peut se présenter en flacon ou en conditionnement pressurisé.

DISSOLVANT

Il permet de démaquiller l'ongle.

Composition

Il est à base de solvants légers comme :
- des esters : acétates de méthyle, de butyle, d'amyle, *etc.* ;
- des cétones : acétone, méthylcétone, *etc.* ;
- des alcools : éthanol, butanol, *etc.*

On ajoute des surgraissants pour reconstituer le film hydrolipidique de l'ongle : huiles de ricin, d'olive, de vison ; dérivés de la lanoline.

PRODUITS ÉMOLLIENTS

Ils permettent d'éliminer les excès de cuticule.

Composition

Elle est à base de solutions alcalines de soude, potasse ou triéthanolamine.
On y ajoute parfois un élément surgraissant, un épaississant.
La concentration de soude et de potasse ne doit pas dépasser 5 %.
Ne pas oublier le rinçage soigneux des mains après utilisation.

Forme

Elle se présente en solutions, crèmes, feutres.

LÉGISLATION

Étiquetage
L'Annexe III de la Directive Cosmétique Européenne impose une concentration maximale de 5 % et un avertissement sur l'étiquetage :
« Contient un agent alcalin. Éviter tout contact avec les yeux. Danger de cécité. Tenir à l'écart des enfants ».

HUILE OU CRÈME NOURRISSANTE

On l'applique au niveau du bourrelet pour l'assouplir, favoriser la pousse de l'ongle et le protéger.

Composition

Elle est à base :
- d'huiles : de lin, riche en vitamine F, de jojoba, de ricin, *etc.* ;
- de beurre de karité, de coprah ;
- de kératine, lécithine, hydrolysat de protéines, acides aminés soufrés.

VERNIS CORRECTEURS

Durcisseur pour ongles

Il est formulé pour fortifier et durcir les ongles mous.
Il est à base le plus souvent de : formol, poudre de diamant, de silicium, de fer, de calcium, de magnésium, d'alun de potassium, *etc.*, résine et filmogène.

LÉGISLATION

Pour le formol, l'Annexe III de la Directive Cosmétique Européenne impose une concentration maximale de 5 % et une mention sur l'étiquetage : « Contient de la formaldéhyde, protéger les cuticules par un corps gras ».

Vernis antifissures

Le vernis est enrichi en fibres de rayonne et polymères adhésifs.

Vernis lissant et déjaunisseur

Il est enrichi en nitrocellulose, en diméthicone pour estomper les stries unguéales, et en dioxyde de titane et poudre de mica pour déjaunir.

CRÈMES POUR LES MAINS ET LES PIEDS

Ce sont en général des crèmes épaisses à base d'huiles végétales, phospholipides, d'acides aminés soufrés, d'hydratants qui permettent de nourrir le bourrelet et d'entretenir l'ongle en bon état.

Crèmes pour les mains

La peau des mains est fine et fragile (peu de glandes sébacées) ; elle est quotidiennement agressée par différents facteurs :

- climatiques : le froid, le vent, le soleil ;
- chimiques : l'eau, les détergents ;
- mécaniques : frottements, manipulations de la vie quotidienne, *etc.*

Crèmes pour le jour

Ce sont des émulsions H/E renfermant des principes actifs adoucissants (allantoïne), émollients (mauve, guimauve), hydratants (urée, lactates), des filtres solaires, des extraits de citron pour blanchir, de l'huile de silicone isolante et protectrice.

Crèmes pour la nuit

Ce sont des émulsions E/H nourrissantes renfermant de la cire d'abeille, de l'huile de germe de blé, de l'huile de sésame, de la vitamine A, AHA, *etc.*
Ces crèmes nourrissantes peuvent se présenter sous forme de masque-crème.

Crèmes antitaches

Les principes actifs utilisés sont la vitamine C, l'acide kojique, la procystéine, les extraits végétaux de thé vert, de busserole, de matricaire, *etc.*

Produits pour les pieds

Crèmes adoucissantes et hydratantes

Ce sont des émulsions pour hydrater et nourrir les pieds très secs, elles sont à base de :
lanoline, vaseline, glycérine, urée, essences végétales, menthol.

Produits déodorants et antitranspirants

Pour les ingrédients actifs, *cf.* « Déodorants » et « Anti-transpirants » page 187.

Crèmes défatigantes, gels ou sprays

Les principes actifs utilisés, améliorent la circulation sanguine : marron d'Inde, camphre, arnica, mélilot, *etc.*

Crèmes de gommage

Elles permettent de lutter contre les callosités, on y met : acide salicylique, acide glycolique, *etc.*

Sels

Ils sont utilisés pour les bains de pieds.
Ils ont une action déodorante, calmante et relaxante.
Ce sont, le plus souvent :

- des mélanges de sels minéraux libérant de l'oxygène au contact de l'eau : carbonate de sodium, perborate de sodium, bicarbonate de sodium ;
- des huiles essentielles de sauge, romarin, thym, *etc.*

Cosmétologie

Produits d'épilation

Ce sont des produits destinés à enlever momentanément les poils superflus.
Leur action est soit :

- chimique, par dissolution du poil ;
- mécanique, par arrachage (cires à épiler).

DÉPILATOIRES CHIMIQUES

Les dépilatoires agissent en détruisant la kératine du poil par rupture des ponts disulfures de la cystine.
La partie libre du poil devient une masse spongieuse, gélifiée, facile à éliminer.

Composition

Ils sont composés de :

- dérivés soufrés qui en milieu alcalin provoquent la rupture des ponts disulfures de la cystine, comme : l'acide thioglycolique, l'acide thiolactique, *etc.*
- des bases alcalines sont utilisées pour obtenir un pH élevé : hydroxyde de sodium ou de calcium ;
- des mouillants qui sont des tensioactifs qui solubilisent le sébum et permettent une meilleure adhérence au poil ;
- des épaississants, comme des dérivés de silicone, cires, *etc.*
- des hydratants : glycérol, acides aminés, *etc.*
- des surgraissants : dérivés de la lanoline, acides gras, huile de jojoba, *etc.*
- des adoucissants : azulène, calendula, *etc.*

Formes et conditionnement

Les dépilatoires se présentent sous forme de : crème, gel et mousse en aérosol.
On les utilise au niveau du visage, des aisselles, des jambes et du « maillot ».

Précautions d'emploi

- Pratiquer une touche d'essai sur l'avant-bras ou sur le poignet 24 heures auparavant, surtout si l'on veut épiler le visage.
- Le temps d'application ne doit pas excéder 10 minutes.
- Rincer abondamment à l'eau tiède ou à l'eau froide.
- Appliquer un produit adoucissant et hydratant.
- Éviter d'utiliser sur une peau irritée ou écorchée.
- Ne pas s'exposer au soleil avant et après l'épilation.
- Ne jamais épiler un poil prenant naissance dans un grain de beauté.

CIRES À ÉPILER

Les cires à épiler sont utilisées pour permettre l'arrachage du poil.

Produits préépilatoires

On les utilise pour nettoyer et adoucir avant l'épilation.
Ils se présentent le plus souvent sous forme de lotions florales, gels, rafraîchissants et antiseptiques.

Cires tièdes ou chaudes (recyclables)

Elles se présentent en plaquettes, pastilles ou cubes, destinés à être introduits dans des appareils chauffants.
Les cires chaudes s'utilisent vers 40 °C ; les cires tièdes vers 35 à 37 °C.
Par mesure d'hygiène, les cires recyclables ne sont pas conseillées.

Qualités requises

- Une bonne adhérence au poil.
- Une flexibilité suffisante pour permettre un arrachage de la bande sans rupture.
- Une stabilité à la chaleur.
- Ne pas être irritantes.

Composition

Elles sont à base de :

- colophane, qui est une résine naturelle facilitant l'adhérence ;
- cires : cire d'abeille, cire de carnauba, *etc.* ;
- résines synthétiques (dérivés acryliques) ;
- cires paraffiniques microcristallines ;
- vaseline, cérésine ;
- huile de ricin adoucissante ;
- azulène pour calmer l'irritation ;
- pigments pour modifier la couleur.

Précautions d'emploi

- Ne pas pratiquer d'épilation si la peau est irritée ou infectée.
- Appliquer un produit adoucissant après l'épilation.
- Stériliser la cire par une succession de chauffes à 65 °C-70 °C afin d'éliminer les germes présents.

Cires froides

Elles se présentent sous forme de gel, de pâte ou de bandes prêtes à l'emploi. Elles doivent bien adhérer au poil et s'étaler facilement.
Elles sont à base de sucres et de résines.

Produits postépilatoires

Ils se présentent sous forme de poudre, crème, huile ou gel à appliquer après l'épilation, lorsque l'ostium folliculaire est encore dilaté.
Ils nettoient en douceur, calment les rougeurs et retardent la repousse du poil.

Ils sont à base :
- d'enzymes protéolytiques ;
- de composés soufrés ;
- d'extraits de plantes (courge, épilobe, *etc.*) ;
- d'antiseptiques comme des huiles essentielles de lavande, de thym, *etc.* ;
- d'adoucissants comme l'allantoïne.

Produits de coloration des cils et des sourcils

Pour la coloration des cils et des sourcils, seul le nitrate d'argent à 4 % est autorisé, sous forme de gels ou de solutions.
Les colorants d'oxydation ne sont pas autorisés.

Produits de maquillage

BASES CORRECTRICES (EMBELLISSEURS, ENLUMINEURS, SUBLIMATEURS DE TEINT)

Ces produits peuvent être fluides à la texture légère (émulsion H/E), en gel, en stick, en poudre, *etc.* Utilisés avant le maquillage, ils camouflent les imperfections et donnent de l'éclat au teint.
Ils sont chargés de pigments qui réfléchissent la lumière. Les verts masquent les rougeurs, les blancs donnent de la transparence, les mauves améliorent les teints ternes, les roses donnent bonne mine, *etc.*
Ils s'appliquent soit mélangés au fond de teint soit avant celui-ci.

Composition

Ils contiennent des mélanges de pigments colorés et d'oxyde de titane comme opacifiant.

ANTICERNES

Ce produit a pour but de « combler » la dépression sous-palpébrale et d'en masquer la coloration foncée. Il se présente sous forme de crème ou sous forme de stick.
Il est à base de :
- pigments clairs (jaunes, oxydes de fer) ou blancs (oxyde de titane) ;
- cires ;
- paraffines.

FONDS DE TEINT

Définition

Ce sont des produits colorés à base de pigments insolubles destinés à :
- unifier le teint, modifier la carnation, masquer les imperfections cutanées ;
- accentuer ou estomper les reliefs du visage.

Qualités requises

Les fonds de teint doivent s'étaler facilement, avoir du « glissant », un bon pouvoir couvrant et donner à la peau un aspect mat durable.

Composition

Les fonds du teint sont des émulsions de type E/H ou H/E contenant :
- des pigments insolubles ;
- du talc (pour « le glissant ») ;
- de l'oxyde de titane, du zinc, du kaolin (pour le pouvoir couvrant) ;
- du stéarate de zinc ou de magnésium, pour permettre une bonne adhérence ;
- du carbonate de magnésium, pour la matité ;
- des agents nacrants (cristaux de micatitane) ;
- des agents hydratants (acide hyaluronique, composants du NMF) ;
- des antiradicaux libres ;
- des filtres UVA et UVB ;

Cosmétologie

- des silicones, qui augmentent la tenue du maquillage ;
- des polymères filmogènes antidéshydratants et adoucissants ;
- des agents matifiants, sous forme de microsphères de polyamide.

Différents fonds de teint

On distingue plusieurs catégories de fonds de teint.

Fonds de teint fluides

Ce sont le plus souvent des émulsions H/E permettant un maquillage léger.
Ce type de fond de teint peut être projeté en mousse fine sous conditionnement pressurisé (spray).

Fonds de teint gels

Ils sont composés de substances gélifiantes et d'une lotion hydroalcoolique colorée. Cette forme est surtout utilisée pour le corps, ou par les hommes, comme produit coloré après rasage (gel « bonne mine »).

Fonds de teint crème

Ce sont des émulsions H/E ou E/H ; ils sont plus couvrants que les précédents.
Ils sont indiqués pour un type de peau précis.

Fonds de teint compacts

Ils se présentent en stick ou en boîte. Certains sont à base d'émulsion déshydratée et de colorants, d'autres sont simplement des mélanges de corps gras (cires) et de colorants.
Selon le degré de matité désiré, on y incorpore plus ou moins de substances pulvérulentes ; dans ce cas, on parlera de poudre-crème ou de crème-poudre. Ce type de fond de teint s'applique à l'éponge sèche ou humide.

Crèmes teintées

Ce sont des crèmes de soin, légèrement teintées.

POUDRES

Poudres libres

Les poudres libres contiennent : du talc, de l'amidon, du carbonate de calcium et de magnésium, de la poudre de soie, de la poudre de polyamide, des oxydes de fer, de l'oxyde de titane, des pigments nacrés, *etc.*

Poudres compactes

Ce sont des poudres colorées, agglomérées par des esters d'acides gras, des mucilages, des gels, des gommes, des microsphérules de polyamide, des oxydes minéraux, des pigments nacrés, *etc.*
Elles s'étalent avec une houpette en mousse ou au pinceau plat.

Poudres diverses

Poudres correctrices de la carnation

Ce sont des poudres libres, compactes ou moulées (à la fois libres et compactes), de couleur blanche, verte, mauve ou rose.
Elles sont destinées à corriger les imperfections cutanées comme : rougeurs diffuses, teint terreux, *etc.*

Poudres dites « Terres de Soleil » (« Terracottas »)

Ce sont des poudres libres, compactes ou moulées destinées à donner un aspect hâlé.

Poudres dites « maquillage minéral »

Ce sont des poudres libres composées de minéraux micronisés qui s'appliquent au pinceau.
On les conseille pour des peaux grasses ou mixtes.

Poudres pour le corps

Elles se présentent en boîte poudreuse ou en boîte avec une houppette.
Elles sont à base de talc, de magnésie, parfois de parfum et de pigments nacrés ou scintillants.

FARDS À JOUES

Ce sont des produits cosmétiques destinés à éclairer le maquillage et souligner la pommette.

Fards à joues compacts

Ce sont des mélanges de poudres (talc, stéarate de zinc, carbonate de magnésie) agglomérées ou comprimées avec des colorants insolubles.

Fards à joues gras ou crèmes

Ils sont composés de corps gras (cires, vaseline, paraffine) et de colorants insolubles.

Fards à joues fluides

Ils sont à base d'émulsions légères et de colorants insolubles.

Gels modeleurs (en stick)

Ce sont des mélanges solidifiés de gel, d'émulsion et de colorants.

FARDS À PAUPIÈRES

Ils sont destinés au maquillage des paupières.
Ils permettent d'harmoniser le maquillage d'ensemble, de corriger la taille et la forme de l'œil.
Ils doivent renfermer des substances rigoureusement sélectionnées, afin de n'être ni allergisants, ni irritants.
Ils doivent être faciles à étaler et avoir une bonne adhérence.
Ils se présentent sous forme de :

Poudres compactes

C'est la forme la plus utilisée. Ce sont des poudres micronisées fortement pigmentées et agglomérées, Elles peuvent être mates ou irisées.
On les applique à l'aide d'un pinceau ou d'un applicateur mousse.

Composition

Les principaux constituants sont :
- des poudres d'origine minérale, qui ont un pouvoir couvrant et absorbant, comme le talc (silicate de magnésie hydraté), le kaolin (silicate d'aluminium hydraté), l'oxyde de zinc, l'oxyde de titane ;
- des poudres d'origine synthétique : poudres polyamides au grand pouvoir absorbant ;
- des produits liants gras ou légèrement gras, comme l'huile de vaseline, l'huile de ricin, les cires (cire d'abeille, cire de carnauba, *etc.*), des phospholipides ;
- des pigments insolubles de synthèse, associés à des agents nacrés, irisés comme le mica-titane ou les poudres d'aluminium ;
- des conservateurs de type organomercuriel.

Poudres libres

La composition est identique à la précédente, mais les poudres ne sont pas agglomérées.

Fards à paupières fluides

Ils sont à base d'émulsions non grasses et de colorants. On y ajoute parfois un fluide volatil aux silicones qui facilite l'étalement et donne un toucher « velouté ».

Fards gras

Ce sont des mélanges de corps gras (cires, vaseline, *etc.*) et de colorants, qui peuvent être coulés en boîtiers ou en sticks.

EYE-LINERS

Ils sont destinés à souligner les paupières supérieures et inférieures au ras des cils.
Ils permettent d'intensifier le maquillage, de corriger et modifier la forme de l'œil. On les applique au pinceau.

- *Eye-liner* liquide. Il est à base d'émulsion non grasse, de pigments, d'agents filmogènes, de gélifiants et de plastifiants.
- *Eye-liner* compact. Il est à base de poudres pressées et de colorants. On l'applique au pinceau humide.

CRAYONS DE MAQUILLAGE

Les crayons sont constitués d'une mine plus ou moins grasse, selon l'effet recherché, incluse dans un cylindre de bois.
Ils sont à base de pigments noirs, blancs, verts, bleus, *etc.*, de cires et de corps gras. On en distingue plusieurs types :
- crayons à paupières, à sourcils ;
- crayons khôl, kajal ;
- crayons blancs pour le bord des ongles ;
- crayons pour le contour des lèvres.

MASCARAS

Ils font paraître les cils plus longs, plus fournis, plus soyeux, plus épais.
Ils se présentent sous forme de tablettes compactes (*cakes*), de crèmes ou de liquides et s'appliquent sur les cils à l'aide d'une petite brosse pour les épaissir et les allonger. Ils sont à base de cires, de résines polymères, *etc.*
On peut y ajouter des vitamines : vitamine B_5 qui stimule la pousse, de la kératine, des acides aminés, *etc.*

Mascaras compacts *(cakes)*

Ils sont à base de savons et de pigments.
On les utilise avec une brosse humectée d'eau.

Mascaras crèmes

Ils sont à base d'émulsion épaisse et de pigments dispersés.

Mascaras fluides

Ce sont des suspensions de pigments noirs, bruns, verts, bleus, dans une émulsion fluide.
On les trouve dans des applicateurs munis d'une petite brosse circulaire permettant l'emploi direct. Le solvant s'évapore après l'application.
Parfois, les mascaras sont rendus imperméables à l'eau *(waterproof)*, en ajoutant une résine à base de silicone.
Pour faire paraître les cils plus fournis, certains fabricants introduisent des petits fils de soie ou synthétiques.

ROUGES À LÈVRES

Ils sont destinés à donner aux lèvres une couleur attrayante et à en modifier la forme et le volume.

Qualités exigées

- Ils ne doivent pas irriter la muqueuse labiale.
- Ils doivent être de consistance stable malgré les variations de température auxquelles ils peuvent être soumis.
- Ils doivent être d'un tracé facile et laisser un film souple et brillant qui adhère aux lèvres.

Composition

Les rouges à lèvres sont composés d'un mélange de corps gras appelé « corps blanc », dans lequel sont dispersés des pigments et des laques.
On utilise :

- des cires, pour la plasticité et la brillance :
  - cire d'abeille ;
  - cire de carnauba, candelilla ;
  - cérésine ;
- des corps gras pâteux, pour l'adhérence et l'onctuosité :
  - vaseline ;
  - beurre de coprah ;
  - beurre de karité ;
- des huiles, pour le brillant et le glissant :
  - huile de vaseline ;
  - huile de ricin, de jojoba, de rosier-muscat ;
  - huile de silicone ;
  - myristate ou palmitate d'isopropyle (pour le « glissant ») ;
- des colorants insolubles, qui sont les pigments et les laques :
  - les oxydes de fer, utilisés pour les tons bruns ;
  - les laques de fluorescéine, pour les rouges et les roses ;
  - l'oxyde de titane pour éclaircir les teintes ;
  - les pigments azoïques, rouge et orange ;
- des nacrants :
  - le mica-titane ;
  - l'oxychlorure de bismuth ;
- des conservateurs :
  - les parabens ;
- des antioxydants, indispensables pour éviter le rancissement :
  - alphatocophérol ;
  - BHA, BHT ;
- des parfums qui doivent être légers ;
- des adjuvants qui sont ajoutés pour optimiser le produit.
  Exemples :
  - les polymères d'acétate de vinyle qui améliorent la tenue ;
  - les silicones volatiles (cyclométhicone) qui fixent la couleur (rouges à lèvres *no transfer*) ;
  - des poudres pour donner de la matité comme : oxyde de titane, talc, kaolin, *etc.* ;
  - des repulpants comme l'acide hyaluronique.

Présentation

Les rouges à lèvres se présentent sous forme de :
- bâtons ;
- stylos ;
- crayons ;
- flacons avec applicateur en mousse.

CRAYONS À LÈVRES

On les utilise pour dessiner le contour des lèvres.
La mine est un rouge à lèvres sec.

BRILLANTS À LÈVRES

Ils sont plus transparents que les rouges à lèvres. Des résines silicones et des gommes sont ajoutées.

On les utilise en flacon plastique avec un embout mousse.

Ils sont à base de cires, de beurres, de protéines (collagène, acide hyaluronique) et de particules de mica.

REPULPANTS

Ils permettent de relisser les lèvres, de les hydrater et de leur donner un aspect brillant et mouillé.

Produits capillaires

SHAMPOINGS

Définition

Ce sont des produits destinés au nettoyage des cheveux et du cuir chevelu.

Qualités requises

Les shampoings :
- doivent laisser les cheveux souples et brillants ;
- ne pas être trop détergents ;
- ne pas modifier le pH acide du cuir chevelu ;
- ne pas irriter les yeux.

Composition générale

Agents nettoyants

La formule d'un shampoing comporte le plus souvent un mélange de tensioactifs différents.

Tensioactifs anioniques

Ce sont de bons détergents ; ils donnent une mousse abondante, mais leur pH alcalin altère la kératine. Les plus couramment employés sont :
- les alkyles sulfates (tensioactifs doux) ;
- les lauryl éthers sulfates.

Tensioactifs amphotères

Ils ont un bon pouvoir moussant, ne sont pas irritants (on les utilise dans les shampoings pour bébés) et ont une bonne compatibilité avec la peau.
On potentialise leur pouvoir détergent par l'addition de tensioactifs anioniques :
- les bétaïnes ;
- les imidazolines ;
- les lipoaminoacides.

Tensioactifs non ioniques

Ils ne moussent pas et ne dénaturent pas le cheveu. Ils sont souvent associés aux autres tensioactifs :
- les polysorbates ;
- les esters de saccharose ;

Épaississants ou viscosants

Un shampoing trop liquide est peu pratique : il faut qu'il ait une consistance ferme. On augmente alors la viscosité en ajoutant :
- des polymères cellulosiques ou acryliques ;
- des alginates ;
- des amides alcools d'huile de coco ou de ricin (cocamides, ricinamides).

Stabilisateurs de mousse

Ils rendent la mousse plus onctueuse (dérivés d'acide gras de coprah) et plus stable.

Correcteurs de pH

Selon les besoins, on ajuste avec des acidifiants comme l'acide lactique, l'acide citrique ou des alcalinisants comme la soude ou la triéthanolamine, *etc.*

Nacrants

Ils donnent aux shampoings un aspect attrayant.
Ce sont en général des alcools gras, des stéarates d'éthylène glycol, des amides d'acides gras.

Conservateurs

On utilise par exemple les esters de l'acide para aminobenzoïque (parabens), l'acide sorbique, *etc.*

Colorants et parfums

Ils doivent être solubles dans l'eau.

Ingrédients actifs

Ils sont ajoutés pour donner des propriétés spécifiques à chaque type de shampoing : antipelliculaires, séborégulateurs, hydratants, volumateurs, conditionneurs, *etc.*

Différents types de shampoings

Shampoings de soin cosmétique

Shampoings pour bébés

Ils ne doivent être irritants ni pour les yeux, ni pour le cuir chevelu.
On emploiera donc des tensioactifs amphotères et non ioniques.

Shampoings pour lavages fréquents

Leur détergence doit être très douce.
Ce sont donc des mélanges de tensioactifs anioniques doux et de tensioactifs amphotères.

Shampoings et conditionneurs ou shampoings 2 en 1

On les utilise pour faciliter le démêlage.
À la formule d'un shampoing doux, on ajoute des polymères cationiques, des silicones.

Shampoings volumateurs

On utilise un mélange de tensioactifs anioniques et amphotères.

Shampoings secs

Ce sont des mélanges de poudres qui agissent par absorption du sébum et qu'on élimine par brossage.
On leur ajoute un alcalinisant (borate, carbonate de sodium, *etc.*) pour décoller les salissures :

- poudres d'origine végétale : amidons de riz, de maïs, d'avoine, lycopode, *etc.* ;
- poudres d'origine minérale : kaolin, talc, *etc.* ;
- dérivés de la cellulose.

Ils se présentent soit dans une « poudreuse », soit en conditionnement pressurisé.

Shampoings traitants

Shampoings pour cheveux secs

Ils possèdent un faible pouvoir détergent.
Ils se composent le plus souvent d'un mélange de tensioactifs anioniques doux et de tensioactifs amphotères auxquels on ajoute des surgraissants comme la lécithine, l'huile de ricin ou de l'huile de vison.

Shampoings pour cheveux gras

Les agents nettoyants ne doivent pas trop délipider le cuir chevelu, afin d'éviter une séborrhée réactionnelle.
On introduit donc des ingrédients actifs qui tenteront de réguler le flux séborrhéique :

- dérivés organiques soufrés ;
- soufre colloïdal ;
- essence de bois de cèdre ;
- extrait de bois de Panama ;
- extraits végétaux d'ortie, de capucine, de bardane ;
- argile ;
- rassoul, *etc.*

Shampoings antipelliculaires

Les pellicules grasses sont le résultat d'une hyperkératose et d'une hyperséborrhée du cuir chevelu, qui permettent le développement d'une levure, le *Pityrosporum ovale*, qui entretient cet état squameux et séborrhéique.
Les principes actifs ajoutés ont des propriétés antifongiques, kératolytiques et antiséborrhéiques :

- acide undécylénique ;
- zinc pyridine thione ;
- sulfure de sélénium (concentration limitée à 1 %) ;
- kétoconazole.

SOINS AVANT-SHAMPOING

Ils existent sous forme de crèmes, masques, bains moussants, bains d'huile, *etc.* Ils ont une action revitalisante, régénérante et hydratante.
Les constituants sont :

- des dérivés de la lanoline ;
- de l'huile de germe de blé ;
- de l'huile d'avocat, de palme, de vison, de sésame ;
- des acides gras, des céramides ;
- des extraits végétaux, *etc.*

Les avant-shampoings pour les cuirs chevelus et les cheveux gras contiennent des principes actifs comme :

- l'argile, le rassoul : absorbants ;
- les huiles essentielles de pin, de sauge : assainissants et astringents ;
- les extraits végétaux de courge, d'ortie : antiséborrhéiques.

SOINS APRÈS-SHAMPOING

Conditionneurs

Ils permettent de traiter les imperfections esthétiques, conséquences des cheveux desséchés et sensibilisés, et de faciliter le démêlage.

- Les polymères cationiques ont une grande affinité pour la kératine.
- Les composés vinyliques, carboxyliques et les cires, les céramides, les protéines de blé gainent le cheveu et ont une action lissante.
- Les dérivés de lanoline, de lécithine, d'huile de vison et les lipopeptides regraissent le cheveu.
- Les silicones volatiles facilitent le démêlage.

Ils se présentent sous forme de baumes (émulsions légères), de crèmes (masques) et de lotions.
Certains de ces produits doivent être suivis d'un rinçage, d'autres non.

Vinaigres de rinçage

Ils permettent de neutraliser le calcaire de l'eau, de rétablir le pH acide des cheveux et de faciliter le démêlage.

Mousses

Elles améliorent la tenue et le volume des cheveux.
Elles s'appliquent soit après le shampoing, sur cheveux humides, soit sur cheveux secs, entre deux shampoings.
Elles sont à base de composants cationiques, de résines ou de polymères, de diméthicone.
Elles se présentent le plus souvent sous forme pressurisée.

Masques crèmes

Ils se présentent sous forme d'émulsions épaisses, s'utilisent sur cheveux humides, après le shampoing, pour apporter douceur et brillance à des cheveux desséchés, abîmés et agressés. Après un temps de pose, ils sont suivis d'un rinçage.
Leur formule contient des tensioactifs cationiques, des silicones, des surgraissants comme des huiles végétales, des beurres, *etc.*
On les utilise avant ou après le shampoing.

Masques pâtes

Ce sont des masques absorbants à utiliser sur des cheveux gras.
Ils sont à base de kaolin, d'argile, d'huiles essentielles antiseptiques (thym, romarin, *etc.*).
On les utilise avant ou après le shampoing.

Baumes

Ce sont des émulsions fluides, qui facilitent le démêlage et apportent de la brillance, car leur pH est acide.
Utilisés après le shampoing, ils sont suivis ou non d'un rinçage.
Leur formule contient des tensioactifs cationiques et des silicones.

Cosmétologie

Produits de parfumerie alcoolique

PARFUMS

Les parfums sont des solutions alcooliques de substances volatiles odorantes.

Histoire du parfum

- Dans l'Égypte ancienne, le parfum était réservé au culte des dieux et des morts, en particulier pour l'embaumement. On brûle de l'encens pour rendre hommage aux dieux. On utilise les parfums sous forme de baumes, d'onguents, de gommes, de résines.
- Les Grecs utilisent des huiles parfumées aux fleurs pour le corps. Hippocrate les recommande pour soigner bien des maux.
- Les Romains, en envahissant l'Égypte, découvrent les parfums et leur utilisation.
- Au Moyen Âge, les croisés rapportent des matières premières (épices, ambre et musc, *etc.*) et les techniques de fabrication du parfum, car les Arabes connaissaient l'alambic et pratiquaient déjà la distillation.
  La découverte de l'alcool permet alors de créer des parfums.
- Au XIVe siècle, l'Eau de la reine de Hongrie est obtenue par distillation de fleurs de romarin qui avaient macéré dans l'alcool.
- À la Renaissance, l'art de la parfumerie va surtout se développer à Venise.
  Les explorateurs rapportent de nouvelles matières premières comme la vanille, le tabac, la girofle, la cardamone.

La ville de Grasse fabrique des gants de cuir parfumés. La corporation des parfumeurs-gantiers est créée.

- Au XVIIe siècle, les parfumeurs-gantiers utilisent les plantes à parfum de Grasse (rose, violette, jasmin et les produits exotiques fournis par la Compagnie française des Indes.
La Cour à Versailles, sous Louis XIV, utilise les parfums à forte dose sur les perruques, éventails et vêtements, pour masquer les odeurs corporelles provoquées par le manque d'hygiène.
- Au XVIIIe siècle, la cour de Louis XV est surnommée « la cour parfumée ». Le parfum sert à séduire et à afficher son rang social. Les premières grandes maisons de parfumeurs s'installent à Paris. J.-M. Farina crée en 1769 sa fameuse Eau de Cologne.
- Au XIXe siècle, de nouvelles méthodes d'extraction et de nouvelles matières premières issues de la chimie organique apparaissent.
En 1882, Fougère Royale d'Houbigant est le premier parfum intégrant un produit de synthèse, la coumarine.
En 1889, Guerlain, en créant Jicky, impose définitivement les produits de synthèse.

Parfums célèbres par année de création

1714 – Eau de Cologne de J.M. Farina
1882 – Fougère Royale de Houbigant
1889 – Jicky de Guerlain
1912 – L'Heure Bleue de Guerlain
1917 – Chypre de Coty
1919 – Mitsouko de Guerlain
1921 – Chanel N° 5
1924 – Cuir de Russie de Chanel
1925 – Shalimar de Guerlain
1927 – Arpège de Lanvin
1929 – Soir de Paris de Bourgeois
1934 – Pour un Homme de Caron
1935 – Joy de Patou
1944 – Femme de Rochas
1946 – Vent Vert de Balmain
1947 – Miss Dior, de Dior
1948 – L'Air du Temps de N. Ricci
1956 – Diorissimo
1960 – Madame Rochas de Rochas
1964 – Brut de Fabergé
1966 – Eau Sauvage de Dior
1969 – Ô de Lancôme
1970 – Chanel N° 19
1972 – Aromatics Élixir de Clinique
1975 – Anaïs-Anaïs de Cacharel
1977 – Opium de Y. Saint Laurent
1978 – Magie Noire de Lancôme
1981 – Antaeus de Chanel
1981 – Kouros de Y. Saint Laurent
1983 – Paris de Y. Saint Laurent
1984 – Coco de Chanel
1985 – Poison de Dior
1987 – Loulou de Cacharel
1990 – Samsara de Guerlain
1990 – Égoïste de Chanel
1992 – Angel de Th. Mugler
1999 – J'adore de Dior
2001 – Coco de Chanel
2005 – Miss Dior Chérie
2006 – Insolence de Guerlain
2006 – Soir de Lune de Sisley
2007 – Magnifique de Lancôme
2007 – Kelly-Calèche de Hermès
2007 – Midnight Poison de Dior

Principales étapes de la fabrication d'un parfum

- Composition d'un mélange odorant par assemblage des divers constituants pour la fabrication du concentré.
- Phase de mûrissement du concentré qui doit durer en moyenne une semaine.
- Mise sous alcool du concentré.
- Macération du jus ainsi constitué pendant un mois environ.
- Glaçage à environ 5 °C du jus macéré, puis filtration.
- Coloration, si nécessaire, afin d'obtenir l'effet visuel désiré.

Perception olfactive d'un parfum (pyramide olfactive)

Au niveau de la perception olfactive, les composants d'un parfum s'évaporent en trois phases successives. La caractéristique de l'odeur d'une composition est la note.

Première phase : les notes de tête (20 %)

C'est la phase fugitive, au débouché du flacon, qui donne la note de départ du parfum.
Elle est constituée de matières premières végétales, synthétiques, volatiles, peu tenaces.

Deuxième phase : les notes de cœur ou notes moyennes (30 %)

C'est la phase qui dure plusieurs heures.

Elle est constituée de matières premières moyennement volatiles et tenaces qui font la liaison entre les notes de tête et les notes de base.

Troisième phase : les notes de base ou de fond (50 %)

C'est la phase finale du parfum qui persiste après l'évaporation de la note de tête et de la note de cœur.
Elle est constituée de matières premières très tenaces et très peu volatiles qui déterminent le caractère principal du parfum.

Précautions d'emploi

Pour éviter qu'un parfum se dénature rapidement, il ne faut pas l'exposer à la lumière, à la chaleur, à l'humidité et à l'air.

Familles et sous-familles olfactives des parfums

D'après une étude réalisée par la commission technique de la Société française des parfums, les divers parfums féminins et masculins sont classés en sept grandes familles olfactives, au sein desquelles il y a des sous-familles.

Famille des hespéridées

Hespéridé désigne les huiles essentielles obtenues à partir des zestes des agrumes tels que citron, mandarine, orange, bergamote, avec parfois une note, florale, boisée, épicée et aromatique.
Exemples : Eau de Rochas, Eau d'Hermès, Terre d'Hermès, Eau de Kenzo, Trophée de Lancôme.

Famille des florales

Le thème des parfums de cette famille est la fleur : rose, jasmin, mimosa, muguet, heliotrope. lilas, gardénia, violette, tubéreuse, *etc.*

Soliflore

Une seule note florale entre dans le parfum.
Le muguet, pour Diorissimo de Dior.
Le jasmin, pour Joy de Patou.

Florale rosée

Nahéma de Guerlain.

Florale blanche

Notes florales dominées par le jasmin et la tubéreuse.
Chloé de Lagerfeld, Fragile de J.-P. Gaultier.

Bouquet floral

Ce sont des accords de différentes fleurs.
Air du Temps de Nina Ricci, Fidji de G. Laroche, Beautiful de E. Lauder.

Fleuri vert

Une note fraîche et verte comme le galbanum est ajoutée.
Vent Vert de Balmain, Chanel N° 19.

Fleuri aldéhydé

C'est une composition d'aldéhydes, d'hespéridés ou de notes florales.
Chanel N° 5, Arpège de Lanvin, White Linen d'Estée Lauder, Ombre Rose de Brosseau, Loulou de Cacharel.

Fleuri boisé fruité

C'est une composition « fleuri boisé » à laquelle on ajoute des notes fruitées : abricot, prune, pêche, pomme.
Amazone d'Hermès, Ivoire de Balmain.

Famille des fougères

En réalité, cette famille de parfum est réalisée avec des notes boisées, mousse de chêne, bergamote, *etc.*
Brut for Men de Fabergé, Équipage d'Hermès, Monsieur Rochas de Rochas, Drakkar Noir de G. Laroche.

Famille des chyprées

Cette famille qui porte le nom d'un parfum de « Coty » regroupe des parfums élaborés avec des accords de bergamote, patchouli, mousse de chêne.
Les variations sont fleuries, fruitées, cuivrées ou vertes.
Exemples : Femme de Rochas, Ma Griffe de Carven, Bandit de Piguet, Miss Dior, Ysatis de Givenchy, Coco de Chanel, Miss Balmain, Élixir Aromatics de Clinique.

Famille des boisées

Cette famille est composée de parfums aux notes chaudes, boisées, épicées aromatique, cuir ou ambré.
Bois des Îles de Chanel, Calèche d'Hermès, Parfum d'Hermès, Égoïste de Chanel.

Famille des ambrées ou orientales

Les parfums de cette famille ont des notes vanillées, douces, poudrées, animales.

Ambré fleuri boisé

Des variations florales composent la note de tête de ces parfums au caractère boisé très présent.
Magie Noire de Lancôme, Samsara de Guerlain.

Ambré doux

C'est la famille des parfums ambrés types, chauds et au sillage très prononcé.
Shalimar de Guerlain.

Semi-ambré fleuri

La note ambrée est plus subtile, les notes dominantes étant florales, épicées, fraîches.
Opium d'Yves Saint-Laurent, Instant de Guerlain.

Famille des cuirs

Dans cette composition, il y a des notes sèches à l'odeur de cuir (tabac, bois brûlé, fumée) et de tabac.
Cuir de Russie de Chanel, Kelly Calèche d'Hermès, Habit Rouge de Guerlain.

PRODUITS PARFUMANTS ET LIGNES DE PRODUITS

C'est à partir d'un mélange d'huiles essentielles, d'absolues, de substances aromatiques de synthèse à différentes concentrations, dilué dans de l'alcool à différents degrés que l'on fabrique les extraits, les eaux de parfum, les eaux de toilette, les eaux de Cologne et les eaux légères.
La concentration n'est pas figée, elle varie selon les fragrances et les pays.

Extrait ou parfum

C'est le produit le plus concentré. La concentration est supérieure à 20 % dans un alcool à 96 %.

Eau de parfum

C'est une dilution du concentré à raison de 12 à 20 % dans un alcool à 70 % ou 80 %.

Eau de toilette

C'est une dilution du concentré à raison de 8 % à 12 % dans un alcool à 85 %.

Eau de Cologne

C'est une dilution du concentré à raison de 1 % à 6 % dans un alcool à 70 % et basée sur les essences d'hespéridées.
On emploie essentiellement des notes de tête volatiles pour avoir une odeur fraîche ; l'eau de Cologne n'est donc pas tenace.

Eau légère ou Eau fraîche ou Eau de sport

C'est une dilution du concentré à raison de 1 à 5 % dans une concentration très faible en alcool à 70 °C, mais il en existe sans alcool.

Eau de senteur

Elles sont à base d'eaux florales (eaux de fleurs d'oranger, de rose, *etc.*), de conservateur et sans alcool.
On les trouve dans les parfums pour bébés.

LÉGISLATION

La parfumerie alcoolique doit suivre la législation générale sur les alcools.
Les parfums restant les premiers allergènes des produits cosmétiques, de nombreuses substances ont été récemment interdites.
Elles sont listées sur l'Annexe II de la Directive Cosmétique Européenne.
Vingt-trois autres substances ont été inscrites sur la liste restrictive de l'Annexe III de la directive Cosmétiques européenne, afin que leur concentration soit limitée.
Elles doivent être mentionnées sur l'étiquetage.

PARTIE 5

Physique et chimie

14

Notions de physique appliquée

Électricité

GÉNÉRALITÉS

Définition et nature du courant électrique

Le courant électrique résulte d'un déplacement de particules chargées électriquement, dans un conducteur.
Ces particules sont :
- des électrons dans les conducteurs métalliques (filaments de l'ampoule, fils de connexion, *etc.*) ;
- des ions positifs et négatifs dans les solutions ioniques.
  Les anions sont chargés négativement, les cations positivement.

Conducteurs et isolants

Conducteur

Un conducteur conduit l'électricité.
Un circuit électrique est constitué par une suite de conducteurs.
Exemples : les fils de connexion en cuivre, le filament en tungstène de l'ampoule, la solution aqueuse de soude de l'électrolyseur, *etc.*
Si l'on sectionne un des fils de connexion, on ouvre le circuit : le courant ne passe plus, car l'air est un isolant. Cela explique le rôle de l'interrupteur qui permet d'interrompre ou de rétablir le courant à volonté, c'est-à-dire d'ouvrir ou de fermer le circuit.

- Parmi les solides, tous les métaux et leurs alliages, ainsi que certaines formes de carbone (graphite, charbon d'électrodes), sont des conducteurs. Dans ces conducteurs, les électrons peuvent se déplacer librement.
- Parmi les liquides, les solutions aqueuses d'acides, de bases et de sels laissent passer le courant électrique : elles sont conductrices. Il y a un mouvement ordonné des ions : les ions ⊕ se déplaçant en sens inverse des ions ⊖.

Isolant

Un isolant ne conduit pas l'électricité.
- Parmi les solides : le verre, la porcelaine, le caoutchouc, le bois, le papier, les matières plastiques sont des isolants : le mouvement libre des électrons n'est pas possible.
- Parmi les liquides : l'eau pure, l'alcool, le pétrole, l'essence, les huiles minérales sont des isolants : il n'y a pas de mouvement d'ions.

Sens conventionnel du courant

Par convention, on dit que le courant sort du pôle positif du générateur et va vers le pôle négatif.
Le sens réel est l'opposé du sens conventionnel : le générateur est traversé par le courant du pôle négatif au pôle positif.

Intensité du courant

L'intensité d'un courant électrique représente la quantité d'électrons traversant une section du conducteur, pendant 1 seconde.
L'intensité est la même en tous les points d'un circuit. On l'exprime en ampères (A).

Unités d'intensité

L'unité de quantité d'électricité est le coulomb (C). Le coulomb (C) est la quantité d'électricité transportée en une seconde par un courant d'un ampère.
L'ampère (A) est l'intensité d'un courant constant qui transporte un coulomb (C) par seconde.
On utilise également :
- le kiloampère (kA) : 1 kA = 1 000 A ;
- le milliampère (mA) : 1 mA = 0,001 A.

À titre d'exemple, le courant a une intensité de 0,1 à 1 A dans une ampoule à incandescence, et de 3 à 10 A dans un fer à repasser.
On mesure directement l'intensité à l'aide d'un ampèremètre que l'on intercale en série dans le circuit. L'appareil peut être numérique (la valeur de l'intensité est alors directement affichée), ou analogique avec un cadran, des graduations et une aiguille.
Le courant doit entrer par la borne ⊕ ou A et sortir par la borne ⊖ ou (COM).
On peut également utiliser un multimètre (qui possède plusieurs fonctions), sur la position ampèremètre.

Tension électrique ou voltage (U)

À l'origine du courant électrique, il y a toujours une différence de potentiel, ou tension, qui correspond à une différence de concentration en électrons entre deux points d'un circuit ou deux bornes d'un générateur. Cette différence de potentiel est mesurable.
La force électromotrice est la différence de potentiel qui existe entre les deux bornes d'un générateur.

Unités de tension

L'unité de tension est le volt (V).
On utilise des multiples et sous-multiples du volt :
- le kilovolt (kV) : 1 kilovolt = 1 000 V ;
- le millivolt (mV) : 1 millivolt = 0,001 V.

La tension se mesure à l'aide d'un voltmètre qui doit être monté en dérivation, entre les deux points dont on veut mesurer la différence de potentiel.
On peut également utiliser un multimètre sur la position voltmètre. Il existe des voltmètres numériques ou analogiques (à aiguille).

Intensité et tension, point de fonctionnement nominal, intensité nominale, tension nominale

L'intensité est fonction de la tension : plus la tension est grande, plus l'intensité est élevée.
Les appareils électriques ont tous des plaques signalant leurs valeurs de fonctionnement normal, qui indique l'intensité nominale et la tension nominale.
Pour obtenir un fonctionnement optimum, il faut respecter ces valeurs.

Puissance et énergie électriques

Définition de la puissance électrique (P)

La puissance P, consommée par un appareil soumis à une tension U, est égale au produit de la tension U par l'intensité I du courant qui le traverse.

$$P = I \times U$$

Unités

Le watt (W) est l'unité de puissance :
- le kilowatt (kW) = 10^3 W ;
- le mégawatt (MW) = 10^6 W ;
- le gigawatt (GW) = 10^9 W ;
- le milliwatt (mW) = 10^{-3} W.

Puissance nominale

La puissance nominale d'un appareil est la puissance qu'il consomme lorsqu'il fonctionne normalement sous sa tension nominale (tension indiquée par le fabricant).

Définition de l'énergie électrique (W)

L'énergie électrique consommée par un circuit est égale au produit de sa puissance par la durée de passage du courant.

Unités

Le joule exprime l'énergie électrique :
- le kilojoule (kJ) = 10^3 joules ;
- le mégajoule (MJ) = 10^6 joules.

Unités usuelles

Le watt est la puissance d'un générateur produisant un joule par seconde.
En pratique, on utilise comme unité d'énergie le wattheure (Wh) et le kilowattheure (kWh) :
- 1 wattheure correspond à une puissance d'un watt consommée pendant une heure, soit 3600 secondes ; 1 wh = 3600 J ;
- 1 kWh = 10^3 Wh.

Indications sur la plaque signalétique d'un appareil électrique

Par exemple, pour un appareil à cire, sont indiqués :

- le symbole ∼ : il signifie que l'appareil ne fonctionne que sur le courant alternatif ;
- 50-60 Hz : c'est la fréquence du courant alternatif ;
- le symbole CE signifie que l'appareil est aux normes européennes.
- le voltage : 230-240 V indique la tension nominale de l'appareil, c'est-à-dire la tension d'utilisation optimale. Si la tension est soumise à une tension moindre, l'appareil fonctionnera moins bien : il est en sous-tension. Si la tension est supérieure, l'appareil est en surtension et risque de « griller » ;
- la puissance : 1 000 W est la puissance nominale de l'appareil, c'est-à-dire la puissance consommée dans des conditions normales d'utilisation.

Loi d'Ohm - Loi de Joule

Loi d'Ohm

Un récepteur exclusivement thermique est un récepteur qui transforme toute l'énergie qu'il consomme en chaleur.

On l'appelle dipôle passif, résistor, ou conducteur ohmique. Le symbole d'un résistor est :

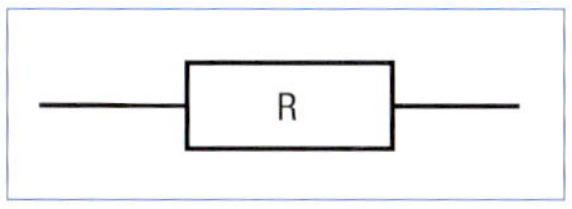

La loi d'Ohm établit que la tension U aux bornes d'un dipôle passif est égale au produit de sa résistance R par l'intensité I du courant qui le traverse :

$$U = R \times I$$

L'ohm (Ω) est la résistance d'un conducteur ohmique qui est parcouru par un courant de 1 ampère sous tension de 1 volt.

Applications pratiques

Pour modifier l'intensité du courant dans un circuit, on utilise des résistances variables appelées rhéostats dont le symbole est le suivant :

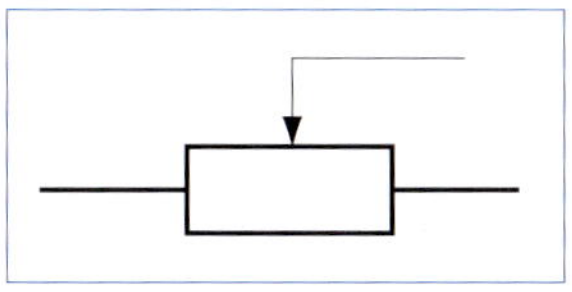

Par mesure de sécurité, on intercale dans tout circuit électrique un dispositif qui coupe le courant dès qu'il y a des surintensités ou des courts-circuits (contacts entre deux points d'un circuit sous tension).

Ces coupe-circuits sont des fusibles qui fondent, coupant le circuit, lorsque l'intensité dépasse une valeur déterminée. Ils se présentent sous forme de cartouches fusibles, indiquant l'intensité nominale et la tension maximale d'utilisation. Les disjoncteurs pour couper le circuit utilisent les effets magnétiques du courant.

Le symbole d'un fusible est :

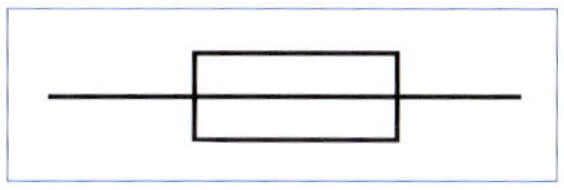

Loi de Joule

Le passage du courant dans un conducteur est toujours accompagné d'un dégagement de chaleur : ce phénomène a reçu le nom d'effet Joule.

Un conducteur ohmique convertit toute l'énergie électrique qu'il reçoit en chaleur et en énergie rayonnante (lumière, infrarouge).

La chaleur dégagée par le passage d'un courant dans un conducteur est :

- proportionnelle au temps t pendant lequel passe le courant ;
- proportionnelle au carré de l'intensité I ;
- variable suivant le conducteur.

La chaleur dégagée par effet Joule correspond à la consommation d'une quantité égale d'énergie électrique apportée par le courant, elle est proportionnelle au carré de l'intensité du courant.

Il y a transformation de l'énergie électrique en énergie calorifique.

Notions relatives à la résistivité du corps humain en relation avec les règles de sécurité

La résistivité est la résistance spécifique d'un conducteur.

La principale résistance du corps humain est la peau ; l'intérieur du corps est conducteur, car les cellules baignent dans des solutions d'électrolytes intra- et extracellulaires.

Variations de la résistance

Elle varie selon :

- l'âge et l'état de santé ;
- la qualité de la peau ;
- le degré hygrométrique de la peau ;
- la surface de contact ;
- le type de contact (avec ou sans pression) ;

Physique et chimie

- le milieu ambiant (humide ou sec) ;
- la tension appliquée entre les points de contact.

La résistance du corps varie de 50 000 ohms à moins de 300 ohms dans les conditions les plus défavorables.

Règles de sécurité pour les locaux et les matériels

- L'installation électrique doit présenter les conditions de sécurité maximale : le raccord à la terre doit être parfait et il doit y avoir un disjoncteur.
- Faire établir par EDF un certificat de mise en conformité.
- Ne jamais utiliser un appareil électrique lorsqu'une partie du corps est ou peut être en contact avec l'eau.
- Débrancher un appareil avant de le nettoyer.
- Éviter les rallonges électriques.
- Les appareils doivent être homologués, avec attribution d'un numéro qui doit être apposé sur l'appareil.
- Ne pas alimenter trop d'appareils sur une même prise : risque d'échauffement dangereux.
- Vérifier l'état des cordons d'alimentation : éviter les fils dénudés.
- Le mobilier doit être isolant.
- Les procédures d'utilisation des appareils doivent être bien respectées.

COURANT UNIDIRECTIONNEL CONSTANT OU COURANT CONTINU OU COURANT GALVANIQUE

Caractéristiques

Le courant continu est un courant polarisé.
Les électrons s'écoulent toujours dans le même sens.
L'intensité est constante.
Il est fourni par une pile, un accumulateur, générateur de courant continu.

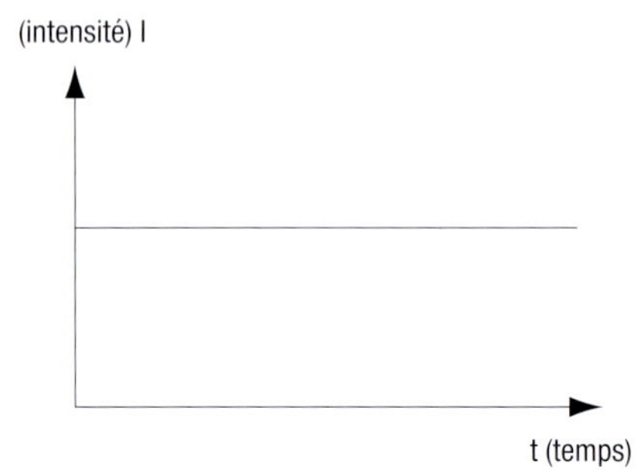

Fig. 14.1 – Courant continu.

Électrolyse

Définitions

L'électrolyse est un processus d'échange au cours duquel l'énergie électrique est transformée en énergie chimique.
Il y a électrolyse chaque fois que le courant électrique traverse un milieu ionisé.
Le passage du courant s'accompagne alors de réactions chimiques.
On appelle électrolyte le composé ionisé.
Les deux conducteurs qui amènent le courant dans la cuve à électrolyse sont les électrodes :

- celle par laquelle le courant arrive est l'électrode positive ou anode ;
- celle par laquelle il sort est l'électrode négative ou cathode.

Un ion est un atome ou un groupement d'atomes ayant perdu ou gagné un ou plusieurs électrons, donc chargé positivement ou négativement :

- un ion positif se dirige dans le sens conventionnel du courant vers la cathode ; c'est un cation ;
- un ion négatif se dirige en sens inverse vers l'anode ; c'est un anion.

Lois qualitatives de l'électrolyse

Première loi

Les produits de l'électrolyse apparaissent au voisinage des électrodes.
L'anode, qui reçoit les électrons excédentaires des ions négatifs, est un accepteur d'électrons.
La cathode, qui cède aux ions positifs les électrons qui leur manquent, est un donneur d'électrons.

Deuxième loi

La réaction chimique qui a lieu à l'anode libère des électrons ; c'est une oxydation.
La réaction chimique qui a lieu à la cathode consomme des électrons : c'est une réduction.

Troisième loi

L'oxydation anodique libère exactement autant d'électrons qu'en consomme la réduction cathodique.

Mise en évidence de la conductivité des ions

C'est la présence d'ions qui assure le caractère conducteur de la solution.
La conductivité est une grandeur caractéristique de la solution, elle dépend de la concentration en ions, de la nature des ions qui la composent ainsi que de la température.
On peut la mesurer avec un conductimètre.

Les mesures de conductimétrie permettent de calculer la concentration en ions de la solution.

Utilisation du courant continu ou courant galvanique en esthétique

- La désincrustation a pour but le nettoyage de la peau par saponification des acides gras du sébum sous l'action de NaOH libérée sur l'électrode négative.
- L'ionophorèse transcutanée ou « ionisation » permet la pénétration des ions au travers de la peau. Seuls des produits aqueux et chargés électriquement peuvent pénétrer.

Mode d'emploi et précautions d'utilisation

Ils seront traités dans la partie « Technologie des appareils ».

COURANTS UNIDIRECTIONNELS VARIABLES OU COURANT D'IMPULSIONS

Caractéristiques

Le courant unidirectionnel variable est un courant continu polarisé dont l'intensité varie dans le temps ou un courant alternatif redressé.

Le fait d'établir puis d'interrompre le courant dans un temps relativement court crée ce qu'on appelle une impulsion électrique.

- Les impulsions isolées : elles peuvent être rectangulaires, triangulaires, trapézoïdes, exponentielles ou hémisinusoïdales. Une impulsion rectangulaire est dite homofaradique.
- Les impulsions itératives
  Ce sont des impulsions répétitives. Le nombre d'impulsions par seconde définit la fréquence qui se calcule en hertz.
- Pour les appareils d'esthétique, on utilise :
  - les courants de basse fréquence (BF) compris entre 1 à 800 hertz ;
  - les courants de moyenne fréquence (MF) compris entre 800 et 20000 hertz ;
  - les courants de haute fréquence (HF) compris entre 20 000 et 100 000 hertz.

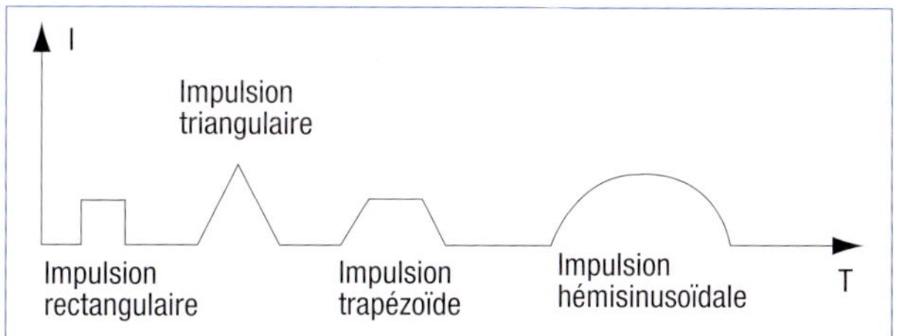

Fig. 14.2 – Impulsions isolées.

Modulations

Les impulsions itératives peuvent subir des variations en intensité, c'est-à-dire en amplitude et en fréquence.

Lorsque l'un ou l'autre de ces paramètres varie dans le temps, on dit que le courant est modulé. Certains courants peuvent être modulés en fréquence et en amplitude.

En combinant ces modulations, on peut obtenir une infinité de courants.

La fréquence peut être modulée progressivement : c'est la fréquence glissante ou wobulation.

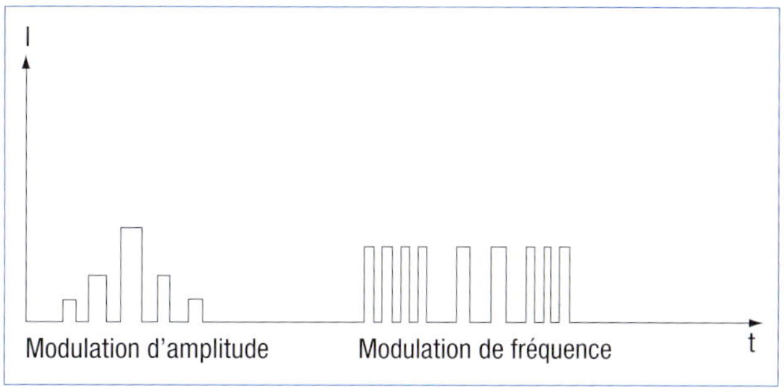

Fig. 14.3 – Modulations.

Utilisation des courants unidirectionnels variables en esthétique

On utilise les courants rectangulaires de basse fréquence pour la tonification.

On utilise les trains d'impulsions rectangulaires de basse et moyenne fréquence pour le développement musculaire.

Microcourants

Ce sont des courants continus rectangulaires dont l'intensité est de l'ordre du millionième d'ampère, donc en dessous du seuil de perception.

On les utilise pour de la régénération cellulaire.

COURANTS BIDIRECTIONNELS OU COURANTS ALTERNATIFS

Les courants bidirectionnels se propagent en changeant de sens de façon répétitive.

Courant alternatif sinusoïdal

Définition

C'est un courant bidirectionnel, dépolarisé, qui change périodiquement de sens.

Les bornes du générateur n'ont pas de polarité fixe. La forme la plus utilisée du courant alternatif est le courant

sinusoïdal. Les termes de courant alternatif, bidirectionnel, biphasique et bipolaire sont synonymes.
Le « signal » de ce type de courant est :

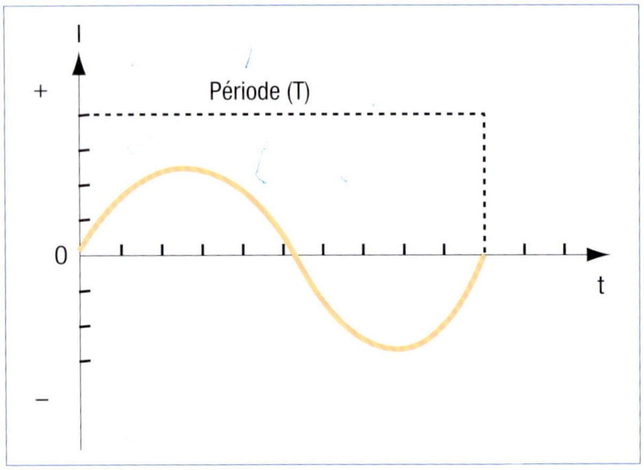

Fig. 14.4 – Courant alternatif sinusöidal.

Production de courant alternatif

On fait appel au principe de déplacement des électrons dans un élément conducteur sous l'effet du mouvement d'un champ magnétique.
Le courant alternatif est produit par des alternateurs triphasés et transporté par des lignes à haute tension triphasées. Une ligne triphasée est constituée de 4 fils : 1 fil neutre et 3 fils de phase.
Un transformateur permet de modifier (augmenter ou réduire) la valeur efficace d'une tension alternative.

Caractéristiques

La courbe est caractéristique : elle est sinusoïdale, tantôt au-dessus de l'axe temps (tension positive), tantôt en dessous (tension négative).
La période est la durée de deux alternances successives. Elle est notée *T* et se calcule en secondes.
La fréquence est le nombre de périodes par seconde. Elle est notée *f* et s'exprime en hertz (Hz).
Par exemple, la fréquence du secteur (courant ordinaire) est de 50 Hz.
Que le circuit soit alimenté en continu ou en alternatif, les lois des tensions et des intensités sont formellement identiques à celles du courant continu.

Installations domestiques

Le courant du secteur fourni par EDF est alternatif sinusoïdal et change de sens toutes les 0,01 s. Sa tension est de 220 V et sa fréquence de 50 Hz.

L'installation électrique d'une habitation est alimentée en monophasé qui comprend deux fils provenant du compteur : le fil de phase et le fil neutre.
Le fil de phase peut être noir, marron ou rouge, le fil neutre est toujours bleu ; sur certaines prises de courant, il y a un fil de terre de couleur vert et jaune.
Les prises de courant sont de deux types :
- les prises à 2 bornes femelles ;
- les prises à 2 bornes femelles et à 1 fiche mâle de terre.

La prise avec terre est reliée à un conducteur métallique enfoncé dans le sol. On la schématise ainsi :

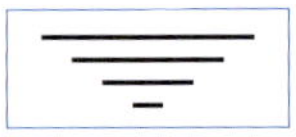

Dispositifs de sécurité dans les installations domestiques

Fusibles

On les place sur les fils de phase au départ des lignes. Dans les cartouches-fusibles, le fusible est contenu dans une cartouche. On les choisit en fonction de l'usage de la ligne : 10 ampères pour les lignes d'éclairage, 20 ampères pour les lignes alimentant des gros appareils électriques.
Le fusible fond quand l'intensité devient supérieure à l'intensité tolérée, interrompant ainsi le courant.

Disjoncteur à maximum de courant

Le disjoncteur est placé près du compteur électrique.
Il coupe le courant quand l'intensité dépasse la valeur maximale autorisée.

Prise de terre

La prise de terre est un conducteur qui permet d'écouler le courant de fuite vers la terre.
Les gros appareils ménagers (cuisinières électriques, réfrigérateurs, lave-linge, *etc.*) en sont équipés.
Dans les cabines d'esthétique, tous les appareils doivent être reliés à la terre.

Disjoncteur différentiel

Placé en tête de l'installation, le disjoncteur différentiel permet de détecter la présence des courants de fuite vers la terre et coupe immédiatement le courant.

Compteur électrique

La consommation d'énergie électrique est mesurée par le compteur installé par EDF, en tête de l'installation.

Il est traversé par la totalité du courant qui alimente l'installation, il enregistre l'énergie consommée et la traduit en kilowattheure.

Courants bidirectionnels variables utilisés en esthétique

On distingue 3 types de courant variable.

- la basse fréquence : 0 à 800 Hz ;
- la moyenne fréquence : 800 à 20000 Hz ;
- la haute fréquence : de 20 000 à 100000 Hz.

Courants de basse et moyenne fréquence

Ils sont surtout utilisés pour leur action excitomotrice en gymnastique passive. En les modulant et en faisant varier leur forme, on les utilisera pour le raffermissement tissulaire, la tonification, la dépolymérisation des graisses, le pétrissage, la relaxation musculaire.

Courants de haute fréquence

Les courants de haute fréquence alternatifs, donc bidirectionnels, provoquent des effets thermiques en profondeur.
En Esthétique, on les utilise avec les électrodes de Mac Intyre (ce sont des tubes de quartz contenant un gaz rare, donc de très grande résistance), qui possèdent des tensions élevées, mais de faibles intensités.
Elles provoquent un échauffement cutané et une oxygénation par formation d'ozone.
Dans certains appareils d'épilation durable, on combine le courant galvanique et la haute fréquence pour réaliser une électrolyse et une thermolyse au niveau du poil : c'est le principe du *blend* ; dans d'autres, la haute fréquence est couplée avec un rayonnement laser.
En médecine esthétique, la haute fréquence peut être utilisée pour thermocoaguler les varicosités, la couperose et les télangiectasies.

Courants interférentiels

Ils sont produits par deux générateurs distincts produisant deux courants alternatifs de fréquence proche, mais différente. Cela permet de croiser, au sein d'un même muscle, deux courants alternatifs de fréquence légèrement différente l'une de l'autre. Comme la fréquence de ces courants n'est pas semblable, il en résulte un courant endogène au point de croisement des deux courants, dont l'intensité résultante est soit supérieure à l'intensité de chacun des courants, soit nulle (courant en opposition de phase).
Cela provoque une contraction profonde et totale du muscle, sans que l'intensité de surface soit trop élevée.
Les courants interférentiels ne sont pas douloureux. Ils sont utilisés pour leurs propriétés excitomotrices. Ils sont plus agréables à supporter.

Physique et chimie

Ondes

GÉNÉRALITÉS

Définitions

Une onde résulte de la propagation d'une vibration dans un milieu, sans transport de matière.
De nombreux phénomènes physiques se transmettent sous forme d'ondes.

Ondes mécaniques

Comme les vagues à la surface de l'eau, les ondes sonores se propagent dans un milieu élastique, qu'elles déforment.

Ondes électromagnétiques

Comme les rayons gamma, les rayons X, les ultraviolets, la lumière visible, les infrarouges ou les ondes hertziennes, elles propagent un état de champ électrique et magnétique, sans support matériel.

Grandeurs caractéristiques

Fréquence f

f mesure le nombre de vibrations par seconde. Elle se mesure en hertz (Hz).
1 Hz = 1 vibration/seconde
Unités multiples du Hertz :

- 1 kilohertz = 1 kHz = 10^3 Hz ;
- 1 mégahertz = 1 MHz = 10^6 Hz.

Période T

T est le temps mis pour décrire une ondulation élémentaire. Il se mesure en secondes.

Célérité c

C'est la vitesse avec laquelle l'onde se propage. Elle se calcule en mètres/seconde.
La célérité des ondes dépend de la nature de cette onde et du milieu dans lequel elle se propage.
Exemples :

- le son se propage dans l'air sec à 25 °C à 346 m/s, dans l'eau à 1 500 m/s, dans l'acier à 5 000 m/s ;
- la lumière se propage à 300 000 km/seconde dans le vide.

Longueur d'onde λ

λ (lambda) est la distance parcourue par l'onde pendant une durée égale à une période, c'est-à-dire pendant la durée d'une oscillation. Elle est exprimée en mètres.
Sous-multiples du mètre :

- 1 micromètre = 1 µm = 10^{-6} m ;
- 1 nanomètre = 1 nm = 10^{-9} m ;
- 1 picomètre = 1 pm = 10^{-12} m.

RAYONNEMENT ÉLECTROMAGNÉTIQUE

Au XIXe siècle, le physicien français Fresnel établit la théorie ondulatoire de la lumière : les radiations lumineuses sont assimilées à des ondes.
Puis, le physicien britannique Maxwell établit la théorie des ondes électromagnétiques : la propagation de la lumière est associée à une modification électrique et magnétique du milieu qu'elle traverse.
Les radiations électromagnétiques sont un phénomène énergétique, de nature ondulatoire.

Définitions

Célérité c

Une onde électromagnétique est un phénomène vibratoire qui se propage dans le vide avec une vitesse constante appelée célérité.
c est la célérité de la lumière dans le vide.
c = 300 000 km/s = 3,108 m/s.

Période *T*

La période *T* de l'onde est la durée nécessaire pour que le phénomène vibratoire se reproduise identique à lui-même. L'unité est la seconde (s).

Fréquence υ

La fréquence υ de l'onde représente le nombre de périodes en une seconde.
(Cette lettre grecque υ « nu » est employée pour les ondes électromagnétiques à la place de la lettre *f*).
L'unité de fréquence est le hertz (Hz).

Longueur d'onde

La longueur d'onde λ est égale à la distance parcourue par l'onde en une période, dans le vide ou dans l'air.

Classification des ondes électromagnétiques

Elle a été établie suivant leur fréquence ou leur longueur d'onde.

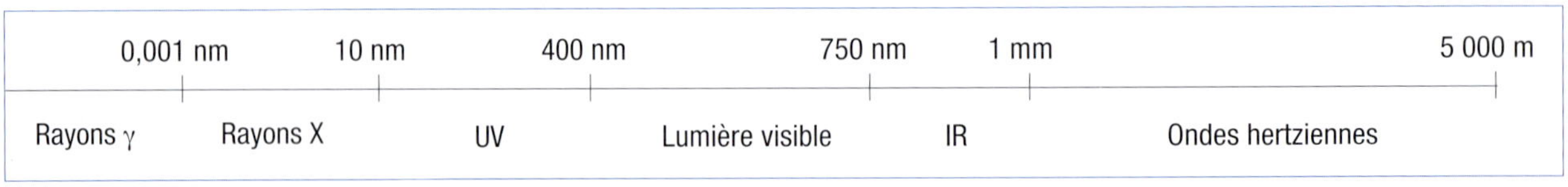

Fig. 14.5 – Rayonnement électromagnétique selon les longueurs d'onde.

Photons

Au début du XXe siècle, Einstein émit l'hypothèse de la structure « granulaire » de la lumière.
Les ondes électromagnétiques sont constituées de grains d'énergie appelés photons.
L'énergie d'un photon est d'autant plus grande que la fréquence de la radiation est élevée et que la longueur d'onde est faible.
Donc plus la longueur d'onde est courte, plus l'énergie du photon est élevée.

Rayonnement ultraviolet

Généralités

Le rayonnement ultraviolet est un rayonnement électromagnétique situé dans le spectre solaire au-delà du violet.

Sa longueur d'onde est comprise entre 10 et 400 nanomètres (nm).
On distingue 3 bandes essentielles dans le rayonnement UV :

- les UV C (*short wave* UV), dont la longueur d'onde est comprise entre 100 et 280 nm ;
- les UV B (*middle wave* UV), dont la longueur d'onde est comprise entre 280 et 320 nm ;
- les UV A (*long wave* UV), dont la longueur d'onde est comprise entre 320 et 400 nm ;
- de 10 à 100 nm, ce sont les UV du vide.

Plus la longueur d'onde est courte, plus l'énergie contenue dans le rayonnement est importante.

Propriétés

Absorption

Les rayons UV de longueur d'onde inférieure à 360 nm sont absorbés par le verre.
Les rayons UV de longueur d'onde inférieure à 180 nm sont absorbés par le quartz.
Les rayons UV de longueur d'onde inférieure à 300 nm sont absorbés par l'ozone de la couche atmosphérique.
La pénétration cutanée augmente avec la longueur d'onde : les UVA pénètrent jusqu'au derme profond.
La photoprotection cosmétique utilise soit les écrans qui agissent en réfléchissant les rayons UV, soit les filtres qui agissent en absorbant une partie des radiations.
L'absorption oculaire : le rayonnement UVB pénètre dans la cornée jusqu'au cristallin et le rayonnement UVA jusqu'à la rétine.

Réactions chimiques

Les photons UV séparent la molécule de dioxygène O_2 en oxygène atomique O qui se combinera avec O_2 pour donner une molécule d'ozone O_3.

Fluorescence

Les rayons UV provoquent la fluorescence de certaines substances. L'énergie absorbée par ces substances est transformée en énergie rayonnante avec production de lumière visible.
Cette propriété est utilisée en esthétique dans la lampe de Wood.

Sources de radiations ultraviolettes

Soleil

Il émet toutes les radiations ultraviolettes, mais elles sont filtrées par la couche d'ozone avant de parvenir sur la Terre.

Lampes thermiques

Les lampes à incandescence à 2 500 °C, les lampes halogènes, les arcs électriques, émettent plus de lumière visible que d'UV.

Lampes à décharge

Ce sont des lampes à vapeur de mercure dans lesquelles les atomes de mercure sont excités par une décharge électrique. Ils reviennent à l'état normal en émettant un rayonnement UV.

Applications des UV en Esthétique

- Lampes de bronzage.
- Coffret stérilisateur.
- Lampe de Wood.

(*Cf.* « Technologie des appareils et des instruments », page 241.)

Rayonnement infrarouge

Les radiations infrarouges sont des radiations électromagnétiques dont la longueur d'onde se situe au-delà de la lumière visible, entre 760 nm et 1 mm. Elles constituent la majorité de l'énergie thermique d'origine solaire. On distingue :

- IR A, proches ou courts, de 760 à 1 400 nm ;
- IR B, moyens, de 1 400 à 15 000 nm ;
- IR C, lointains, de 15 000 nm à 1 mm.

Toute libération de chaleur s'accompagne d'une émission infrarouge.

Production de rayons IR

Émetteurs naturels

Le soleil, les flammes, les étincelles, tous les corps chauds lumineux ou non.

Émetteurs artificiels

- Les systèmes lumineux, comme les lampes à incandescence, dans lesquelles le filament de carbone ou de tungstène est placé dans un verre épais contenant des gaz rares à basse pression. Leur puissance peut être de 250 à 1 500 watts.
- Les systèmes non lumineux : on utilise des plaques ou tubes métalliques. Leur puissance peut être de 750 à 1 000 watts.

Propriétés biologiques

- Action circulatoire : la chaleur provoque une vasodilatation qui s'accompagnera d'une vasoconstriction réflexe.
- Action décontracturante.

Utilisation des IR en esthétique

Les IR pénètrent jusqu'à l'hypoderme et provoquent une élévation thermique qui agira sur les adipocytes et permettra un déstockage des graisses.
Cette propriété est utilisée dans des appareils d'amincissement corporel.
Ils facilitent le passage transcutané des principes actifs, en accélérant la microcirculation.

RAYONNEMENT LASER

Laser désigne les initiales de *light amplificated by stimulated emission of radiations*. Le laser est un dispositif qui amplifie la lumière et la fait converger en un étroit faisceau.

Principe

Un laser comprend une cavité résonante contenant :

- un milieu actif formé d'atomes et de molécules. Ce milieu peut être solide, liquide ou gazeux ;
- une source d'énergie qui permet d'exciter, de « pomper » le milieu actif afin qu'il émette de la lumière ;
- deux miroirs parallèles aux deux extrémités, l'un réfléchissant les ondes lumineuses, l'autre semi-réfléchissant, permettant à la lumière de sortir en étroit faisceau.

Définition et caractéristiques

Le laser est un rayonnement d'origine électromagnétique et photonique dont on a accru le niveau énergétique. La lumière laser possède des caractéristiques spécifiques, elle est :

- cohérente, c'est-à-dire que tous ses photons ont la même direction et la même énergie. Toutes les ondes vont dans la même direction ;
- composée de faisceaux parallèles et unidirectionnels qui permettent une concentration importante de l'énergie ;
- monochromatique, c'est-à-dire qu'elle n'a qu'une seule longueur d'onde. Le rayonnement laser peut être émis soit en impulsions soit en continu.

Différents types de laser

On classe les lasers suivant l'état physique du milieu actif.

Lasers à solides

Ce sont les lasers les plus puissants.

- Le laser rubis utilise un cristal de rubis émettant une longueur d'onde dans la partie rouge du spectre visible (épilation durable).
- Le laser alexandrite (épilation durable).
- Le laser YAG-erbium (réjuvénation du visage).
- Le laser KTP (potassium, titane, phosphate) pulsé (traitement des télangiectasies).

Lasers à gaz

- Lasers argon.
- Lasers à CO_2 (abrasion des rides, lissage).
- Lasers hélium-néon.
- Lasers à azote.

Lasers à liquides colorants

- Lasers à rhodamine.

Utilisation des lasers en dermatologie et médecine esthétique

Lasers vasculaires

Leur longueur d'onde vise l'hémoglobine et traite les rougeurs associées à certains problèmes cutanés comme la rosacée, la couperose, les angiomes, *etc.*

Lasers pigmentaires

Leur longueur d'onde agit sur la mélanine des lésions pigmentées (taches séniles, chloasma) et les pigments organiques ou minéraux des tatouages.

Lasers épilatoires (épilation longue durée)

Leur longueur d'onde agit sur la mélanine concentrée dans le bulbe du poil en différenciant celle du poil et celle de la peau.

Lasers ablatifs

Ils ont un effet thermique qui volatilise les tissus.
On les utilise dans le traitement des verrues, des tumeurs cutanées superficielles, des cicatrices et dans le « relissage » ou « *resurfacing* » de la peau.

Risques dus au faisceau laser

L'œil est l'organe le plus vulnérable au rayonnement laser. Des lésions graves peuvent être provoquées même avec des lasers de faible puissance.
Les effets sont très différents selon la longueur d'onde émise. La peau peut être le siège de brûlures.

Mesures de protection

- Formation obligatoire du personnel utilisant le matériel.
- Port obligatoire de lunettes spéciales laser (marquage CE) pour l'utilisateur et le client.
- Les appareils doivent respecter les normes et être contrôlés annuellement.
- Des extincteurs doivent être à proximité.
- La zone laser doit être isolée et balisée, le revêtement mural non réfléchissant.
- Éliminer les miroirs, les instruments chromés ou nickelés, vitres, bagues ou montres.
- Le trajet du faisceau laser doit être situé en dessous des yeux.

LUMIÈRE INTENSE PULSÉE (IPL)

Il s'agit d'ondes lumineuses établies pendant des temps très courts, séparés par des temps sans émission, de durée variable ; mais ce n'est pas un laser.
La lumière intense pulsée émet un large spectre de longueurs d'onde, variant entre 500 et 1 200 nm, absorbées par la mélanine, l'hémoglobine et l'eau.
Elle est produite, pour certains appareils, par des lampes flash au xénon fournissant une lumière de haute intensité qui traverse des filtres afin d'obtenir le spectre désiré.
C'est une lumière polychromatique qui agit à des profondeurs variables et sur les différentes nuances de couleur.
En Esthétique médicale, on l'utilise pour la photoépilation et pour la photorégénération, c'est-à-dire le traitement des érythroses, des taches pigmentées, des teints brouillés, des pores dilatés, des ridules.

NOTIONS SUR LA PROPAGATION DE LA LUMIÈRE

Origine de la lumière

La lumière est un rayonnement électromagnétique dont les longueurs d'onde se situent environ entre 400 et 750 nanomètres. Elle est située entre les ultraviolets et les infrarouges.
La lumière est à la fois ondes et particules.
Elle se caractérise par sa longueur d'onde, sa période et sa fréquence.

Sources lumineuses

Sources primaires

- Elles émettent de la lumière par elles-mêmes.
- Une source primaire transforme l'énergie thermique, chimique, nucléaire, en lumière.
  Exemples : le Soleil, les étoiles, les bougies, les ampoules, les tubes fluorescents, les vers luisants, *etc.*
- L'incandescence est la lumière chaude émise par des corps portés à haute température.
  Exemples : le Soleil, les feux, l'ampoule électrique.
- La fluorescence est la lumière provenant d'un corps émetteur sous l'effet d'une excitation lumineuse. Le rayonnement cesse, lorsque l'excitation cesse.
  Exemple : les tubes fluorescents.
- La phosphorescence est la lumière provenant d'un corps émetteur sous l'effet d'une excitation lumineuse.
  Le rayonnement persiste lorsqu'on supprime le rayonnement excitateur.
  Exemples : les vers luisants, les cadrans de montre, *etc.*

Sources secondaires

Elles ne produisent pas de lumière, elles en reçoivent et la retransmettent par réflexion, réfraction, diffusion...
Exemples : la lune et les miroirs, *etc.*

Caractéristiques

La vitesse de propagation ou célérité de la lumière dépend du milieu.
Dans le vide : c = 300000 km/s.
Dans l'eau : c = 225000 km/s.
Un faisceau lumineux est formé de rayons, qui peuvent être :

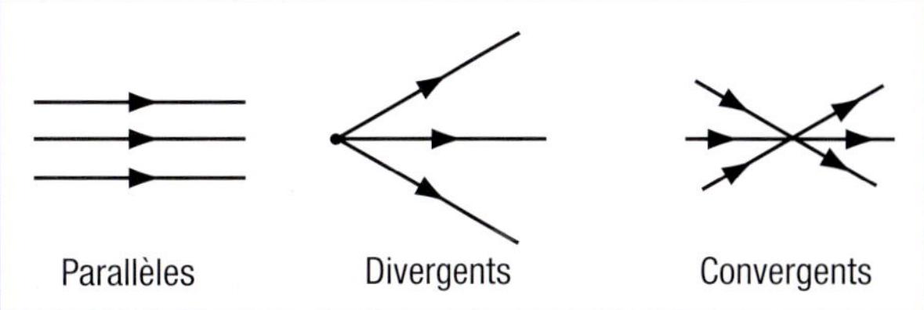

Fig. 14.6 – Caractéristiques des rayons d'un faisceau lumineux.

La lumière visible ou lumière blanche est polychromatique, car elle est composée de lumières simples, monochromatiques, colorées, de longueurs d'ondes différentes qui forment le spectre de la lumière visible : rouge, orange, jaune, vert, bleu, indigo, violet. Leurs longueurs d'ondes vont de 400 à 750 nm.

Réflexion

Si l'on fait arriver un faisceau lumineux sur une surface métallique plane et polie, cette surface dévie le faisceau lumineux dans une seule direction : il se réfléchit.

Physique et chimie

Réfraction

Si l'on fait arriver un faisceau de rayons lumineux sur la surface horizontale de l'eau, on constate que :

- la plus grande partie de la lumière pénètre dans l'eau en changeant de direction ; on dit qu'elle s'est réfractée ;
- une petite partie de la lumière se réfléchit.

La réfraction est le changement de direction que subit la lumière en traversant la surface de séparation de deux milieux transparents.

Absorption

L'absorption représente la dégradation de l'énergie vibratoire de la lumière en chaleur. Ce phénomène se traduit par une élévation thermique due à un accroissement des échanges d'électrons entre les atomes.

ULTRASONS

Définition

Les ultrasons sont des vibrations mécaniques, dont la fréquence est supérieure à 20000 Hz, ils sont inaudibles par l'homme.
La production des ultrasons relève des propriétés piézoélectriques du quartz.

Propriétés physiques

Fréquence et longueur d'onde

La fréquence *(f)* s'exprime en hertz (Hz) :

- 1 hertz (Hz) = 1 vibration par seconde ;
- 1 kilohertz (kHz) = 1000 vibrations par seconde ;
- 1 mégahertz (MHz) = 1000000 de vibrations par seconde.

La longueur d'onde (λ) s'exprime en mètres (m).

Propagation et absorption

La propagation des ultrasons n'a lieu qu'en milieu solide ou liquide.
Dans un milieu homogène, elle se fait en ligne droite.
L'absorption dépend du milieu de propagation ; ainsi la mousse, le feutre, absorbent les ultrasons.
L'air est un mauvais conducteur des ultrasons.
Dans l'eau, les ultrasons sont très pénétrants ; on les utilise pour l'échographie et la détection sous-marine.

Vitesse

La vitesse de propagation est indépendante de la fréquence, mais dépend du milieu traversé : plus la densité est élevée plus la vitesse est grande.
Dans l'air, la vitesse de propagation est de 343 m/s, dans l'acier de 5000 m/s, dans l'eau de 1500 m/s.

Réflexion

Il y a réflexion quand les ultrasons passent d'un milieu dans un autre de densité différente ou lorsqu'ils rencontrent un obstacle d'une épaisseur différente.

Réfraction

Plus la différence de densité est grande entre les milieux traversés, plus le phénomène est important.

Cavitation

Les ultrasons propagés dans un liquide libèrent les gaz dissous sous formes de bulles. Cet effet est proportionnel à la fréquence utilisée.

Effets thermiques

L'énergie ultrasonore est transformée en chaleur proportionnellement à l'absorption.

Propriétés biologiques

La pénétration dans les tissus vivants est d'autant plus importante que la fréquence est basse.

Action mécanique

Les vibrations produites provoquent un micromassage lié à la succession de pressions et de dépressions alternées.

Action thermique

L'action de micromassage dégage de la chaleur. La vasodilatation produite active le métabolisme cellulaire et favorise la pénétration de principes actifs.

Applications des ultrasons en esthétique

- Utilisation du phénomène de cavitation pour un effet peeling. Les ultrasons peuvent produire dans un liquide de petites bulles comprimées qui implosent et qui agissent en désagrégeant les cellules cornées pour un effet peeling.
- Action exfoliante à l'aide d'une spatule vibrante et d'un produit désincrustant.
- Action amincissante. Les vibrations produites par les ultrasons disloquent les amas cellulitiques.
- Action défibrosante, stimulante et tonifiante.
- Sonophorèse. En augmentant la perméabilité tissulaire, les ultrasons permettent une meilleure pénétration des principes actifs.

- Couplage des ultrasons et de différents courants excitomoteurs : permet d'améliorer les techniques de tonification, de stimulation et d'amincissement.
- Couplage des ultrasons et du « palper-rouler » pour défibroser des cellulites indurées.

Applications des ultrasons dans le domaine médical

- L'échographie.
- L'échographie-Doppler.
- Bistouri à ultrasons.
- Détartrage dentaire.
- Ultrasonothérapie.

Fluides

NOTION DE FORCE

Définition

Une force est une action mécanique, capable :
- de mettre un corps en mouvement ;
- d'en modifier le mouvement ;
- de le déformer ;
- de le maintenir en équilibre.

Caractéristiques

Une force se caractérise par :
- son intensité qui se mesure avec un dynamomètre et s'exprime en newton (N) ;
- son sens ;
- sa direction.

Elle est représentée par un vecteur $\vec{F}$:
- dont la longueur représente l'intensité de la force à une échelle déterminée ;
- dont l'origine représente le point d'application de la force.

Définition d'un newton : c'est la force qui communique à un corps dont la masse est de 1 kg une accélération d'1 m/s^2.

NOTION DE PRESSION

Définition

Dans la définition de la pression, interviennent deux grandeurs :
- la force pressante, notée $\vec{F}$;
- la surface pressée, notée S.

Le pascal est la pression exercée par une force d'un newton agissant perpendiculairement et uniformément sur une surface d'un mètre carré.

Le pascal représente une pression très faible, aussi utilise-t-on fréquemment ses multiples, surtout en météorologie, comme :
- l'hectopascal (hPa) 1 hPa = 10^2 Pa
- le bar 1 bar = 10^5 Pa
- le millibar 1 mbar = 10^{-3} bar

La pression des gaz et des liquides se mesure avec des manomètres, la pression atmosphérique qui est la pression de l'air qui nous entoure se mesure avec un baromètre.

Pression en un point d'un liquide en équilibre : principe fondamental de l'hydrostatique

Dans un liquide en équilibre, la pression est la même en tous les points d'un même plan horizontal.

La pression du liquide est d'autant plus grande que la masse volumique est plus grande.

La pression augmente avec la profondeur du point considéré.

Théorème de Pascal : toute variation de pression dans un liquide est transmise intégralement à tous les autres points du liquide.

TENSION SUPERFICIELLE

Définition

La surface d'un liquide se comporte comme une membrane élastique. Les forces responsables de cette propriété sont les forces de tension superficielle.

La tension superficielle est due à l'attraction qu'exercent les molécules placées au sein du liquide sur les molécules placées à la surface.

La force de tension superficielle est donc dirigée vers l'intérieur du liquide.

La tension superficielle se mesure avec des tensiomètres. Elle s'exprime en newtons par mètre (N/m).

Capillarité

Si l'on place un tube capillaire dans un cristallisoir rempli d'eau, on remarque que l'eau monte dans le tube, et que le niveau de l'eau est supérieur à celui du cristallisoir. Ce phénomène d'ascension de l'eau est dû à la tension superficielle.

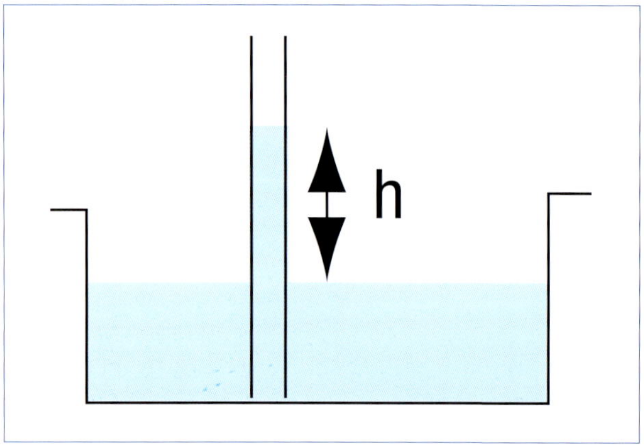

Fig. 14.7 – Capillarité.

Tensioactifs

Les tensioactifs ou surfactifs sont des substances naturelles ou synthétiques dont les molécules sont formées d'une partie hydrophile (qui attire les molécules d'eau) et d'une partie hydrophobe (qui repousse les molécules d'eau). Lorsqu'on met un tensioactif dans l'eau, les molécules se placent à l'interface entre l'eau et l'air, les chaînes hydrophobes orientées vers l'extérieur.

Elles se substituent aux molécules d'eau de surface et abaissent la tension superficielle.

Propriétés des tensioactifs

- Pouvoir mouillant : ils augmentent l'étalement d'un liquide sur une surface, l'eau pénètre mieux.
- Pouvoir moussant.
- Pouvoir détergent et antiredéposant : élimination des salissures.
- Pouvoir émulsionnant et dispersant.

Les tensioactifs facilitent la formation des émulsions et la dispersion des phases.

Mise en évidence expérimentale de la tension superficielle

1. Dans un bol rempli d'eau, placer un petit morceau de Kleenex® sur lequel vous mettez délicatement un trombone : le papier tombe au fond du bol, le trombone reste en surface.
2. Une aiguille d'acier pourra également flotter.
3. Certains insectes aquatiques se déplacent à la surface de l'eau.

La tension superficielle permet à l'eau d'adhérer à des substances plus lourdes et plus denses qu'elle.

Si l'on ajoute dans le bol un peu de détergent (liquide pour la vaisselle), qui est un tensioactif, le trombone et l'aiguille tombent au fond, car la tension superficielle est abaissée.

Rôles des émulsionnants en cosmétique

Une émulsion est une dispersion constituée de deux liquides au moins, non miscibles : une phase aqueuse et une phase huileuse. Sans émulsionnant, l'huile et l'eau se séparent en deux couches.

Les tensioactifs possèdent un groupement hydrophile qui a une affinité pour l'eau et un groupement lipophile qui a une affinité pour l'huile.

Cette structure leur permet de se placer au niveau de l'interface des phases aqueuse et huileuse, d'abaisser la tension interfaciale et de permettre aux deux phases de se mélanger : l'émulsion sera stabilisée.

15

Notions de chimie appliquée

Eau, solvant et milieu réactionnel

STRUCTURE DE LA MOLÉCULE D'EAU

La molécule d'eau est composée d'un atome d'oxygène et de deux atomes d'hydrogène. Chaque atome d'hydrogène est lié à l'atome d'oxygène par une liaison covalente qui est la mise en commun d'une paire d'électrons, donnant ainsi une grande stabilité à la molécule. Le symbole chimique est H_2O.
L'eau est une molécule très importante : elle est à la base de la vie sur la Terre.

Polarité de la molécule d'eau

Les électrons ne sont pas répartis uniformément dans la molécule d'eau.
L'oxygène a une plus grande capacité à attirer les électrons que l'hydrogène : il est plus électronégatif. Chaque liaison O-H se comporte comme un dipôle électrique. La molécule d'eau est dite polaire.
L'eau est un solvant polaire : les molécules polaires s'y dissoudront facilement, les molécules apolaires ne le pourront pas.

Liaison hydrogène

Si l'on considère un ensemble de molécules H_2O, chacune d'elles possède sa polarité mais il va s'établir de nouvelles liaisons entre les molécules.
Ces interactions intermoléculaires sont appelées liaisons hydrogène.

La liaison hydrogène peut se définir comme une attraction électrostatique entre la charge négative localisée sur l'oxygène d'une molécule et la charge positive portée par l'atome d'hydrogène d'une autre molécule d'eau.
Ce sont ces liaisons hydrogène qui donneront à l'eau ses propriétés physiques et chimiques.

PROPRIÉTÉS PHYSIQUES

Changements d'état physique

L'eau est la seule substance qui existe dans les trois états physiques de la matière : gaz, liquide, solide.

Passage de l'eau liquide à l'eau vapeur : vaporisation

Dans les conditions normales de pression, l'eau bout à 100 °C avec formation importante de vapeur d'eau. Ce changement d'état a eu lieu en fournissant de la chaleur à l'eau liquide. L'augmentation de température de l'eau provoque une agitation moléculaire avec rupture des liaisons intermoléculaires, les molécules d'eau se dispersent et forment une atmosphère gazeuse : la vapeur d'eau.
Il y a augmentation du volume occupé, car les molécules d'eau sont indépendantes les unes des autres.
En pratique, cela peut se révéler très dangereux : chaudière, autocuiseur, *etc.*

Passage de la vapeur d'eau (gaz) à l'état liquide : condensation ou liquéfaction

La vapeur d'eau recueillie sur une surface froide redevient liquide, en gouttelettes.

Passage de l'état liquide à l'état solide : solidification

À 0° C, des cristaux de glace se forment, les liaisons hydrogène s'organisent, les molécules d'eau se rapprochent pour constituer un réseau cristallin rigide : les cristaux de glace.
La température demeure constante et égale à 0 °C jusqu'à solidification complète, puis elle continue de descendre.
Il se produit une augmentation de volume (environ 8 %) par rapport à celui de l'eau liquide.
La glace a un volume plus important que l'eau liquide.
En pratique, on observera qu'une bouteille d'eau placée au congélateur se brise, que les conduites d'eau d'un chauffage non utilisé en hiver éclatent.

Passage de l'état solide à l'état liquide : fusion

Lorsque la température négative remonte vers 0 °C, la glace commence à fondre pour donner de l'eau liquide.
Pendant la fusion de la glace, la température demeure constante et égale à 0 °C. Lorsque toute la glace est fondue, la température augmente et se stabilise au niveau de la température ambiante. En fournissant de la chaleur à la glace, l'énergie reçue provoque la rupture des liaisons intermoléculaires et du réseau cristallin, les molécules peuvent à nouveau se déplacer, la masse volumique augmente : l'eau est redevenue liquide.

Passage de l'état solide à l'état gazeux : sublimation

En modifiant la pression atmosphérique, la glace peut passer de l'état solide à l'état gazeux.

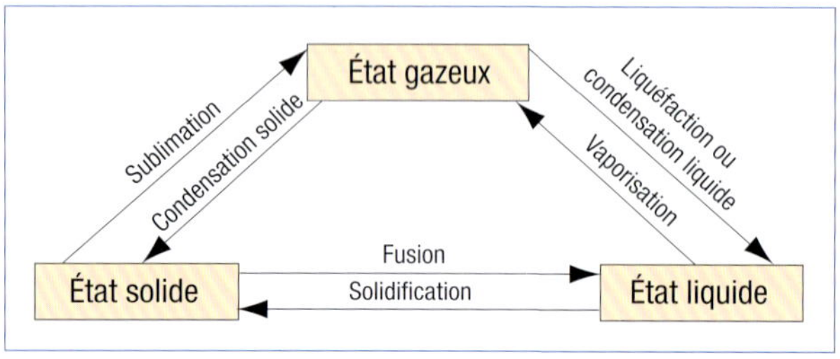

Fig. 15.1 – Changements d'état.

Masse volumique d'un corps (ρ)

Elle est égale au quotient de sa masse M par son volume V.
Elle s'exprime en kilogrammes par mètre cube (kg/m^3) ou en grammes par centimètre cube (g/cm^3).
La masse volumique de l'eau liquide est de 1 000 kg/m^3 ; la masse volumique de la glace est de 917 kg/m^3.
Il faut, bien entendu, retenir qu'une augmentation de volume correspond à une diminution de la masse volumique.

Densité d'un corps solide ou liquide (d)

Elle est égale au quotient de la masse volumique de ce corps par la masse volumique de l'eau.
La densité de l'eau est égale à 1, la densité de la glace à 0,917.
La glace flotte sur l'eau : le glaçon dans le verre d'eau, l'iceberg, *etc.*

Viscosité (η)

La viscosité d'une substance permet d'évaluer sa capacité à s'écouler (c'est-à-dire sa fluidité). La viscosité augmente lorsque la température décroît.
L'huile est moins fluide que l'eau.
On caractérise la viscosité d'un fluide par un coefficient de viscosité η (η = lettre grecque « êta »).
L'unité de viscosité est le pascal-seconde (Pa. s).

Ainsi, à 20 °C :	pour l'eau	n = 10^{-3} Pa. s
	pour l'huile	n = 0,99 Pa. s
	pour la glycérine	n = 1,5 Pa. s

En cosmétique, les lotions, qui sont en général des solutions aqueuses, sont plus fluides, donc moins visqueuses que les laits, eux-mêmes étant moins visqueux que les crèmes.

PROPRIÉTÉS CHIMIQUES

Dissolution de composés ioniques dans l'eau

Un composé ionique est formé d'ions positifs et négatifs réunis par des liaisons pour former un ensemble neutre.
Exemple : les cristaux de chlorure de sodium sont constitués d'ions sodium Na+ et d'ions chlorure Cl^-.
L'eau étant un très bon solvant polaire va dissocier les ions positifs et les ions négatifs qui constituent le cristal ionique.
Les molécules d'eau porteuses de charges positives et négatives sont attirées par les charges de signe contraire des ions.
L'eau dissocie et ionise le chlorure de sodium :

$$NaCl \rightarrow Na^+ (aq) + Cl^-(aq).$$

Puis les molécules d'eau entourent les ions, les hydratent, les séparent et les dispersent dans la solution : c'est la solvatation.

L'hydratation modifie les propriétés des ions.
Exemple : l'ion cuivre Cu^{2+} anhydre est blanc, hydraté il devient bleu.

En résumé :

La dissolution provoque :

- la destruction ou la dissociation des liaisons entre les ions du cristal ;
- l'ionisation et l'hydratation des ions.

La dissolution de composés polaires comme les alcools, les polyalcools (les glucides), les acides, se traduit également par les mêmes phénomènes : dissociation, ionisation, hydratation.
Selon l'importance de ces différentes phases, il y aura dégagement de chaleur (réaction exothermique), absorption de chaleur (réaction endothermique) ou, ni dégagement ni absorption de chaleur (réaction athermique).

Notions de concentration

Dans une solution aqueuse de chlorure de sodium NaCl, l'eau est le solvant, le chlorure de sodium est le soluté.

Concentration massique (Cm) d'un soluté

C'est le quotient de la masse de ce soluté par le volume de la solution.
Elle s'exprime en grammes par litre (g/L).

$$\text{Concentration massique} = \frac{\text{masse de soluté (en grammes)}}{\text{volume de la solution (en litres)}}$$

Concentration molaire (Cx)

C'est le nombre de moles d'un soluté par unité de volume de la solution. Elle s'exprime en mol/litre.

$$\text{Concentration molaire} = \frac{\text{nombre de moles de soluté (en moles)}}{\text{volume de la solution (en litres)}}$$

Solubilité

Il y a une limite à la quantité de soluté que l'on peut dissoudre dans un volume donné de solvant.
La solubilité (s) d'un soluté dans l'eau est la quantité maximale de ce soluté que l'on peut dissoudre pour obtenir un litre de solution. Elle s'exprime en grammes par litre (g/L), ou en moles par litre (mol/L).
En général, la solubilité augmente avec la température.

TRAITEMENTS DE L'EAU

Dureté de l'eau

De nombreux ions sont en solution dans les eaux naturelles. Parmi les ions en solution, les ions calcium Ca^{2+} et l'ion magnésium Mg^{2+} vont donner à l'eau sa dureté.
La dureté de l'eau représente sa teneur en ions Ca^{2+} et Mg^{2+}.
Elle se mesure en France par le degré hydrotimétrique français, exprimé en °TH.
1 °TH correspond à une concentration globale de 10^{-4} mol/L d'ions Ca^{2+} ou Mg^{2+}.
Cela correspond à 4 mg par litre d'ions calcium (dureté calcique) et 2,43 mg par litre d'ions magnésium (dureté magnésienne).
Pour l'eau potable, la dureté de l'eau doit être à inférieure à 30 °TH.
La dureté de l'eau a des conséquences sur les circuits de distribution d'eau chaude, car une élévation de température peut provoquer la formation de carbonate de calcium insoluble qui se dépose sous forme de tartre, $CaCO_3$, et endommage les canalisations et le matériel.
Le tartre abrite et protège des micro-organismes et empêche le savon et les détergents de mousser convenablement.

Adoucissement

Cette technique permet de remplacer les ions calcium et magnésium par des ions sodium. On utilisera :

- une résine cationique (qui fixe les cations) où les ions Ca^{2+} et Mg^{2+} seront échangés par des ions Na^{+}. On fait passer l'eau dure sur une résine formée de billes de polystyrène associées avec des ions sodium. La résine fixe les ions calcium et magnésium et, en échange, libère ses ions sodium. Après une certaine quantité d'ions retenue, la résine est saturée ; il faut la régénérer. Pour cela, on fait passer sur la résine une solution très concentrée de chlorure de sodium et l'échange se produit dans l'autre sens. La résine est prête à fonctionner à nouveau ;
- des produits complexants, qui se lient à des minéraux ou des métaux ionisés comme le calcium, le magnésium, le plomb, le cuivre, *etc.* Le complexe qui en résulte est stable, inactif, et doit être non toxique.

Leur utilisation est strictement réglementée.

Déminéralisation

Pour déminéraliser l'eau, il faut éliminer tous les ions présents.
On utilise deux types de résine : une cationique, acide, de formule ZH, et une anionique, basique, de formule Z'OH. Les anions et les cations à éliminer se fixent sur les résines.

Sur la résine cationique, les ions^{+} sont échangés par des ions H_3O^+, et sur la résine anionique les ions^{-} sont échangés par des ions OH^-.
Leur régénération nécessite l'emploi de HCl et de NaOH.
L'électrodialyse est une technique qui utilise le courant électrique et des membranes spéciales, semi-perméables aux ions selon leur charge.
Les membranes cationiques laissent passer les cations, les membranes anioniques, les anions. Ces membranes sont placées alternativement entre les deux électrodes. Les électrodes attirent les ions de charges opposées à travers la membrane, les éliminant ainsi de l'eau.
En Esthétique, il faut penser à résoudre le problème de l'eau dure, car de nombreux appareils utilisés en souffriront, comme le pulvérisateur à vapeur, l'appareil à vaporisation, les appareils de balnéothérapie, *etc.* Pour les soins eux-mêmes, une eau adoucie est infiniment plus agréable pour le nettoyage du visage après le masque, les douches, *etc.* Les peaux fragiles et irritables redoutent l'eau calcaire.

Purification

Pour purifier l'eau, il faut éliminer les micro-organismes, les mauvaises odeurs, les mauvais goûts, les nitrates, les pesticides, les métaux lourds (plomb), *etc.* On procède à diverses filtrations.
La filtration peut se faire :

- Sur une superposition de filtres aux pores de plus en plus fins au travers desquels circule l'eau.
- Sur des cartouches filtrantes composées de résines et de charbon. Plus le filtre est fin, plus il pourra éliminer d'éléments indésirables.
- Par osmose inverse. C'est une hyperfiltration. L'eau à purifier et à adoucir subit une forte pression qui la conduit à forcer son passage à travers une membrane à pores très fins ; seule l'eau pure parvient à passer.
- Stérilisation par rayonnement ultraviolet, élimine les micro-organismes vivants et évite leur reproduction.

RÉACTIONS ACIDOBASIQUES

Équilibre d'autoprotolyse de l'eau

L'eau pure est légèrement conductrice de l'électricité ; cette propriété est liée à la présence d'ions provenant d'une dissociation spontanée de la molécule d'eau.

$$H_2O \leftrightarrow H^+ + OH^-$$

Deux molécules d'eau donneront un ion hydronium H_3O^+ et un ion hydroxyde OH^-

$$2\,H_2O \leftrightarrow H_3O^+ + OH^-$$

Il s'établit donc, entre les molécules d'eau, les ions hydronium, les ions hydroxyde, un équilibre chimique : c'est l'équilibre d'auto-ionisation ou autoprotolyse de l'eau.
Un très petit nombre de molécules d'eau est dissocié. La double flèche indique que la réaction est partielle. Dans l'eau pure, il y a autant d'ions H_3O^+ que d'ions OH^-.
L'eau pure est formée de molécules d'eau H_2O et d'ions H_3O^+ et OH^-.

Le pH ou potentiel hydronium

Le pH ou potentiel hydronium est l'échelle qui traduit l'acidité ou l'alcalinité d'une solution.
Une solution aqueuse est neutre si la concentration en ions hydroxyde OH^- est égale à la concentration en ions hydronium H_3O^+. Son **pH = 7**.
Une solution aqueuse est acide, si la concentration en ions hydronium H_3O^+ est supérieure à la concentration en ions hydroxyde OH^-. Son **pH < 7**.
Une solution aqueuse est basique, si la concentration en ions hydronium H_3O^+ est inférieure à la concentration en ions hydroxyde OH^-. Son **pH > 7**.
Le pH est compris entre 0 (acidité absolue) et 14 (alcalinité absolue).
Plus le pH est bas, plus la solution est acide.
L'eau pure a un pH = 7 ; il est neutre.

EN RÉSUMÉ

À 25 °C, une solution aqueuse est acide si son pH est inférieur à 7, neutre s'il est égal à 7, et basique s'il est supérieur à 7.

Mesure du pH

Elle peut se faire avec :

- un pH-mètre, qui est un millivoltmètre mesurant la différence de potentiel entre deux électrodes, dont l'une est une électrode de référence et l'autre trempe dans la solution à mesurer. Le millivoltmètre est gradué en unités de pH ;
- des indicateurs colorés fixés sur des papiers : il suffit de déposer une goutte de solution sur la languette du papier pH et de comparer la couleur obtenue avec les papiers étalons. Parmi les colorants, il y a notamment l'hélianthine qui devient rouge en milieu acide et jaunit en milieu alcalin, le bleu de bromothymol qui devient jaune en milieu acide et bleu en milieu alcalin, la phénolphtaléine qui devient rose en milieu alcalin.

Le pH de l'épiderme étant acide (5,5), il faut donc que les produits cosmétiques le respectent le plus possible. Il faut vérifier le pH des produits conseillés à vos client(e)s.

Solution aqueuse d'acide fort et faible

Un acide est une molécule ou un ion pouvant céder au moins un proton H^+ (H_3O^+ en solution).

$$AH + H_2O \rightarrow A^- + H_3O^+$$

Acides forts

Les acides forts sont totalement dissociés dans l'eau.
La réaction est totale, ce qu'indique la simple flèche.

- chlorure d'hydrogène :

$$HCl + H_2O \rightarrow Cl^- + H_3O^+$$

- acide nitrique :

$$HNO_3 + H_2O \rightarrow NO_3^- + H_3O^+$$

Les solutions respectives ne contiennent plus de molécules d'HCl ni de HNO_3.

Acides faibles

Les acides faibles sont partiellement dissociés dans l'eau : leur réaction est limitée par la réaction inverse. C'est ce qu'indique la double flèche.

- l'acide éthanoïque (acétique) CH_3COOH :

$$CH_3COOH + H_2O \leftrightarrow H_3O^+ + CH_3\ COO^-$$

La dissolution produira des ions H_3O^+, des ions CH_3COO^- et des molécules CH_3COOH non dissociées. Tous les acides organiques sont faibles.

Solution aqueuse de base forte et faible

Une base est une molécule ou un ion capable de capter un proton H^+ (H_3O^+ en solution).

$$B + H_2O \rightarrow BH^+ + OH^-$$

Bases fortes

Elles sont totalement dissociées dans l'eau, la réaction est totale.

- l'hydroxyde de sodium (soude) NaOH :

$$NaOH + H_2O \rightarrow Na^+ + OH^-$$

- l'hydroxyde de potassium (potasse) KOH :

$$KOH + H_2O \rightarrow K^+ + OH^-$$

Bases faibles

Elles sont partiellement dissociées dans l'eau : leur réaction est limitée par la réaction inverse.
L'ion éthanoate (acétate) $CH_3\ COO^-$ est une base faible :

$$CH_3\ COO^- + H_2O \leftrightarrow OH^- + CH_3\ COOH$$

Réaction entre une solution aqueuse d'acide fort ou faible avec une solution de base forte

Réaction acide fort/base forte

L'acide fort est entièrement dissocié ; seuls les ions H_3O^+ interviennent.
La base forte est entièrement dissociée ; seuls les ions OH^- interviennent.
Les couples en présence sont H_2O/H_3O^+ et OH^-/H_2O.
Le pH de la solution est neutre, c'est-à-dire = 7.

Réaction acide faible/base forte

La base forte est entièrement dissociée ; seuls les ions OH^- interviennent.
Le pH de la solution est basique, c'est-à-dire > 7.

Réactions d'oxydoréduction

UNE OXYDATION EST UNE PERTE D'ÉLECTRONS

Le réducteur perd des électrons : il s'oxyde.
Oxydation du fer : $Fe \leftrightarrow Fe^{2+} + 2e^-$
Fe est réducteur.
Dans cette réaction, l'ion Fe^{2+} est la forme oxydée et Fe la forme réduite du couple d'oxydoréduction Fe^{2+}/Fe.

UNE RÉDUCTION EST UN GAIN D'ÉLECTRONS

L'oxydant gagne des électrons : il se réduit.
Réduction du cuivre : $Cu^{2+} + 2e^- \leftrightarrow Cu$
Cu^{2+} est oxydant.
Dans cette réaction, Cu est la forme réduite, et Cu^{2+} la forme oxydée du couple d'oxydoréduction Cu^{2+}/Cu.

EN RÉSUMÉ

L'oxydant est capable de provoquer une oxydation, c'est-à-dire de capter un ou plusieurs électrons : $Cu^{2+} + 2e^- \leftrightarrow Cu$. Il subit une réduction.
Le réducteur est capable de provoquer une réduction, c'est-à-dire de céder un ou plusieurs électrons :
$Fe \leftrightarrow Fe^{2+} + 2e^-$. Il subit une oxydation.
L'oxydoréduction est un transfert d'électrons du réducteur (qui s'oxyde) vers l'oxydant (qui se réduit).

COUPLE OXYDORÉDUCTEUR OU COUPLE REDOX

C'est un couple formé par un oxydant et son réducteur conjugué.
Une réaction d'oxydoréduction est toujours un échange d'électrons entre deux couples redox.

COUPLES REDOX UTILISÉS EN COSMÉTOLOGIE

Eau oxygénée, ou peroxyde d'hydrogène H_2O_2

C'est un oxydant très utilisé en cosmétique, notamment dans les produits capillaires (décoloration, coloration permanente, teinture de cils, fixateur de permanente).
Le peroxyde d'hydrogène est oxydant : couple H_2O_2/H_2O.

$$H_2O_2 + 2\,H^+ + 2\,e^- \leftrightarrow 2\,H_2O$$

Le peroxyde d'hydrogène est aussi un réducteur : couple O_2/H_2O_2

$$H_2O_2 \leftrightarrow O_2 + 2\,H^+ + 2e^-$$

Permanente des cils

Pour donner aux cils une forme permanente, on modifie la structure chimique de la kératine, qui comporte en particulier des acides aminés soufrés (cystine et cystéine). Les ponts disulfures sont réduits par un sulfite ou un dérivé de l'acide thioglycolique (notamment les sels d'ammonium) en milieu alcalin. Cela permet de donner aux cils la forme voulue.
Une fois la forme imposée, on restaure les ponts disulfures par une réaction d'oxydation avec du peroxyde d'hydrogène.

Teinture de cils

Elle est à base de nitrate d'argent que l'on oxyde en Ag_2O en présence de H_2O_2 et en milieu alcalin.

Constituants minéraux

CORPS SIMPLES

Les corps simples sont formés d'un seul élément.
Ils possèdent une formule réduite à un seul symbole, affecté d'un indice égal au nombre d'atomes liés dans la molécule.
Exemples :

- Corps simples monoatomiques
  Ce sont les gaz rares.
  Ne est le corps simple : Néon.
- Corps simples diatomiques
  H_2 (hydrogène), N_2 (azote), O_2 (oxygène), Cl_2 (chlore).
- Corps simples pluriatomiques
  O_3 (ozone), P_4 (phosphore), S_8 (soufre).

CORPS COMPOSÉS

Les corps composés sont formés d'atomes de deux ou plusieurs éléments.
Ils sont représentés par une formule formée de plusieurs symboles donnant la composition qualitative et quantitative de la molécule :

- HCl Chlorure d'hydrogène
- H_2O Eau
- NH_3 Ammoniac

SELS

Un sel est un composé ionique, provenant de l'action d'un acide sur une base.
L'anion dérive d'un acide, le cation est soit un ion métallique, soit l'ion ammonium.

L'association de l'anion et du cation se fait de façon à assurer la neutralité électrique.
Exemples :

- $NaCl$ (Na^+ Cl^-) Chlorure de sodium
- $AgNO_3$ (Ag^+ NO_3^-) Nitrate d'argent
- NH_4Cl (NH_4^+ Cl^-) Chlorure d'ammonium

Dans le cristal d'un sel, anions et cations sont disposés régulièrement ; en revanche, en solution, anions et cations sont dispersés.
Les sels sont plus ou moins solubles dans l'eau.

Nomenclature

Le nom d'un sel associe le nom de l'anion à celui du cation.
Exemples : le chlorure de sodium : NaCl. Pour l'écrire correctement, il faut respecter la neutralité électrique, donc connaître la charge des ions.

- $Na^+Cl^- \rightarrow NaCl$
- Fe^{++} $SO_4^{--} \rightarrow FeSO_4$ (sulfate ferreux)
- Ca^{++} $CO_3^{--} \rightarrow CaCO_3$ (carbonate de calcium)

Sels utilisés en cosmétique

Colorants

- Pyrophosphates de manganèse ou « violets de manganèse », de couleur violacée.
- Sulfosilicates d'aluminium « outremer », de couleur bleue et rose.
- Ferrocyanures ferriques « bleus de Prusse », de couleur bleue.
- Silicate mixte d'aluminium et de potassium « mica blanc », de couleur nacrée.
- Oxychlorure de bismuth : agent nacrant.
- Carbonate de calcium, carbonate de magnésium, sulfate de baryum.

Actions diverses

- Le sulfate double d'aluminium et de potassium (alun) et l'hydroxychlorure d'aluminium sont astringents et utilisés dans les produits antitranspirants.
- Les sulfates de cuivre et de zinc sont utilisés comme antiseptiques.

OXYDES

La plupart des éléments se combinent à l'oxygène pour donner des composés binaires appelés oxydes.

Action de l'oxygène sur les non-métaux

- Le soufre s'unit à l'oxygène pour donner SO_2, anhydride sulfureux, et SO_3, l'anhydride sulfurique.
- L'azote s'unit à l'oxygène pour donner NO, le monoxyde d'azote, et NO_2, le dioxyde d'azote.
- Le phosphore s'unit à l'oxygène pour donner P_4O_6, l'anhydride phosphoreux, et P_4O_{10}, l'anhydride phosphorique.
- Le carbone s'unit à l'oxygène pour donner CO, monoxyde de carbone, et CO_2, dioxyde de carbone.
- Le silicium s'unit à l'oxygène pour donner SiO_2, la silice ou oxyde de silicium, utilisée en cosmétologie comme gélifiant.

Action de l'oxygène sur les métaux → oxydes métalliques

Les oxydes métalliques sont des composés ioniques. Ils sont électrolysables à l'état fondu, le métal apparaissant à la cathode. Certains oxydes métalliques peuvent être suroxydés :
L'oxyde ferreux peut être suroxydé en oxyde ferrique :

$$4\,FeO + O_2 \rightarrow 2\,Fe_2O_3$$

L'oxyde plombeux peut être suroxydé en oxyde plombique :

$$6\,PbO + O_2 \rightarrow 2\,Pb_3O_4$$

L'oxyde de baryum peut être suroxydé en peroxyde de baryum :

$$2\,BaO + O_2 \rightarrow 2\,Ba_2O_2$$

Utilisation en cosmétique

Des oxydes métalliques sont utilisés comme pigments colorés.

- Oxyde de fer rouge ou oxyde ferrique Fe_2O_3.
- Oxyde de fer jaune ou oxyde ferrique hydrate $Fe_2O_3 \times H_2O$.
- Oxyde de fer noir Fe_3O_4.
- Oxydes de fer bruns, obtenus par mélange d'oxydes de fer, jaune, rouge et noir.
- Oxyde de chrome anhydre, pigment coloré vert olive Cr_2O_3.
- Oxyde de chrome hydraté Cr_2O_3 H_2O, pigment bleuté.
- Oxyde de cobalt CoO, pigment bleu violacé.
- Bioxyde de manganèse MnO_2, pigment de couleur ivoire.

Tous ces pigments colorés sont utilisés dans les produits de maquillage.

- Oxyde de titane TiO_2 et oxyde de zinc ZnO, pigments blancs, sont utilisés pour leur pouvoir opacifiant, dans les poudres et produits solaires.
- Divers silicates sont utilisés en cosmétologie :
  - le kaolin est un oxyde hydraté de silicium et d'aluminium : pigment blanc ;

- le talc est un oxyde de silicium et de magnésium hydraté : pigment blanc ;
- les bentonites, argiles naturelles, sont des oxydes hydratés de silicium et d'aluminium, utilisées comme gélifiants ou comme « thixotropants ».

Composés organiques - Structures et réactions

GÉNÉRALITÉS

La chimie organique est la chimie des composés du carbone.

ALCANES

Généralités

Ce sont des molécules formées exclusivement de carbone et d'hydrogène appelées hydrocarbures saturés, car toutes les liaisons sont simples, covalentes. Ils sont les principaux constituants des pétroles et des gaz naturels.

Leur formule est $C_n H_{2n} + 2$.

Ils peuvent être linéaires ou ramifiés.

$n = 1$, le méthane CH_4

$n = 2$, l'éthane $H_3C\text{-}CH_3$

$n = 3$, le propane $H_3C\text{-}CH_2\text{-}CH_3$

$n = 4$, le butane $H_3C\text{-}CH_2\text{-}CH_2CH_3$

Propriétés physiques

Les alcanes existent sous trois états selon leur structure.

Les quatre premiers alcanes sont gazeux (n est inférieur à 5), puis liquides (n est compris entre 5 et 15) et solides (n est supérieur à 15).

Ils sont peu réactifs et ont une grande stabilité chimique.

Propriétés chimiques

La réactivité des alcanes est faible.

Réaction de combustion

- En présence de dioxygène en excès, ils brûlent en produisant du dioxyde de carbone et de l'eau :

$$CH_4 + 2\,O_2 \rightarrow CO_2 + 2\,H_2O$$

- Si l'oxygène est en défaut, la combustion est incomplète, il y a production de monoxyde de carbone et d'eau :

$$CH_4 + 1/2\,O_2 \rightarrow CO + 2\,H_2O$$

Réaction de substitution

C'est le remplacement d'un atome d'hydrogène par un atome ou un groupement d'atomes, monovalent.

Le mélange de dichlore et de méthane produira du chlorométhane, puis de l'acide chlorhydrique :

$$CH_4 + Cl_2 \rightarrow CH_3Cl + HCl$$

Si l'on poursuit la réaction, on obtiendra successivement du dichlorométhane puis du trichlorométhane et enfin du tétrachlorométhane :

$$CH_3Cl + Cl_2 \rightarrow CH_2Cl_2 + HCl$$
$$CH_2Cl_2 + Cl_2 \rightarrow CHCl_3 + HCl$$
$$CHCl_3 + Cl_2 \rightarrow CCl_4 + HCl$$

Avec d'autres halogènes que le dichlore et d'autres alcanes que le méthane, on obtient des dérivés halogénés plus complexes, comme les fréons CF_2Cl_2, les chlorofluorocarbones CFC qui servent de liquide frigorifique dans les réfrigérateurs.

Réaction de *cracking*

Le *cracking* thermique est une pyrolyse qui s'effectue à une température de l'ordre de 500 °C à 600 °C. Par élévation de température, les alcanes donnent de nouveaux hydrocarbures. Il s'accompagne de phénomène d'isomérisation et d'alkylation (alcanes ramifiés).

Le *cracking* est utilisé pour la fabrication de matières premières de synthèse comme l'isobutène, monomère de synthèse du caoutchouc.

Principales applications des alcanes

Les alcanes (gaz naturel, pétrole) sont des sources d'énergie, mais aussi des sources de matières premières pour l'industrie chimique : synthèse du méthanol, des matières plastiques, des solvants anesthésiques, des liquides frigorifiques, *etc.*

Alcanes utilisés en cosmétique

Huiles de vaseline

Liquides incolores, inodores et non miscibles à l'eau. Elles sont soit fluides, soit épaisses.

Paraffine

Solide blanc.

Vaseline

Consistance sirupeuse.
Ces trois produits sont obtenus à partir du pétrole brut.

Ozokérite

Cire fossile se trouvant auprès des champs pétrolifères. Purifiée, on l'appelle cérésine.

Cire blanche, la cire de candelilla, la cire de carnauba

Elles renferment des alcanes dans leur formule. Ces différents produits sont utilisés en cosmétologie pour leurs propriétés filmogène, occlusive, et comme facteurs de consistance.

Gaz butane et propane liquéfiés

Ils sont utilisés comme gaz propulseurs dans certains aérosols avec un risque inflammable.

Certaines huiles essentielles

Certaines huiles essentielles ont des alcanes dans leur composition.

ALCÈNES

Généralités

Ce sont des hydrocarbures linéaires ou ramifiés, insaturés, comportant au moins une double liaison C = C entre deux atomes de carbone.
Leur formule générale est C_nH_{2n}.
Les alcènes sont rares à l'état naturel ; on les obtient par craquage des pétroles.
Leur nom se forme à partir de celui de l'alcane qui possède le même squelette carboné, en remplaçant la terminaison « ane » par la terminaison « ène ».
On les appelle aussi hydrocarbures éthyléniques.
$n = 2$, l'éthène (éthylène) $H_2C = CH_2$
$n = 3$, le propène $H_3C\text{-}CH = CH_2$
$n = 4$, le butène $H_3C\text{-}CH_2CH = CH_2$

Propriétés physiques

Les premiers alcènes sont gazeux (C_1 à C_4), puis de C_4 à C_8 ils sont liquides, puis au-delà de C_{18}, ils sont solides.

Propriétés chimiques

Réaction de combustion

Comme tous les hydrocarbures, les alcènes sont combustibles et, à l'état gazeux, donnent des mélanges détonants avec l'oxygène.

$$H_2C = CH_2 + 3O_2 \rightarrow 2CO_2 + 2H_2O$$

Réactions d'addition

Elles se réalisent par l'ouverture de la double liaison.

- Hydrogénation : en présence de catalyseurs comme le nickel, le palladium, le platine, il y a formation d'une molécule d'alcane, par fixation d'hydrogène sur la double liaison.
$$H_2C = CH_2 + H_2 \rightarrow CH_3\text{-}CH_3$$
- Halogénation : réaction du dichlore sur l'éthylène. Les molécules de dichlore s'additionnent aux molécules d'éthylène pour former le dichloro-éthane.
$$H_2C = CH_2 + Cl_2 \rightarrow CH_2Cl\text{-}CH_2Cl$$
- Addition d'eau en milieu acide : il y a formation d'un alcool.
$$CH_2 = CH_2 + H_2O \rightarrow CH_3\ CH_2OH \text{ (éthanol)}$$

Réaction de polymérisation

Un polymère est une succession de molécules identiques qui se lient les unes aux autres pour former une longue chaîne.
La molécule simple est appelée le monomère, *n* est l'indice de polymérisation.
Exemples :
- le monomère, l'éthylène $CH_2 = CH_2$, formera un polymère $(CH_2\text{-}CH_2)_n$, le polyéthylène ;
- le monomère, le chlorure de vinyle $Cl = CH_2$, formera un polymère $(CHCl = CH_2)_n$, le polychlorure de vinyle.

Les polymères sont à la base de la fabrication des matières plastiques très utilisées dans les conditionnements.
En cosmétique, on les utilise comme gélifiants, épaississants et stabilisateurs d'émulsion.

Principales utilisations des alcènes

L'intérêt thermique des alcènes est très important dans l'industrie ; ils participent également à la synthèse des résines vinyliques, des textiles, des résines polystyréniques, des explosifs, des solvants, des caoutchoucs et en cosmétique à la synthèse des cires, détergents, émulsifiants, *etc.*

Hydrogénation des acides gras insaturés présents dans les huiles

Les acides gras insaturés présents dans certaines huiles possèdent une ou plusieurs doubles liaisons qui rendent les huiles fluides mais sujettes à l'oxydation et aux altérations qui résultent du chauffage. La fragilité des acides gras augmente avec le nombre de doubles liaisons.
L'hydrogénation consiste à ajouter des atomes d'hydrogène par voie catalytique sur les doubles liaisons. Les huiles ainsi traitées sont moins altérables, leur odeur s'atténue, leur consistance s'épaissit.
En mélangeant des huiles naturelles et en réglant le degré d'hydrogénation, on obtient des produits cireux. Sans hydrogénation, les huiles ne pourraient être utilisées : huiles de poissons, graisses animales, huiles végétales liquides (soja, maïs, coton, colza, *etc.*).
En cosmétique, les huiles hydrogénées sont utilisées comme excipients.
Exemple : le squalène extrait des huiles de foie de poissons (squales) est un hydrocarbure qui possède 6 doubles liaisons, donc très oxydable et inutilisable comme tel. Par hydrogénation de ses doubles liaisons, on obtient le squalane, produit inodore et incolore, qui ne rancit pas et qui possède des qualités très adoucissantes.

COMPOSÉS ORGANIQUES OXYGÉNÉS

Les composés organiques oxygénés sont constitués de molécules organiques comportant un ou plusieurs atomes d'oxygène.

Alcools

Les alcools sont des composés organiques contenant un groupe fonctionnel OH lié à un carbone ne possédant que des liaisons simples. Leur formule générale est R-OH.

Nomenclature

Le nom d'un alcool a pour base celui de l'hydrocarbure correspondant, en remplaçant le « e » final par la terminaison « ol ».

- CH_3OH le méthanol (alcool méthylique)
- CH_3CH_2OH l'éthanol (alcool éthylique)

Propriétés physiques

Les premiers termes sont liquides jusqu'en C_{10}, puis les autres sont solides. Ils sont solubles dans l'eau et tous incolores.

Différents alcools utilisés en cosmétique

Alcools gras à longue chaîne saturée

Ils sont solides et utilisés comme épaississants.
Alcool cétylique en C_{16}.
Alcool stéarylique en C_{18}.

Alcools gras à chaîne courte ou insaturée

Ils sont liquides et ont un pouvoir pénétrant.
Alcool oléique en C_{18}.

Alcools de lanoline

Ils sont utilisés comme surgraissants.

Éthanol CH_3-CH_2OH

Il est utilisé en parfumerie et dans certaines lotions et gels après-rasage, déodorants, laques capillaires, lotions pour peaux grasses.

Isopropanol CH_3-CH_3-$CHOH$

Il est utilisé dans les produits capillaires.

Polyols ou polyalcools

Ce sont des composés qui possèdent plusieurs groupes hydroxyde OH.

- Le glycol ou éthylène-glycol CH_2OH-CH_2 OH est un dialcool. Liquide incolore et visqueux, il est utilisé comme solvant et humectant, *etc.*
- Le diéthylène-glycol est utilisé comme solvant.
- Le propylène glycol ou propane diol CH_3-$CHOH$-CH_2OH, est utilisé comme solvant et humectant.
- Le glycérol (glycérine) CH_2OH-$CHOH$-CH_2OH est un trialcool. Liquide très visqueux, il a des propriétés humectantes et émollientes.
- Le sorbitol CH_2OH-$CHOH$-$CHOH$-$CHOH$-$CHOH$-CH_2OH est un hexa alcool. Il a des propriétés humectantes et émollientes.

Huiles essentielles

De très nombreux alcools sont présents dans les huiles essentielles et ont une activité anti-bactérienne et fongicide.

Vitamines

Certaines vitamines ont une fonction alcool dans leur formule. Sont utilisées en cosmétique :

- la provitamine B_5, panthénol, qui joue un rôle dans la pousse du poil ;
- la vitamine E, alpha tocophérol, qui est antiradicalaire, antioxydante ;
- la vitamine A, rétinol, qui permet la régénération cellulaire ;
- la vitamine D_2, calciférol, qui régularise la desquamation.

Éthers

Généralités

Leur formule générale est R-O-R'.
Ils résultent de la déshydratation intermoléculaire de deux alcools.

$$R\text{-}OH + R'\text{-}OH \rightarrow R\text{-}O\text{-}R' + H_2O$$

Ce sont des composés dans lesquels l'atome d'oxygène est lié par liaison simple à deux groupes organiques différents. Ils sont liquides. Les éthers sont peu réactifs chimiquement.

Autoxydation

Certains éthers laissés au contact de l'air en présence de lumière peuvent conduire à des mélanges explosifs.

Éthers utilisés en cosmétique

Les éthers sont d'excellents solvants.

- Éther éthylique ou éthoxy éthane
  Liquide obtenu par déshydratation de l'éthanol, il est miscible à l'eau. On l'utilise comme solvant.
- Éthers présents dans les huiles essentielles
- Éthers des parfums de synthèse : éthers du naphtol (odeur de fleur d'oranger).
- Éthers de glycol obtenus par déshydratation de l'éthylène-glycol. Ils sont parfois présents dans les teintures pour cheveux et dans les produits de parfumerie. On les utilise comme solvants, solubilisants ou conservateurs. Certains sont interdits à cause de leur toxicité (JO du 13 juin 2004).
- Alkyl éther sulfates : ce sont des tensioactifs anioniques aux propriétés moussantes et lavantes : shampoings, bains moussants, *etc.*
- Éthers de polyéthylène glycol : ce sont des tensioactifs non ioniques aux propriétés émulsionnantes.

Aldéhydes et cétones

Nomenclature

Les aldéhydes ont comme formule générale RCHO et les cétones RCOR'.

Le nom d'un aldéhyde est celui de l'alcane correspondant, en remplaçant le « e » final par la terminaison « al » et pour une cétone par la terminaison « one ».
Pour les aldéhydes, le groupe fonctionnel carbonyle CHO est situé en bout de chaîne.
Pour les cétones, le groupe carbonyle CO est situé dans la chaîne.
Exemples : $CH_3\text{-}CH_2\text{-}CHO$ le propanal et $CH_3\text{-}CO\text{-}CH_3$ la propanone.

Propriétés physiques

Aldéhydes

Seul le méthanal (formaldéhyde) de formule HCHO est gazeux ; la plupart des autres sont à l'état liquide ; les termes élevés sont solides. Les aldéhydes sont solubles dans l'eau jusqu'à C5.

Cétones

Ce sont des liquides ou des solides pour les termes élevés. La plus simple est la propanone ou acétone à 3 atomes de carbone : $CH_3\text{-}CO\text{-}CH_3$.

Aldéhydes et cétones en cosmétique

Les aldéhydes sont très présents dans les huiles essentielles (dans celle de rose, on en compte huit).
Les aldéhydes possèdent un groupement « osmophore », c'est-à-dire responsable de l'apparition de l'odeur : l'aldéhyde cinnamique donne son odeur à la cannelle.
Les aldéhydes de synthèse sont très utilisés dans les produits parfumants et dans les arômes : l'aldéhyde phényle acétique a une odeur de jacinthe.
Le formol (ou méthanal) est utilisé comme conservateur, antiseptique (dans les produits pour l'hygiène buccale, les déodorants) et durcisseur pour les ongles.
La propanone $CH_3\text{-}CO\text{-}CH_3$ ou acétone est utilisée comme solvant et diluant.
Les cétones sont très répandues dans le règne végétal et animal. Beaucoup d'huiles essentielles lui doivent leur parfum.
Exemples :

- la 2 heptanone se trouve dans l'essence de girofle ;
- la carvone dans l'essence de menthe ;
- la civetone dans la glande périnéale de la civette : odeur de musc.

Glucides

Les glucides sont constitués d'une chaîne carbonée portant une fonction cétone (cétoses) ou aldéhyde (aldoses), les autres oxygènes participant à des fonctions alcools sur les autres carbones.

Exemples :

- le glucose
  CH_2OH-CHOH-CHOH-CHOH-CHOH-CHO :
  5 fonctions alcool + 1 fonction aldéhyde
  = *aldose*
- le fructose
  CH_2OH-CHOH-CHOH-CHOH-COH-CH_2OH :
  5 fonctions alcool + 1 fonction cétone
  = *cétose*

Les glucides sont divisés en trois classes : les oses, les osides et les polyosides.

- Les oses sont des sucres simples de 3 à 8 atomes de carbone ; ils ne sont pas fractionnés par hydrolyse (action de l'eau sur un composé). Ils sont solides et solubles dans l'eau.
  Exemple d'oses : le glucose et le fructose.
- Les osides sont obtenus par condensation des oses ; la liaison se fait entre 2 groupes hydroxyles OH avec élimination d'une molécule d'eau.
  Les osides sont fractionnés par hydrolyse en plusieurs oses.
  Exemples : le lactose par hydrolyse se décompose en glucose + galactose.
- Les polyosides ou polysaccharides ont un nombre d'atomes de carbone supérieur à 10.
  Si la condensation s'effectue entre un ose et une substance non glucidique (aglycone), il y a formation de polyosides complexes.

Glucides en cosmétique

- Les oses et les osides sont utilisés comme hydratants : le glucose, le fructose, le lactose, le tréhalose et le saccharose.
  L'érythrulose est parfois utilisé dans les autobronzants.
- Les esters glucidiques sont utilisés comme émulsionnants, gélifiants et moussants, les éthers comme hydratants.
- La vitamine C est un dérivé cyclique des hexoses. On l'utilise comme conservateur, antioxydant et antiradicalaire.
- Le sorbitol (polyol), est utilisé comme humectant et hydratant.
- Les polyosides ou polysaccharides sont d'origine végétale :
  - la cellulose et ses dérivés (nitrocellulose) proviennent du bois : on les utilise dans les vernis à ongles ;
  - l'amidon et ses dérivés, comme les dextrines, proviennent des graines de céréales ;
  - la gélose, les alginates, les carraghénates, proviennent des algues et des lichens. On les utilise comme hydratants ;
  - les gommes s'écoulent de certains arbres. On les utilise comme épaississants ;
  - les pectines, provenant des pépins de fruits (pommes, coings, *etc.*). On les utilise comme adoucissants ;
  - les mucilages, constituants de certaines plantes, sont des macromolécules qui gonflent avec l'eau. On les utilise comme adoucissants et pour leur effet filmogène.
- Les polyosides complexes :
  - les saponosides, d'origine végétale, sont utilisés comme tensioactifs moussants ;
  - les anthocyanes sont les pigments responsables de la couleur rouge et bleue des fleurs et des feuilles ; ils sont utilisés pour améliorer la microcirculation sanguine ;
  - les flavonoïdes d'origine végétale sont utilisés comme antioxydants ;
  - les protéoglycanes. Ce sont des glycoprotéines. Ils sont constitués d'un noyau protéique sur lequel sont fixées de longues chaînes polysaccharidiques appelées glycosamino glycanes (GAG) ;
  - l'acide hyaluronique est un GAG très utilisé en cosmétologie et en médecine esthétique comme hydratant et produit de comblement des rides ;
  - le chitosane est un polyoside aminé obtenu à partir de la chitine composant la carapace des crustacés et des insectes. On l'utilise comme hydratant.

Acides carboxyliques

La formule générale des acides carboxyliques est R-COOH.

La fonction acide se place toujours en début ou en fin de chaîne.

Nomenclature

Le nom des acides carboxyliques a pour base celui de l'alcane correspondant, en remplaçant le « e » final par la terminaison « oïque ».

H-COOH Acide méthanoïque ou acide formique
CH_3COOH Acide éthanoïque ou acide acétique

Les acides possédant une longue chaîne carbonée sont les acides gras.

Propriétés physiques

Jusqu'en C_{10}, ce sont des liquides à odeur piquante et désagréable, au-delà de C_{10} ce sont des solides. Leur solubilité dans l'eau diminue avec l'importance de leur chaîne carbonée.

De nombreux acides carboxyliques sont présents dans la nature : l'acide lactique dans le lait, la peau et les muscles, l'acide citrique dans les agrumes.

Propriétés chimiques

Propriétés acides

Les acides carboxyliques R-COOH sont des acides faibles, mais nettement plus fort que l'eau, de sorte qu'en solution aqueuse, ils sont en équilibre avec l'ion carboxylate et l'ion hydronium.

$$RCOOH + H_2O \leftrightarrow RCOO^- + H_3O^+$$

Réaction d'estérification : les esters

Les acides carboxyliques réagissent avec les alcools pour former un ester et de l'eau.

$$R\text{-}COOH + R'OH \leftrightarrow R\text{-}COO\text{-}R' + H_2O$$

Exemple d'acide carboxylique :
l'acide lactique CH_3-CHOH-COOH
C'est un acide faible. Il est présent au niveau cutané dans le NMF. Il joue un rôle important dans l'hydratation de la peau.
En Cosmétique, on utilise de nombreux acides carboxyliques comme principes actifs, ils seront traités ultérieurement.

Esters

Ce sont des dérivés des acides carboxyliques.
Leur formule générale est RCOOR'.

Nomenclature

Le nom de l'ester comporte deux parties :
- la première, qui dérive du nom de l'acide dans lequel on change la terminaison « ique » en « ate », ou « oïque » en « oate » ;
- la deuxième, est le nom du radical alkyle de l'alcool.

Exemple : l'acide éthanoïque (ou acide acétique) agissant sur l'alcool éthylique produisent l'éthanoate d'éthyle, de formule

$$CH_3\text{-}COO\text{-}CH_2\text{-}CH_3.$$

Propriétés physiques

Les esters sont très répandus à l'état naturel ; on les rencontre dans de nombreuses substances d'origine végétale (fruits, graines, fleurs, essences, *etc.*) ou animale, dans les corps gras, *etc.*
Les esters sont des liquides odorants à odeur fruitée pour les premiers termes. Ils sont très utilisés en parfumerie et comme arômes dans l'industrie alimentaire.

Préparation

L'estérification résulte de l'action d'un acide carboxylique sur un alcool.

$$R\text{-}COOH + R'\ OH \leftrightarrow R\text{-}COOR' + H_2O$$

Propriétés chimiques

Les esters sont très réactifs :

Réaction d'hydrolyse

C'est la réaction inverse de la réaction d'estérification :

$$R\text{-}COOR' + H_2O \leftrightarrow R\text{-}COOH + R'\text{-}OH$$

Réaction de saponification d'un ester

Le nom de cette réaction provient du fait qu'elle sert à préparer des savons.
La réaction de saponification résulte de l'action des ions hydroxyde OH^- sur un ester ; on obtient un ion carboxylate et un alcool.

$$R\text{-}COO\text{-}R' + OH^- \rightarrow R\text{-}COO- + R'\text{-}OH$$

Utilisation des esters

Les cires, les résines et les corps gras naturels sont des esters. On en utilise beaucoup en parfumerie. Les esters de synthèse sont très employés : esters de la cellulose, les polyméthacrylates (ongles artificiels).

Acides gras

Ils possèdent une longue chaîne carbonée non ramifiée saturée ou non, présentant en général un nombre pair d'atomes de carbone. Ce sont les constituants des lipides.

Principaux acides gras saturés

- Acide butyrique : CH_3-$(CH_2)_2$-COOH -
- Acide laurique : CH_3-$(CH_2)_{10}$-COOH
- Acide palmitique : CH_3-$(CH_2)_{14}$-COOH -
- Acide stéarique : CH_3-$(CH_2)_{16}$-COOH

Principaux acides gras insaturés

- Acide oléique : 18 atomes de carbone et une double liaison.
- Acide linoléique : 18 atomes de carbone et deux doubles liaisons.
- Acide linolénique : 18 atomes de carbone et 3 doubles liaisons.
- Acide arachidonique : 20 atomes de carbone et 4 doubles liaisons.

Les acides gras possédant plusieurs doubles liaisons sont dits polyinsaturés (AGPI).

Réaction de saponification des corps gras

Un savon est composé d'un ion carboxylate provenant de divers acides gras et d'un cation métallique M^+ qui est le cation Na^+ ou cation K^+.
On utilise des esters obtenus à partir des acides gras et du glycérol.

Estérification du glycérol → Triglycérides

- L'estérification du glycérol (qui est un tri-alcool) par 3 molécules d'acides gras produit un triglycéride (triester du glycérol) et trois molécules d'eau.

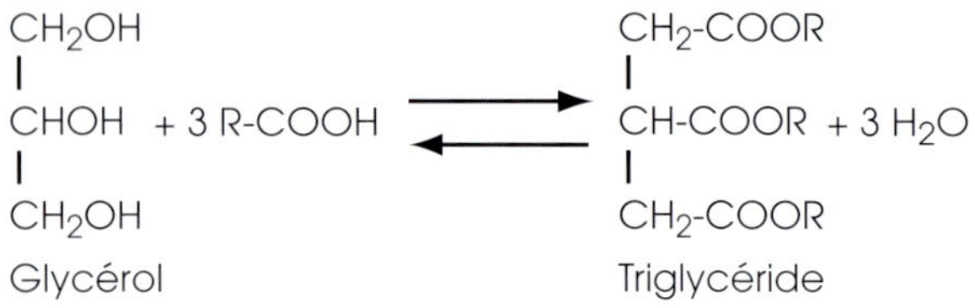

- La réaction entre un triglycéride et l'hydroxyde de sodium (soude) est la réaction de saponification qui produit le savon.

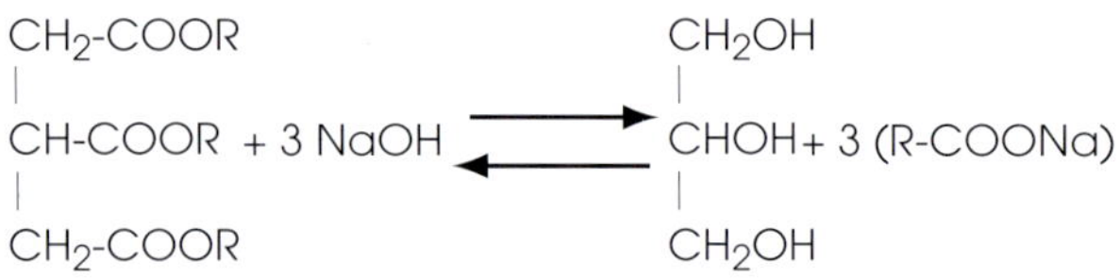

- Avec les ions sodium Na^+ (la soude), on obtient des savons durs, comme les savons de toilette, avec les ions K^+ (la potasse), les savons sont mous ; ce sont les savons noirs pour le nettoyage des sols.

Composés lipidiques en cosmétique

Acides gras

Ils sont présents dans les tissus végétaux et animaux, dans la peau notamment, où ils participent à l'intégrité cutanée.
Ils entrent dans la composition des huiles, sous forme de triglycérides, qui sont des esters triples d'acides gras et de glycérol.

Huiles végétales
Huiles d'olive, de maïs, d'arachide, de soja, de tournesol, de ricin, de bourrache, d'onagre, d'amande douce, de palme, de germe de blé, de noyaux d'avocat, de rosier muscat, de macadamia, d'argan, *etc.*

Huiles hydrogénées
L'hydrogénation catalytique d'une huile permet de fixer des atomes d'hydrogène sur les doubles liaisons des acides gras. Ces huiles deviennent solides et ne s'oxydent plus.

Huiles de synthèse

- Les triglycérides de synthèse sont lipophiles ; ils participent à la phase grasse des émulsions.
- Les monoglycérides et les diglycérides sont amphiphiles ; ce sont des émulsionnants non ioniques.
- Les glycérides polyoxyéthylénés sur lesquels sont fixées des molécules d'oxyde d'éthylène sont des émulsionnants non ioniques.

Beurres
Ils sont constitués, comme les huiles, de triglycérides d'origine végétale. Ils sont de consistance pâteuse. Le beurre de coprah (ou huile de coco) est utilisé dans les produits moussants ; le beurre de karité, le beurre de cacao, adoucissants, sont utilisés dans les émulsions pour les peaux sèches.

Cires
Elles sont constituées d'esters d'acides et d'alcools gras, d'acides gras libres, parfois d'hydrocarbures. On les utilise comme facteur de consistance et surgraissants.

- Origine animale
  - La cire d'abeille, qui comprend la cire blanche et la cire jaune.
  - La lanoline ou cire de laine de mouton.
  - La propolis, sécrétée par les abeilles, est une cire mélangée de résines.
  - Le blanc de baleine ou cire de cachalot.
- Origine végétale
  - La cire de carnauba.
  - La cire de candelilla.
  - La cire de montan.

Esters gras

Ils sont très nombreux et très utilisés en cosmétique.
Exemples :
- le palmitate d'isopropyle (acide palmitique + alcool isopropylique) ;
- le myristate d'isopropyle (acide myristique + alcool isopropylique) ;
- le lanolate d'isopropyle (acide de lanoline + alcool isopropylique) ;
- le stéarate de butyle (acide stéarique + alcool butylique).

La longueur des deux chaînes étant variable, on obtient des produits différents en texture et en propriétés cosmétiques. Ils sont lipophiles, filmogènes, hydratants, facteurs de consistance, émulsionnants.

Phospholipides

Lipides complexes d'origine animale et végétale, ils sont formés par un glycérol à deux chaînes d'acides gras avec un groupe phosphate. Ils sont utilisés comme émulsionnants et dans l'élaboration des liposomes. Ils font partie des lipides cutanés.

COMPOSÉS AZOTÉS

Amines

Ce sont des composés organiques azotés qui dérivent de l'ammoniac NH_3, par remplacement d'un ou plusieurs atomes d'hydrogène par des groupes carbonés.

Nomenclature

Les trois premiers termes sont gazeux, les autres sont liquides. Les amines ont une odeur désagréable.
Les amines et leurs composés en cosmétique :

- la paraphénylènediamine (PPDA) et la paratoluénediamine (PTDA) dans les teintures capillaires et les shampoings colorants ;
- la triéthanolamine dans les émulsionnants.

Amides

Préparation

Les amides sont synthétisés en condensant une amine et un acide.
Par élimination d'une molécule d'eau, il y a formation du groupement fonctionnel CONH, appelé liaison peptidique.

$$R\text{-}COOH + R'\text{-}NH_2 \qquad R\text{-}CONH\text{-}R' + H_2O$$

Propriétés physiques

Seul le formamide est liquide ($HCONH_2$) ; toutes les autres amides sont des solides cristallisés, les premiers termes sont solubles dans l'eau.

Réaction de polycondensation

Les polyamides sont des polymères (macromolécules) dans lesquels la fonction amide est répétée un grand nombre de fois.
Ils sont préparés par polycondensation de molécules.
Dans certains cas, la polycondensation peut produire des chaînes reliées entre elles, ce qui permet d'obtenir une grande variété de polyamides.
Les polyamides ont un grand intérêt industriel dans tous les domaines.
La fonction amide joue un rôle très important en biologie : elle participe à la formation des protéines et de leurs composés.

Amides en cosmétique

- L'urée NH_2 CO NH_2 est utilisée comme hydratant.
- Les alkylamides sont utilisés comme surgraissants et épaississants dans les shampoings.
- La fonction amide est présente dans les lipoaminoacides.
- Les polyamides sont utilisés dans certains produits, comme ceux de maquillage.

Acides alpha aminés

Définition

Un acide alpha aminé est un composé bifonctionnel possédant à la fois un groupe acide carboxylique COOH et un groupe amine NH_2 (groupe amino) portés par le même carbone.
L'atome de carbone lié directement au groupe COOH est appelé carbone en alpha.
La plupart des acides aminés naturels sont des acides alpha aminés, mais il en existe d'autres dans lesquels le groupement NH_2 est porté par un autre carbone que le carbone alpha.
La majorité des acides aminés sont désignés par des noms usuels qui n'ont aucun rapport avec leur formule chimique.

Principaux acides aminés

Neuf acides aminés sont essentiels à l'organisme humain qui ne peut les synthétiser. Ils doivent donc lui être apportés par l'alimentation. Ce sont : la valine, la leucine, l'isoleucine, la thréonine, la méthionine, la lysine, la phénylalanine, le tryptophane, l'histidine.
Les onze autres peuvent être synthétisés par les cellules humaines, ce sont : la glycine, l'alanine, la sérine, la cystéine, l'acide aspartique, l'asparagine, l'acide glutamique, la glutamine, l'arginine, la tyrosine et la proline.

Acides aminés et cosmétique

On utilise ceux qui sont présents dans la peau, pour leurs propriétés hydratantes et régénérantes, comme :

- la sérine ;
- l'acide glutamique ;
- l'arginine ;
- la proline, l'hydroxyproline, sont des constituants du collagène ;
- la tyrosine est utilisée dans les produits solaires pour accélérer la formation de la mélanine ;
- la cystéine, acide aminé soufré, entre dans la composition des produits pour les ongles et les cheveux.

Synthèse peptidique et protéines

Les polypeptides et les protéines résultent de l'association d'un grand nombre d'acides aminés par formation de liaisons peptidiques.

Formation d'une liaison peptidique : synthèse d'un dipeptide

Elle se produit entre deux acides alpha aminé, par réaction de condensation, avec élimination d'eau.
Lorsque le nombre d'acides aminés devient très grand, ce ne sont plus des polypeptides, mais de protéines dont il s'agit.
Ce sont des macromolécules résultant de l'enchaînement d'un très grand nombre d'acides aminés par réaction de polycondensation et création de liaisons peptidiques. Leurs longues chaînes peuvent être enroulées ou pliées.
La cellule humaine compte plusieurs dizaines de milliers de protéines différentes ; elles ont donc des rôles variés et très importants dans l'organisme.

Protéines et cosmétique

- Collagène

Il fait partie des macromolécules formant la matrice extracellulaire du tissu conjonctif.
La molécule de base est le tropocollagène, qui est composé de trois chaînes d'acides aminés enroulées en hélice. Chaque chaîne renferme environ cent acides aminés, dont les principaux sont la proline, l'hydroxyproline et la glycine. Le collagène est une protéine de poids moléculaire important, utilisé comme hydratant de surface.

- Élastine

Elle fait partie des macromolécules formant la matrice extracellulaire du tissu cojonctif.
La molécule de base est la tropoélastine ou proélastine, qui est formée d'acides aminés condensés, dont la desmosine et l'isodesmosine. On l'utilise comme tenseur cutané.

- ADN (acide désoxyribonucléique)

Composant fondamental du noyau des cellules, c'est une macromolécule complexe, formée de nombreux nucléotides composés d'acide phosphorique, de glucides et de molécules azotées. On l'utilise comme régénérant cellulaire.

- Kératines

Les kératines sont présentes dans l'épiderme, les cheveux, les poils, les ongles. Ce sont des protéines qui contiennent des acides aminés soufrés comme la cystine et la cystéine. On les utilise dans les produits fortifiants pour les ongles et les cheveux.

- Protéines de soie

Séricine et fibroïne sont sécrétées par le bombyx (ver à soie). On les utilise notamment dans les produits capillaires.

Silicones

Définition

Les silicones sont des polymères organiques du silicium, constitués de chaînes où alternent des atomes de silicium et d'oxygène et portant des radicaux organiques liés aux atomes de silicium.
On les prépare en condensant des silanols qui formeront des polymères de siloxanes ou polysiloxanes.

Caractéristiques et propriétés

Les caractéristiques des silicones varient suivant la nature des radicaux organiques, le degré de polymérisation et le degré de ramification.

Silicones en cosmétique

Ce sont des molécules stables, isolantes, flexibles, adhésives.

- Les huiles de silicones comme la diméthicone et la phénylméthicone.
- Les silicones volatiles comme la cyclométhicone sont filmogènes et laissent sur la peau un film non gras, résistant à l'eau.

Elles sont utilisées :

- dans les fonds de teint : application facile, texture légère, non grasse, tenue améliorée ;
- dans les rouges à lèvres pour une meilleure tenue *(no transfer)* ;
- dans les « huiles sèches », dans les produits capillaires lissants (shampoings, après-shampoing, gels) et crèmes pour les mains ;
- dans certains tensioactifs.

PARTIE 6

Technologie des appareils et des instruments

16

Appareils utilisés dans les soins esthétiques

Appareils destinés à l'observation de la peau

OBSERVATION DE LA SURFACE CUTANÉE

Lampe loupe

Fonction

Donner une image agrandie et éclairée d'objets et de la surface cutanée afin d'en faciliter l'observation.

Identification et rôle des organes de l'appareil

- Une tête orientable encastrée dans une carrosserie comportant :
  - une lentille convexe et grossissante (3 dioptries) ;
  - un tube fluorescent circulaire (circline) autour de la lentille, qui éclaire le champ de la loupe.
- Un bras articulé orientable, support de la loupe.
- Un interrupteur avec voyant lumineux.

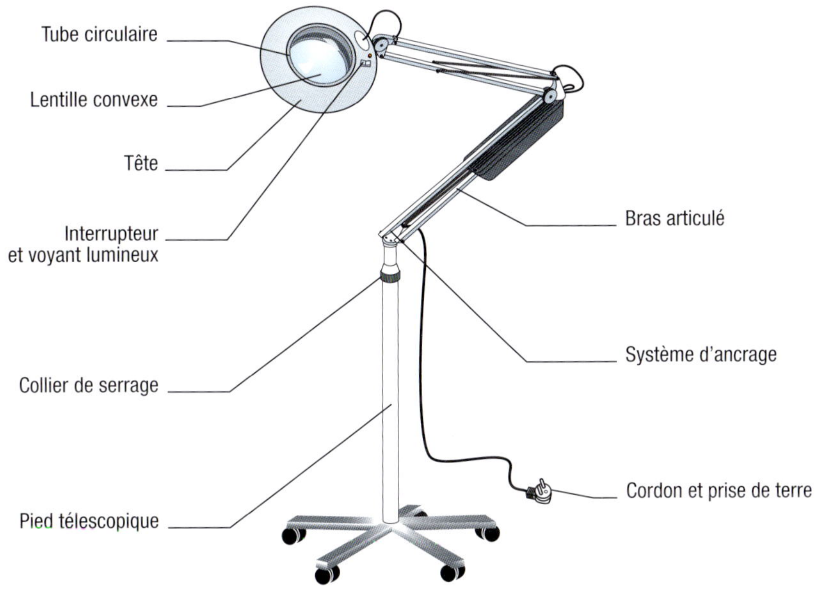

Fig. 16.1 – Lampe loupe.

- Un pied télescopique à roulettes ancré sur le bras et comportant un collier de serrage.
- Un cordon-secteur avec prise de terre.

Applications

- Examen et diagnostic de la surface cutanée.
- Exécution et contrôle de techniques esthétiques très précises.

Mode d'emploi

- Positionner le pied, le bras et la loupe pour une vision parfaite.
- Brancher l'appareil.

Maintenance et hygiène

- Nettoyer régulièrement l'ensemble des organes.
- Passer un chiffon imbibé de solution alcoolisée sur la loupe.

Règle de sécurité

- Vérifier le bon état du cordon secteur.
- S'assurer du bon fonctionnement du collier de serrage et du système d'ancrage.

Lampe de Wood ou lumière noire

Fonction

Lampe qui provoque la fluorescence de corps non lumineux à l'état naturel.

Identification et rôle des organes

- Une tête comportant :
  - un émetteur de rayons ultraviolets enchâssé dans une carrosserie ;
  - un revêtement en oxyde de nickel (filtre de Wood) opaque aux rayonnements, à l'exception de ceux dont la longueur d'ondes est comprise entre 3 300 et 3 800 angströms (lumière noire) ;
  - une loupe (éventuellement).
- Un bras articulé, support de la tête.
- Un cordon-secteur avec prise de terre.

Application

Observation cutanée :
- peau normale : fluorescence violacée ;
- peau grasse : fluorescence jaunâtre ;
- peau déshydratée : fluorescence faible ;

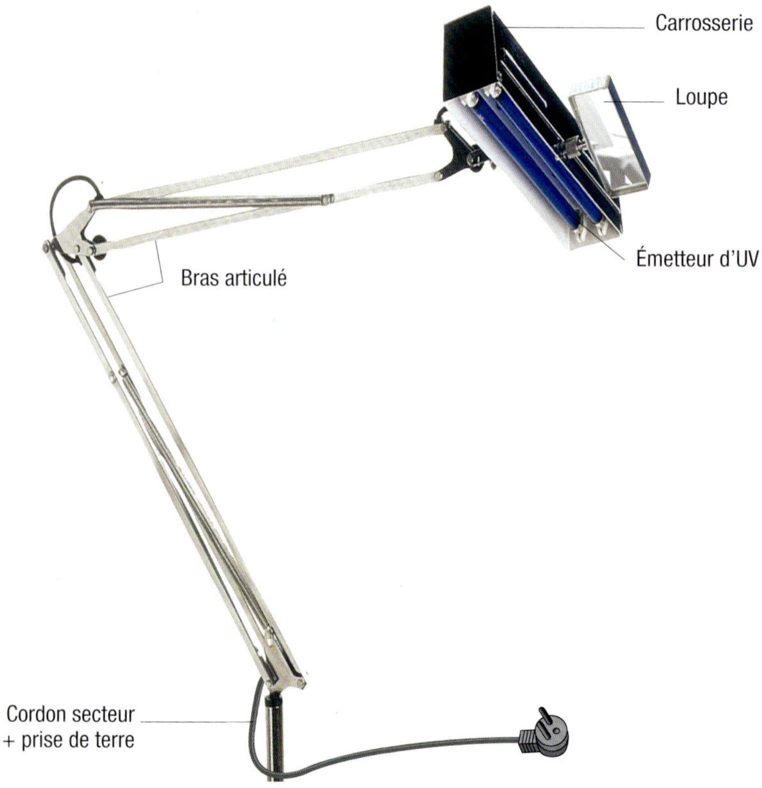

Fig. 16.2 – Lampe de Wood.

- couche cornée épaisse : fluorescence blanchâtre ;
- zones desquamantes, dartres : fluorescence blanchâtre forte.

Maintenance

Nettoyer à l'aide d'un chiffon doux.

Règle de sécurité

Vérifier le bon état du cordon secteur.
Lampe de Wood et loupe peuvent être associées en un seul appareil, soit manuel, soit modèle mural, soit sur pied à roulettes.

MESURE DE LA SÉCRÉTION SÉBACÉE

Sébumètre ou sébomètre

But

Évaluation de la quantité de sébum à la surface cutanée.

Identification des organes de l'appareil

- Un coffret métallique comportant :
  - une cavité destinée à la cassette ;
  - une cellule photoélectrique ;
  - un cadran.
- Une cassette (sonde) supportant un ruban mobile, opaque, en matière plastique.
- Un cordon secteur.

Principe

Après application sur la peau, le ruban chargé de sébum devient translucide.
L'évaluation quantitative du sébum est proportionnelle à la quantité de lumière (mesurée par la cellule photoélectrique) transmise au ruban.

EN SAVOIR PLUS

Il existe des appareils et des techniques qui permettent d'évaluer l'hydratation cutanée, la sécrétion sébacée, le pH et de visualiser l'état de la peau in vivo. Ils **sont, pour la plupart, utilisés en laboratoire.**
Nous citerons ceux mis au point par les laboratoires L'Oréal :
- L'écographie ultrasonore HF qui, à l'aide de capteurs ultrasonores entre 25 et 150 MHz, permet d'étudier le derme et l'épiderme.
- L'imagerie par résonance magnétique qui, grâce à un dispositif spécifique connecté sur l'appareil, permet l'analyse de la peau au sein des différentes couches cutanées, hypoderme compris.
- La microscopie confocale qui, adaptée à l'observation de la peau in vivo permet de visualiser les couches les plus superficielles de la peau, l'épaisseur des tissus, de compter les kératinocytes. Cette méthode est la plus favorable à l'examen des cellules cornées et de l'épiderme.
- Le rayonnement synchrotron dont la source de rayons X est obtenue dans un accélérateur à particules. Ce système permet d'étudier la nature des lipides situés entre les cellules cornées.

Appareils pour les soins esthétiques de la peau

Pulvérisateur-vaporisateur de Lucas Championnière

(Du nom de son créateur)

Fonction

C'est un appareil qui permet la réalisation d'une projection de vapeur d'eau et d'une solution en fines gouttelettes.

Identification et rôle des différents organes

- Une gaine métallique.
- Une chaudière en métal, ceinturée par des résistances électriques chauffantes reliées au secteur par un cordon électrique muni d'une prise de terre.
- Une tête comportant :
  - deux éjecteurs, l'un horizontal (sortie de la vapeur), l'autre vertical (sortie de la solution) ;

Fig. 16.3 – Pulvérisateur à vapeur Lucas Championnière.

- un bouchon isolant muni d'une soupape de sécurité évitant la surpression et d'un joint.

- Un récupérateur des gouttes de condensation.
- Un niveau d'eau.
- Deux godets en verre maintenus par une pince fixée au corps de l'appareil, dans lesquels aboutissent deux tubes souples en plastique qui s'abouchent l'un avec l'éjecteur de la solution, l'autre avec le récupérateur de condensation.
- Une poignée isolante amovible.
- Un socle isolant sur lequel repose la chaudière et dans lequel est incorporé un interrupteur à voyant lumineux.
- Des accessoires sont joints :
  - un petit entonnoir pour le remplissage de la chaudière ;
  - des fins mandrins (tiges métalliques très fines) pour le débouchage des deux éjecteurs ;
  - un localisateur amovible.

Principe de fonctionnement

Par l'échauffement des résistances, l'eau contenue dans la chaudière est portée à ébullition, d'où production d'un jet de vapeur qui s'échappe sous une pression supérieure à la pression atmosphérique par l'éjecteur horizontal au niveau de l'éjecteur vertical.
Ce jet de vapeur entraîne l'air contenu dans l'éjecteur de solution créant ainsi un vide comblé aussitôt par la montée du liquide poussé par la pression atmosphérique dans le tube plongeur. Le jet de vapeur entraîne le liquide, d'où projection d'un mélange vapeur et solution.

Mode d'emploi

- Dévisser le bouchon.
- Remplir la chaudière d'eau à l'aide de l'entonnoir jusqu'à ce que l'eau monte au 2/3 de la hauteur du niveau d'eau (bannir tout autre liquide aqueux ou huileux).
- Revisser le bouchon.
- Verser la solution adaptée au type de peau dans le godet relié à l'éjecteur de solution.
- Brancher l'appareil.
- Établir le contact à l'aide de l'interrupteur et attendre la projection du mélange vapeur solution.
- Maintenir l'appareil légèrement penché en arrière pendant la pulvérisation ; lui imprimer lentement et sans secousse un double mouvement vertical, puis circulaire, à une distance du visage variable selon le type de peau.
- Durée de la pulvérisation : 5 minutes environ.
- Interrompre le courant quelques secondes avant la fin de la pulvérisation, tout en continuant à utiliser l'appareil jusqu'à ce que le godet contenant la solution soit vide.
- Pour obtenir un jet plus concentré, emboîter le localisateur à l'éjecteur de solution.

Conseil : protéger les cheveux de la cliente.

Applications

Pour tous les types de peaux, soit :

- après le démaquillage :
  - pour nettoyer l'épiderme par ruissellement,
  - pour relaxer (ambiance tiède, humide, faible pression),
  - pour provoquer une imbibition hydrique de la couche cornée ;
- après le gommage :
  - pour enlever les traces éventuelles du produit ;

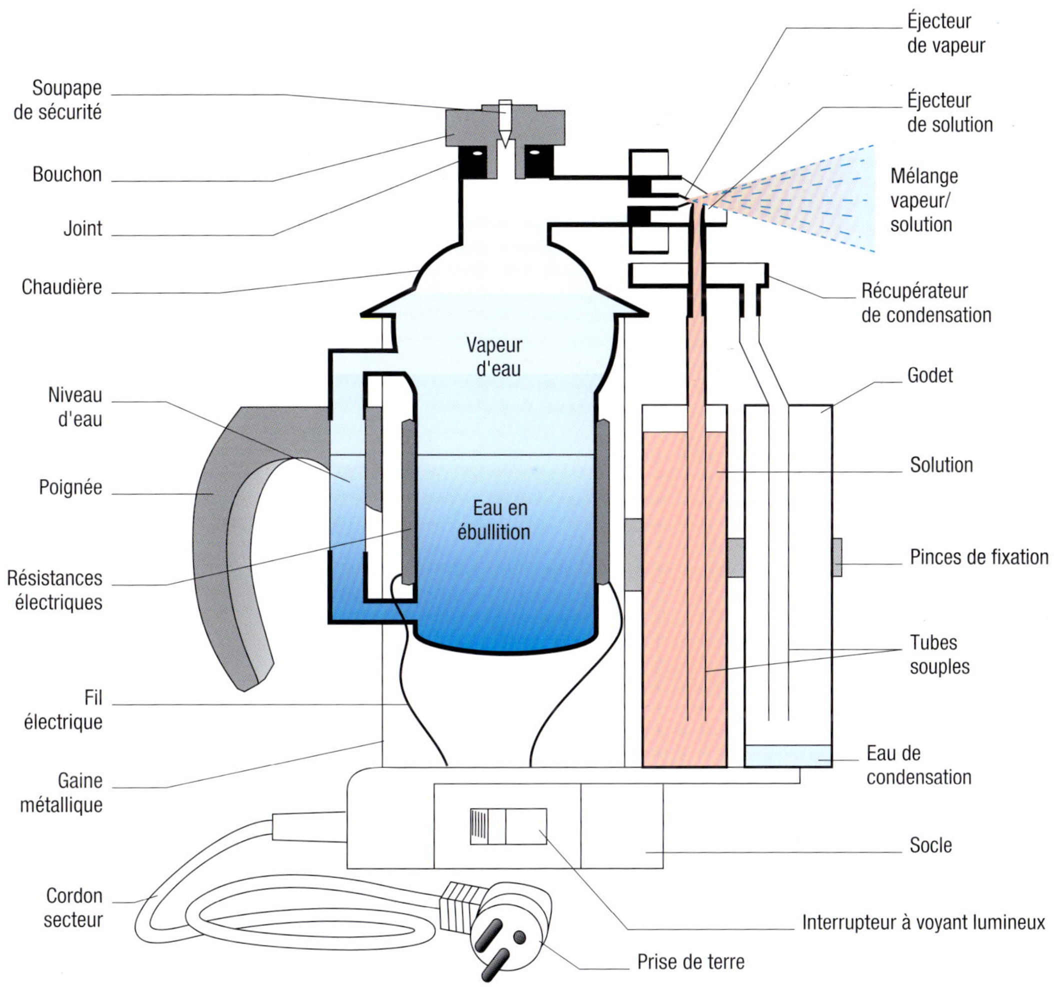

Fig. 16.4 – Système du pulvérisateur à vapeur Lucas Championnière.

- avant l'extraction des comédons :
  - pour la faciliter (ramollissement des cellules cornées de l'entonnoir folliculaire et dilatation de l'ostium) ;
- après les pincements Jacquet :
  - pour éliminer le sébum et les comédons exprimés des follicules pilosébacés par cette technique manuelle ;
- après le modelage :
  - pour éliminer l'excédent des corps gras et atténuer les rougeurs diffuses.

Appareils

Actions. Effets physiologiques

Actions	Effets physiologiques	Types de peau
1. Chimiques Différentes selon les actifs contenus dans la solution	Adoucissant, assainissant, décongestionnant, tonifiant, *etc.*	Toutes peaux
2. Physiques – *Température* Variable selon la distance appareil/visage :		
‹ 20 cm : chaude	Vasodilatateur, émollient	Peau grasse
= 30 cm : tiède	Relaxant	Toutes peaux
› 30 cm : fraîche	Apaisant, décongestionnant	Peau sèche, réactive
– *Pression* Très faible	Élimination des cellules mortes, des impuretés	Toutes peaux

Maintenance et hygiène

Après refroidissement de l'appareil :

- Vider la chaudière.
- Laver et sécher les godets.
- Enrouler le cordon électrique autour de la gaine.
- Détartrer fréquemment la chaudière.
- Déboucher régulièrement les éjecteurs à l'aide des mandrins fournis.

Règles de sécurité

- Vérifier le bon état de la prise et du cordon secteur.
- Vérifier à l'aide d'un mandrin que les éjecteurs ne sont pas obstrués.
- Vérifier que le remplissage de la chaudière est correct et que le joint situé au niveau du bouchon est en bon état afin d'éviter que des gouttelettes d'eau bouillante ne s'échappent de l'éjecteur.
- Attendre le refroidissement de l'appareil avant de l'ouvrir.

Vaporisateur avec production d'ozone

Fonction

C'est un appareil qui permet une projection de vapeur d'eau avec adduction d'ozone (ou non) et diffusion éventuelle d'essences aromatiques.

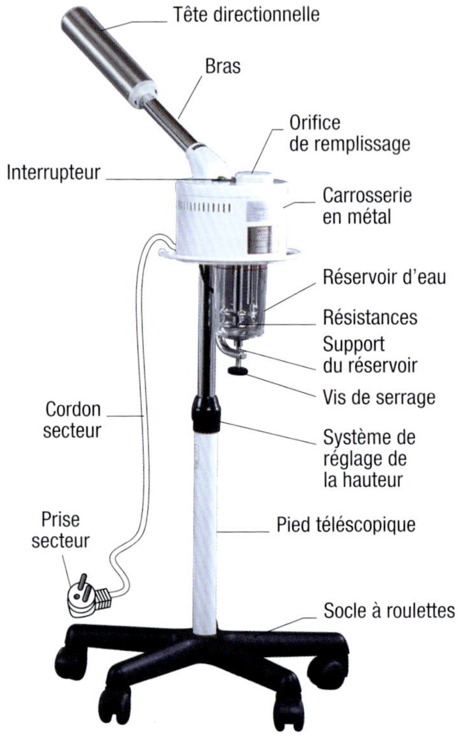

Fig. 16.5 – Vaporisateur à ozone.

Identification et rôle des différents organes

- Un réservoir d'eau, soit inclus dans une carrosserie, soit un bocal externe en verre pyrex, entouré d'un protecteur et chauffé par des résistances électriques plongeantes.
- Un indicateur de niveau d'eau.
- Un bras ou col-de-cygne pivotant muni d'une tête directionnelle pouvant présenter différentes formes.
- La tête comporte :
  - une lampe en quartz, émettrice de rayons UV (essentielle à la formation d'ozone) ;
  - un bec de sortie « vapeur » ;
  - une entrée d'air ;
  - une sortie « vapeur ozonisée » ;
  - un adaptateur pour des huiles essentielles (éventuellement) ;
  - un réceptacle pour des herbes aromatiques (éventuellement) ;
  - un système antigouttes.
- Le corps de l'appareil comporte :
  - un système de remplissage et de vidange ;
  - des éléments de commande : interrupteur, voyant lumineux, minuterie éventuelle, thermostat et sonde de sécurité (en cas de manque d'eau) ;
  - un pied télescopique ;
  - un cordon secteur avec prise de terre ;
  - un socle à roulettes.

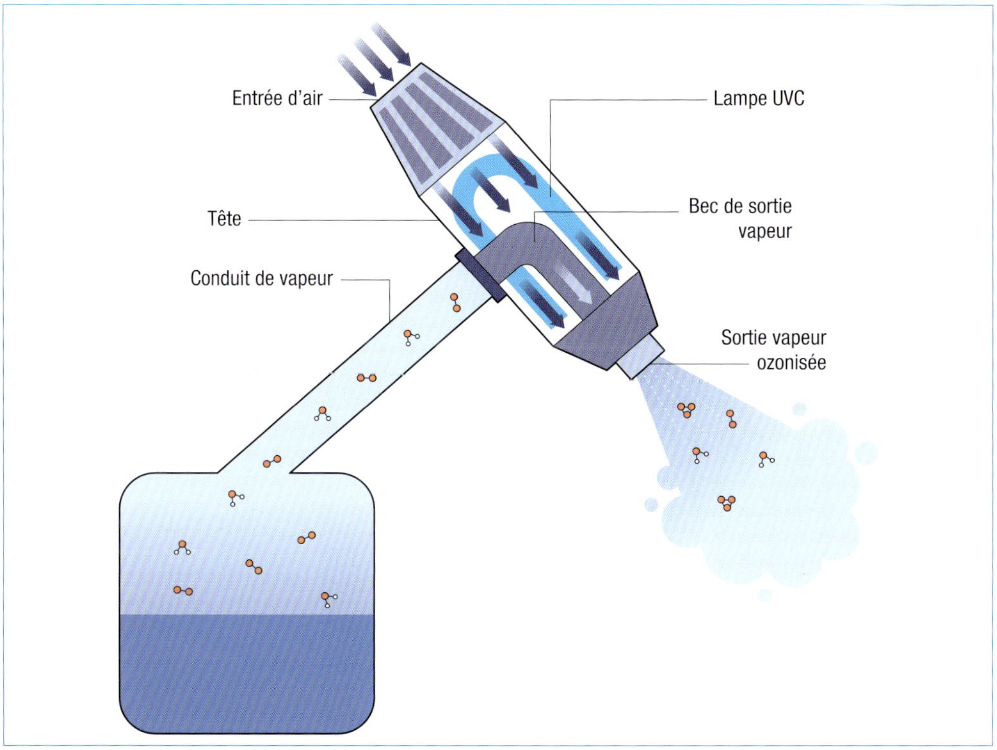

Fig. 16.6 – Appareil à ozone à lampe UV (détails de la tête).

Principe de fonctionnement

Les résistances électriques du réservoir chauffent l'eau contenue dans celui-ci et la portent à ébullition. La vapeur d'eau obtenue se dégage par le bec situé dans la tête, ce qui produit un appel d'air.
L'oxygène de l'air O_2 se transforme en ozone O_3 d'après le principe suivant : la vapeur de mercure, contenue dans le tube en quartz et ionisée par le courant électrique, devient incandescente, émet des rayons UVC de faible longueur d'onde que laisse passer le quartz. Les rayons UVC décomposent des molécules d'oxygène (O_2) contenues dans l'air en atomes d'oxygène et regroupent ces atomes pour former quelques molécules d'ozone (O_3) entraînées par le jet de vapeur.

Mode d'emploi

- Remplir le réservoir jusqu'au niveau indiqué.
- Ajouter, éventuellement, huiles essentielles ou herbes aromatiques dans les dispositifs adéquats.
- Brancher l'appareil et actionner l'interrupteur quelques minutes avant l'emploi.
- Diriger le jet de vapeur à une distance de 30 à 40 cm du visage.
- Lors de l'utilisation d'essences aromatiques, supprimer la fonction ozone qui modifirait leurs actions par oxydation.

Variante : appareil à vaporisation avec adduction d'ozone (système « Silhouet-tone »)

Le principe de fonctionnement de cet appareil diffère du précédent dans la technique d'obtention de l'ozone. La vapeur obtenue est directement ozonisée grâce à un éclateur, dispositif électrique à deux électrodes situé dans le bras de l'appareil et relié à un système de haute fréquence.

Avantage de ce système

La vapeur directement ozonisée n'entre pas au contact de l'air ambiant, donc de la pollution, avant d'être ozonisée, et l'émission d'ozone est dans les normes de sécurité : 0,05 ppm (parties par million).

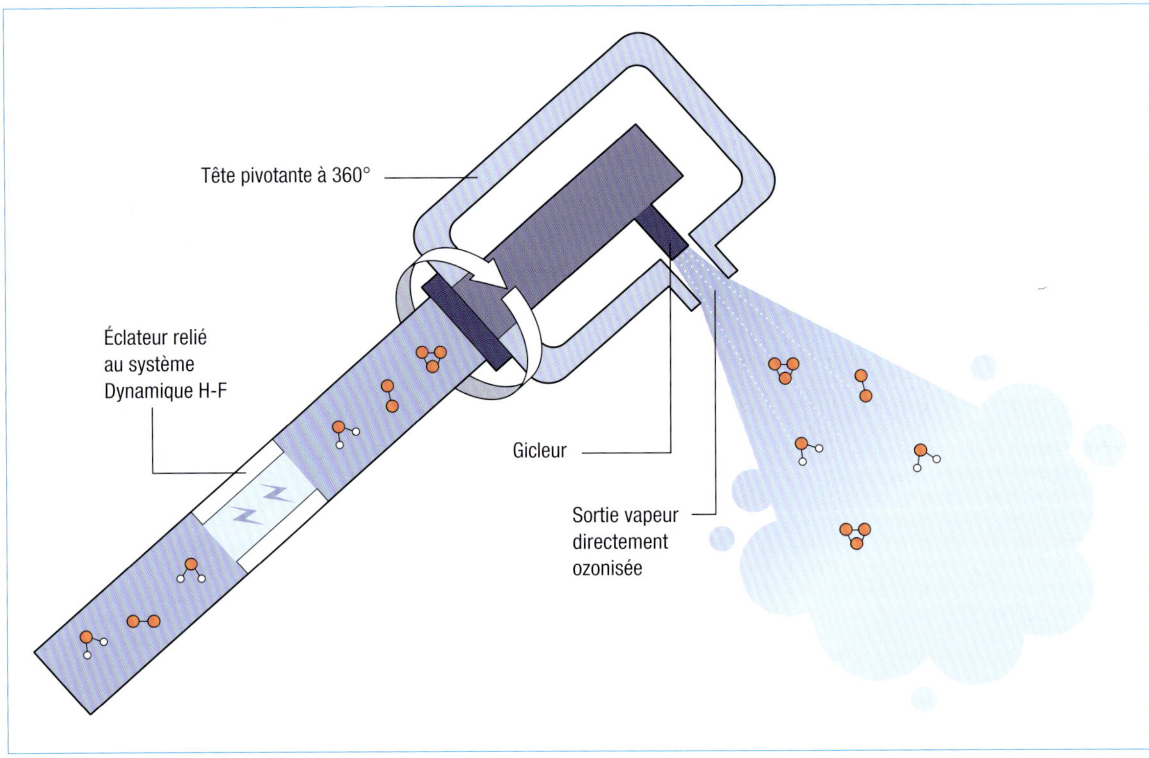

Fig. 16.7 – Système Silhouet-tone.

Les actions, les effets physiologiques et les buts sont communs aux deux types d'appareils à vaporisation

Actions	Effets physiologiques	Buts recherchés
1. Thermique Vapeur (chaleur)	→ Dilatation des pores → Vasodilatation	• Faciliter l'extraction des comédons • Nettoyer la peau • Activer la pénétration des principes actifs
2. Chimique Ozone Huiles essentielles Herbes aromatiques	→ Bactéricide → Purifiant → Divers	• Purifier la peau • Assainir la peau • Relaxer, calmer, *etc.*

Indication

Tous types de peaux à l'exception des peaux congestives présentant des problèmes vasculaires, après le démaquillage et le gommage (avant l'extraction des comédons).

Maintenance et hygiène

- Nettoyer quotidiennement le réservoir.
- Détartrer les résistances régulièrement avec un produit spécifique.
- Vérifier le bon fonctionnement du générateur d'UV dont la durée est d'environ 1 200 heures.
- Nettoyer et changer fréquemment le tampon pour les huiles essentielles.

Règles de sécurité

- Vérifier le bon état du cordon-secteur et de la prise.
- Remplir le réservoir jusqu'au niveau d'eau (ne jamais le dépasser : risque de projection de gouttes d'eau brûlante).
- Attendre la sortie de la vapeur en dehors du visage du sujet.

Appareil électromécanique rotatif

Fonction

C'est un appareil électrique qui exerce sur la peau une action mécanique par l'intermédiaire d'un embout rotatif.

Identification et rôle des différents organes

- Un coffret en métal contenant un moteur électrique produisant un mouvement rotatif à vitesse variable (2000 à 6000 tours/minute), accouplé à un réducteur mécanique réduisant la vitesse (50 à 150 tours/minute).
- Un dispositif de transmission du mouvement rotatif flexible relié à l'arbre de sortie du réducteur et composé :
  - d'une gaine ;
  - d'un câble tournant à l'intérieur de la gaine permettant de transmettre le mouvement à l'embout.
- Un bouton de réglage de la vitesse du moteur.
- Un dispositif de fixation des embouts.
- Un interrupteur.
- Un voyant lumineux.
- Un cordon secteur avec prise de terre.
- Un jeu de brosses de tailles ou de duretés différentes selon la nature des poils (nylon ou chèvre).

Principe de fonctionnement

Le moteur à vitesse variable actionne le réducteur qui entraîne le câble souple à l'intérieur de la gaine. Le câble imprime le mouvement à l'embout placé à l'extrémité de l'ensemble.

Action

Mécanique.

- Élimination ou pénétration de produits cosmétiques (possibilité d'en imprégner les brosses).
- Accélération de la desquamation.
- Nettoyage minutieux de la peau.

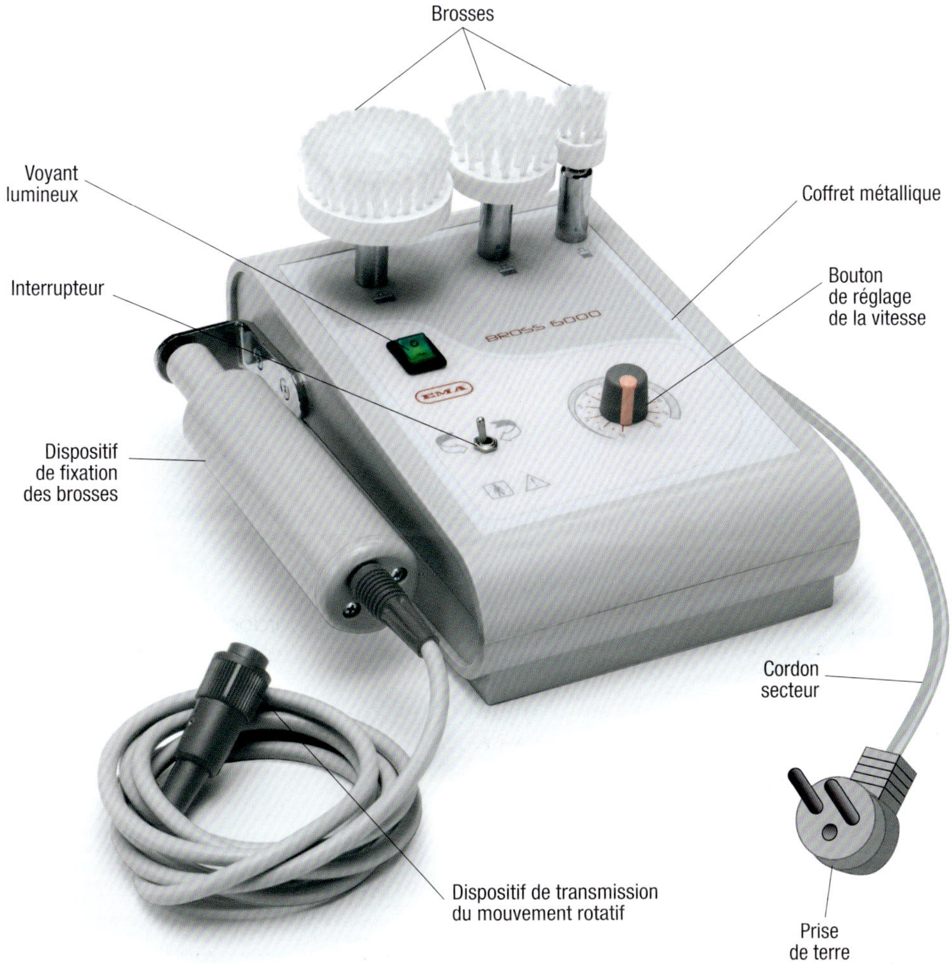

Fig. 16.8 – Appareil électromécanique rotatif.

Mode d'emploi

- Adapter la brosse choisie sur le dispositif de fixation.
- Brancher l'appareil.
- Mettre l'interrupteur sur la position marche.
- Régler la vitesse selon la sensibilité de la peau et l'action recherchée.
- Passer la brosse sur la surface cutanée en mouvements circulaires.

Applications en esthétique

Pour tous types de peaux.

- Remplace les techniques manuelles de démaquillage ou les complète.
- Permet le retrait du produit de gommage.
- Accélère la desquamation.
- Complète les techniques manuelles du modelage.

Maintenance et hygiène

- Ôter les brosses du dispositif de fixation, les laver avec de l'eau tiède, un détergent doux et les désinfecter.
- Ne pas les laisser à l'air libre.

Règles de sécurité

- Vérifier le bon état du cordon secteur.
- S'assurer que les brosses sont correctement fixées.

Appareil à électrodes de Mac Intyre

Fonction

C'est un appareil à impulsions électriques qui produit un courant alternatif (sinusoïdal) de haute fréquence, transmis à la surface cutanée par l'intermédiaire d'électrodes dites de Mac Intyre.

Identification et rôle des différents organes

- Un boîtier isolant contenant un générateur de haute fréquence :
- Un élément de visualisation (voyant diode de contrôle).
- Un élément chronométrique (minuterie) (parfois).
- Un élément de réglage de la fréquence des trains d'ondes.
- Un interrupteur général.
- Un cordon électrique conforme aux dispositifs de la CEE (prise de terre).
- Un manchon isolant porte-électrode réuni aux bornes de sortie du circuit haute fréquence à l'aide de fils souples à grand isolement.
- Des électrodes de Mac Intyre (tubes à décharge à vide en verre ou en opaline) dont la forme différente permet une adaptation aux reliefs corporels. Elles sont surmontées d'une partie métallique permettant le contact avec le manchon, lui-même relié au générateur.

Les appareils traditionnels comportent un seul porte-électrode, les appareils récents plus performants permettent l'utilisation simultanée de plusieurs électrodes.

Principe de fonctionnement

Générateur

Il transforme le courant secteur basse fréquence en courant haute fréquence (100 kHz et plus) de faible intensité.

Liée à l'influence de l'effluvation électrique sur l'oxygène, une production d'ozone a lieu au niveau des électrodes (entre l'électrode et la peau).

Dans les appareils plus performants, la production d'ozone a été bloquée, car ces types d'appareils permettent la pénétration de principes actifs dans les tissus, sans modification de leur structure moléculaire (électrosomes). Les substances fragiles seraient détruites par l'ozone, qui est un oxydant puissant.

Électrodes

Un vide plus ou moins poussé a été effectué dans les électrodes de Mac Intyre. L'air raréfié qui subsiste peut être remplacé par un gaz, dont le plus utilisé est le néon. L'émission lumineuse à l'intérieur des électrodes est due à l'excitation du gaz par le passage du courant. La couleur des radiations lumineuses est en fonction de la nature du gaz :

- néon : rose ; orange ; rouge ;
- air plus ou moins raréfié : bleu ; violet.

La spirale métallique incluse dans certaines électrodes, dites condensatrices, ou à saturation renforce le passage du courant.

Effets physiologiques

Courants de haute fréquence

Action vasodilatatrice

La vasodilatation améliore le flux sanguin et la nutrition cellulaire. La vasodilatation est suivie d'une vasoconstriction, d'où action décongestionnante.

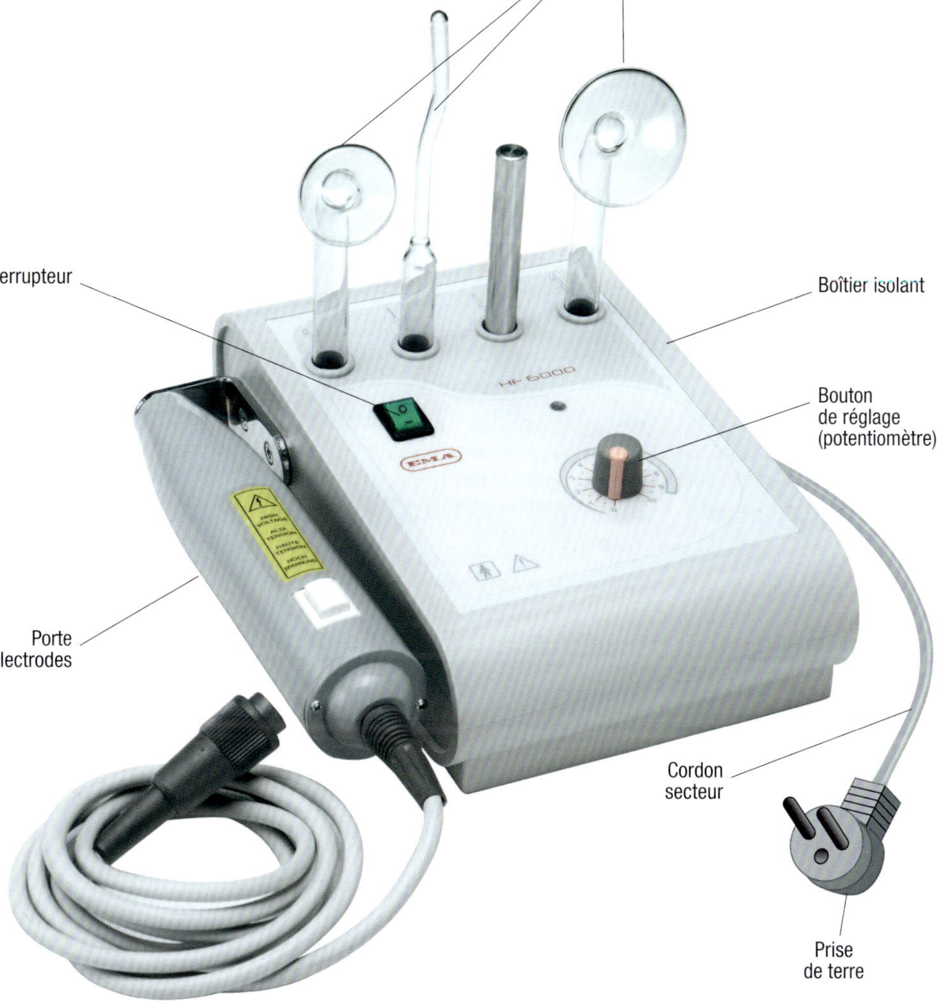

Fig. 16.9 – Appareil à électrodes de Mac Intyre + électrodes.

Action électro-osmotique

La particularité des courants de haute fréquence est de permettre la pénétration dans les tissus, par voie d'osmose, de substances diverses, sans dissociation moléculaire.

Ozone

Action bactéricide et microbicide.

Émissions lumineuses

Les luminescences à l'intérieur des électrodes n'ont pas d'action physiologique (d'après les scientifiques).

Mode d'application

- Fixer l'électrode sélectionnée (après désinfection) sur le porte-électrode.
- Brancher l'appareil.
- Régler le courant et son temps d'application à l'aide des éléments de commande.
- Établir un contact avec l'électrode à l'aide d'un doigt pour éviter un étincelage « surprise » sur la cliente.
- Poser l'électrode en effleurant la peau.
- À la fin du soin, baisser l'intensité, arrêter le fonctionnement du générateur et cesser le contact de l'électrode sur la peau.

Effluvation

Les effluves sont obtenus par un contact étroit de l'électrode avec la peau. L'électrode est déplacée sans pression.
La décharge électrique ne produit pas d'échauffement.

Étincelage

Une production de fines étincelles est obtenue en maintenant l'électrode à une faible distance de l'épiderme.

Étincelage indirect

Le courant de haute fréquence est conduit à travers le sujet relié au générateur par l'électrode à vide, dite condensatrice ou à saturateur. Des techniques manuelles toniques provoquent sur la peau de petites étincelles de condensation qui renforcent l'effet des pincements ou pianotements.

Électro-osmose

En ce qui concerne l'action électro-osmotique :
- en cas d'utilisation de solutions aqueuses ou huileuses, appliquer sur la peau une compresse imbibée du produit ;
- en cas d'utilisation de gels ou de crèmes, humidifier la compresse avant d'appliquer le produit.

Actions et indications des électrodes les plus utilisées

a, b. Électrode « champignon »	**c. Électrode « arc »**	**d. Électrode « peigne »**
Vasodilatatrice Peau sénescente	Apaisante Cou, nuque	Stimulante Cuir chevelu
e. Électrode « punctiforme »	**f. Électrode « rouleau »**	**g. Électrode « à saturation »**
Cicatrisante Peaux grasses	Assainissante Peaux grasses (dos)	Tonifiante Peau atone

Maintenance et hygiène

Désinfecter les électrodes après chaque utilisation avec un linge imbibé d'alcool et les sécher.
Les manier avec précaution.
Tenir l'électrode par la tige pour l'introduire dans le porte-électrodes.

Sécurité

Vérifier le bon état du cordon, de la prise et des électrodes.
Vérifier le contact entre le porte-électrode et son électrode.

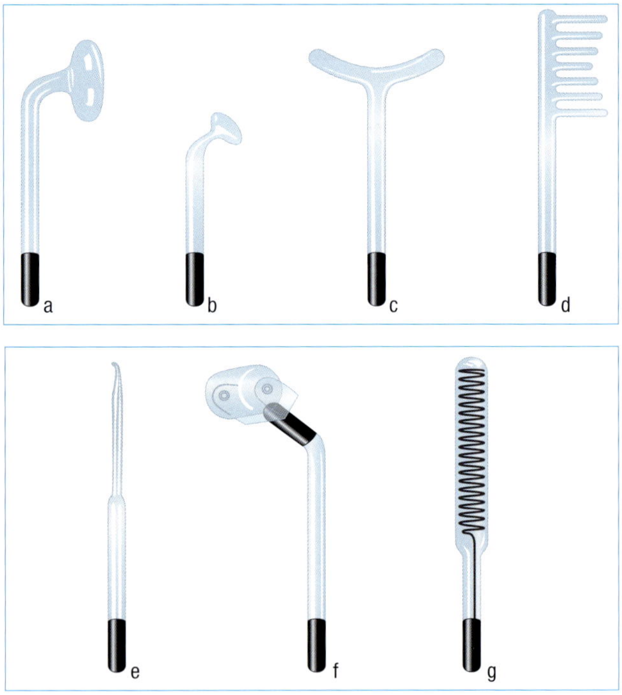

Fig. 16.10 – Électrodes.

Appareil à ultrasons (ondes acoustiques)

(*Cf.* dans la partie Physique page 217, « Les ondes ».)
Le courant utilisé est soit de basse fréquence ou de haute fréquence. Plus la fréquence est faible plus la pénétration est profonde.
Les ultrasons, qui sont des vibrations de même nature que le son mais inaudibles, peuvent être émis soit en mode continu ou constant soit en mode pulsé ou rythmé.

Identification et rôle des différents organes

Il comporte :
- Un générateur (protégé par une carrosserie, différente selon les constructeurs) qui crée et transmet le champ électrique et dont la fréquence requise en esthétique se situe entre 3 MHz et 1 MHz.
- Un tableau de commande avec les paramètres spécifiques pour chaque soin.
- Un potentiomètre de réglage de la puissance.
- Un sélecteur du mode d'émission des ultrasons (continu ou pulsé).
- Un cordon secteur avec prise de terre.

- Une tête à ultrasons (ou sonde ou transducteur), reliée au générateur.

Cette sonde contient une céramique piézoélectrique qui génère la vibration et la transmet sur la peau.

Une interface aqueuse étant indispensable au passage du courant, un gel de contact doit être étalé sur les zones à traiter.

Mode d'emploi

- Après avoir déterminé le soin, choisir le mode, la fréquence et la puissance des ultrasons à l'aide du tableau de commande.
- Appliquer, à l'aide d'un pinceau, le gel sur la surface cutanée sélectionnée.
- Placer la sonde perpendiculairement à la peau et de façon à ce que l'adhérence soit parfaite.
- Mettre l'appareil en marche.

Actions des ultrasons

- Action mécanique :
  - « micromassage » dû aux effets d'alternance de compression et de traction des tissus ;
  - « fibrolyse » (destruction de la fibrose) ;
  - « cavitation » (production dans un milieu aqueux de petites bulles comprimées qui implosent).
- Action thermique :
  - élévation de la température locale due au micromassage.
- Action réflexe sur le système neurovégétatif induisant une vasodilatation.
- Action métabolique : activation du métabolisme cutané.

Applications en esthétique

- Exfoliation des cellules cornées en utilisant le phénomène de cavitation (effet peeling).
- Pénétration de produits actifs sous forme de gel hydrosoluble pour visage ou corps, due à l'augmentation de la perméabilité cellulaire (sonophorèse).
- Amincissement induit par les vibrations qui disloquent les amas cellulitiques.
- Action défibrosante sur le tissu conjonctif.
- Stimulation des fibroblastes.

NOTE

Le couplage des ultrasons et de différents courants excitomoteurs permet d'améliorer les techniques de tonification, de stimulation et d'amincissement. L'association des ultrasons et du « palper-rouler » permet de défibroser des cellulites indurées.

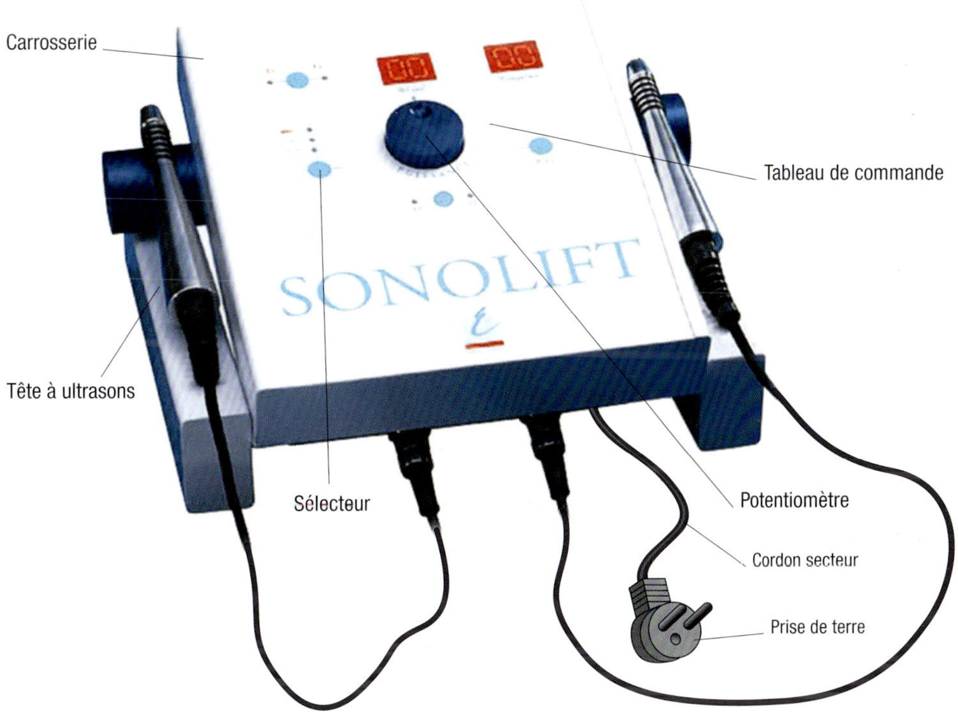

Fig. 16.11 – Appareil à ultrasons.

Contre-indications

- Cancers cutanés.
- Pathologies infectieuses locales.
- Prothèses osseuses, vis, plaques, broches, *pace-maker*, situés dans le champ d'application.
- Présence de fils tenseurs crantés.
- Problèmes vasculaires (phlébite, artérite).

Règles d'hygiène et maintenance

- Nettoyer régulièrement le tableau de commande.
- Désinfecter les sondes après chaque utilisation.

Règles de sécurité

- Ramener à 0 les éléments de commande après chaque utilisation.
- Respecter les consignes générales pour la sécurité électrique.
- Tenir compte des réactions du sujet.

(D'après Dominique Redureau de l'INEM.)

Appareil à ionophorèse (électropénétration)

Principe de l'ionophorèse

Faire pénétrer au travers de la peau une substance active en solution aqueuse et ionisable, c'est-à-dire chargée électriquement, en utilisant la propriété de transport d'ions ou de molécules ionisées et de pénétration transcutanée du courant galvanique. Ce courant augmente la perméabilité de la peau, donc active la pénétration des ions attirés par l'électrode de signe contraire à leur polarisation. Ils franchissent la barrière cutanée et agissent localement.

Pour le visage

Fonction de l'appareil

C'est un appareil générateur d'un courant galvanique qui permet la pénétration dans la peau de substances cosmétiques ionisables, par l'intermédiaire d'électrodes.

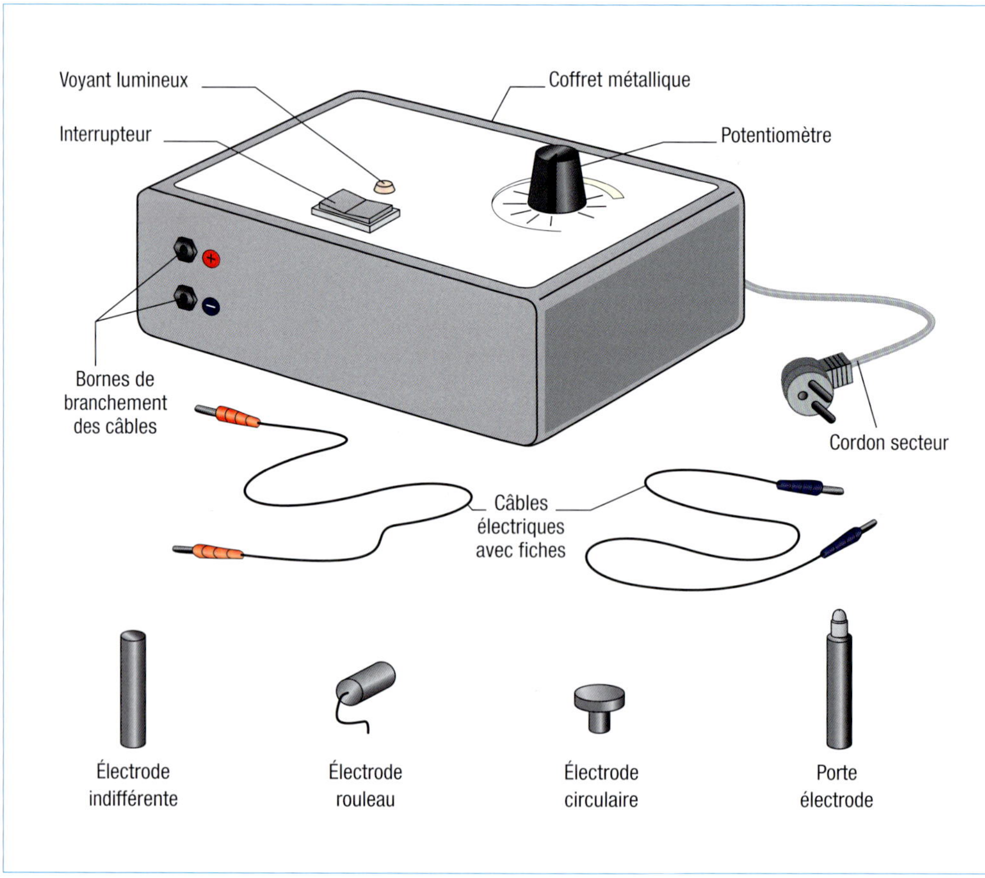

Fig. 16.12 – Appareil à ionophorèse pour le visage.

Identification et rôle des différents organes

- Un coffret métallique contenant un générateur de courant continu ou galvanique.
- Un cordon secteur avec prise de terre.
- Un potentiomètre permettant le réglage de l'intensité.
- Un interrupteur et un voyant lumineux.
- Des bornes de branchement.
- Des câbles ou fils électriques de polarité soit positive (rouge) soit négative (noire) reliés au générateur et aux électrodes par l'intermédiaire de fiches à encastrer sur les bornes.
- Des électrodes en acier inoxydable reliées aux câbles :
  - électrodes « actives » en acier inoxydable, de différentes formes (plates, circulaires, rouleaux, stylo), à appliquer sur le visage afin de faire pénétrer la substance active à travers la peau ;
  - une électrode « indifférente » destinée à fermer le circuit électrique, à faire tenir par le sujet.
- Un porte-électrode.

Application

Pénétration cutanée activée des ingrédients actifs des produits cosmétiques (fluides, gels).
Les effets dépendent du principe actif utilisé (hydratant, tonifiant, antirides, *etc.*)

Mode d'emploi

- Appliquer la substance à ioniser.
- Choisir le type d'électrode en fonction de la partie du visage à traiter.
- Placer l'électrode « indifférente » dans la main du sujet.
- Poser l'électrode « active » sur la peau sans lâcher le contact.
- Mettre l'appareil sous tension.
- Régler le potentiomètre jusqu'à la réaction du sujet à un picotement.

Règles de sécurité

- Supprimer tout contact du sujet avec des objets métalliques (bijoux).
- Vérifier le bon état des différents organes.
- S'assurer que le potentiomètre est à 0 avant de commencer.
- À la fin du soin, avant de lâcher le contact de la peau avec l'électrode, mettre le potentiomètre à 0 et l'appareil hors tension.

Règles d'hygiène

- Nettoyer après chaque usage porte-électrode et électrode.

Appareil utilisant le principe de l'ionophorèse pour un soin-visage désincrustant

Fonction

C'est un appareil générateur de courant galvanique qui, par réaction chimique, élimine partiellement l'excès de sébum du film hydrolipidique.

Identification et rôle des différents organes

- Un générateur de courant continu ou galvanique inclus dans un boîtier.
- Deux terminaisons ou pôles, un positif, un négatif.
- Une éponge amovible.
- Un interrupteur marche/arrêt.
- Un potentiomètre permettant de moduler l'intensité du courant.
- Un milliampèremètre pour mesurer l'intensité du courant.
- Deux électrodes reliées aux deux pôles et servant de contact entre le générateur et la peau. L'une, « indifférente », métallique, est reliée à la borne positive. L'autre, « active », porte-éponge, est reliée à la borne négative). L'éponge est imbibée d'une solution salée.

Mode d'emploi

- Relier l'électrode métallique au générateur au pole + et la faire tenir à pleine main par la cliente.
- Relier l'électrode porte-éponge au pole – après avoir imbibé le sachet spongieux d'une solution salée.
- Poser l'éponge sur la peau et sans lâcher le contact régler l'intensité du courant (3 milliampères maximum), glisser l'éponge sur les zones cutanées pendant une dizaine de minutes.
- Remettre le potentiomètre à 0 avant d'interrompre le contact de l'éponge avec la peau.

Principe de fonctionnement (action de ionophorèse)

Le courant galvanique de faible intensité dissocie le chlorure de sodium selon la réaction :

$$NaCl + H_2O \rightarrow Na\,OH + HCl$$

La soude (NaOH) libérée à la surface de la peau va neutraliser seuls les acides gras libres entrant dans la composition du sébum.

Application

Nettoyage des peaux grasses.

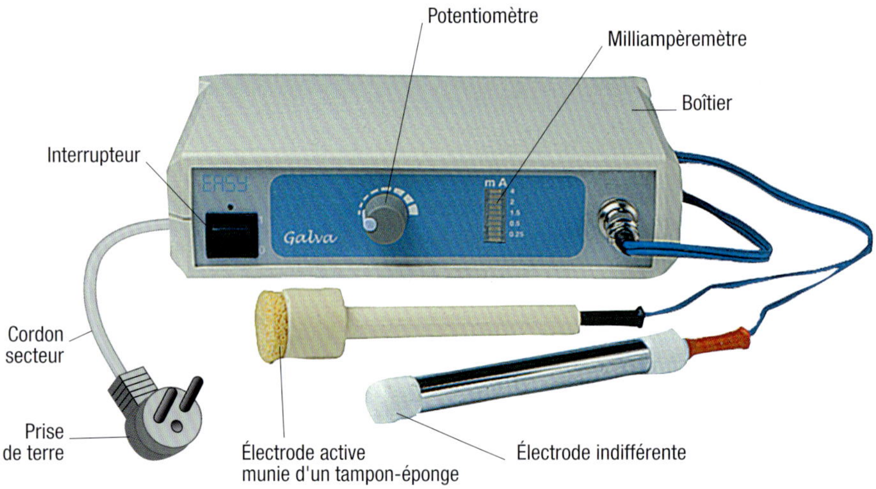

Fig. 16.13 – Appareil pour la désincrustation électrique.

Règles de sécurité

Avant de relier la cliente à l'appareil, s'assurer que la commande de l'intensité du courant est en position 0. Ne pas dépasser 3 milliampères. Maintenir toujours le contact sur le visage avec l'électrode active tant que le circuit est fermé (le courant passe). Ouvrir le circuit (fermeture du courant) avant de retirer l'électrode active du visage.

Règle d'hygiène

Utiliser un sachet spongieux à usage unique de préférence.

> **NOTE**
>
> Certains appareils « multifonctions » comportent, comme leur nom l'indique, diverses fonctions, en nombre variable (pulvérisation, aspiration, désincrustation, haute fréquence, ionophorèse, loupe, lumière de Wood, *etc.*).

Pour le corps

Identification des différents organes de l'appareil

- Un boîtier métallique contenant un générateur de courant galvanique. Sur ce boîtier, se trouvent plusieurs bornes de branchements ou pôles (positif rouge, négatif noir) dont chacune affiche :
  - un interrupteur ;
  - un voyant lumineux ;
  - un milliampèremètre ;
  - un potentiomètre.
- Un cordon secteur avec prise de terre.
- Des électrodes soit en caoutchouc, soit en métal, soit en polymère de forme différente selon les zones à traiter et qui transmettent le courant. Certaines sont constituées de feuilles de silicone carboné, modelables afin d'épouser la région anatomique où elles sont appliquées. Les électrodes sont recouvertes d'un sachet spongieux amovible à usage unique, et sont maintenues à l'aide de sangles élastiques ou autocollantes.
- Des fils électriques reliant les électrodes au générateur.

Mode d'emploi

Des électrodes sont placées de part et d'autre de la région à traiter :
- des électrodes « actives » qui supportent le produit spécifique (solution, gel en général) ;
- des électrodes « indifférentes » qui ferment le circuit (laissent passer le courant).

L'électrode imbibée du produit sera reliée au pôle opposé à la polarité de l'ion actif (les produits ionisés étant attirés par les électrodes de signe contraire).

Règles de sécurité

- L'intensité choisie est fonction de la taille de l'électrode (0,1 mA au maximum par cm^2 d'électrode active) ; en deçà, l'intensité est fonction de la sensibilité du sujet.
- Dans le cas d'application de multiples électrodes actives de dimensions différentes, l'électrode la

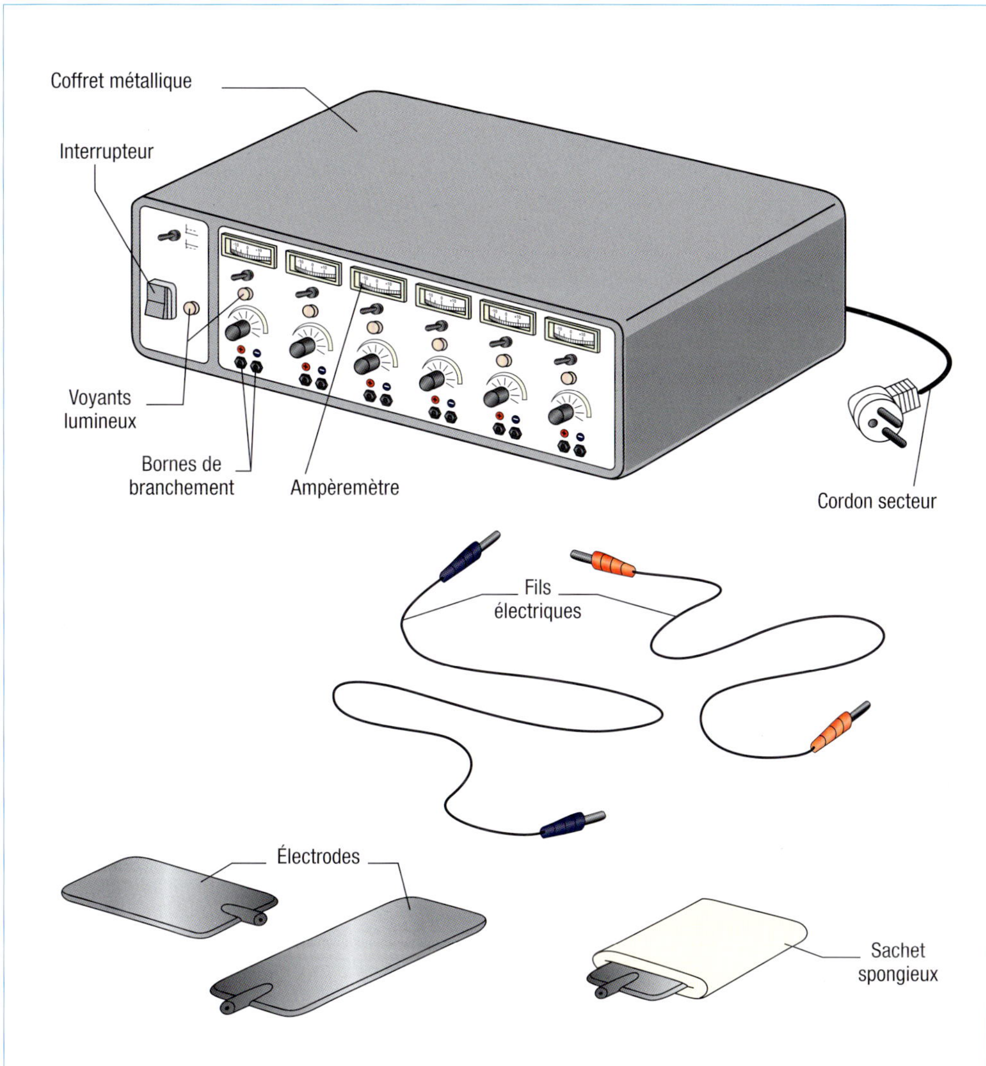

Fig. 16.14 – Appareil à ionophorèse pour le corps.

plus petite doit servir de base pour le calcul de l'intensité maximale du courant. Dans ce même cas (électrodes multiples actives), la surface d'une l'électrode unique indifférente doit être égale à la somme de la surface des électrodes actives.

- La durée de la séance est de 10 à 20 minutes maximum.
- Les produits utilisés doivent être chargés électriquement, soit positivement, soit négativement et en solution aqueuse.
- L'état des électrodes et l'isolation des fiches et des câbles de raccordement doivent être parfaits.
- Les sachets spongieux doivent être humectés de façon homogène.
- Les sangles élastiques doivent être sèches, imperméables à l'eau et non conductrices du courant.
- Faire enlever les bijoux.
- Avant de commencer le soin vérifier que l'appareil est hors circuit, que le potentiomètre est à 0.
- Ne pas déplacer l'électrode avant d'avoir mis à 0 le potentiomètre.
- À la fin, baisser l'intensité, mettre le potentiomètre à 0 avant de soulever l'électrode.

Application

- Amélioration de la texture de la peau, en particulier de la peau d'orange liée à la cellulite. (Les effets dépendent des ingrédients actifs utilisés.)

Hygiène

- Nettoyer les électrodes.
- Laver les sachets spongieux (s'ils ne sont pas à usage unique).
- Faire sécher les sangles élastiques.

Contre-indications

- Les personnes porteuses de pièces métalliques à l'intérieur du corps (stérilet ou autres) présentent une contre-indication formelle à cause des risques de brûlure internes.
- Les femmes enceintes.
- Les personnes atteintes de problèmes cardiaques.

Appareil à dépresso-aspiration

Pour le visage

Fonction

C'est un appareil électrique qui exerce sur la peau une succion ou aspiration par l'intermédiaire de ventouses de forme et de diamètre différents.

Identification des différents organes

- Un coffret métallique contenant une pompe à vide électrique (*cf.* pompe à vide à membrane).
- Un cordon secteur avec prise de terre.
- Un interrupteur.
- Un voyant lumineux.
- Un potentiomètre.
- Un tuyau plastique souple reliant le bloc-moteur à un embout sur lequel s'adaptent des ventouses de taille et de forme différentes, percées ou non d'un petit trou situé latéralement.

Principe de fonctionnement

La pompe à vide aspire l'air dans le tuyau et dans la ventouse ; le potentiomètre en règle la puissance. Lorsque la ventouse est placée en contact avec la peau et le trou obturé, l'aspiration crée le vide, donc une succion cutanée. Lorsque le trou est libéré, l'air pénètre dans la ventouse, le vide est supprimé et la succion relâchée.

Actions

- Mécanique
  - Mobilisation des plans profonds de la peau.
  - Évacuation de l'excès de sébum et des comédons, des follicules pilosébacés.
- Physiologique
  - Afflux sanguin.

Mode d'emploi

- Adapter la ventouse choisie sur l'embout du tuyau en plastique.
- Brancher l'appareil.
- Établir le contact à l'aide de l'interrupteur.
- Déterminer l'intensité de l'aspiration en tournant le bouton du potentiomètre et en tenant compte du fait que plus le diamètre de la ventouse est grand, plus la succion est puissante.

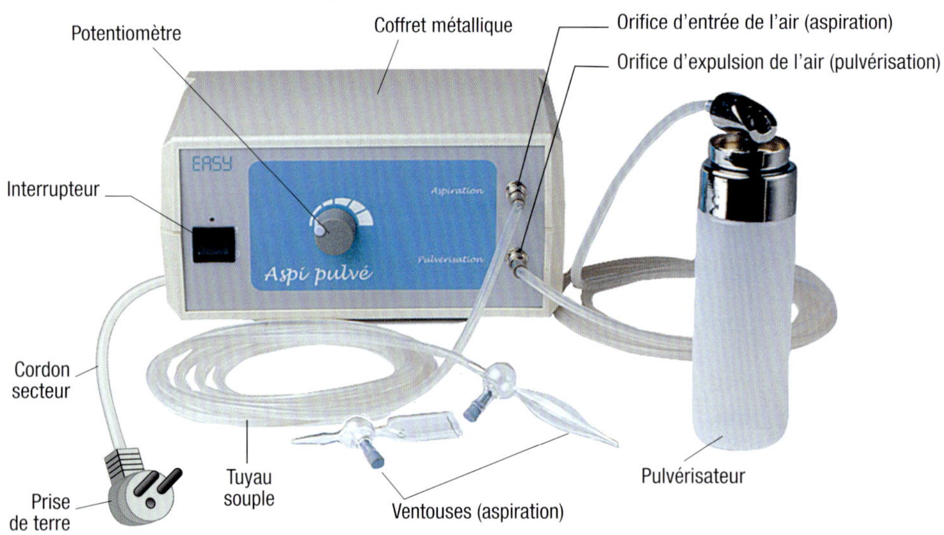

Fig. 16.15 – Appareil combiné aspiration-pulvérisation.

- Pour pratiquer une aspiration continue, boucher avec le doigt le petit orifice placé sur la ventouse et faire glisser celle-ci sur les téguments.
- Pour pratiquer une aspiration ponctuée ou rythmée, boucher l'orifice avec le doigt, maintenir la succion quelques secondes, la stopper en libérant l'orifice, soulever légèrement la ventouse et la déplacer ainsi sur la surface cutanée.

Applications en esthétique

La place au cours du soin dépend de l'action recherchée.

Évacuation de l'excès de sébum

Après le gommage, la vaporisation : utiliser la ventouse n° 3 et pratiquer une aspiration continue.

Extraction des comédons

Après le gommage, la vaporisation, les pincements Jacquet, utiliser la ventouse n° 1 ou 2, pratiquer une aspiration ponctuée (appliquer l'embout sur le comédon et faire une légère torsion de la ventouse avant de la soulever).

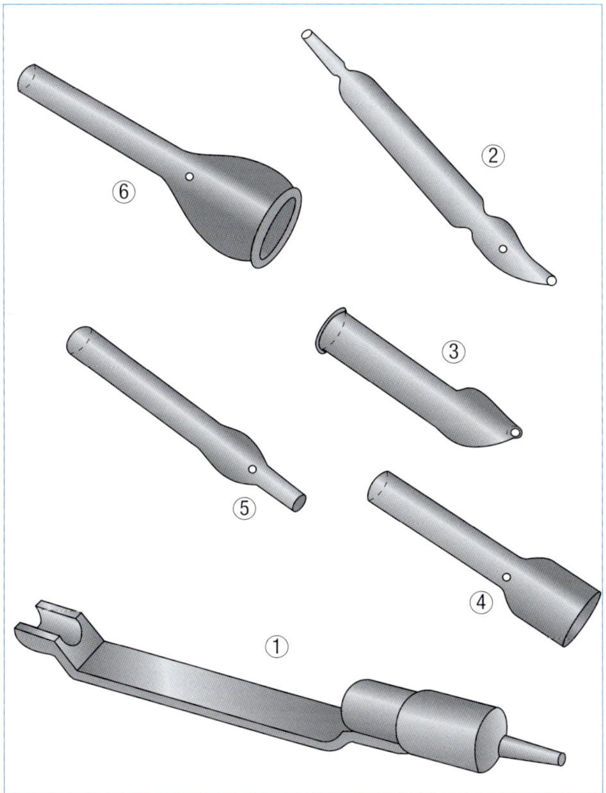

Fig. 16.16 – Ventouses.

Pour éviter de souiller le tuyau en plastique, glisser dans le corps de la ventouse un fin morceau de coton hydrophile qui filtrera les comédons.

Mobilisation des plans profonds de la peau

Complète les effets du modelage.

- Assouplissement des cicatrices.
  Pratiquer une aspiration ponctuée à l'aide des ventouses n° 5 ou 6, selon la surface tégumentaire.
- Assouplissement d'une peau fibrosée.
  Pratiquer une aspiration ponctuée à l'aide des ventouses n° 5 ou 6, selon la surface tégumentaire.
- Dissociation des amas adipeux (double menton, « bosse de bison »).
  Pratiquer une aspiration ponctuée, à l'aide de la ventouse n° 6.

Afflux sanguin

Complète les effets des techniques manuelles.

- Accélération des échanges intercellulaires. Procéder par aspiration ponctuée à l'aide de la ventouse n° 5.
- Amélioration de la circulation sanguine au niveau du cuir chevelu.
  - Avant l'application des produits capillaires, utiliser la ventouse n° 6.
  - Procéder par aspiration ponctuée afin de mobiliser la galéa aponévrotique.

Antirides

- Atténuation des rides.
  - Procéder par aspiration continue ou ponctuée à l'aide de la ventouse n° 4.
  - Appliquer la fente de la ventouse sur la ride et parallèlement à celle-ci.

Contre-indication

Peaux sensibles présentant des rougeurs.

Pour le corps

Fonction

Les appareils spécifiques pour les soins du corps provoquent une mobilisation tissulaire mécanique plus ou moins profonde par alternance de saisie et de relâche de la peau grâce à la fonction aspiration de l'appareil et à sa rythmicité modulable.

Identification et rôle des organes et accessoires

D'une façon générale :

- Une carrosserie variable selon les constructeurs.

- Un cadran de contrôle comportant des organes de commande permettant de moduler différents paramètres (puissance de l'aspiration, temps, rythme).

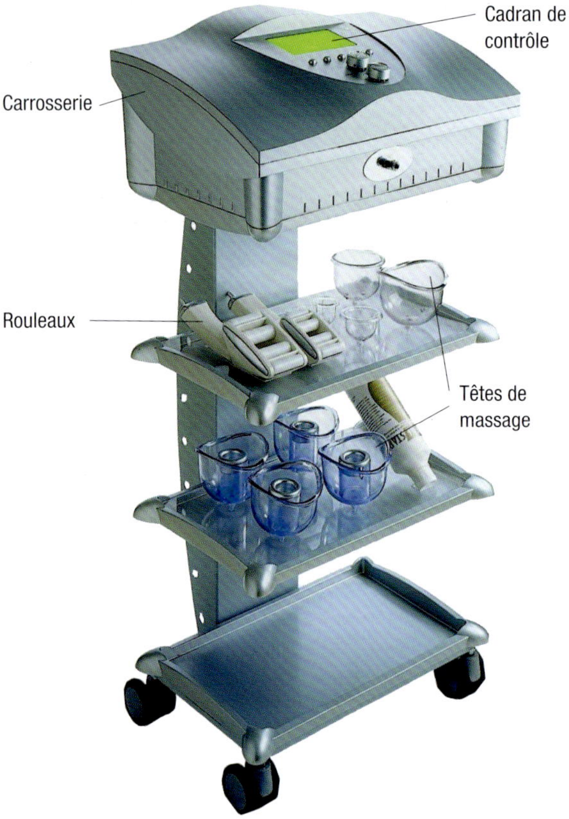

Fig. 16.17 – Starvac SP. Appareil à dépresso-aspiration.

- Une pompe à vide (« Pompe à vide ») qui constitue le moteur à aspiration relié à un cordon secteur.
- Des têtes de massage, reliées au moteur, amovibles et munies de rouleaux ou des ventouses de forme et de surface différentes, adaptées aux zones corporelles.

Principe de fonctionnement

- Les têtes ou ventouses aspirent et étirent la peau en formant un pli cutané.
- Deux cylindres ou rouleaux inclus dans la tête permettent au pli de la peau d'être mobilisé et étiré.
- La puissance d'aspiration est modulée et contrôlée à l'aide d'un manomètre.
- Le pli de la peau formé est déplacé en glissant les têtes de massage sur la surface cutanée, grâce à deux cylindres extérieurs. Ce qui reproduit l'action du palper rouler manuel.
- Deux spatules de drainage placées entre les rouleaux mobiles augmentent l'efficacité du massage.

Effets recherchés

- Stimulation de la circulation sanguine et lymphatique.
- Dislocation des amas adipeux et cellulitiques.
- Drainage des toxines.
- Stimulation de la peau, d'où tonification.
- Défibrosage.

Contre-indications

- Problèmes circulatoires (varicosités et varices).
- Lésions cutanées diverses.

Maintenance et hygiène

- Après chaque utilisation, nettoyer et désinfecter les embouts.
- Manipuler les accessoires avec délicatesse.

Règles de sécurité

- Vérifier le bon état du cordon secteur.
- Vérifier le bon état de l'appareil et des accessoires.
- Adapter la dimension de la ventouse ou de la tête en fonction de la zone à traiter.
- Adapter le programme en fonction de la sensibilité du sujet et de l'action recherchée.

EN SAVOIR PLUS

Pompe à vide à membrane

Fonction

C'est un dispositif électromécanique constituant l'organe essentiel des pulvérisateurs à compression et des appareils à aspiration.

Identification des organes

- Un socle et un coffret métalliques.
- Un interrupteur.
- Un cordon secteur.
- Une platine suspendue par 4 ressorts antivibratoires.
- Un électroaimant.
- Un vibreur.
- Une pompe composée :
  - d'une membrane ;
  - d'une chambre percée de 2 orifices (entrée et sortie de l'air) commandés par 2 clapets.

Principe de fonctionnement

Le passage du courant électrique actionne l'électroaimant qui attire périodiquement le vibreur animant lui-même la membrane à laquelle il est relié d'un mouvement vibratoire entretenu.

Cette membrane fait varier le volume de la chambre dont elle constitue l'une des parois, créant alternativement une compression et une dépression de l'air contenu dans la chambre.

L'un des deux orifices de la chambre autorise l'entrée de l'air, l'autre l'expulsion, grâce au système de clapets à lamelle placés en opposition.

Remarque

Dans certains appareils, c'est un piston actionné par un moteur qui remplit la fonction de la membrane.

Conclusion

Un tel système peut remplir deux fonctions :
- lorsqu'un tuyau est relié à l'orifice d'expulsion d'air, le dispositif est utilisé en tant que générateur d'air comprimé, c'est alors le compresseur des appareils à pulvérisation ;
- lorsqu'un tuyau est relié à l'orifice d'entrée de l'air, le dispositif est utilisé en tant que générateur de vide (il aspire l'air), c'est alors la pompe à vide des appareils à aspiration.

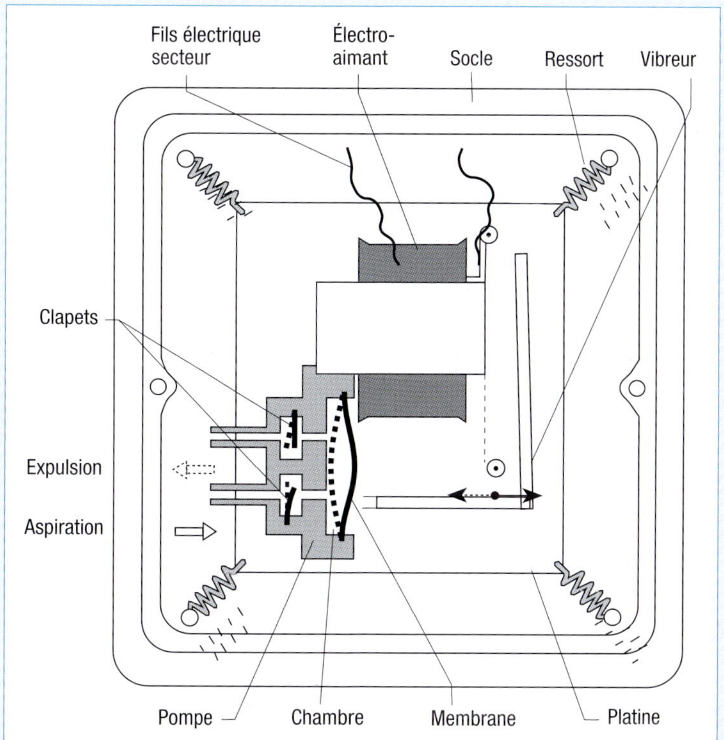

Fig. 16.18 – Compresseur et pompe à vide à membrane.

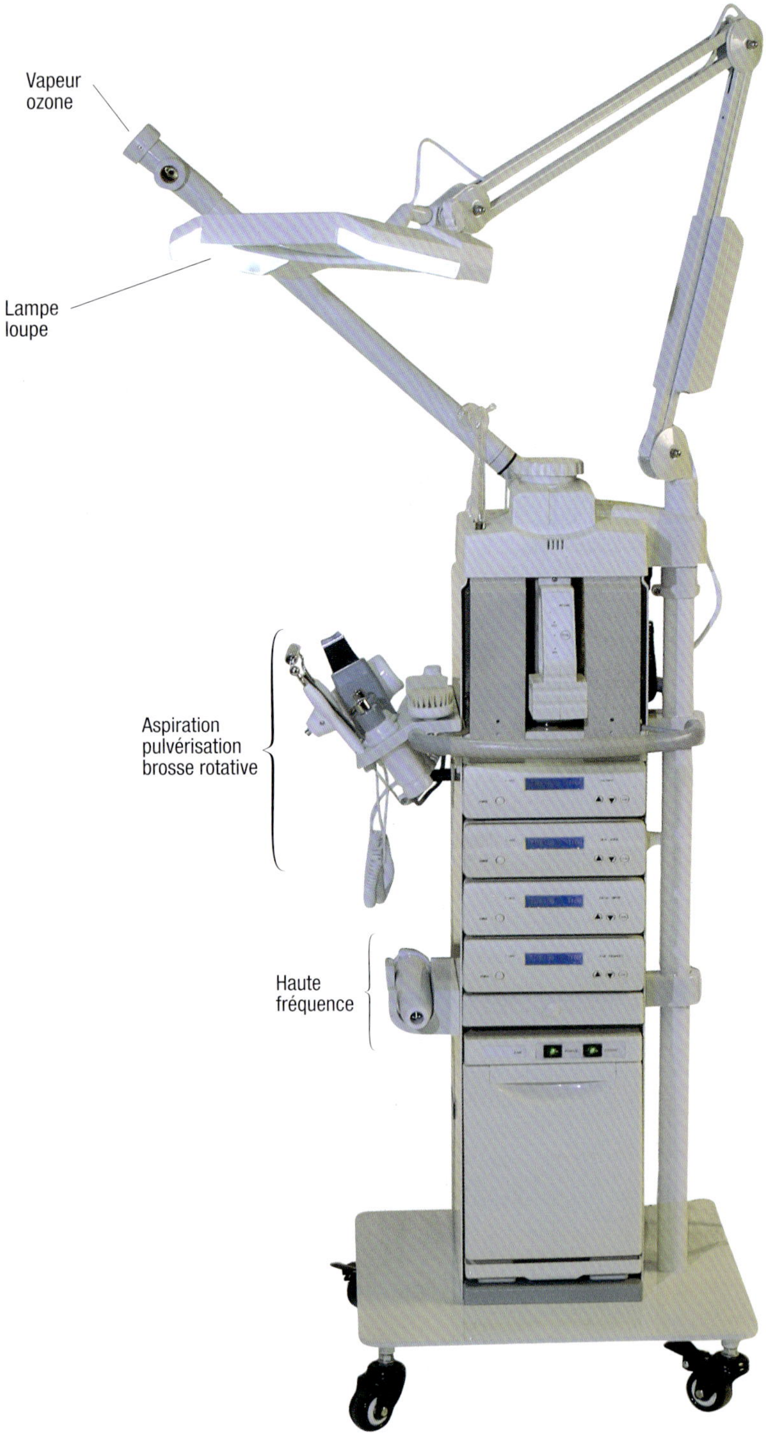

Fig. 16.19 – Appareil multifonctions.

Appareil pour l'épilation

Appareil pour la fusion des cires appliquées à la spatule

Fonction

C'est un appareil électrique qui permet la fusion de la cire destinée à l'épilation, son passage à l'état liquide, son maintien à la température d'utilisation, le filtrage et la stérilisation de la cire utilisée.

Identification et rôle des différents organes

Les appareils présentent des différences dans l'aspect, la forme, la contenance, la taille, les matériaux et le degré de perfectionnement. D'une façon générale, ce type d'appareil comporte les éléments suivants.

- Une carrosserie en acier inoxydable.
- Un bac d'utilisation de la cire, chauffé par des résistances électriques, muni d'un thermostat à bulbe.
- Un bac de filtrage de la cire chauffé par des résistances électriques, muni d'un thermostat à bulbe, contenant un tamis et communiquant avec le bac d'utilisation par écoulement libre ou par l'intermédiaire d'un robinet. Ces deux bacs sont, soit placés sur le même plan, soit décalés et reposent sur un pied mobile.
- Un cordon électrique secteur.
- Des interrupteurs et voyants lumineux.

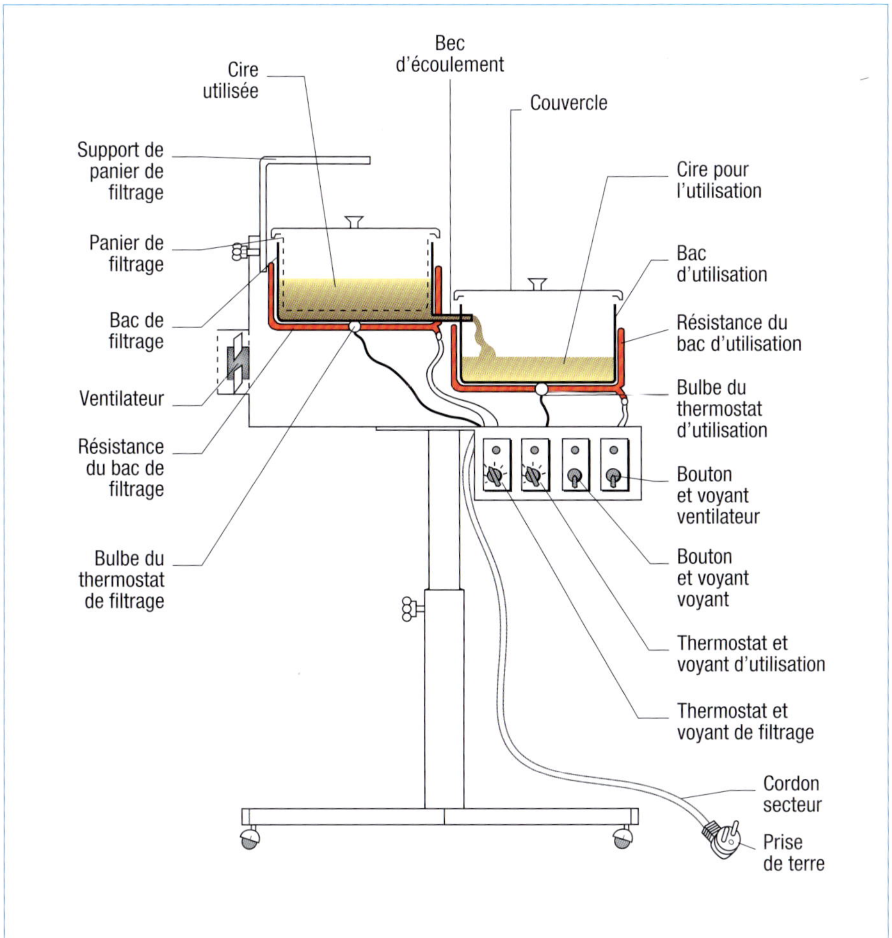

Fig. 16.20 – Schéma d'un appareil pour la fusion des cires appliquées à la spatule.

Et éventuellement :

- Un robinet d'écoulement de la cire.
- Un racle-spatule.
- Un système de ventilation électrique.
- Des couvercles amovibles.
- Un porte-filtre.

Principe de fonctionnement

- Les résistances du bac d'utilisation, placées, soit sur le fond, soit sur les parois, soit plongées dans celui-ci (thermoplongeurs), chauffent la cire jusqu'à son point de fusion, variable selon la composition de la cire. L'état pâteux de la cire, obligatoire pour son application, est obtenu par son refroidissement, accéléré parfois par un système de ventilation.
- Les résistances du bac de filtrage ramènent la cire à l'état liquide grâce à une température plus élevée que la température d'utilisation.
- Les thermostats permettent la régulation thermique de chacun des bacs.
- Le tamis, soit une grille, soit une toile métallique, soit un panier placé dans le bac filtrage, laisse passer la cire réutilisable et retient les poils.

La cire est un milieu impropre au développement des micro-organismes ; toutefois, sa stérilisation se fait par tyndallisation. (La tyndallisation est un procédé physico-chimique de stérilisation par chauffes et refroidissements successifs.)

Mode d'emploi

- Placer la cire dans le bac d'utilisation.
- Brancher l'appareil.
- Mettre l'interrupteur sur la position marche.
- Régler le thermostat ; le point de fusion des cires étant différent selon leur composition, il est donc recommandé de consulter la notice d'emploi relative à leur température de fonte.
- Prélever la cire à l'aide d'une spatule après avoir vérifié sa consistance et sa température.
- Au fur et à mesure de l'épilation, placer les bandes de cire dans le bac de filtrage après en avoir réglé le thermostat.

Maintenance et hygiène

- Désinfecter les parties du corps à épiler avant et après l'épilation.
- Nettoyer quotidiennement le filtre, en se référant à la notice concernant l'appareil, le type de détergent conseillé variant selon les matériaux utilisés.
- Nettoyer les spatules à l'aide d'un solvant.

Règles de sécurité

- Vérifier que les parties du corps à épiler ne présentent pas des lésions (varices, plaies, *etc.*).
- Vérifier le branchement électrique.
- Tester la température de la cire avant la première application.
- Vérifier le réglage des thermostats.

Appareils destinés à l'hygiène

Stérilisateur à froid (bac de décontamination)

Fonction

Décontaminer, c'est-à-dire, d'après la définition du Petit Robert, « *éliminer ou atténuer l'envahissement par des micro-organismes pathogènes* » du matériel utilisé dans les soins esthétiques.

Présentation

- Un bac de trempage.
- Un panier de trempage.
- Un couvercle.
- Des produits désinfectants et antiseptiques (phénols, aldéhydes, *etc.*)

Mode d'emploi

- Mélanger le produit désinfectant avec de l'eau tiède.
- Passer le matériel sous l'eau claire.
- Placer le matériel dans le panier.
- Plonger le matériel dans le bac.
- Sortir le panier du bac avec des gants à usage unique.
- Rincer le matériel à l'eau claire.
- Changer le bain quotidiennement.

Maintenance et hygiène

Nettoyer quotidiennement le bac de décontamination.

Stérilisateur à UV (lampe germicide)

Fonction

C'est un appareil qui permet une production artificielle de rayons ultraviolets du groupe C.

Identification des organes

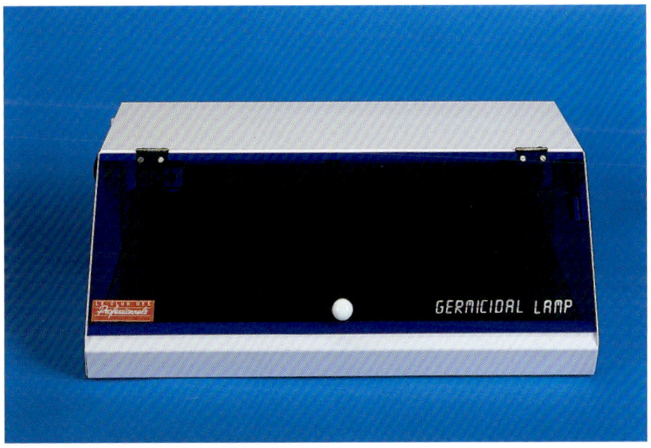

Fig. 16.21 – Appareil à UV pour la stérilisation des instruments.

Il comporte :

- Un coffret en métal avec un réflecteur.
- Un émetteur de rayons ultra-violets C (tube en quartz à vapeur de mercure).
- Un cordon secteur.
- Un interrupteur.
- Un voyant lumineux.
- Une minuterie.
- Un plateau récepteur des accessoires.

Action

Action chimique. Effet germicide dû aux rayons ultraviolets C et à la production simultanée d'ozone antioxydant.

Principe de fonctionnement

Dès la fermeture du coffret, après la mise en marche de l'appareil, des ultraviolets C sont émis par la lampe et réfléchis sur les parois intérieures du coffret. L'émetteur cesse de fonctionner dès que le coffret est ouvert.

Application en esthétique

Stérilisation, décontamination des instruments et accessoires de travail.

Mode d'emploi

Avant toute utilisation, procéder à un nettoyage des ustensiles à l'aide d'une brosse imprégnée d'une solution antiseptique.

- Ouvrir le coffret.
- Déposer à l'intérieur les accessoires de travail.
- Fermer le coffret.
- Brancher l'appareil.
- Mettre l'interrupteur en position marche.
- Laisser les accessoires pendant 20 minutes minimum.

Appareil à ultrasons

Fonction

C'est un appareil qui utilise le phénomène de cavitation des ultrasons dans un but de nettoyage.

Identification des différents organes

- Un réservoir de dimension et de forme variable en acier inoxydable rempli d'eau avec ou sans détergent.
- Un minuteur avec affichage numérique.
- Un panier (éventuellement en acier inoxydable).
- Un transducteur (générateur d'ultrasons) au fond du réservoir.
- Un cordon secteur.

Principe de fonctionnement

Les ultrasons propagés dans le liquide du réservoir libèrent les gaz dissous sous forme de microbulles qui implosent (cavitation) et qui nettoient minutieusement les objets déposés dans le panier.

Application en esthétique

Stérilisation, décontamination des instruments et accessoires de travail.

> **SÉCURITÉ**
>
> D'une façon générale, après l'utilisation d'un appareil électrique, enrouler le cordon secteur autour de l'appareil.

Appareils

17

Appareils pour le bronzage et réglementation

Extraits de la réglementation concernant les appareils de bronzage émetteurs de rayonnements ultraviolets

LÉGISLATION

Décret du 30 mai 1997 relatif à la vente et à la mise à disposition du public de certains appareils de bronzage utilisant des rayonnements ultraviolets.

On définit quatre types d'appareils de bronzage UV en fonction des longueurs d'ondes émises et de l'éclairement effectif. Ce décret précise les types d'appareils autorisés.

APPAREILS DE TYPE 1

Ces appareils sont réservés à un usage professionnel dans le domaine de l'esthétique ou du loisir. Leur vente est interdite au public.

Ils comportent un émetteur UV tel que l'effet biologique est causé par des rayonnements de longueurs d'ondes supérieures à 320 nm.

- Interdiction de leur vente au public.
- Interdiction de les mettre à la disposition des mineurs.
- Déclaration obligatoire des appareils auprès du préfet du département où s'effectue la prestation.
- Conformité des appareils aux règles de sécurité selon la norme européenne en vigueur.
- Émission d'UVB limitée à 1,5 %.
- Obligation d'afficher de façon visible et permanente à proximité de l'appareil de bronzage un avertissement qui met en garde les utilisateurs contre les effets photosensibilisants de certains médicaments ou cosmétiques et les invite, en cas de doute, à prendre l'avis de leur médecin ou de leur pharmacien.
- Présence obligatoire de la mention suivante sur l'appareil, de façon visible, en lettres majuscules : « *Attention rayonnements ultraviolets. Respectez les précautions d'emploi indiquées dans la notice, utilisez toujours les lunettes fournies pour la séance* ».
- Obligation de mise à disposition des utilisateurs des lunettes conformes aux normes européennes.
- Obligation d'accompagner toute publicité relative à des séances de bronzage de la mention suivante : « *Le rayonnement d'un appareil de bronzage peut affecter la peau et les yeux. Ces effets biologiques dépendent de la nature et de l'intensité du rayonnement, ainsi que de la sensibilité des individus* ».

- Obligation d'un contrôle technique des appareils UV, au moins tous les deux ans, par des organismes spécialisés et agréés par le ministère de la Santé.
- Obligation d'une surveillance directe d'un personnel qualifié ayant reçu une formation définie par l'arrêté du 10 septembre 1997, modifié par l'arrêté du 5 février 2007.

APPAREILS DE TYPE 2 ET 4

Réservés à un usage thérapeutique, ils ne peuvent être utilisés que sur prescription médicale et sous la responsabilité d'un médecin. Ils ne peuvent être vendus au public ni mis à sa disposition.

APPAREILS DE TYPE 3

Ils peuvent être mis librement en vente ou à la disposition du public, sous réserve de ne pas les vendre aux mineurs et de ne pas les mettre à leur disposition.

LÉGISLATION

Arrêté du 10 septembre 1997 (modifié par l'arrêté du 5 février 2007) relatif à la formation du personnel utilisant des appareils de bronzage à ultraviolets mis à la disposition du public.

Article 1 – Le programme de formation (décret du 30 mai 1997)
Nature physique des UV.
UV solaires, UV artificiels (sources et caractéristiques).
Réactions de la peau aux UV (érythème, bronzage)
Risques liés à l'exposition aux UV : photodermatoses, réactions phototoxiques et photo-allergiques, vieillissement photo-induit, cancers cutanés photo-induits, risques pour l'œil.
Modes de calcul des limites d'exposition pour le public exposé aux UV.
Recommandations et normes internationales en matière d'exposition aux UV.
Règles générales en matière de photoprotection.
Réglementation française en matière d'usage des appareils de bronzage émetteurs d'UV.
Article 2 – La durée de l'enseignement
Durée de l'enseignement : huit heures, avec mise à jour des connaissances tous les cinq ans.
Article 3 – Les enseignants
L'enseignement est dispensé par des médecins qualifiés ou par des formateurs ayant reçu un enseignement spécifique et exerçant dans des établissements de formation aux diplômes d'Esthétique.
Article 4 – Le contrôle des connaissances
Examen de contrôle des connaissances en fin d'enseignement.
Délivrance d'une attestation de formation et de succès au contrôle de connaissances.

Appareils pour le bronzage

APPAREILS ÉMETTEURS D'ULTRAVIOLETS

Les émetteurs de rayons ultraviolets sont des appareils qui permettent une production artificielle de rayons ultraviolets du groupe A et d'une faible proportion du groupe B.
Ce sont des émetteurs à luminescence, formés de tubes contenant de la vapeur de mercure traversée par une décharge électrique.
On distingue les émetteurs à basse pression et les émetteurs à haute pression.

Émetteurs d'UV basse pression

Un enduit ou poudrage fluorescent (phosphore ou oxydes métalliques) est appliqué sur la paroi intérieure du tube où il absorbe les UV courts et réémet des UV de longueur d'onde plus grande.
Le spectre d'émission varie en fonction de la composition de cet enduit ou poudrage. Ce sont des tubes fluorescents en verre, remplis de vapeur de mercure sous basse pression (2 à 3 fois plus basse que la pression atmosphérique) dont l'irradiance ou l'excitance énergétique est de l'ordre de 10 mW/cm^2.
Le poudrage permet d'obtenir directement une émission d'UVA (99 %) et une faible émission d'UVB limitée à 1,5 % des rayons émis. La puissance de chaque tube est de 80 à 160 watts.

Émetteurs d'UV haute pression

Ce sont des lampes en quartz renfermant des vapeurs de mercure et un gaz, le xénon, à haute pression (2 à 3 fois la pression atmosphérique) et dont l'irradiance est de 100 mW/cm^2.

Elles émettent des rayons UVA, UVB et UVC, mais sont équipées de filtres ou d'halogénures métalliques (bromure de fer) ajoutés au mercure. Le spectre émis dépend du mélange gazeux, de la pression dans le tube et du filtre utilisé. Ces lampes émettent des rayons UVA en grande quantité, très peu d'UVB et pas d'UVC.
Leur puissance est de 400 watts à 600 watts.

DESCRIPTION GÉNÉRALE D'UN SOLARIUM

Un solarium est constitué par un cadre métallique ou en matière plastique supportant et alimentant des tubes fluorescents, en nombre variable, dont la puissance est de 80 à 165 watts chacun. Ces tubes sont montés :

- soit en plafonnier pivotant sous la force physique de l'individu (équilibrage par vérin à gaz) ou réglable verticalement par un système de treuil électrique à sangles ;
- soit en forme de lit ; le sujet est étendu sur une plaque en plexiglas transparent aux UV, incurvée ou non ;
- soit sous forme de cabine verticale dont les plus modernes sont équipées d'une plate-forme à oscillations ou à vibrations renforçant la tonification musculaire (couplage UV et stimulation mécanique).

Les appareils de bronzage les plus répandus sont en forme de lit « sandwich ». Deux cadres métalliques (inférieur et supérieur) ou en matière plastique supportent et alimentent des tubes fluorescents basse pression de la longueur du corps qui éclairent celui-ci de tous les côtés. Le nombre de tubes varie de 20 à 60. En général, quelques lampes à haute pression (2 à 4 spots) sont ajoutées pour le bronzage du visage.
Un système de ventilation permet l'évacuation des calories produites, évitant la surchauffe de l'appareil.
Les appareils très sophistiqués aux formes arrondies et enveloppantes et aux couleurs reposantes, possèdent des dispositifs spéciaux qui permettent de déterminer le type de peau, de réguler automatiquement par rapport à celui-ci la puissance des lampes, offrant ainsi un programme de bronzage sur mesure.
La température intérieure est automatiquement adaptée à la puissance de bronzage. Un refroidisseur corporel et la climatisation incorporés assurent le bien-être.
Le démarrage se fait soit automatiquement, soit en mode autonome, soit à l'aide d'une minuterie avec commande à distance.

NOTE

Certaines zones du corps, de part leur relief, sont plus facilement irradiées que les autres.

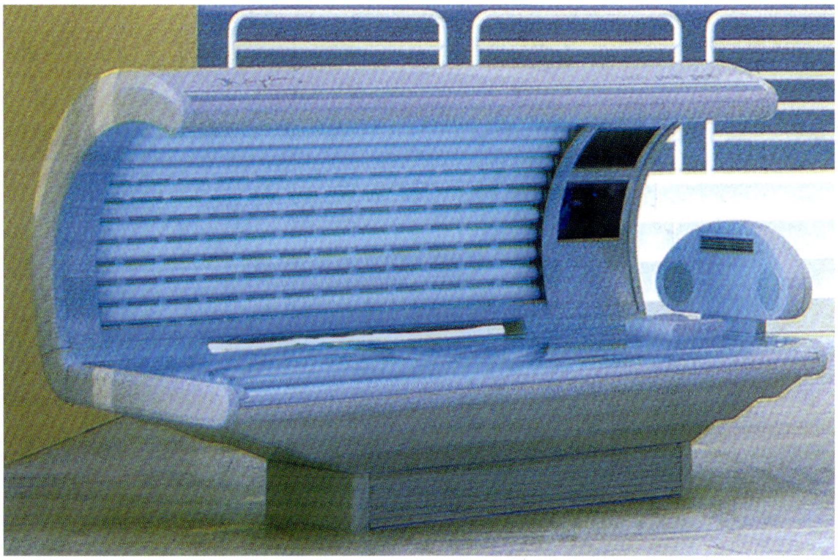

Fig. 17.1 – Solarium à grande puissance : 28 tubes à réflecteurs Ergoline et 3 lampes solaires pour le visage. Ventilateur grande puissance.

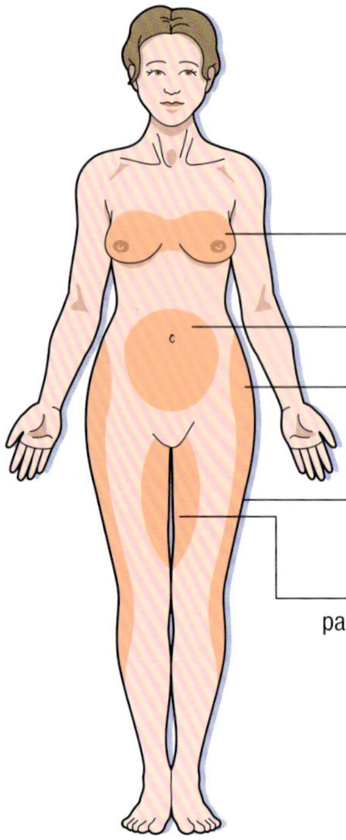

Fig. 17.2 – Distribution spatiale du rayonnement UV.

Mode de calcul des limites d'exposition, recommandations et normes en matière d'exposition aux UV

La **DME** (Dose Minimale Érythémateuse) est la plus petite dose de rayonnement UV qui donne un érythème à la 24e heure.
Elle est exprimée en **joules par mètre carré.**
La valeur de la DME dépend du **phototype.**
Avant les séances de bronzage, la mise en place d'une procédure d'évaluation de la DME individuelle est nécessaire.
Lors de la première séance, la durée d'exposition doit correspondre à une dose maximale de **100 J/m²**.
Il est conseillé de ne pas dépasser **25 séances** dans l'année ou une **dose maximale de 15 kJ/m²**.

INFORMATIONS DESTINÉES AU PUBLIC

LÉGISLATION

Article Annexe II
Les informations destinées au public pour l'emploi des appareils UV doivent contenir au minimum les informations portant sur :
- les effets biologiques du rayonnement UV ;
- les différents phototypes de peau ;
- les précautions d'exposition à observer en fonction de ces phototypes, notamment la durée maximale de la séance pour chaque classe de phototype ainsi que l'espacement des séances ;
- les précautions à respecter chez les sujets non exposés depuis six mois au soleil ou aux UV ainsi qu'en cas de prise de certains médicaments ou d'application de certains cosmétiques ;
- les risques d'effets indésirables en cas d'exposition excessive ;
- les instructions relatives à l'utilisation collective des appareils ainsi que celles relatives à l'emploi des appareils munis d'un couvercle.

Ces informations sont complétées par les mentions suivantes :
- « *Utiliser toujours des lunettes de protection fournies* » ;
- « *Enlever les cosmétiques bien avant l'exposition et ne pas appliquer d'écran solaire* » ;
- « *S'abstenir de s'exposer pendant les périodes où des médicaments qui augmentent la sensibilité aux rayonnements ultraviolets sont pris, notamment anti-biotiques, somnifères, antidépresseurs, antiseptiques locaux ou généraux. En cas de doute, consulter un médecin* » ;
- « *Respecter un délai de 48 heures entre les deux premières expositions* » ;
- « *Ne pas s'exposer au soleil et à l'appareil le même jour* » ;
- « *Suivre les recommandations concernant la durée, les intervalles d'exposition et les distances à la lampe* » ;
- « *Consulter un médecin si des cloques ou des rougeurs se développent sur la peau, ou en cas d'antécédent de pathologie cutanée* ».

Appareils à pulvérisation de lotion autobronzante

Fonction

Projeter sur le corps une lotion autobronzante sous pression, dont l'ingrédient actif est la DHA (dihydroxyacétone).

Matériel

- Soit aérographe (sorte de pistolet) dont l'élément moteur est un compresseur d'air.
- Soit cabine + compresseur.
  Les cabines fonctionnent à l'aide d'un compresseur et sont équipées de buses qui projettent la solution sous forme de microgouttelettes.
  Une ventilation d'air chaud assure le séchage après l'aspersion.
  Elles sont, pour les plus modernes, automatisées et permettent de régler le temps d'aspersion et de choisir des intensités du bronzage selon le phototype.
- Temps d'application : quelques secondes (3).
- Apparition de la couleur : 5 à 6 heures après la séance.
- Durée du bronzage : une semaine au maximum.

Conseils

- Démaquillage au préalable.
- Gommage visage et corps avant la projection.
- Épilation la veille de la séance.

Hygiène

Les cabines sont équipées d'un système autonettoyant.

EN SAVOIR PLUS

Luminothérapie ou luxthérapie

Définition

Traitement par l'exposition à une lumière blanche de forte intensité.

Informations

Il est établi que la lumière joue un rôle important sur notre comportement psychique et sur notre horloge biologique, car elle régule la sécrétion de la mélatonine, hormone qui a un effet direct sur le sommeil et le moral.
L'insuffisance de luminosité génère une hypersécrétion de la mélatonine.
En hiver, le raccourcissement des jours, et donc la raréfaction de la lumière, peuvent provoquer des troubles du sommeil et une dépression plus ou moins sévère dite « dépression hivernale » ou « subdépression saisonnière ».

Appareils

Les tubes fluorescents des lampes émettent une lumière blanche (imitant celle du soleil) de 2 000 à 10 000 lux (unité de mesure d'éclairement lumineux). Elles sont équipées d'un filtre bloquant les UV, d'un variateur d'intensité. La température ne doit pas dépasser 4 000 Kelvin (unité de température qui exprime la température couleur d'une source lumineuse).
Des lampes estampillées « CE médical » sont en vente libre. Elles diffusent une lumière blanche de 10 000 lux.
Le temps d'exposition varie selon l'intensité de la lampe et la distance de la lampe aux yeux (ouverts).
En moyenne, pour une lampe de 10 000 lux, 1/2 heure à 30 centimètres.
La fréquence et le nombre de séances varient selon les besoins du sujet.

Indications

- Dépression hivernale.
- Insomnies.
- Décalage horaire *(jet-lag)*.
- Travail prolongé sans lumière du jour.
- Personnes âgées confinées.

Lampe à lumière rouge

Principe

Les lampes sont en général des LED (diodes électroluminescentes à haute densité) qui émettent des radiations lumineuses visibles filtrées de façon à sélectionner les longueurs d'ondes correspondant à la lumière rouge (autour de 633 nm).
Ces radiations pénètrent dans la peau et y provoquent des réactions photochimiques intracellulaires.

Description de l'appareil

- Une base avec branchement secteur.
- Un corps surmonté d'un manche.
- Un bras articulé.
- Une tête qui comporte la lampe LED.

Actions

- Stimulation de la production de collagène et d'élastine par les fibroblastes.
- Réduction des ridules.
- Amélioration de la tonicité cutanée.
- Éclaircissement du teint.

Lampe à lumière bleue

Basé sur le même principe, des lampes produisent une **lumière bleue** dont les longueurs d'onde sont situées entre 480 et 520 nm.

Actions

La lumière bleue est particulièrement destinée aux peaux grasses à problèmes.

- Assainissement.
- Amélioration de l'acné.

Certains appareils combinent les deux lumières dans la même lampe.

Cette combinaison permet également une meilleure pénétration des produits cosmétiques.

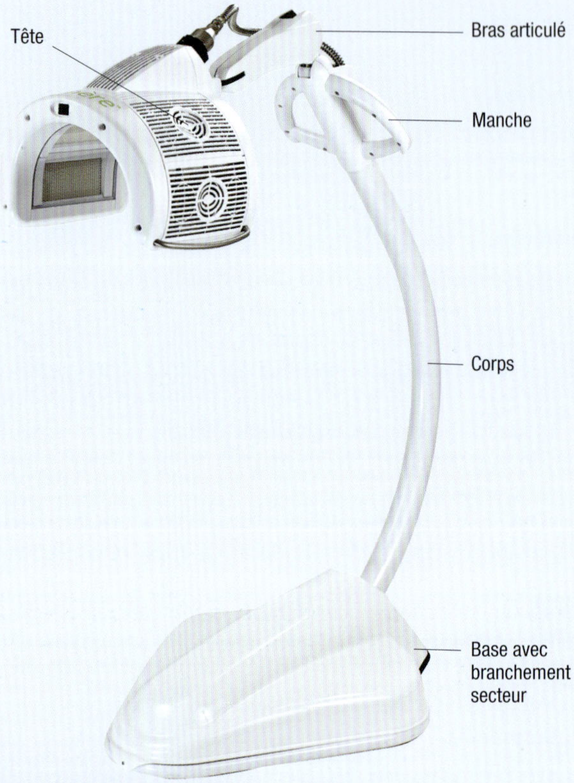

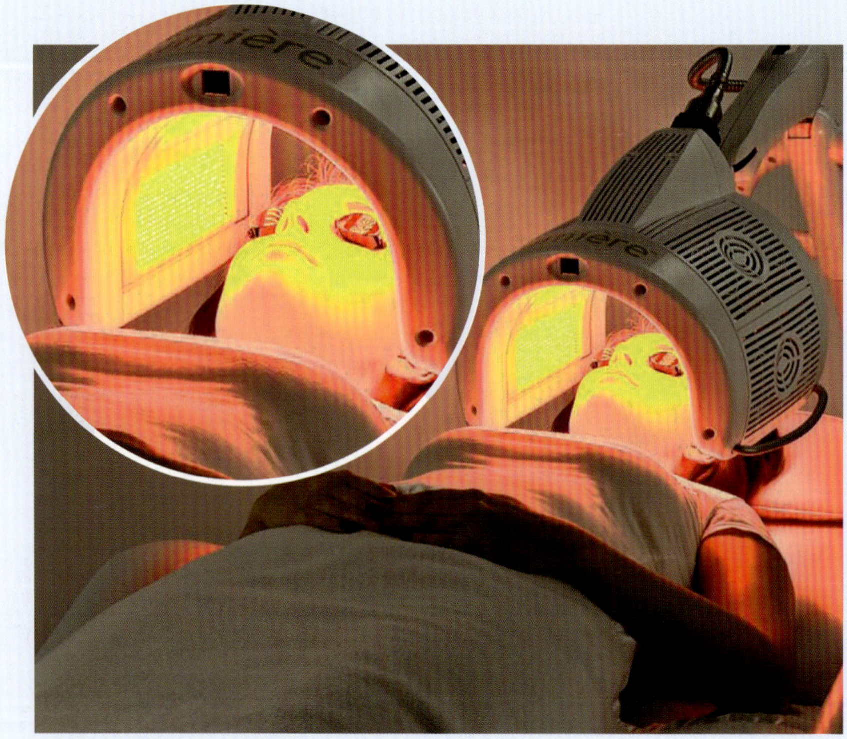

Fig. 17.3 – Lampe à lumière rouge (*light* thérapie).

18

Technique des soins esthétiques du visage par le froid

C'est une technique dérivée de la cryothérapie et adaptée aux soins esthétiques (cryogénie ou cryodermie).

La cryothérapie consiste en l'utilisation du froid à des fins thérapeutiques.

Moyens de production du froid

Glaçons

Ils sont introduits dans une poche étanche et un linge humide est interposé entre la poche et la peau, car l'humidité est conductrice du froid.
Inconvénient: l'abaissement de la température obtenu cesse rapidement dès que s'arrête l'application, par ailleurs peu pratique.

Cryogel ou gel réfrigérant

Un gel spécial contenu dans un sachet en plastique est placé dans un congélateur afin qu'il durcisse.
Inconvénient: le manque de souplesse ne permet pas un contact parfait avec la surface cutanée.

Gaz carbonique liquide

Réservé au domaine médical.

Appareil producteur de froid pour les soins esthétiques

Fig. 18.1 – Appareil pour les soins esthétiques du visage.

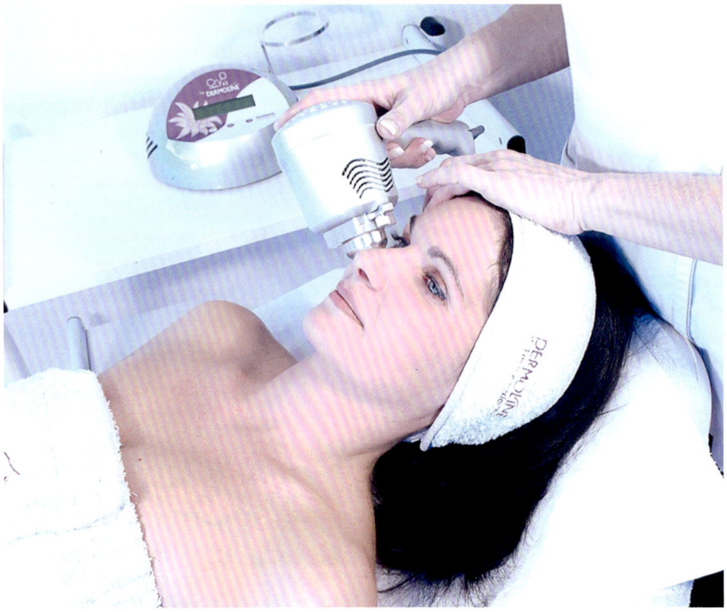

Fig. 18.2 – Soins esthétiques du visage par le froid.

Principe

La production de froid la plus performante est obtenue par un appareil à modules thermoélectriques ou éléments de Peltier, conçu d'après la théorie du physicien Jean Peltier.

L'appareil est formé de deux semi-conducteurs placés entre deux plaques métalliques conductrices de la chaleur. Lorsque le courant passe, la face de l'une des plaques dégage de la chaleur, la face de l'autre plaque en absorbe.

D'une façon générale, l'appareil comprend :

- un tableau de bord qui comporte un dispositif de réglage de la température et de la durée du traitement ;
- une sonde ou tête de contact reliée au générateur qui sera portée à une température déterminée, constante et régulière pendant la durée du soin.

Un gel de contact avec la peau est indispensable pour une transmission parfaite du froid.

Afin que ce soin soit efficace, il faut créer un « choc thermique », c'est-à-dire abaisser très rapidement la température de la peau (qui est environ de 34 °C) à – 5 °C pendant 30 secondes à 1 minute, ensuite stabiliser et maintenir la température entre 7 °C et 12 °C.

Le temps d'application idéal est de 20 minutes.

Effets physiologiques

- Effet analgésique par ralentissement de la conduction nerveuse et diminution de l'excitabilité des nocicepteurs.
- Vasoconstriction artériolaire et capillaire suivie d'une vasodilatation créée par la libération de médiateurs chimiques.
- Activation de la microcirculation cutanée.
- Accélération de la pénétration des principes actifs cosmétiques.
- Amélioration de la nutrition cellulaire.
- Tonification et hydratation cutanée.
- Atténuation des rides.
- Coup d'éclat.
- Ralentissement du vieillissement cutané.

L'utilisation de la source froide favorisant la pénétration des substances actives, l'application de produits cosmétique ciblés peut être concomitante.

Contre-indications

- Pathologies vasculaires.
- Paralysies faciales.

19

Matériels et équipements spécifiques pour soins esthétiques du corps

Appareil de stimulation musculaire ou « électrostimulation »

Principe

Cet appareil génère soit un courant continu unidirectionnel variable, soit un courant alternatif bidirectionnel de basse ou de moyenne fréquence.
Les micro-impulsions électriques déclenchent des contractions musculaires, sous forme de secousses, suivies de décontractions (dont le temps doit être le double du temps de la contraction) par l'intermédiaire d'électrodes reliées au générateur.

Effets

La contraction passive des muscles engendre une stimulation, d'où amélioration de leur tonicité et, partant, de celle de la peau.

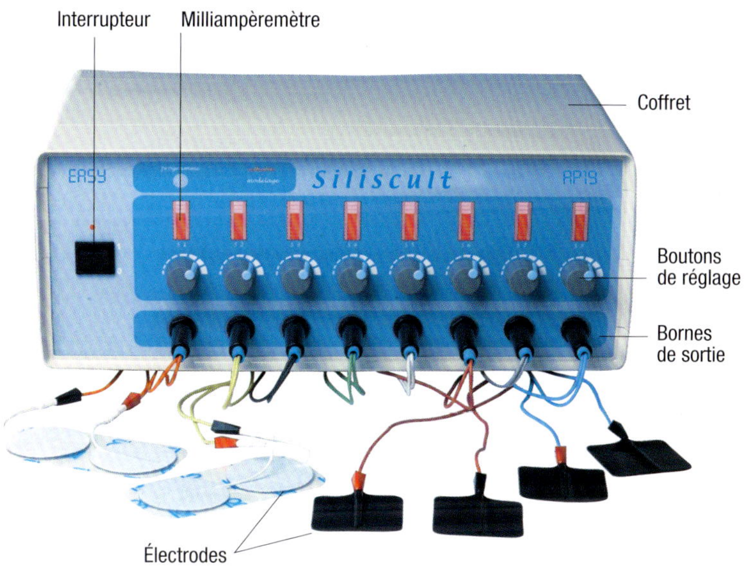

Fig. 19.1 – Siliscult.

Identification des différents organes

- D'une façon générale : un coffret contenant un générateur de courant et comportant des éléments de commande :
  - un interrupteur ;
  - des boutons pour régler l'intensité, la fréquence du courant, les temps d'impulsion et de repos ;
  - un milliampèremètre ;
  - des terminaisons ou bornes de sortie (branchements des électrodes) ;
  - des électrodes en caoutchouc de différentes tailles selon leur destination (visage ou corps) soit auto-adhésives, soit fixées sur la peau à l'aide de sangles.
- Les derniers appareils plus sophistiqués comportent un « microprocesseur » permettant la composition de différents programmes.

Règle d'hygiène

Désinfecter impérativement les électrodes après chaque utilisation.

Électrostimulation par microcourants

Principe

L'appareil générateur de microcourants pulsés, semblables à l'influx nerveux, provoque une contraction musculaire. L'impulsion dont le rythme est contrôlé et régulier est transmise au muscle par l'intermédiaire d'une électrode reliée au générateur ; après une contraction, une relaxation précède une autre stimulation.

Effets

- Raffermissement.
- Activation de la circulation sanguine cutanée.

Pressoplastie esthétique

Fonction

C'est une technique esthétique de drainage lymphatique mécanique et pneumatique par alternance de compression et dépression.

Identification des différents organes

- Un coffret métallique contenant un générateur d'air ou mini-compresseur, et pourvu :
  - d'un manomètre ;
  - d'une minuterie ;
  - d'un interrupteur marche arrêt ;
  - d'un tableau de commande (affichage du choix du temps de la séance, de la pression, du temps de gonflage et du temps de dégonflage (dépression) ;
  - de voyants lumineux.
- Deux tuyaux souples, au diamètre différent, reliant le corps de l'appareil aux éléments de gonflage (un tuyau grand diamètre de gonflage, un tuyau petit diamètre de pilotage) ; la connexion se fait grâce aux raccords, mâle pour l'appareil et femelle pour les accessoires.
- Des éléments de gonflage pourvus d'alvéoles ou cellules : bottes, hanchières, manchons, ceinture abdominale, matelas dorsal, en tissu plastifié, adaptables à la morphologie corporelle et reliés au générateur (pompe à air).
- Un cordon-secteur.

Principe de fonctionnement

- Appareil à décroissance de pression.
  L'alvéole distale est gonflée à une certaine pression et les suivantes à des pressions décroissantes.
- Appareil à double gradient de pression physiologique.
  Chaque cellule (ou alvéole) des accessoires est reliée à un circuit qui fournit l'air. L'air passant de cellule (ou alvéole) en cellule accuse une perte

de charge, ce qui augmente la pression dans les cellules antérieures.
Le volume de chaque cellule de gonflage varie en fonction de la morphologie de la partie du corps traitée. De plus, il est possible de *shunter* une, deux ou trois cellules lors du gonflage. La plage de réglage de la pression s'étend de 0 à 80 mm de mercure (Hg).

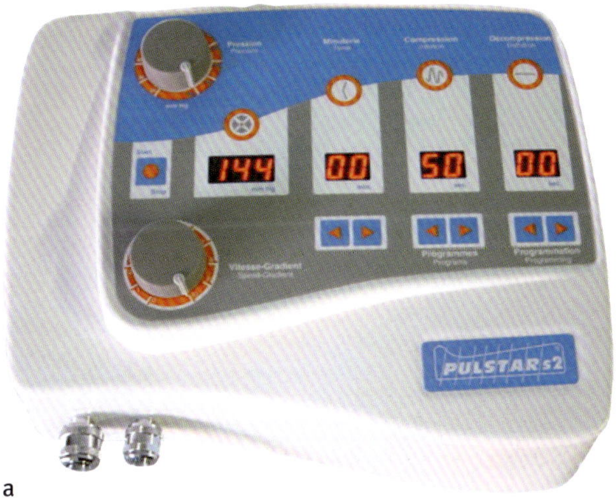

a

b

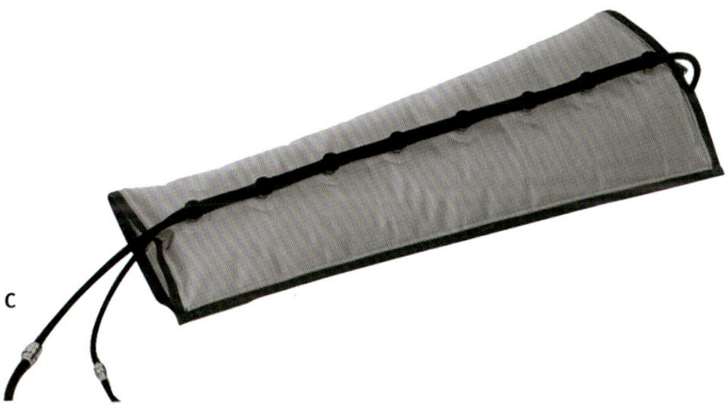

c

Fig. 19.2 – Appareil pour la pressoplastie Pulstar S2.

a. Appareil à gradient de pression physiologique.
b. Ceinture - culotte de cheval.
c. Manchon membre supérieur.

Effets

La vague et les variations de pression appliquée dans chaque cellule déplacent et orientent le liquide interstitiel, ce qui correspond à un drainage, d'où :

- accélération du transfert de la lymphe vers le système veineux ;
- élimination des toxines ;
- sensation de bien-être immédiat sur les jambes lourdes ;
- amélioration de l'aspect « peau d'orange ».

NOTE

Lors de l'utilisation de l'appareil, respecter les indications concernant les soins esthétiques et les paramètres sous forme de tableau fourni par le fabricant des appareils.

Contre-indications

Troubles cardiaques, thrombose veineuse, thrombophlébite, phlébite, varices, cancer, inflammation de la peau.

Appareil à infrarouges (action thermique)

Principe et émetteur d'infrarouges

(*Cf.* « Rayonnement Infrarouge », page 219.)
La longueur d'onde des lampes utilisées en esthétique est comprise entre 800 et 3000 nm et la puissance de 175 à 650 watts.

Action

- Élévation thermique.
- Accélération de la microcirculation.

Effets

- Déstockage des adipocytes.
- Amélioration des échanges cellulaires.
- Accélération du passage transcutané des principes actifs.
- Élimination des déchets métaboliques, des toxines.
- Relaxation.
- Sensation de bien-être.

Appareil utilisant les rayons infrarouges et les courants excitomoteurs

But

Perdre du volume tout en raffermissant la silhouette grâce au couplage infrarouge et courant bipolaire.

Principe

- Les rayons infrarouges A pénètrent profondément et provoquent une élévation de la température des tissus sous-cutanés. Cette hyperthermie inhibe les récepteurs alpha ; les triglycérides des adipocytes sont hydrolysés en acides gras.
- Les courants bipolaires provoquent une électrostimulation musculaire (contractions suivies de relâchements). Les acides gras libérés sont consommés lors de la contraction musculaire.

Technique

Placer les électrodes sur les points moteurs des muscles afin de déclencher la contraction musculaire.

SPA

Le terme « SPA » viendrait de *Sanitas per Aqua* (la santé par l'eau) ou de Spa, la ville thermale belge.
Les spas sont soit des grandes baignoires, des bassins, soit des minipiscines de formes différentes à jets ou remous.

Informations techniques

Les éléments qui composent un spa sont :

- un système de chauffage permettant le maintien d'une température stable ;
- un système de filtration fiable obtenu par des filtres à sable ou à diatomées (poudre de microalgues fossiles) ;
- un *skimmer*, système d'aspiration principale qui écume la surface de l'eau ;
- un surpresseur qui permet d'envoyer de l'air sous pression afin d'alimenter le circuit de massage ;
- des buses interchangeables disposées dans le spa et qui diffusent les bulles d'air ;
- une bonde de vidange ;
- un système de stérilisation de l'eau.

Pour éviter les risques de contamination de différents germes pathogènes (bactéries, champignons) dans l'eau chaude plus ou moins stagnante, un traitement de filtration et de désinfection de l'eau par différents procédés est indispensable.

Fig. 19.3 – Spa.

Effets

- Détente musculaire due à la légèreté du corps dans l'eau.
- Relaxation due à la chaleur.
- Bienfaits du massage.

Le terme « spa » s'est élargi et désigne aussi « un centre de remise en forme de détente et de beauté ».

Fig. 19.4 – Spa.

Balnéo-esthétique

Elle consiste en l'immersion du corps dans une baignoire « à remous » remplie d'eau douce.
(La thalassothérapie se pratique en eau de mer.)

INFORMATIONS TECHNIQUES

Composition du système

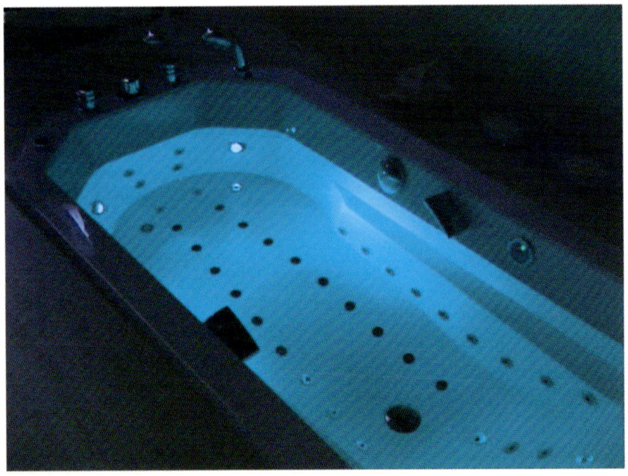

Fig. 19.5 – Baignoire balnéo.

Le système comprend :

- une baignoire munie de buses pour le passage des jets d'eau ;
- une pompe (système air-eau pulsé) dont la puissance varie selon le modèle, et qui envoie de l'eau sous une pression moyenne et réglable de 4,5 bars ;
- un compresseur créant l'air comprimé qui génère les bulles ;
- un clavier digital ;
- des programmes automatiques de massage ;
- des systèmes automatiques de rinçage et de désinfection ;
- un cale-pied ;
- une douchette rinçage ;
- un coussin appui-tête ;
- une robinetterie thermostatique assurant la régulation de la température de l'eau ;
- un bec de remplissage.

Effets

- Massage continu (eau seule) : relaxation.
- Massage continu ou cadencé (eau + air) : tonicité.

Des algues, des huiles essentielles, des oligoéléments incorporés à l'eau lui confèrent des qualités spécifiques qui s'ajoutent au bien-être psychologique ressenti à la sortie du bain.

Hygiène et sécurité

- Contrôle régulier du bon fonctionnement du système.
- Hygiène parfait de l'eau.

Soins à base d'eau

Douches multisensorielles

Ce sont des cabines de douche qui comportent des jets projetant de l'eau sous forme de pluie tiède très fine à laquelle est associée une lumière orange et de l'aroma-cosmétique. L'effet est antistress.

Lits flottants

Un matelas flotte dans une baignoire dont l'eau est à 37 °C. La sensation de pesanteur est éliminée, ce qui provoque une impression de légèreté, une détente physique et mentale.

Douches d'affusion

Elles comportent une table (ou lit de massage) pourvue d'un matelas souple étanche, une rampe de distribution d'eau en matériaux composites avec des jets en quantité variable, un boîtier de commande, un thermomètre. Le massage manuel pratiqué sous aspersion d'eau a un effet relaxant.

Certains appareils combinent projection de vapeur d'eau et d'huiles essentielles, émission d'infrarouges, jets aquatiques, matelas vibromassant, émission de lumière colorée calmante et lecteur de musique intégré. Cette association permet de multiples actions : réchauffement du corps, relâchement corporel, réoxygénation tissulaire, sensation de bien-être physique et psychique.

Fig. 19.6 – Douche d'affusion oscillante.

Couverture chauffante

Fonction

C'est une couverture chauffée à l'aide de résistances électriques qui permet, en enveloppant le corps, d'en augmenter la température et de provoquer une sudation.

Description

- Une sorte de « sac de couchage » en tissu recouvert de feuilles de matière plastique isotherme et hydrofuge et qui présente des zones de chauffage (2 ou 3) poitrine, taille, jambes, de tailles différentes.
- Une fermeture centrale réglable par velcro.
- Des résistances électriques isolées.
- Un boîtier de commande électronique qui permet de régler la température de chaque zone et le temps d'utilisation.
- Un cordon secteur d'alimentation.

Actions

- Facilite la sudation qui favorise l'élimination des toxines.
- Active la pénétration des principes actifs appliqués en enveloppement.

Entretien

En général ces couvertures ont bénéficié d'un traitement antifongique et antibactérien.
Laver (hors tension) avec de l'eau et du savon, rincer et sécher.

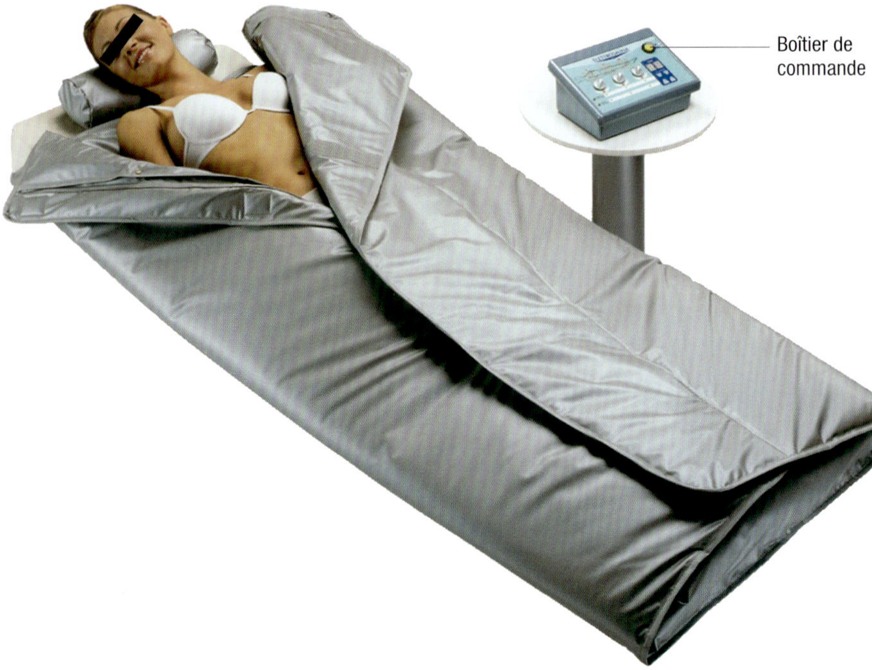

Fig. 19.7 – Couverture chauffante.

Hammam – Bains de vapeur

Origine

Arabo-turque.

Description

Selon les établissements, le hammam comporte une ou deux pièces chauffées à des températures différentes, dans lesquelles se trouvent des banquettes carrelées pour une position assise ou allongée.

Principe de fonctionnement du générateur de vapeur

L'eau arrive dans un cylindre de vapeur où plongent des électrodes en acier inoxydable. La vapeur produite est diffusée dans le hammam à travers une ou plusieurs buses ; elle est régulée par un tableau de contrôle à cristaux liquides qui affiche en continu le fonctionnement de l'appareil. La température varie de 40 °C à 70 °C, l'air est saturé à 100 % d'humidité, ce qui rend la chaleur supportable.

Sécurité sanitaire

Pour éviter toute stagnation de l'eau, donc prévenir tout risque de contamination, une fonction programmable (sur certains appareils) permet le vidage du cylindre après une période d'inactivité.

Effets

Détente et nettoyage de la peau.
La transpiration intense due à la chaleur dilate les pores, permet l'élimination des impuretés et des toxines ; l'épiderme est ramolli, et les cellules mortes sont éliminées ; cette exfoliation peut être activée par l'utilisation d'un gant de crin.
La diffusion d'huiles essentielles favorise la respiration.

Conseils

Prendre une douche froide afin d'éliminer la sueur, et s'allonger quelques minutes à la fin de la séance qui peut être renouvelée une fois par semaine.

Contre-indications

Problèmes circulatoires, cardiaques, dermatologiques, grossesse.

Sauna classique – Bains de vapeur sèche

Origine

Finnoise.

Principe

Exposition à l'intérieur d'une cabine à de l'air sec et chaud, suivie d'une exposition à un air saturé de vapeur.

Informations techniques

- Un sauna est constitué :
  d'un habitacle (cabine) dont les parois comportent quatre couches :
  - une boiserie extérieure (aulne, par exemple) ;
  - une feuille d'aluminium (projecteur thermique réfléchissant la chaleur) ;
  - une laine minérale (assurant une parfaite isolation thermique) ;
  - une boiserie intérieure résistant à la chaleur (épicéa, cèdre ou tremble) ;

  une porte soit en bois soit vitrée en verre sécurit résistant à la chaleur et avec fermeture magnétique.
- À l'intérieur de la cabine, se trouvent :
  - des luminaires adaptés ;
  - des banquettes en bois superposées ou non ;
  - un poêle de sauna chauffe pierres en acier inoxydable muni de résistances électriques produisant rapidement une chaleur de 60 à 90 ou 100 °C ;
  - un réceptacle (bac ou plateau) pour pierres maintenues en contact avec les résistances électriques ;
  - des pierres accumulant la chaleur sans éclater (souvent d'origine volcanique) ;
  - un bac à eau dont on jette le contenu sur les pierres. Le nuage de vapeur est provoqué par la projection d'eau sur les pierres brûlantes. La vapeur est entretenue par l'humidification régulière du foyer.

Fig. 19.8 – Sauna.

Fig. 19.9 – Bac.

(Un poêle à bois, moins utilisé et moins pratique, peut remplacer le poêle électrique.)

Utilisation

Au préalable, pour une question d'hygiène, prendre une douche.
La durée et le nombre de passages dans la cabine varient selon la nature de chacun.
Entre chaque passage et à la fin, une douche d'eau froide est indispensable ainsi qu'un repos allongé jusqu'à ce que le corps retrouve sa température normale.

> **NOTE**
> Boire abondamment.

Fig. 19.10 – Humidification du foyer.

Effets

La forte sudation engendrée par la chaleur élimine les toxines, nettoie la peau. L'atmosphère chaude stimule la circulation sanguine, élimine les tensions et relaxe.
Des huiles essentielles, dans une coupelle éventuellement posée à proximité de la source de chaleur, dispensent leurs bienfaits aromatiques.

Contre-indications

Problèmes circulatoires, cardiovasculaires, respiratoires, dermatologiques, grossesse.

Sauna à infrarouges

Ce type de sauna est une alternative au sauna traditionnel.
Le mode de production de la chaleur est différent. Dans un sauna traditionnel, la chaleur obtenue par le poêle réchauffe l'air. Dans un sauna à infrarouges, il s'agit de rayonnement direct produit par des éléments infrarouges de grande longueur d'onde qui pénètrent profondément dans le corps et provoquent une sudation plus importante.
Le temps de réchauffement est plus court et la température plus basse (40 à 60 °C) donc plus supportable par certains sujets.
Les effets et contre-indications sont les mêmes pour tous les types de sauna.

20

Instruments utilisés dans les techniques esthétiques

Les instruments utilisés dans les soins esthétiques doivent faire l'objet d'une **hygiène rigoureuse**.
Avant leur utilisation : désinfection.

Après leur utilisation : lavage suivi de séchage, désinfection pour certains, décontamination pour d'autres.
Rangement adéquat.

Éponges

Fonction

D'après le Petit Robert, la propriété des éponges est « *d'absorber les liquides et de les rejeter à la pression* ».

Utilisations

1. Pour le maquillage

Description

Formes diverses : triangulaire, cylindrique, ovale, losangique, en biseau.

Matériaux

- Éponge animal marin.
- Latex naturel (substance sécrétée par certains végétaux) : éponge végétale.
- Latex synthétique.

2. Pour le démaquillage et le retrait de divers produits cosmétiques

Gommages, masques, *etc.*

Description

Rondes, en lamelles.

Matériaux

Latex naturel ou synthétique, éponge de mer.
Certaines sont jetables.

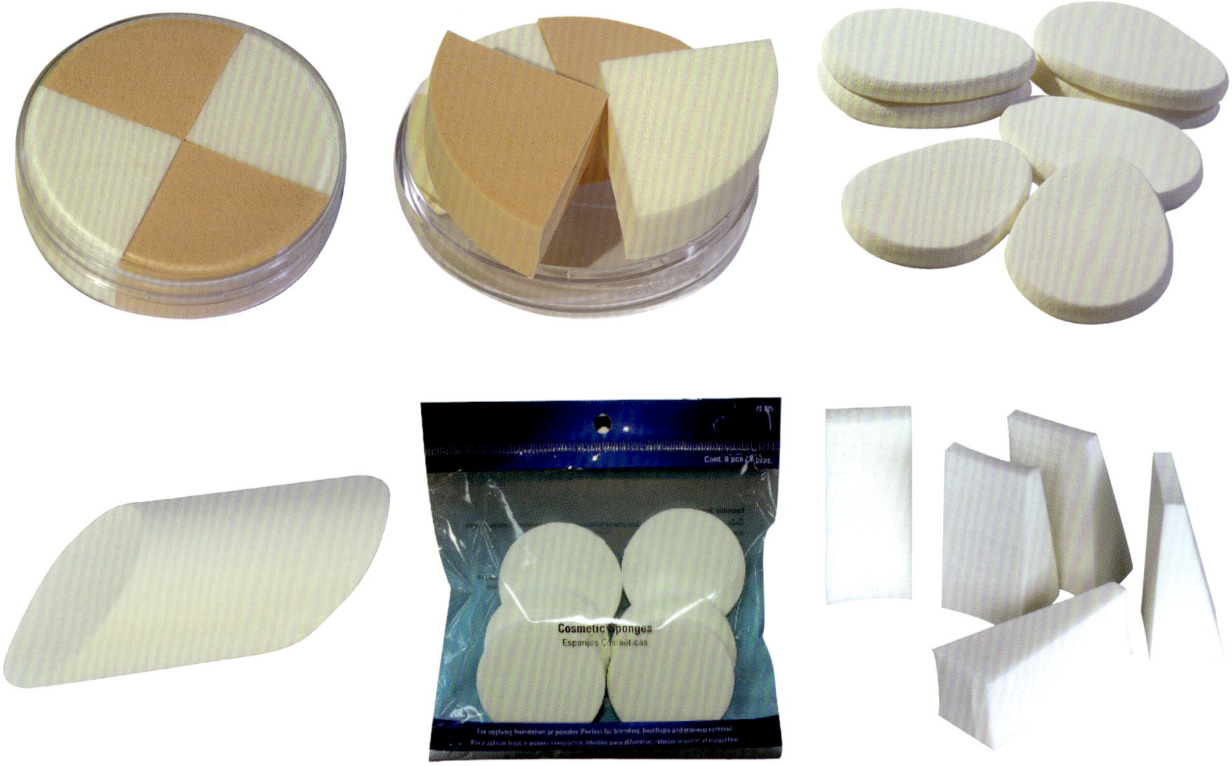

Fig. 20.1 – Éponges à maquillage en latex.

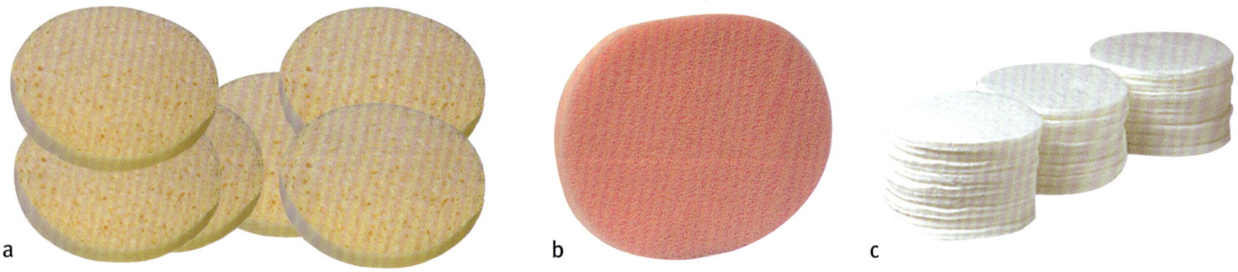

Fig. 20.2 – Éponges à démaquillage. a) Végétales. b) Ovale. c) Jetables.

3. Pour les soins du corps

Description

Rondes, rectangulaires en lamelles (plus grandes que les éponges-visage).

Fig. 20.3 – a) Éponge lingette en lamelle. b) Éponge en lamelle pour le corps.

Matériaux

Latex naturel ou synthétique.

4. Pour le gommage-corps

Fig. 20.4 – Gants pour le gommage du corps.

Description

Éponge exfoliante ronde, rectangulaire ou en forme de gant.

Matériaux

Fibres de nylon, crin végétal, loofah ou luffa (fruit fibreux séché de la famille des Cucurbitacées).

Nettoyage - Décontamination

- Lavage à l'eau tiède + détergent.
- Rinçage.
- Séchage.

Tire-comédons

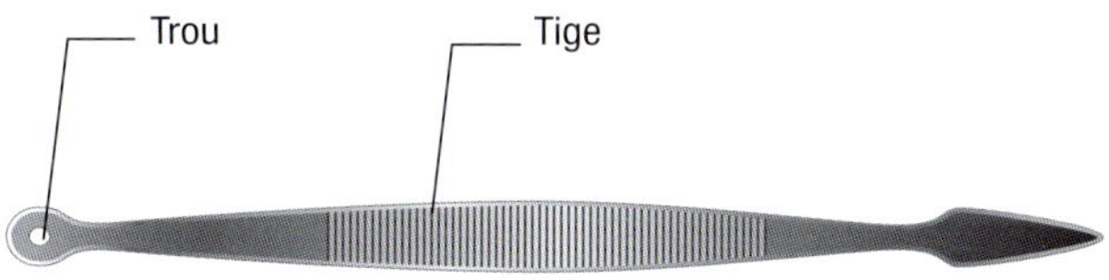

Fig. 20.5 – Tire-comédons.

Fonction

Extraction mécanique des comédons (points noirs).

Utilisation

Lors d'un nettoyage des peaux grasses après avoir pratiqué une pulvérisation chaude (effet émollient).

Description

Une tige en acier inoxydable dont l'une des extrémités est soit percée d'un trou permettant de centrer le comédon, soit pourvue d'un embout à fils bouclés en inox.

Hygiène

Désinfecter avant et après chaque usage.

> **NOTE**
>
> La pression effectuée sur la peau lors de la manipulation du tire-comédons doit être douce afin de ne pas créer de traumatismes.
> Ne pas insister et préférer des techniques manuelles.

Pinces

Pinces à ongles

Fonction

Couper le bord libre des ongles.

Description

Deux bras ajustés à demi-épaisseur (entablés) munis d'un fermoir de sécurité et d'un ressort, deux mors ou becs coupants pointus ou concaves.

Matériaux

Acier inoxydable au cobalt.

> **NOTE**
> Les pinces « guillotine » en acier inoxydable ont pour fonction de couper les ongles artificiels.

> **NOTE**
> Le coupe-ongles en acier inoxydable peut remplacer la pince.

Fig. 20.6 – Pince à ongles.

Fig. 20.7 – Coupe-ongles.

Pinces à envies

Fonction

Couper les expansions des cuticules (cellules desquamantes).

Description

Identique aux pinces à ongle mais avec des mors plus fins et plus courts.

Matériaux

Acier inoxydable.

Pinces à épiler

Définition et fonction

« *Les pinces sont des ustensiles composés de deux leviers articulés servant à saisir et à serrer* ». (Le Petit Robert)

Utilisations

- Arracher les poils un par un dans le sens de la pousse (fonction principale).
- Saisir les faux cils individuels ou en frange lors de leur pause, ou autres particules utilisées lors des pratiques esthétiques.

Description

Les mors des pinces sont :
- soit en crabe droit ;
- soit en biais.

Matériaux

- Soit en acier inoxydable.
- Soit en acier forgé.

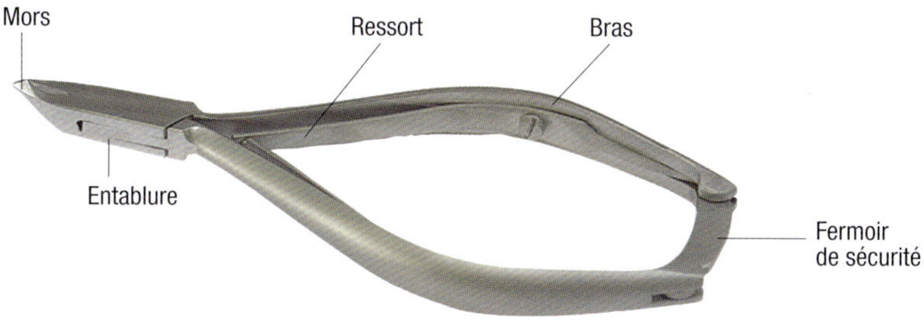

Fig. 20.8 – Pince à envie.

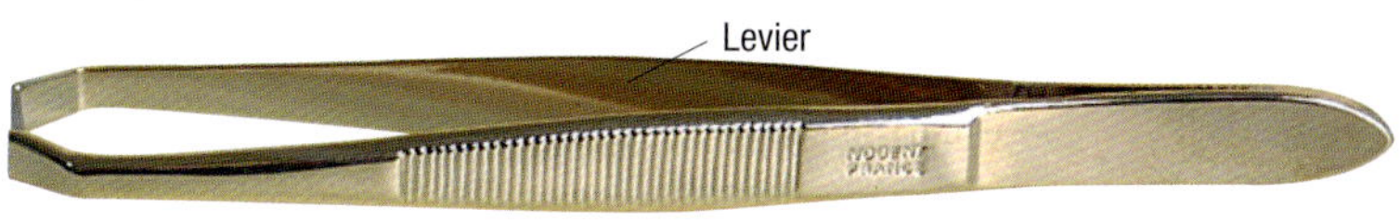

Fig. 20.9 – Pince à épiler mors crabe droit.

Fig. 20.10 – Pince à épiler mors biais.

Ciseaux

Fonction

Instruments servant à couper un objet.

Utilisation

Fractionner, partager, diviser, prélever tout ce qui doit l'être lors des activités professionnelles.

Description

« *Deux branches d'acier inoxydable (ou lames) tranchantes sur une partie de leur longueur, réunies ou croisées en leur milieu sur un pivot appelé entablure.* » (Petit Robert)

Hygiène

Désinfection avant et après chaque utilisation.

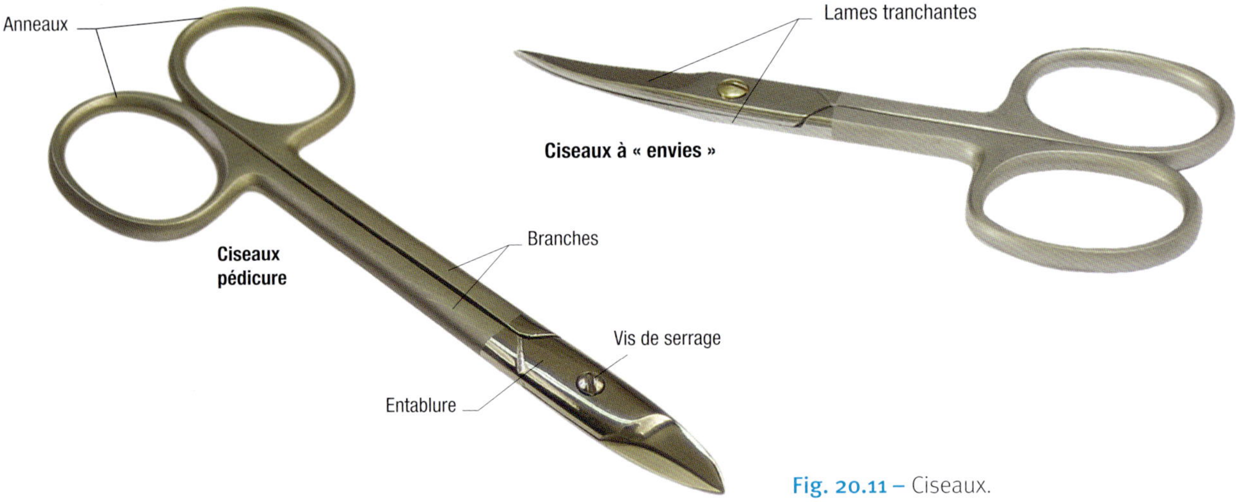

Fig. 20.11 – Ciseaux.

Brosses

D'après le Petit Robert, « *les brosses sont des ustensiles de nettoyage formés d'un assemblage de filaments d'origines diverses fixés sur une monture perpendiculaire* ».

DIFFÉRENTES BROSSES UTILISÉES DANS LES SOINS ESTHÉTIQUES

Brosses faciales

Fonction

Nettoyer.

Utilisations

- Parfaire un démaquillage.
- Compléter un gommage.

Description

Manche en plexiglas ou en matière plastique.
Soit poils en nylon, en soie, soit mousse ou latex fixés sur une tête ronde.

Hygiène

Lavage à l'eau tiède, désinfection.

Brosses à sourcils

Fonction et utilisation

Lisser les sourcils.

Description et matériaux

Un manche en matière plastique sur lequel est fixée une tête comportant des poils de sanglier.

Brosses à ongles

Fonction et utilisation

Nettoyer la rainure sous-unguéale, les replis unguéaux, éliminer les impuretés d'une façon générale.

Description et matériaux

Un manche en plexiglas, en matière plastique ou en bois surmonté de poils en nylon ou en soie.

Goupillons

Fonctions

- Séparer les cils enduits de mascara.
- Brosser les sourcils.

Description

- Un manche en bois, en matière plastique ou en plexiglas.
- Une tête en poils de sanglier maintenus dans une spirale en métal.

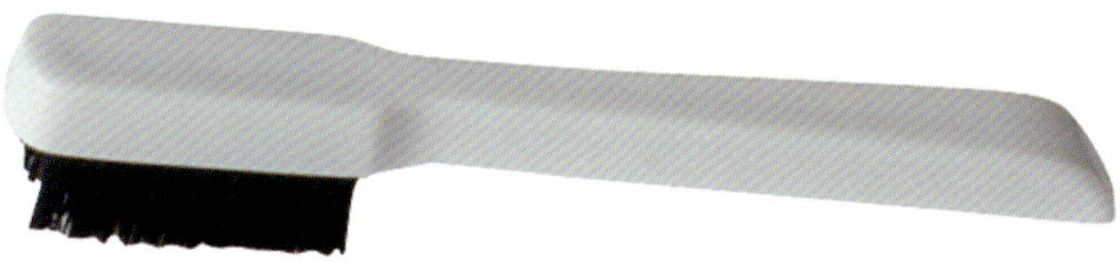

Fig. 20.12 – Brosses à ongles.

Fig. 20.13 – Goupillon.

Pinceaux

Définition

« *Un pinceau est un objet composé d'un faisceau de poils ou de fibres fixé à l'extrémité d'un manche servant à appliquer des couleurs,* etc. » (Le Petit Robert)

Utilisations

Applications de différents produits cosmétiques lors des soins esthétiques du visage et du corps et lors du maquillage.

Description et matériaux

- Un manche de longueur et de grosseur variables selon les applications, soit en matière plastique, en bois ou en plexiglas.
- Une tête fixée au manche, pourvue de poils, soit de poney, de martre, de chèvre, de loutre, de blaireau, de porc ou de soie.
- Les poils sont remplacés par de la mousse pour certains applicateurs.
- Une virole (anneau en aluminium doré ou non) fixée au manche et qui maintient la touffe des poils.

Hygiène

- Lavage à l'eau tiède et au savon.
- Rinçage.
- Séchage à plat.
- Décontamination.

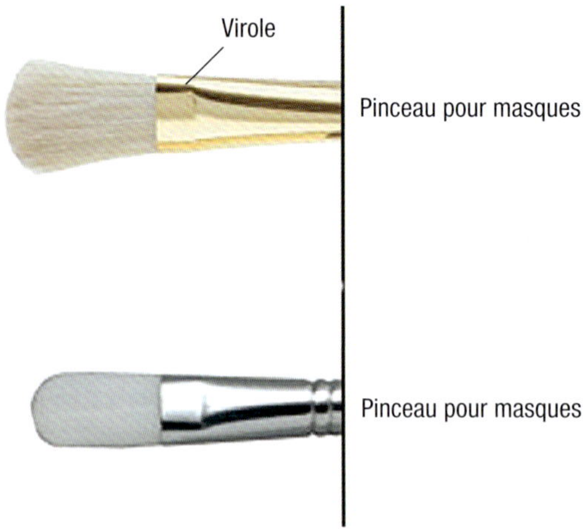

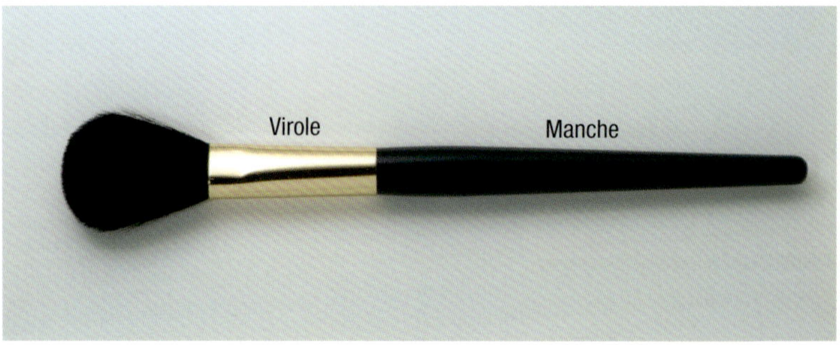

Pinceau *blush*

Fig. 20.14 – Pinceaux Léonard.

Pinceau pour les soins du corps

Pinceau pour le contour des yeux *(eyeliner)*

Goupillon pour les cils

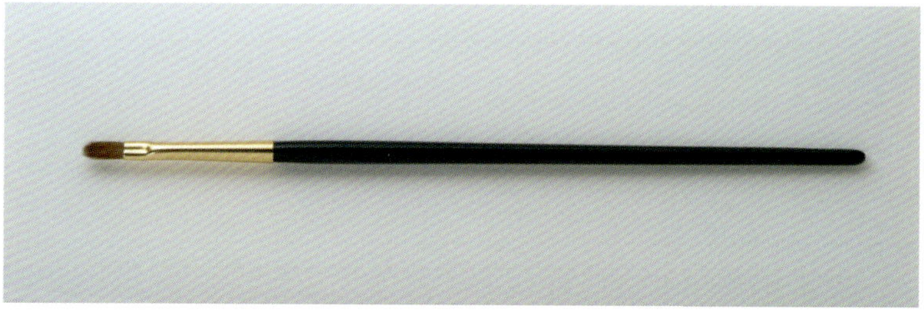

Pinceau pour les lèvres

Pinceau en mousse « estompé»

Fig. 20.14 – Pinceaux Léonard (suite).

Pinceau pour les paupières

Pinceau pour les paupières

Pinceau pour la poudre

Fig. 20.14 – Pinceaux Léonard (suite).

Houppettes

Fonction et utilisation

Application de la poudre libre lors du maquillage.

Description et matière

Petit tampon rond, en mousse, en velours, en coton duveteux, en cygne ou en tissu éponge muni d'une lanière pour la préhension.

Hygiène

Utiliser celles qui sont lavables.

- Lavage à l'eau tiède et savon ou détergent.
- Rinçage.
- Séchage.

Fig. 20.15 – Houppettes.

Limes

Fonctions

Limer le bord libre des ongles afin de :
- les raccourcir ;
- les égaliser ;
- leur donner une forme en fonction de la morphologie de la main.

Description

Il existe plusieurs variétés dont les formes, les dimensions et les matériaux sont différents :
- limes émerisées composées de très minces feuilles de papier, de carton, de bois, recouvertes de grains d'émeri qui vont de la finesse extrême à la dureté ;
- limes en céramique ;
- limes à saphir composées d'acier trempé et de grains d'oxyde d'aluminium ;
- limes en acier trempé ;
- limes en verre dépoli ;
- limes pour polir à plusieurs faces différentes dont l'une lime, les autres aplanissent les imperfections ou polissent la plaque unguéale.

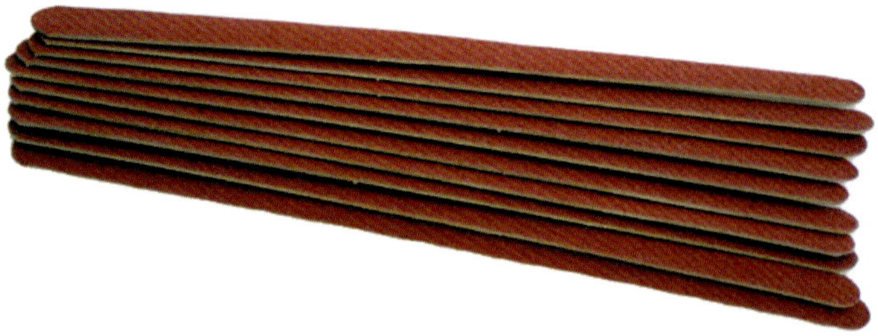

Fig. 20.16 – Limes émerisées.

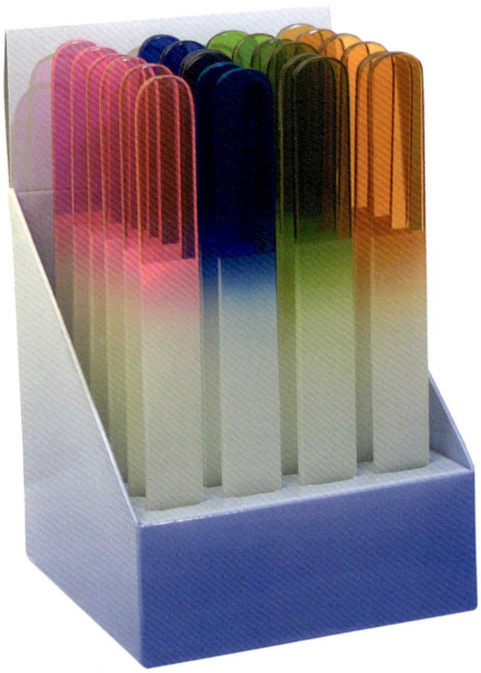

Fig. 20.17 – Limes en verre.

Spatules

Définition

Instrument formé d'un manche et d'une lame élargie et aplatie à un bout, utilisé pour remuer, étaler, prélever.

Fonctions

- Prélever des produits cosmétiques divers de leur conditionnement (pot, tube).
- Appliquer certains produits cosmétiques (cires à épiler).

Description et matériaux

Les spatules sont :
- en bois (buis, citronnier, *etc.*) ;
- en matière plastique.

Selon leurs utilisations, elles sont soit larges rectangulaires, soit en « cuillère », soit étroites aux extrémités arrondies.

Utilisations

- Spatules en matière plastique : prélèvement des produits cosmétiques (crèmes, masques, produits de maquillage) dans un but d'hygiène.
- Spatules en bois : étalement de la cire à épiler.

Fig. 20.18 – Spatules en bois ou en matière plastique.

Bâtonnets - Sticks

Fonctions et utilisations

- Lors du démaquillage : le parfaire (paupières inférieures, commissures labiales).
- Lors du maquillage : effacer une application inopportune de produit cosmétique.
- Lors de la manucurie : parachever le démaquillage des ongles, nettoyer le repli sous-unguéal, repousser les cuticules, corriger le débordement éventuel de vernis.

Description

Petit bâton très fin en bois (buis, cytise, *etc.*) dont l'une des extrémités est carrée ou arrondie et l'autre pointue.

> **NOTE**
>
> Recouvrir les extrémités du bâtonnet d'un coton cardé pour certaines opérations.

Fig. 20.19 – Bâtonnets en buis.

Pierres ponces - Râpes

Fonction

Poncer les hyperkératoses (callosités) grâce à leur propriété abrasive et lisser la peau.

Utilisation

Réduction des callosités sur les parties latérales des doigts, des orteils, sur la plante des pieds, sur les talons.

Description et matériaux

On distingue :

- les pierres ponces naturelles. Roche volcanique poreuse de différentes couleurs (grise, blanche, voire brune) et de formes variées (ronde, ovale, carrée, rectangulaire, droite) ;
- les râpes :
  - râpes inox,
  - râpes céramique,
  - râpes à double grain (l'un grossier pour poncer, l'autre pour adoucir la peau).

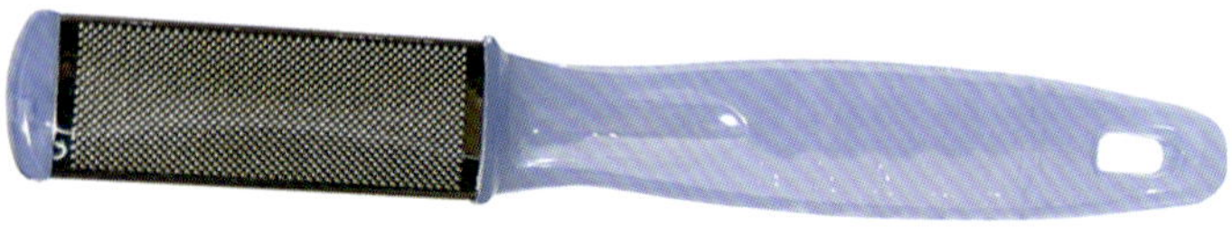

Fig. 20.20 – Râpe Inox.

Fig. 20.21 – Râpes céramiques.

Fig. 20.22 – Râpes à deux grains.

Repousse cuticules

Fonction et utilisation

Repousser les cuticules.

Description

On distingue :
- le pied-de-biche formé d'une tige en bois ou en matière plastique surmontée d'un embout en caoutchouc ;
- le repousse cuticule formé d'une tige en acier dont l'une des extrémités est arrondie et l'autre pointue ou non ;
- le bâtonnet en pierre volcanique.

Fig. 20.23 – Pied-de-biche.

Polissoirs

Fonction et utilisation

Polir la lame ou table unguéale, c'est-à-dire, la rendre lisse et brillante à l'aide de mouvements doux de va-et-vient.

Description

Un corps muni d'une poignée pour la préhension de l'instrument et dont la surface postérieure en contact avec l'ongle est soit en caoutchouc, soit recouverte d'une peau de chamois.

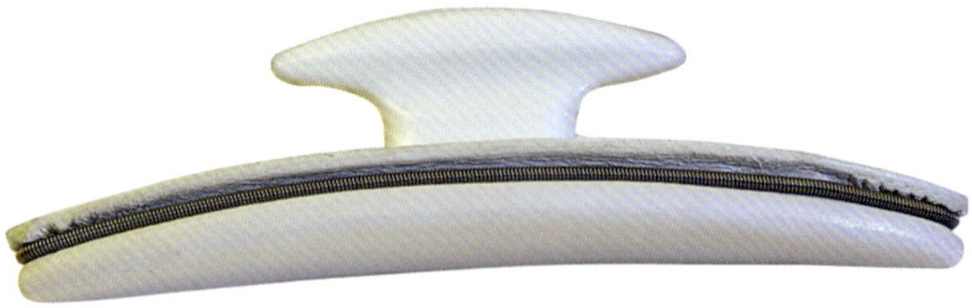

Fig. 20.24 – Polissoir en peau de chamois.

Peignes à cils

Fonction et utilisation

Séparer les cils enduits de mascara afin d'éviter leur agglutination.

Description

Les peignes en plexiglas ou en plastique sont, en général, accouplés à une brosse à cils.

21

Informations sur les techniques de rajeunissement en médecine morphologique et anti-âge (médecine esthétique)

Fils tenseurs ou fils de suspension

But

Ce sont des fils chirurgicaux destinés à combattre le « relâchement » de la peau.

Matériel

Certains fils résorbables sont composés de fibres plastiques biodégradables de polydioxanone. Ils sont munis d'épines, de cônes. D'autres fils, non résorbables, sont des fibres en polypropylène munies de crans.

Technique

Pratiquée sous anesthésie locale par des chirurgiens plasticiens, sans hospitalisation, la technique médicale de « remaillage » consiste à glisser sous la peau ces fils qui s'accrochent au tissu sous-jacent, effectuent une traction, retendent la peau et créent une fibrose.

Suites

Léger œdème et ecchymoses pendant quelques jours.

Résultats

Ils sont immmédiats, et encore plus visibles au cours des mois suivants.
Ils se prolongent pendant deux ans environ.

Injections

TOXINE BOTULIQUE

Nom commercial : *Botox.*

Origine

La toxine botulique est sécrétée par la bactérie *Clostridium*, mais faiblement concentrée et purifiée pour l'emploi en médecine esthétique.
Cette toxine dont il existe plusieurs types est la toxine botulique A.

Action

Elle bloque l'action de l'acétylcholine, neuromédiateur qui conduit l'influx nerveux au niveau des muscles, leur permettant de se contracter. Elle provoque donc une paralysie des muscles de la mimique du visage en bloquant la transmission de l'influx nerveux. C'est un produit tenseur.

But

Effacer les rides d'expression.
Les indications de la toxine botulique, autrefois limitées à la zone intersourcilière (glabelle), se sont étendues au front, à la « patte-d'oie », à la zone péribuccale, aux sillons nasogéniens, aux commissures labiales (plis d'amertume), au cou et au décolleté.
Pour un résultat optimum : une injection tous les 6 mois les deux premières années, un rappel une fois par an.

Technique

Les injections pratiquées avec des aiguilles fines dans les muscles se font, généralement, sans anesthésie.

Résultats

Les effets se constatent entre 3 et 10 jours après l'injection, atteignent leur maximum au bout de deux ou trois semaines et durent de quatre à six mois.

ACIDE HYALURONIQUE

Noms commerciaux : *Restylane, Perlane, Hydrafill, Surgiderm, Juvederm, Voluma, Perlane, etc.*

Origine

C'est une molécule (glycoaminoglycane ou GAG), composante naturelle du tissu conjonctif. Elle est également obtenue par synthèse et est résorbable.
Il existe plusieurs types d'acide hyaluronique dont la différence provient du poids moléculaire (acide hyaluronique fluide ou dense). C'est un produit de comblement.

But

Selon le type d'acide hyaluronique et le lieu d'injection (derme superficiel, derme moyen ou profond) :

- combler les rides, les ridules, les sillons (sillons nasogéniens, rides des commissures labiales, péribuccales, intersourcilières, *etc.*) ;
- augmenter le volume des lèvres, redessiner leur contour ;
- restaurer le volume des pommettes.

Les injections d'acide hyaluronique relanceraient la synthèse de notre acide hyaluronique et de notre collagène naturels.

Technique

L'injection est réalisée sous anesthésie locale (injection ou application d'une crème anesthésiante).

Suite

Hématomes, parfois, pendant quelques jours.

Résultats

Ils sont visibles immédiatement et optimaux au bout de dix jours. Ils durent de six à dix-huit mois. L'injection peut être renouvelée.
Un nouvel acide hyaluronique, *Voluma*, ou *Restylane Sub Q*, très résistant à la dégradation enzymatique, est utilisé pour restaurer le volume des pommettes, des fosses temporales, redessiner l'ovale du visage et pour combler les rides profondes.
Sa durée d'action est de douze à dix-huit mois.

HYDROXYAPATITE DE CALCIUM

Origine

Molécule biodégradable naturellement présente dans l'organisme et particulièrement dans les os.

But

- Donner du volume.
- Combler les rides.
- Stimuler les tissus environnants.

COLLAGÈNE

Noms commerciaux *Zyderm, Zyplast, Cosmoderm, Evolence, Cosmoplast.*

Origine

Molécule dégradable extraite du derme soit de bovin, soit de porc, ou du derme humain.

But

Combler les rides, augmenter le volume des lèvres.
Des tests préalables sont vivement conseillés en raison des risques d'allergie.

MÉSOLIFT

Principe et substances injectées

Injection d'un cocktail de minéraux (calcium, potassium, sodium), d'acides aminés, d'acide hyaluronique, de vitamines (A, E, C, K, PP, B2, B3, B5, B9, B6, B12, *etc.* selon les cas). Ces substances résorbables sont préférables à celles non dégradables qui induisent, souvent, des granulomes d'apparition retardée.

But

- Stimuler le métabolisme cutané.
- Améliorer la qualité de la peau (élasticité, hydratation, « éclat du teint »).

Technique

La technique est celle de la « mésothérapie », c'est-à-dire des micro-injections multiples et superficielles (sur les joues et le cou) à l'aide d'un pistolet muni de plusieurs aiguilles fines.

Résultats

Visibles dès la deuxième séance, ils sont optimaux après la quatrième, chacune à un mois d'intervalle. La durée d'efficacité est entre deux et trois mois.
Ensuite, deux à trois séances par an sont conseillées.

MÉSOBOTOX

Principe

Injection de *Botox* en mésothérapie (multipiqûres très superficielles sur tout le visage).
Dans cette technique, le produit est extrêmement dilué.

But

Léger effet lissant sur les ridules et tenseur sur des peaux assez jeunes (durée deux mois).

Lumière intense pulsée

LAMPE FLASH (IPL)

Principe

Il s'agit d'ondes lumineuses établies pendant des temps très courts séparés par des temps sans émission, de durée variable. C'est une lumière polychromatique qui agit soit en surface, soit à des profondeurs variables sur les « chromophores » (un chromophore étant un pigment, contenu dans une cellule, qui absorbe la lumière, comme la mélanine et l'hémoglobine).
La lumière intense pulsée émet un large spectre de longueurs d'onde variant entre 500 et 1 200 nm, absorbées par la mélanine, l'hémoglobine et l'eau. À la suite de l'absorption, la lumière est transformée en chaleur.
La lampe flash traite la cible tout en respectant les tissus environnants.

Identification des différents organes

D'une façon générale, ils comportent les éléments suivants :

- une carrosserie différente selon les constructeurs avec un panneau de commande (clavier, écran, bouton d'arrêt d'urgence et clé de démarrage) ;
- un générateur : lampe à décharge (lampe flash au xénon ou à l'argon) fournissant une lumière de haute intensité.

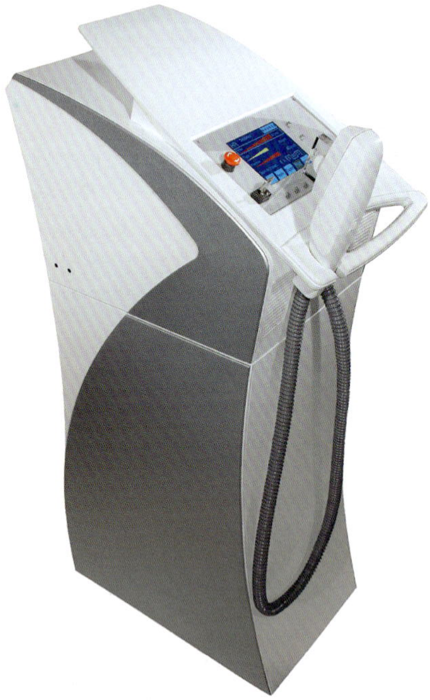

Fig. 21.1 – Lumière intense pulsée ou lampe flash Dermeo.

- une pédale commandant le déclenchement du flash ;
- des filtres qui sélectionnent les longueurs d'onde afin d'obtenir le spectre désiré selon l'application ;
- un faisceau de fibres optiques relié au générateur et pourvu d'une tête ou pièce à main à cristaux interchangeables, ou à saphir ;
- un système de refroidissement de la lampe par circuit d'eau interne ;
- un système de refroidissement de la peau par réfrigération du saphir.

Selon que la lampe est refroidie par de l'eau ou de l'air, le spectre va être modifié.
Le passage de l'eau sur la lampe absorbe les IR au-delà de 950 nm.
Selon l'application, la lumière est « échantillonnée », c'est-à-dire limitée en amplitude spectrale de manière à privilégier un chromophore par rapport à un autre.
En outre, plus la longueur d'onde est élevée, plus la pénétration du rayonnement dans les tissus est importante.
Grâce au refroidissement continu de la lampe et du filtre, les rayons infrarouges responsables des échauffements et brûlures sont absorbés par l'eau.
L'appareil « Dermeo » représenté ici possède la particularité de comporter une cartouche lampe interchangeable refroidie à eau.

Cibles de la lumière intense pulsée

- Les poils (photoépilation).
- La mélanine (taches pigmentaires).
- L'oxyhémoglobine (rougeurs, couperose).
- Les pores dilatés.
- Les rides.
- Les fibroblastes.

Applications

- La dépilation définitive par destruction du bulbe pileux.
- L'effacement ou atténuation des taches pigmentaires.
- Le traitement de la couperose.
- La photoréjuvénation par relance de la production de collagène et d'élastine grâce à la chaleur localisée qui stimule les cellules du derme.

PHOTORÉJUVÉNATION

Technique

Le praticien applique sur la peau un gel refroidissant qui atténue la sensation de chaleur et après avoir équipé le sujet de lunettes noires, il promène l'embout de l'appareil sur le visage, le cou, les mains.
La technique est non abrasive.
Quatre ou cinq séances espacées de trois semaines sont nécessaires la première année, plus une séance de rappel chaque année.

Résultats

- Amélioration de la texture de la peau, de son élasticité.
- Atténuation des ridules.
- Resserrement des pores.
- Éclaircissement du teint.

Pas ou peu d'effets secondaires, pas de gêne sociale.

NOTE

Une nouvelle génération de « lampe flash », dont l'efficacité dure plus longtemps, combine l'action d'une molécule chimique (Ala) et du rayonnement lumineux.

Radiofréquence (thermage)

Nature

Technique de rajeunissement de la peau, le thermage utilise les ondes radio.

Éléments constituant l'appareil

- Un générateur d'ondes courtes radio de type unipolaire (une électrode).
- Un amplificateur.
- Un transducteur qui convertit les ondes.
- Des capteurs qui contrôlent la température.
- Un système de refroidissement.
- Des embouts différents adaptés aux surfaces cutanées à traiter.

Principe

Le générateur produit des ondes courtes qui pénètrent dans le derme et créent de la chaleur.

Il permet un échauffement homogène du derme profond et du tissu sous-cutané tout en protégeant l'épiderme grâce au système de refroidissement et aux capteurs.

L'échauffement des fibres dermiques provoqué par l'énergie engendre une rétraction des fibres collagènes et ultérieurement la synthèse de nouveau collagène.

Résultats

« Retension » et tonification de la peau du visage, de la partie supérieure du cou, des bras, de l'abdomen, des cuisses, lorsque le relâchement est modéré.

Les résultats visibles après la séance s'améliorent pendant plusieurs mois et durent de trois à cinq ans.

Ce traitement, non invasif, sans effets secondaires (rarement érythèmes transitoires), nécessite une seule séance qui dure de 20 minutes à 1 h 30.

Abrasion mécanique ou micro-abrasion

C'est une technique qui permet une abrasion soit de la couche superficielle de l'épiderme, soit de l'épiderme, soit du derme, selon la puissance de l'appareil utilisé.

MICRO-ABRASION

Micro-abrasion à saphir

Le principe consiste en une friction abrasive contrôlée de l'épiderme.

Une pièce à mains (support oscillant à mouvements pendulaires) supporte une tête comportant des particules abrasives de saphir.

Un guide réglable placé sur la pièce à main permet une très grande précision du geste.

Micro-abrasion à l'aide de cristaux stériles d'hydroxyde d'aluminium ou microcristaux de Corindon

Son principe consiste à projeter sur la surface cutanée une poudre de cristaux amorphes qui possèdent de grandes propriétés abrasives.

Le compresseur utilisé permet d'obtenir à la fois une projection et une aspiration des microcristaux.

Il possède deux circuits : l'un à travers lequel les microcristaux vont cheminer depuis un réservoir incorporé dans le corps de l'appareil, jusqu'à la peau, l'autre à travers lequel ils sont aspirés avec les débris cellulaires cutanés qui seront stockés dans un second réservoir.

Une pièce à main, reliée à l'appareil, comporte une extrémité en mousse dotée d'un orifice laissant passer le jet et l'aspiration des microcristaux.

L'intensité du jet et le temps peuvent être modulés.

Micro-abrasion par ultrasons

Les ultrasons génèrent une vibration mécanique qui se propage à une fréquence de 2 500 Hz. Cette vibration transmise à une lame d'acier provoque la desquamation et l'évacuation du sébum en excès. L'association de l'onde élastique et de l'eau produit un phénomène physique appelé « cavitation » (action des ultrasons sur l'eau) qui provoque un effet peeling au niveau de la couche cornée.

ÉPIDERMIBRASION, ÉPIDERMO-DERMABRASION SUPERFICIELLE, DERMABRASION PROFONDE

Épidermibrasion

Cette méthode limitée à la couche cornée permet une abrasion superficielle et légère de celle-ci provoquant une élimination des cellules du *stratum disjunctum* (peeling doux).

Effets

- Élimine les cellules mortes.
- Favorise la pénétration des produits cosmétiques.
- Active le renouvellement cellulaire.
- Amélioration de l'élasticité cutanée (visage, cou, décolleté).
- Relance l'oxygénation tissulaire.
- Affine le grain de la peau.
- Unifie et lisse l'épiderme.
- Réduit la séborrhée.
- Éclaircit le teint (« coup d'éclat »).

Contre-indications

- Peaux très fines, réactives, couperosées.
- Peaux noires (possibilité d'une hypo- ou hyperpigmentation).

Épidermo-dermabrasion superficielle

Elle concerne l'épiderme et partiellement le derme.

Effets

- Efface les ridules, les cicatrices légères.

Dermabrasion

La dermabrasion profonde atteint l'épiderme et le derme.
C'est une technique chirurgicale ou « meulage mécanique ».

Effets

- Efface les rides péribuccales, les cicatrices.
- Atténue les vergetures.
- Efface les hyperpigmentations.

Lasers

Les appellations spécifiques des lasers correspondent à leurs effets particuliers sur la peau.

Laser de remodelage (réjuvénation)

Il cible la partie superficielle du derme. L'échauffement obtenu provoque une rétractation du collagène qui engendre une tension des tissus.

Effets

- Synthèse de nouveau collagène.
- Amélioration du teint, de la tonicité.
- Atténuation des ridules.
- Resserrement des pores.

Laser (CO_2) de relissage (resurfaçage)

Il abrase l'épiderme et cible l'eau contenue dans la peau. L'énergie produite et absorbée par l'eau libère une forte chaleur qui provoque une coagulation des tissus. (Une anesthésie locale est nécessaire, ainsi qu'une éviction sociale de quinze jours.)

Effets

- Synthèse de nouveau collagène.
- Raffermissement.
- Disparition des rides profondes.
- Visage lissé.

Laser *Pearl*

C'est un laser de relissage de nouvelle génération.

Avantages

Sa longueur d'onde (2,790 nm) provoque un effet thermique qui n'engendre ni douleur, ni réactions immédiates nécessitant un arrêt des activités sociales pendant quelques jours.

Actions

- Élimination d'une partie de l'épiderme (ablation).
- Synthèse de nouveau collagène.

Effets

- Élimination des ridules.
- Amélioration de la texture de la peau.
- Effacement des cicatrices légères d'acné.

Laser *Fraxel*

Ce nouveau laser, proche de la famille des lasers ablatifs, provoque une « photothermolyse fractionnelle ». La dermabrasion se fait en quatre temps.

Avantages

- Cette technique peut être appliquée, contrairement aux autres lasers, à tous les phototypes, y compris les peaux très pigmentées, et sur toutes les zones du corps.
- La cicatrisation est très rapide.
- Il n'y a pas de risque de dépigmentation.
- Pas d'effets secondaires importants (léger érythème).
- Aucune gêne sociale.

Effets

- Disparition des ridules et des rides peu profondes.
- Atténuation des cicatrices postacnéiques.
- Amélioration du grain de la peau.
- Effacement de taches brunes y compris le masque de grossesse.

Peelings chimiques

To peel en anglais signifie : peler.
Cette technique consiste à provoquer une destruction plus ou moins profonde des couches de la peau (épiderme, derme) à l'aide d'application de substances chimiques, dans le but d'atténuer ou d'effacer certaines disgrâces cutanées.
Selon la nature, la concentration, la pénétration des substances chimiques et leur méthode d'utilisation, on distingue trois sortes de peelings.

Peeling superficiel

Peeling aux alpha hydroxy acides (acides faibles).
L'acide glycolique est le plus utilisé car, de petite taille moléculaire, il pénètre facilement dans l'épiderme superficiel (couche qu'il ne dépasse pas).
Il accélère la desquamation de la couche cornée, et le renouvellement des cornéocytes.

Effets

Il lisse la peau et éclaircit le teint. Conseillé aux personnes de moins de 40 ans.

Peeling moyen

Peeling à l'acide trichloracétique (TCA).
Il entraîne une coagulation des protéines cutanées, de par l'acidité de son pH.
Son action, jusqu'à la partie supérieure du derme (au niveau de la jonction dermo-épidermique), est proportionnelle à la concentration et à la quantité appliquée.

Effets

Il agit sur les rides, les taches et les cicatrices superficielles.

Suites

Rougeurs, gonflement, desquamation en lambeaux. Gêne sociale pendant une semaine.

Peeling profond

Peeling au phénol (produit très puissant) ou au résorcinol (résorcine).
Il pénètre jusqu'au derme moyen et agit en dénaturant les protéines.

Effets

Il agit sur les rides profondes, les hyperpigmentations et efface les cicatrices post-acnéiques.
Il est contre-indiqué sur les peaux noires.

> **NOTE**
> Selon les cas et le degré de vieillissement, le protocole médical de rajeunissement peut cumuler plusieurs techniques précitées afin d'optimiser les résultats : lasers, thermage, fils crantés et injections.

PARTIE 7

Biocontamination et prévention

22

Biocontamination en milieu professionnel

Diversité des flores

Les différentes flores sont formées de micro-organismes qui vivent dans l'eau, dans le sol, dans les aliments, sur les êtres vivants.

Les relations entre les micro-organismes et les êtres vivants peuvent avoir plusieurs aspects :

- le micro-organisme ne nuit pas à son hôte, il s'agit de commensalisme ;
- le micro-organisme nuit à son hôte, dans ce cas, il est pathogène ;
- le micro-organisme, normalement non pathogène, le devient, en résidant sur certains hôtes fragilisés, malades, il est opportuniste ;
- le micro-organisme et l'hôte tirent profit de leur coexistence, il s'agit, alors, de symbiose ;
- le micro-organisme vit aux dépens de matières organiques en décomposition (cadavres), il s'agit d'un germe saprophyte.

FLORE COMMENSALE DE L'HOMME

C'est la flore résidante qui colonise en permanence la peau, les voies respiratoires, les voies digestives, et la muqueuse génitale. Elle est indispensable pour maintenir l'équilibre et éviter que la flore pathogène ne s'installe.

FLORE OPPORTUNISTE

Lorsque la multiplication des micro-organismes de la flore résidante devient trop importante, et lorsque l'hôte est fragilisé, ces micro-organismes peuvent devenir pathogènes.

FLORE PATHOGÈNE TRANSITOIRE

Elle est variée et provoque des maladies. Le manque d'hygiène en accroît la recrudescence.

Risques de contamination et facteurs favorables au développement microbien

Dans le milieu professionnel de l'esthéticienne, les risques de contamination sont les suivants.

PAR LES CONTACTS CUTANÉS DIRECTS

Contact avec l'épiderme ou la sueur d'une personne contaminée (verrues, impétigo, mycose cutanée, teigne, gale, *etc.*).

PAR LES VOIES RESPIRATOIRES

Les gouttelettes de salive, d'éternuement, de toux, de la cliente atteinte par le virus du rhume ou de la grippe, peuvent contaminer l'esthéticienne penchée vers elle pendant l'exercice de sa profession.

PAR LE SYSTÈME D'AIR CONDITIONNÉ DANS LES LOCAUX PROFESSIONNELS

Possibilité de contamination par le bacille de la légionelle (légionellose), par le staphylocoque, le streptocoque (infections ORL).

PAR LES MAINS

Les poignées de mains peuvent être à l'origine d'infections urinaires ou digestives provoquées par des germes fécaux ou urinaires stagnants.

Étude de quelques micro-organismes

BACTÉRIES

Les bactéries sont classées selon leur forme. Elles comprennent notamment :

Coques ou cocci

Elles sont arrondies en forme de grains disposés en chaîne pour les streptocoques et en amas pour les staphylocoques.

Streptocoques

Les streptocoques participent à la flore commensale, mais certains sont pathogènes comme :

- *Streptococcus pneumoniae*, qui se trouve dans les voies aériennes et provoque des infections pulmonaires et ORL ;
- *Streptococcus pyogenes*, qui se trouve dans les voies respiratoires et les poussières et provoque des angines, l'impétigo et des infections cutanées, *etc.*

Staphylocoques

Les staphylocoques participent à la flore commensale comme :

- *Staphylococcus epidermidis* (staphylocoque blanc), qui peut devenir pathogène et provoquer des infections ;
- *Staphylococcus aureus* (staphylocoque doré), qui fait partie de la flore de la peau et des cheveux, et qui peut devenir pathogène en provoquant de graves infections cutanées. On le trouve également dans les poussières.

Bacilles

Ce sont des bactéries de forme cylindrique.
Exemple : les entérobactéries qui sont présentes dans l'intestin.

VIRUS

Ce sont des micro-organismes qui ne peuvent vivre et se multiplier qu'à l'intérieur des cellules des êtres vivants.

VIH (virus de l'immunodéficience humaine) ou Sida

Il s'attaque aux globules blancs, lymphocytes T4, responsables des défenses immunitaires.

Il se transmet exclusivement par voie sexuelle, sanguine, maternelle.
Les défenses immunitaires étant très affaiblies, des maladies opportunistes s'installent.

Papillomavirus

Il se compose d'un groupe de plus de soixante-dix virus. Les manifestations varient selon le type de virus. Certains provoquent des verrues sur les mains, d'autres, des condylomes génitaux qui sont des excroissances, parfois microscopiques, situées à proximité de la vulve, dans le vagin, sur le col de l'utérus, sur le pénis, le scrotum, l'aine, ou la cuisse, le cancer du col de l'utérus.
La transmission se fait lors de relations sexuelles, ou par contact direct, en ce qui concerne les verrues.

Herpès

Le virus de l'herpès simple, ou VHS, provoque un herpès labial ou un herpès génital.

Herpès labial

L'herpès labial se manifeste par un bouton présentant des vésicules remplies de liquide, puis des croûtes. Il est contagieux par contact direct.

Herpès génital

L'herpès génital est sexuellement transmissible. Les vésicules se situent au niveau du vagin, de la vulve, de l'anus, du col de l'utérus, du pénis, du scrotum.

Hépatites

Les virus sont différents et provoquent des inflammations du foie de gravité distincte.

Hépatite A

La contamination se fait à partir d'aliments souillés, d'absorption d'eau, de coquillages (maladie des voyageurs).

Hépatite B

Elle se transmet par l'intermédiaire des liquides corporels : sang, sperme, sécrétions vaginales, sueur, salive.

Hépatite C

Elle se transmet essentiellement par le sang (transfusion, objet coupant, tatouage, *piercing*).

CHAMPIGNONS

Ils se présentent sous deux formes.

Dermatophytes

Ce sont des champignons kératinophiles, sous forme de filaments qui provoquent des mycoses de la peau et des phanères. On les divise en trois groupes :

- les épidermophytons, qui s'attaquent exclusivement à la peau ;
- les microsporons, qui s'attaquent à la peau et aux phanères ;
- les trichophytons, qui s'attaquent à la peau et aux phanères.

Atteintes cutanées : herpès circiné, eczéma marginé de Hébra.
Atteintes des ongles : épaississement et aspect feuilleté.
Atteintes des cheveux : envahissement par des teignes, qui provoquent des plaques alopéciques, dont certaines peuvent être définitives avec, parfois, des plaques croûteuses.
Atteintes, également, des mains et des pieds.

Candidas

Ce sont des champignons levuriformes, sous forme de cellules ovoïdes, qui atteignent la peau, les muqueuses et les ongles.
Candida albicans est la levure la plus fréquente. Elle fait partie de la flore résidante et devient pathogène lorsque certains facteurs favorisants sont présents (humidité, chaleur, transpiration, mauvaise hygiène, antibiothérapie, chimiothérapie).
Les candidoses cutanées peuvent se manifester aux aisselles, sur les zones interdigitales, sur la muqueuse labiale (muguet), sur la vulve, sur le vagin, sur les commissures labiales (perlèche).
La contamination se fait par contact direct ou indirect (serviettes, tapis de bain, chaussures).

Étude de quelques parasites

POUX DE TÊTE OU *PEDICULUS CAPITIS*

Ce sont des insectes, parasites hématophages, d'un à quatre millimètres, gris marron, vivant dans les cheveux et se nourrissant de sang humain.
La femelle pond huit à dix œufs (lentes) par jour, qu'elle colle sur les cheveux. Les poux de tête provoquent une pédiculose, c'est-à-dire, des démangeaisons répétées, intenses, suivies de lésions de grattage.
La transmission se fait par contact direct ou indirect (peigne, brosse, chapeau, literie, oreiller) et la contamination se fait par les poux vivants et les lentes.

POUX PUBIENS, *PHTIRIUS PUBIS* OU *INGUINALIS*

Encore appelés morpions, ils sont de couleur claire, beige-blanc, trapus, immobiles.
Ils s'accrochent sur les poils pubiens et sur ceux de la région périannale, mais également sur les poils thoraciques, sur les aisselles, les cils, les sourcils qui sont des poils de gros diamètre.
La contamination se fait par contact intime.

SARCOPTE DE LA GALE, *SARCOPTE SCABIEI*

C'est un minuscule insecte qui se loge sous la peau et se déplace en formant des sillons visibles à l'œil nu.
Il s'ensuit des éruptions papuleuses et de très fortes démangeaisons, la nuit.
Les zones concernées sont situées entre les doigts, aux poignets, aux coudes, sur l'abdomen, sur les organes génitaux, sur les chevilles, et sur les pieds.
La contamination se fait par contact soit direct, soit indirect (linge, literie, siège des W-C).

Moyens de défense de l'organisme

IMMUNITÉ NON SPÉCIFIQUE

IMMUNITÉ SPÉCIFIQUE

Cf. page 46.

Lutte antimicrobienne en milieu professionnel

DÉFINITIONS INDISPENSABLES

Antisepsie

Opération au résultat momentané, permettant, au niveau des tissus vivants, d'éliminer ou de tuer les micro-organismes présents au moment de l'opération.

Antiseptique

Produit ou procédé utilisé sur des tissus vivants pour réaliser l'antisepsie.

Asepsie

Ensemble de procédés utilisés pour éviter tout apport de micro-organismes.

Stérilisation

Ensemble de moyens visant à éliminer, par destruction physique ou chimique, tous les micro-organismes vivants portés par un objet.

Bactérie

Organisme cellulaire, à membrane rigide, dont la morphologie est différente selon les espèces : sphérique (cocci), allongée (bacille), irrégulière (corynébactérie).

Désinfection

Opération permettant d'éliminer ou de tuer les micro-organismes de façon momentanée.

Détergent

Produit permettant de nettoyer les souillures en les dissolvant.

Micro-organismes

Ce sont les bactéries, les champignons microscopiques (levures, moisissures) et les virus.

Nettoyant-désinfectant

Produit associant l'action de détergence et de désinfection.

Germe opportuniste

Germe habituellement non pathogène, mais qui le deviendra si l'organisme sur lequel il est installé perd ses défenses immunitaires.

Germe pathogène

Germe responsable d'une infection.

Prion

Particule protéique infectieuse, impliquée dans des maladies neurologiques comme la maladie de Creutzfeld-Jacob.

Spore

Forme de bactérie ayant acquis une certaine résistance, lorsque les conditions nécessaires à sa survie sont défavorables (température, humidité). Si elles redeviennent favorables, la spore donne naissance à une nouvelle bactérie. Les spores sont les formes bactériennes les plus difficiles à éliminer.

VOIES DE TRANSMISSION ET DE PÉNÉTRATION DES GERMES

La contamination peut être directe, ou indirecte.

Contamination directe

Elle se fait par le contact avec la peau et les phanères ; les mains sont la voie la plus fréquemment contaminante : c'est l'infection manu-portée.

Contamination indirecte

Elle se fait par l'intermédiaire du linge, du matériel, d'un objet. Les voies de pénétration des germes les plus courants, en milieu professionnel de l'esthétique, sont les voies respiratoires (toux, éternuements), oculaires, cutanéomuqueuses, digestives.

HYGIÈNE CORPORELLE

Quelques règles d'hygiène corporelle en milieu professionnel.

- Douche quotidienne.
- Cheveux propres et attachés.
- Ongles courts, propres, non vernis.
- Tenue vestimentaire professionnelle à manches courtes, propre et lavée quotidiennement.
- Aucun bijou (bague, bracelet, montre).
- Port de chaussures réservées pour le travail.

LAVAGE DES MAINS

Quand se laver les mains ?

- Après être allé aux toilettes.
- Après avoir manipulé du linge sale.
- Avant et après avoir mangé.
- Avant d'entreprendre un soin.
- Avant de partir à la fin de la journée de travail.

Comment se laver les mains ?

- Se mouiller les mains et les avant-bras.
- Utiliser du savon liquide (le savon en pain est à proscrire, car il est le support idéal pour la multiplication des germes).
- Savonner les mains, les espaces interdigitaux, les avant-bras ; rincer soigneusement en gardant les mains au-dessus des coudes.
- S'essuyer avec un papier à usage unique.
- Fermer le robinet avec le papier.

- Utiliser une poubelle à ouverture automatique (pied).

HYGIÈNE DES SOLS

- Nettoyer les sols des cabines quotidiennement.
- Balayer sur sol humide afin d'éviter le transfert des germes avec le balayage à sec.
- Pratiquer avec un produit détergent et désinfectant le nettoyage des sols, des boutons de portes, des W-C, des bancs de hammam et de sauna, des baignoires, des lavabos, des robinets, des poubelles et des postes téléphoniques.
- Jeter l'eau sale dans les W-C, non dans les lavabos.

HYGIÈNE DU LINGE

- Changer les serviettes, les peignoirs, les draps à chaque client(e).
- Mettre le linge sale dans des sacs prévus à cet effet.
- Ne pas stocker le linge propre à côté du linge sale.
- Utiliser, le plus souvent possible, du linge à usage unique (bonnets ou charlottes).
- Changer la tenue professionnelle quotidiennement.

PRODUITS ANTISEPTIQUES

Ce sont des produits, qu'il ne faut jamais mélanger, qui détruisent les micro-organismes partiellement. Ils ont différentes actions. Ils peuvent être :

- bactériostatiques : ils inhibent la croissance des formes végétatives des bactéries ;
- bactéricides : ils tuent les bactéries ;
- sporicides : ils détruisent les spores bactériennes ;
- fongicides : ils détruisent les champignons ;
- virucides : ils détruisent les virus, mais sont peu nombreux.

Quelques produits antiseptiques

- Les surfactifs cationiques.
- Les surfactifs anioniques.
- Les surfaces amphotères.
- La chlorexidine.
- L'alcool éthylique à 70°.
- Le soluté de Dakin (solution neutre d'hypochlorite de sodium).
- L'alcool iodé.
- L'eau oxygénée.

DÉSINFECTANTS

Ils sont utilisés pour éliminer ou inactiver des micro-organismes sur des surfaces inertes (sol, matériel, air).

- Eau de Javel (hypochlorite de sodium).
- Alcool éthylique ou éthanol.
- Tensio-actifs cationiques.

STÉRILISATION

C'est une méthode et des moyens visant à éliminer tous les micro-organismes vivants.

- La stérilisation par chaleur humide (autoclave) permet de stériliser du matériel et du linge.
- La stérilisation par la chaleur permet de stériliser des instruments et de la verrerie exclusivement.
- La stérilisation par ultraviolet (UVC).
- La stérilisation par micro-ondes.
- La stérilisation à l'oxyde d'éthylène.

23

Hygiène de vie et santé

Équilibre staturo-pondéral

Le rapport entre le poids et l'état de santé est évident.

- Le calcul de l'indice de masse corporelle (IMC) est réalisé à partir du poids en kilogrammes et de la taille en mètre. On le calcule ainsi :

$$\text{IMC} = \frac{\text{poids (kg)}}{\text{taille (m}^2\text{)}}$$

La valeur de l'IMC est exprimée en kg/m^2.

Il existe une échelle graduée de 20 à 27 comprenant les zones A, B, C, D :

- dans la zone A, inférieur à 20, le poids est insuffisant ;
- dans la zone B, entre 20 et 25, c'est le poids santé ;
- dans la zone C, entre 25 et 27, le poids est légèrement supérieur ;
- dans la zone D, supérieur à 27, il y a excès de poids.

Cet indice doit subir certaines corrections, car il mesure la masse grasse (tissu adipeux) et non la masse maigre (eau, squelette, muscles, et viscères) qui peut être particulièrement développée.

- La graisse corporelle a tendance à s'accumuler autour de la taille. On peut donc mesurer le tour de taille (TT) ou le rapport tour de taille et tour de hanche TT/TH et se reporter à des échelles.
- On peut, également, mesurer la graisse corporelle en mesurant l'épaisseur du pli cutané à certains endroits du corps à l'aide d'un instrument appelé adipomètre. Si le tissu adipeux a tendance à s'accumuler au niveau du tronc et de l'abdomen, il s'agit d'une obésité de type androïde (masculin), si le tissu adipeux a tendance à s'accumuler au niveau des cuisses et des fesses, il s'agit d'une obésité de type gynoïde (féminin).
- L'impédancemétrie est basée sur la conductibilité des tissus biologiques.
  On utilise un courant alternatif de faible intensité, dont la résistance varie en fonction de la composition des tissus. Cette méthode permet de calculer la masse grasse et la masse maigre et de conseiller ainsi les besoins énergétiques journaliers.

Hygiène alimentaire

ÉQUILIBRE ALIMENTAIRE

Caractéristiques nutritionnelles essentielles des groupes d'aliments.

Il existe cinq groupes d'aliments.

Groupe 1 : lait et produits laitiers

Ils apportent des protéines d'origine animale, du calcium, du phosphore, des lipides, de la vitamine A, des vitamines du groupe B, de la vitamine C.

Groupe 2 : viande, poisson, œuf

Ils apportent des protéines d'origine animale, des lipides, du fer, du phosphore, du zinc, des vitamines du groupe B, de la vitamine B12.

Groupe 3 : fruits et légumes

Ils apportent des glucides, des fibres, du potassium, du cuivre, du magnésium, des vitamines du groupe B, de la vitamine A (bêta-carotène, lycopène), de la vitamine K.

Groupe 4 : pain, céréales, pommes de terre, légumes secs

Ils apportent des glucides complexes, des protéines d'origine végétale, des vitamines du groupe B, du fer, du magnésium, du zinc, du sélénium.

Groupe 5 : corps gras

Ils apportent des lipides, des acides gras essentiels, de la vitamine A, de la vitamine K, de la vitamine D.

RÈGLES DE BASE DE L'ÉQUILIBRE ALIMENTAIRE QUALITATIF

- Consommer chaque jour, au moins un produit de chaque groupe en variant et diversifiant, en sachant que la quantité varie selon l'âge, la taille, le sexe, le niveau d'activité ; elle augmente pendant la grossesse et l'allaitement.
- Consommer cinq fruits et légumes par jour.
- Consommer un produit laitier (calcium) à chaque repas.
- Consommer deux fois par semaine du poisson gras, un plat de légumes secs, du foie (vitamine B12), du boudin (fer).
- Ajouter, le plus souvent possible, du jus de citron, du persil, du cerfeuil, du cresson, des plantes aromatiques pour compenser la perte en vitamine C due à la cuisson.

Apport quotidien en eau

L'eau est essentielle pour l'organisme.

L'eau ingérée, y compris celle qui est contenue dans les aliments, doit compenser les pertes. Elle peut être consommée sous formes différentes : eau du robinet, eau minérale, lait, jus de fruits, thé, café, ainsi que celle contenue dans un grand nombre d'aliments.

Une personne sans grande activité physique, vivant sous un climat tempéré doit boire environ 2,5 L par jour. Cette quantité varie selon le climat, l'activité physique, l'âge.

Avantages et limites des compléments nutritionnels

Les compléments nutritionnels comprennent, principalement, les vitamines, les oligoéléments, les acides gras insaturés indispensables (oméga 3 et oméga 6). Une alimentation équilibrée les apporte, en principe, à l'organisme. Cependant, il faut supplémenter en vitamines et en oligoéléments dans certains cas :

- dans certaines maladies ;
- lors de la consommation de certains médicaments, pendant laquelle il y a un besoin accru en vitamines ;
- lors de régimes restrictifs (régimes végétarien et végétalien) ;
- dans l'alcoolisme et le tabagisme ;
- selon l'âge et l'état nutritionnel ;

La préparation culinaire peut entraîner une perte importante de vitamines alimentaires telle qu'un lavage ou un épluchage trop importants, une cuisson trop longue dans l'eau.

Actuellement, certains aliments sont déjà supplémentés en vitamine D, en fer, en magnésium, en calcium (laits, céréale, œufs), en acides gras oméga 3.

Les compléments alimentaires à base de vitamines et de minéraux ne doivent pas dépasser en dosages les normes des ANC (apports nutritionnels conseillés). Il faut se méfier des surdosages, s'il y a déjà des prises de vitamines ou oligoéléments sous une autre forme.

Les compléments nutritionnels de vitamines, de minéraux comportent des risques. Ingérés en trop grande quantité, ils peuvent avoir des effets toxiques : l'excès de fer provoque des accumulations dans le cœur, le foie, le pancréas ; l'excès de sélénium provoque la perte des cheveux, des anomalies de la peau et des ongles ; l'excès de calcium provoque des calculs urinaires.

RYTHMES ALIMENTAIRES

Pour un adulte, les trois repas par jour (petit déjeuner, déjeuner et dîner) doivent représenter 25 %, 45 % et 30 % de la ration calorique quotidienne.

Le repas du soir précédant le repos nocturne au cours duquel le métabolisme est orienté vers le stockage des graisses (lipogenèse) doit être moins important que le repas du midi.

Les repas doivent être pris, assis, calmement, dans une ambiance détendue. Ils doivent être un moment privilégié de repos.
Le grignotage, qui n'apporte que des calories supplémentaires, est à éviter.

La durée des repas doit être suffisante pour bien mastiquer, se reposer et apprécier les aliments ingérés ; elle doit être de 45 minutes pour le petit déjeuner, de 60 minutes pour les repas principaux.

Activités physiques

EFFETS

Les bienfaits du sport sur l'organisme sont évidents.

- Sur les muscles : il augmente la masse musculaire, ce qui améliore le galbe et l'esthétique du corps.
- Sur les tendons et les ligaments : il les renforce et améliore la souplesse du corps.
- Sur les os : il améliore l'absorption du calcium, donc, la solidité osseuse, la posture et l'équilibre.
- Sur les poumons : il améliore le volume pulmonaire.
- Sur le système cardiovasculaire : il augmente le débit cardiaque, il normalise la tension artérielle, il améliore la circulation veineuse et permet une meilleure oxygénation des tissus.
- Sur le système nerveux : il détend et contrôle le stress par la sécrétion d'endorphines. Il améliore la coordination des mouvements et des réflexes.

PRÉCAUTIONS

Avant

- Faire vérifier médicalement l'aptitude au sport.
- S'échauffer par des mouvements d'étirement, d'assouplissement pour éviter courbatures, claquages, déchirures musculaires.

Pendant

- Prévoir une bouteille d'eau ou de liquide et boire avant de ressentir la sensation de soif.
- Se protéger du soleil (lunettes, casquette, crème solaire).
- Mettre des protections spécifiques pour sports à risques (casque pour le vélo, protège-coudes, genoux, pour les rollers).
- Respecter ses propres limites.

Après

- Boire.
- Procéder à des étirements.
- Prendre une douche chaude.

Il faut, avant tout, une régularité des activités sportives, éviter de compenser une pratique irrégulière par des séances trop longues ou trop intenses.
Après un certain âge, le sport peut être remplacé par une activité physique, comme la marche, la natation ; privilégier les escaliers à l'ascenseur.
L'inactivité physique provoque des risques de maladie cardiaque, une obésité, une hypertension, de l'ostéoporose, une dépression.

Biorythmes

Le rythme biologique le plus apparent est le cycle veille-sommeil.
Ce cycle de 24 heures est constitué de l'alternance de deux états : la veille et le sommeil, réglés par l'alternance du jour et de la nuit, C'est le nycthémère ou rythme circadien.

TEMPS DE SOMMEIL EN FONCTION DE L'ÂGE

Le sommeil occupe environ 1/3 de notre existence, mais sa durée varie en fonction de l'âge. Le nouveau-né dort environ 20 heures par jour, le petit enfant, 14 heures, l'adolescent, de 9 à 10 heures, l'adulte, de 7 à 9 heures, la personne âgée 7 heures.

Chez l'enfant, l'hormone de croissance est sécrétée pendant le sommeil.
Le sommeil est caractérisé par une suspension momentanée de la vigilance et une baisse de la température corporelle.

PHASES DU SOMMEIL

Le sommeil est une alternance de sommeil lent et de sommeil rapide.

1re phase : l'endormissement

Cette phase dure environ 15 minutes ; on ressent le besoin de sommeil.

2e phase : le sommeil profond ou lent

Cette phase représente 80 % du cycle. Le sujet est calme, les yeux sont immobiles, le rythme respiratoire est régulier. C'est la phase de réparation de la fatigue physique. Pendant cette période, il n'y a pas de rêves. Les ondes de l'électroencéphalogramme sont lentes et amples.

3e phase : le sommeil paradoxal ou rapide

Cette phase représente 20 % du cycle. Après une heure trente à deux heures de sommeil profond, le sujet entre dans le sommeil paradoxal qui est une phase de rêves. Les ondes de l'électroencéphalogramme sont rapides et de faible amplitude. Le visage est animé, les yeux bougent rapidement, des secousses musculaires se produisent ainsi que des variations des rythmes cardiaque et respiratoire. Cette phase répare la fatigue nerveuse et facilite la mémorisation.

4e phase : la période intermédiaire

C'est la phase de disposition à l'éveil ; on perçoit les bruits environnants.

CONDITIONS OPTIMALES POUR UN BON SOMMEIL

- Éviter les siestes trop longues (pas plus de 20 minutes).
- Pratiquer une activité physique comme la marche (éviter de faire du sport le soir).
- Ne pas abuser d'excitants dans la journée, comme le café, le thé, surtout après 16 heures.
- Éviter les dîners trop lourds et trop tardifs.
- Ne pas regarder la télévision trop tard.
- Éviter les bains chauds avant de se coucher et la chambre surchauffée.
- Se coucher, si possible, tous les soirs à la même heure dans une chambre sombre.

CONSÉQUENCES DES TROUBLES DU SOMMEIL

- Diminution des réflexes.
- Perte de mémoire.
- Anxiété.
- Fatigue.

Effets du stress sur l'organisme

Le « stress », mot fréquent dans notre vocabulaire, est synonyme de stimulus brutal, d'agressions physiques ou psychiques, provoquant une réaction d'alerte de l'organisme.

- Stress par agressions physiques : bruit, accident corporel, maladie grave, brusques changements de température.
- Stress par agressions psychiques : problèmes familiaux ou professionnels, deuils, divorce, peur.
- Le stress provoque un ensemble de réactions végétatives suivantes :
  - une accélération du rythme cardiaque et du rythme respiratoire ;
  - une vasoconstriction des vaisseaux cutanés ;
  - une sécrétion d'adrénaline qui provoque une augmentation de la glycémie ;
  - une sécrétion d'hormones thyroïdiennes.

  L'hypothalamus est le centre de départ des réactions neurovégétatives.

- Le stress provoque des réactions psychologiques :
  - tremblements ;
  - frayeur ;
  - réaction de fuite ;
  - le stress peut provoquer des troubles alimentaires (boulimie, anorexie) et des troubles cardiovasculaires.

Substances toxiques

Les substances toxiques pour l'organisme comprennent les drogues, l'alcool et le tabac.
Elles ont toutes un effet néfaste sur l'organisme : elles entraînent un état d'accoutumance et de dépendance ou *toxicomanie*.

DROGUES

Il existe :
- des drogues licites vendues librement, certaines sous ordonnance, mais susceptibles d'être détournées de leur usage normal : tranquillisants, antidépresseurs, amphétamines, colles, solvants industriels ;
- des drogues illicites interdites par la loi : opium, morphine, héroïne, cocaïne, *crack*, LSD, cannabis, marijuana, haschich.

PRINCIPALES DROGUES ET LEURS EFFETS

Opiacés

Ils sont obtenus à partir du pavot :
- l'opium, pâte brune, se fume ;
- la morphine, dix fois plus active que l'opium, s'injecte ou se boit ;
- l'héroïne, trois fois plus active que la morphine, s'injecte.

Les opiacés agissent sur le système nerveux en provoquant des somnolences, de l'euphorie, une perte d'appétit, une dépression respiratoire. Ils engendrent une forte dépendance et la mort par *overdose*.
Lors des injections, des infections se produisent par échange de seringues : hépatites virales, sida. Les enfants, nés de mères toxicomanes, doivent être désintoxiqués dès la naissance.

Cocaïne

C'est une poudre blanche, obtenue à partir des feuilles de coca, qui se « renifle ».

Le *crack* est un dérivé de la cocaïne, plus puissant que celle-ci ; il se présente sous forme de cristaux.
Cocaïne et *crack* stimulent le système nerveux en créant un état d'euphorie intense et des hallucinations.
Les risques sont :
- comportement violent ;
- troubles psychiatriques ;
- forte dépendance ;
- mort par *overdose*.

Hallucinogènes

Le cannabis, sous forme de plante séchée, la marijuana, sous forme d'herbe, et le haschich, sous forme de résine, sont obtenus à partir du chanvre indien. Il agit sur le système nerveux en créant une euphorie, des troubles de la perception visuelle et auditive, ainsi que des pertes de mémoire.
Le LSD, obtenu à partir de plante comme l'ergot du seigle, agit sur le système nerveux en provoquant des hallucinations, des troubles de la vision, une perte de la notion du temps.
L'ecstasy, drogue de synthèse, est un dérivé des amphétamines. Il agit sur le système nerveux en provoquant excitation, délire, confusion mentale, hypothermie et risque d'arrêt cardiaque.

Les effets recherchés par les toxicomanes sont : la stimulation, l'euphorie et parfois les hallucinations.

Toutes les drogues entraînent :
- un phénomène de dépendance physique et/ou psychique, c'est-à-dire que le besoin devient pressant ;
- un phénomène d'accoutumance ; il faut augmenter les doses pour obtenir les effets recherchés ;
- un phénomène de manque, avec des douleurs physiques intenses, si l'individu en est privé.

Alcool (alcool éthylique ou éthanol)

L'alcool est consommé avec le vin, la bière, le cidre, les eaux-de-vie, les liqueurs, les vins apéritifs, les cocktails (mélange de jus de fruits avec du vin ou des eaux-de-vie ou des liqueurs).
Il faut distinguer l'ivresse (alcoolisme occasionnel) de l'alcoolisme chronique (état d'une personne buvant régulièrement trop d'alcool).
Le degré alcoolique d'une boisson est fonction de la quantité d'alcool pur exprimé en volume par litre de boisson : un litre de vin à 10° contient 10 cL d'alcool éthylique pur, soit 10 % du volume de la boisson.
Les femmes sont plus sensibles à l'alcool que les hommes.

EFFETS DE L'ALCOOL SUR L'ORGANISME

Système nerveux

L'alcool détruit les cellules nerveuses, atteint les nerfs (polynévrites), provoque des troubles de l'équilibre, de la coordination des mouvements, des hallucinations, un ralentissement des réflexes, une perturbation de la vision et de la parole, une alternance d'excitation, et de dépression, un affaiblissement de la volonté.

Système digestif

L'alcool provoque des troubles hépatiques entraînant la cirrhose du foie, des ulcères d'estomac, des cancers de la bouche, et de l'œsophage.

Système circulatoire

Il entraîne une vasodilatation des vaisseaux, d'où des rougeurs sur le visage, un durcissement des artères (artériosclérose), une hypertension, une artérite des membres inférieurs.

Système génital

L'alcool engendre des troubles importants sur la descendance.

TABAC

Le tabagisme est l'habitude à fumer régulièrement du tabac. Le tabac est une drogue (licite), car il engendre une accoutumance.

Composition des cigarettes

Elles renferment :
- de la nicotine, excitant du système nerveux ;
- des goudrons qui se déposent sur les parois pulmonaires ;
- des gaz, comme le CO et le CO_2 qui passent dans le sang et diminuent son oxygénation ;
- des substances irritantes, comme l'ammoniaque ;
- et bien d'autres substances toxiques, *etc.*

Effets du tabac sur l'organisme

Sur l'appareil respiratoire

- Réduction du diamètre des bronches envahies par les gouttelettes de goudron, provoquant une bronchite chronique.
- Essoufflement, insuffisance respiratoire.
- Cancers du pharynx, du larynx, des poumons.

Sur la vessie

- Cancer.

Sur le système nerveux

- Troubles de la mémoire.
- Dépendance et accoutumance à la nicotine.
- Tremblements.

Sur l'appareil digestif

- Jaunissement des dents.
- Cancers de la bouche, de l'œsophage.

Sur la peau

- Vieillissement précoce des tissus cutanés.

NOTE

Tabac + contraception
Conjointement, ils provoquent une augmentation importante des troubles cardiovasculaires.

Tabac et embryon
À la naissance, l'enfant a un poids inférieur à la normale.

Tabagisme passif
Il provoque une augmentation du risque de cancer des poumons.

Équilibres physiologiques

DÉPENSES ÉNERGÉTIQUES DE L'ORGANISME - APPORTS ÉNERGÉTIQUES - ÉQUILIBRE

L'énergie chimique apportée par les aliments (glucides, lipides, protides) est transformée, en partie, en énergie thermique, mécanique, et électrique (transmission nerveuse).

UNITÉS DE MESURE DE L'ÉNERGIE CONTENUE DANS LES ALIMENTS

Deux unités de mesure de l'énergie sont utilisées : le kilo-joule (kJ) et la kilocalorie (kcal) ou grande calorie C.
1 kilocalorie = 1 grande calorie (C) = 1 000 calories (c).
1 kilocalorie = 4,18 kilojoules (kJ).
1 kilojoule = 0, 239 kilocalorie (kcal) ou (C).
1 mégajoule (MJ) = 1 000 kilojoules (kJ).

Valeur énergétique des nutriments

Glucides = 4 kcal/g.
Lipides = 9 kcal/g.
Protides = 4 kcal/g.
La valeur énergétique d'un aliment dépend des proportions relatives de glucides, lipides et protéines qu'il renferme. L'eau n'est pas une source d'énergie pour l'organisme, les vitamines non plus.

Dépense énergétique totale (DET)

On divise la dépense énergétique totale en trois composantes qui correspondent à la quantité d'énergie alimentaire dont l'organisme a besoin pour maintenir son poids.

1. Le métabolisme basal ou métabolisme de repos

Il correspond à la quantité d'énergie qu'un organisme à jeun, éveillé, dépense lorsqu'il est maintenu dans une température ambiante neutre. Il représente donc l'énergie minimale pour maintenir l'organisme en vie.
Pour un adulte d'environ 70 kg, il correspond à environ 6 900 kJ ou 1 650 kcal par 24 heures, mais il varie d'une personne à l'autre et tout au long de sa vie.
Il dépend de la stature et de l'âge. Il est très important pendant la période de croissance, il se stabilise à l'âge adulte pour décliner lors de la vieillesse.
Il est accru pendant la grossesse, lors des épisodes infectieux, lors de températures extrêmes (grand froid ou forte chaleur). La thyroxine, hormone thyroïdienne, augmente le métabolisme.

2. L'activité physique

L'organisme utilise de l'énergie pour se mouvoir. Cette activité physique varie beaucoup d'un sujet à l'autre. La quantité d'énergie nécessaire est calculée à partir du métabolisme de repos (MR). C'est le facteur d'activité.

3. L'effet thermique de l'alimentation

Il correspond à l'énergie nécessaire pour digérer, absorber, transporter, stocker les aliments et les nutriments qui en résultent. Elle représente 10 % de la DET.
Conclusion : l'organisme a besoin d'une quantité d'énergie alimentaire équivalente à celle qu'il dépense s'il veut se maintenir en équilibre énergétique et conserver un poids stable.
Un apport de 2500 Kcal par jour est suffisant pour un homme de 70 kg n'ayant pas une activité physique importante. Pour une femme de 60 kg, dans les mêmes conditions, un apport de 2100 Kcal est suffisant. En cas d'activité importante, de situations particulières (grossesse, allaitement, sports intensifs), les besoins peuvent, parfois, dépasser 4000 Kcal par jour.

Régulation de l'apport alimentaire

Le système digestif renferme des récepteurs nerveux qui envoient un message à l'hypothalamus, ce qui provoque la sensation de faim.
Une fois la nourriture consommée, l'hypothalamus envoie le message de la satiété. Certains neuromédiateurs jouent également un rôle important dans la consommation d'aliments :
- la dopamine, la noradrénaline stimulent la consommation ;
- la sérotonine l'inhibe.

Enfin, certaines circonstances peuvent perturber les sensations de faim et de satiété, comme le stress, l'anxiété ou autres émotions.

ÉQUILIBRE THERMIQUE ET TEMPÉRATURE CORPORELLE

La température centrale corporelle est de 37 °C, avec des variations normales de ± 0,5 °C. Le minimum est

enregistré en fin de soirée et le maximum en début de soirée. Chez la femme, la température augmente légèrement après l'ovulation.
La peau et les extrémités sont un peu plus froides, environ 28 °C.
Le centre de la thermorégulation est situé dans l'hypothalamus ; les informations lui sont envoyées par les thermorécepteurs.
Si la température est trop élevée, la vascularisation cutanée augmente par vasodilatation, le retour veineux s'effectue au niveau des vaisseaux superficiels, donc la chaleur en excès s'évacue.
La sécrétion sudorale augmente, en s'évaporant, elle rafraîchit la surface cutanée. Lorsque la température centrale chute, la vascularisation cutanée ralentit.
Le maintien de la température de l'organisme (chaleur) est dû à la transformation de l'énergie chimique des nutriments en énergie thermique.
L'eau contribue au maintien de la température corporelle.

ÉQUILIBRE HYDRIQUE ET ÉLECTROLYTIQUE

Le maintien de l'équilibre hydrique dans l'organisme dépend, en grande partie, de la concentration des électrolytes (sodium, potassium et chlore) en solution dans le liquide intra- et extracellulaire.
Les pertes hydriques se font par l'urine (un litre à 1,5 litre par jour), par des pertes insensibles, comme la sueur, les selles, les poumons (air expiré) qui correspondent à un litre par jour environ.
Un individu sans grande activité physique, sous un climat tempéré, perd environ 2,5 L d'eau par jour.
Un apport d'eau équivalent est alors indispensable afin d'éviter la déshydratation. L'eau doit être apportée par les boissons (au moins un litre par jour), par les aliments (environ un litre par jour), et par l'eau métabolique provenant de la dégradation des nutriments énergétiques (environ 300 mL). La déshydratation survient quand l'organisme perd plus d'eau qu'il n'en reçoit.
L'alimentation variée apporte les électrolytes indispensables à l'équilibre hydrique. La fuite des électrolytes se produit en cas de pathologies diverses, comme les diarrhées et les vomissements.

Index

D

E

F

G

H

I

J

K

L

M

N

O

P

R

S

T

U

V

X

Z